LE POUVOIR ET LA VIE

★★

L'AFFRONTEMENT

Valéry Giscard d'Estaing

LE POUVOIR ET LA VIE

★★

L'AFFRONTEMENT

FRANCE LOISIRS
123, boulevard de Grenelle, Paris

Une édition du Club France Loisirs, Paris,
réalisée avec l'autorisation
des Éditions Compagnie 12

ISBN : 2-7242-6683-8

Pour May Giscard d'Estaing,
qui m'a appris à lire
et sans doute donné
le goût d'écrire.

Peut-être n'est-il pas inutile, au début du second tome de ce livre, de rappeler au lecteur l'intention dans laquelle je l'ai écrit.

Ce n'est pas le récit chronologique des événements survenus pendant que j'étais président de la République. D'autres que moi auront davantage de recul pour le faire. Et ils disposeront de tous les documents, soigneusement conservés sur les rayonnages des Archives nationales.

Ce n'est pas non plus une tentative pour rétablir — à mon avantage — l'exactitude des faits. Je n'ai pas de comptes à régler avec mon septennat !

C'est un essai, une démarche pour raconter l'expérience humaine que j'ai vécue au pouvoir : celle d'un président élu très jeune, ayant à se hausser à la dimension de ses grands prédécesseurs, et vivant avec ses impulsions, ses croyances, ses faiblesses, ses désirs.

Peut-être est-ce précisément ce jeune âge qui m'a fait ressentir avec une intensité aussi violente l'aspect vécu de ma fonction. C'est lui qui s'est transformé peu à peu en découvrant — c'est le thème de ce livre — le poids réel du pouvoir.

Et c'est toujours lui qui me donne envie d'en partager les souvenirs avec vous, pour essayer de fixer les traits qui forment la physionomie encore indécise de notre temps.

V. G. E.

PROLOGUE

J'entends derrière moi le bruit d'une porte qui s'ouvre. Je me retourne. C'est le secrétaire général de la présidence de la République, Jean François-Poncet, qui entre dans mon bureau. De toutes les personnes travaillant à l'Élysée, il est le seul à pouvoir venir ainsi sans prévenir.

J'ai institué cette règle pour éviter que les entretiens avec mes visiteurs et les réunions de travail ne soient perturbés par des allées et venues. Une exception est prévue pour Jean François-Poncet, car il doit pouvoir m'avertir immédiatement de toute situation à caractère urgent.

Nous sommes le lundi 13 novembre 1978, en fin de matinée.

La double porte par laquelle pénètre Jean François-Poncet communique avec la pièce voisine où travaillent mes deux secrétaires. Pour amortir les sons, on a tendu un rideau de velours beige entre ses battants. Si bien que je n'entends qu'un cliquetis à peine perceptible lorsque Mme Villetelle tape un texte sur sa machine.

Cette porte se situe sur ma droite, entre la cheminée de marbre blanc et la fenêtre qui donne sur le parc.

Le soleil de novembre, pâle et pur, brille à travers les branches dénudées des arbres. Les jardiniers ratissent les allées, en faisant crisser les graviers sous les doigts de fer de leurs outils. Ils rassemblent les feuilles mortes en petits tas d'où s'élève une odeur de décomposition végétale puis, lorsqu'ils y mettent le feu, un filet opaque de cendre blanche monte en spirale. Quand mes deux chiens viennent déranger les tas de feuilles, les jardiniers les chassent avec leurs râteaux, d'un geste menaçant. Les chiens s'enfuient en courant, et recommencent aussitôt à gambader sur la pelouse.

J'aperçois la silhouette du secrétaire général debout, à contre-jour. Il m'interroge :

« Monsieur le Président, le ministre de la Défense nous demande s'il peut autoriser le survol de la Corse par un avion militaire soviétique.

— Pour quel motif ?

— Il s'agit de l'avion qui ramène Boumediene en Algérie. »

Le président Boumediene est malade depuis plusieurs mois. Les médecins algériens n'ont pas réussi à le guérir. Les Soviétiques ont proposé de le traiter à Moscou, où il s'est rendu deux fois, sans résultat semble-t-il. Son mal paraît inguérissable. On a diagnostiqué la maladie de Waldenström, causée par un virus du sang extrêmement rare. Boumediene a décidé de quitter l'hôpital de Moscou et de rentrer en Algérie pour y passer les derniers mois de sa vie. J'ai lu tout ceci dans les télégrammes de nos ambassadeurs à Alger et à Moscou.

« Pourquoi, lui dis-je, les Soviétiques demandent-ils à survoler la Corse ? »

Je sais que nous y possédons une base militaire aérienne dans le sud, à Solenzara, dont le survol est interdit. C'est de là que se sont envolés, il y a six mois, les parachutistes du 2e régiment étranger de parachutistes, pour l'opération de Kolwezi.

Jean François-Poncet me répond :

« L'avion qui ramène Boumediene traverse actuellement la Yougoslavie et l'Italie. Le trajet le plus direct pour Alger passe au-dessus de la Corse. Les Soviétiques indiquent qu'ils peuvent faire un détour, mais ils demandent l'autorisation d'effectuer un vol direct, car ils sont obligés de donner des soins incessants au président Boumediene, et ils souhaitent arriver à destination le plus vite possible.

— Est-ce que ce survol présente un inconvénient pour Solenzara ?

— J'ai interrogé l'État-major. Le général Vanbremeersch estime qu'il n'y a pas d'inconvénient. »

J'imagine Boumediene dans son avion soviétique, au revêtement de peinture vert mat. On a dû lui aménager une couchette, avec des draps de coton au grain épais, et des couvertures kaki. Il règne dans la cabine des odeurs âcres de pharmacie. Sans doute peut-il regarder par le hublot, et apercevoir la tache bleue de la Méditerranée, comme une grande flaque scintillante et paisible, bordée d'un ourlet d'écume le long des côtes. Il ressent la douceur de revenir chez lui.

« Dites à Bourges qu'il peut donner l'autorisation de survoler la Corse ! »

I

LE RETOUR EN ALGÉRIE

En hommage à Jan Potocki,
qui savait si bien
emboîter ses histoires
les unes dans les autres.

C'était en avril 1975, dans la première année de mon septennat.

Aujourd'hui, vues de loin, ces journées me paraissent lumineuses et ensoleillées. Et pourtant, ce voyage officiel en Algérie a été le plus difficile de mon mandat. Je ne souhaitais pas me rendre dans ce pays, car je ne m'étais pas résigné, au fond de moi, au départ de la France d'Algérie, même si j'en avais compris la fatalité et approuvé la décision politique.

Mais la machine du voyage officiel était déjà lancée. Le président Pompidou avait accepté et annoncé le principe d'une visite du président de la République, en souhaitant qu'elle réchauffe les relations entre la France et l'Algérie, qui passaient par des phases successives d'irritation et de frustration. Seule sa disparition prématurée l'avait empêché de l'effectuer lui-même.

Le ministre des Affaires étrangères, Jean Sauvagnargues, insistait sur la nécessité de ce voyage. Nous étions en pleine crise pétrolière. Je venais de lancer la proposition d'un dialogue Nord-Sud dans une conférence de presse donnée à l'Élysée, le 24 octobre 1974. L'Algérie était un pion essentiel du jeu. Elle exerçait une influence quasi décisive sur les pays non-alignés et s'opposait jusqu'ici à l'initiative que nous avions prise avec l'Arabie Saoudite. Le report du voyage serait interprété par ses dirigeants comme une volonté d'humiliation de notre part, et risquerait d'entraîner la rupture de relations déjà fragiles.

Mes collaborateurs, Claude Pierre-Brossolette et Gabriel Robin, se relayaient pour me convaincre, en me rappelant les engagements pris vis-à-vis des autorités algériennes. Ils ne partageaient visiblement pas mes hésitations.

Mais je m'interrogeais encore, avant d'arrêter ma décision, car mes hésitations venaient de loin.

***

Au lendemain de la Seconde Guerre mondiale, j'avais cru instinctivement que l'Algérie constituait une chance pour notre pays, en lui offrant le large espace qui lui manquait pour devenir une puissance du XXe siècle, et qu'elle pouvait rester française si nous nous imposions les efforts nécessaires.

Mon premier contact avec l'Algérie n'avait pas été pris sur son sol, où je ne m'étais pas encore rendu, mais avec ses hommes. Le régiment de la 1ère armée française, l'armée De Lattre, dans lequel je m'étais engagé, avait été reconstitué en Algérie. Une partie de ses effectifs était composée de Français musulmans. Ceux-ci ne servaient pas dans les chars, mais constituaient les unités de protection chargées d'accompagner les blindés. C'est là qu'on m'avait affecté, en raison de mon manque complet d'expérience militaire. Et c'est ainsi que j'ai passé l'automne et la moitié de l'hiver 1944-1945 à partager leur vie, sous le même uniforme — le mien, mal ajusté à la longueur de mes membres —, et à être cahoté dans les mêmes véhicules. Nous ouvrions le soir nos boîtes de conserve américaines, dont ils rejetaient avec dédain le pâté de porc, en échangeant des plaisanteries dans un vocabulaire de corps de garde dont je me souviens encore, même si j'ai dû renoncer à sa pratique.

Nous combattions ensemble dans la même armée, dans les Vosges puis en Alsace, avant de franchir le Rhin sur des radeaux, au nord de Strasbourg, pour entrer en Allemagne et avancer jusqu'au Tyrol. Je ne me souviens pas d'avoir jamais ressenti entre nous quelque chose qui ressemblât à une différence nationale.

J'ai découvert le territoire algérien six ans plus tard, à l'occasion d'une tournée de l'Inspection des finances.

Le paquebot qui assurait le service depuis Marseille est entré le matin dans la baie d'Alger. Un grand cirque blanc, étiré en forme d'ellipse, avec un soubassement d'immeubles réguliers, dont l'architecture rappelle celle de la rue de Rivoli, et au-dessus la dégringolade désordonnée des cubes de la Casbah. On apercevait au loin, tout en haut, des quartiers modernes, avec de grands arbres qui leur donnaient une allure de Californie. La plus belle ville de la Méditerranée !

La direction des Services financiers m'a affecté à la vérification des finances de Bou-Saada. Elle ne pouvait pas mieux choisir. C'est une oasis, au sud d'Alger. Pour l'atteindre, on franchit une chaîne de montagnes, en traversant la ville d'Aumale, au nom et à l'aspect d'une ville de garnison. Comme c'était l'hiver, un peu de neige était tombée, et elle fondait en boue sale sur les trottoirs.

Puis le paysage jaunit, s'allonge. On découvre les premières dunes de sable. C'est le désert et, cent kilomètres plus loin, l'oasis de Bou-Saada.

Il y avait là un hôtel très accueillant, tenu par un couple dont la famille possédait le célèbre hôtel Saint-Georges d'Alger, où Eisenhower avait résidé après le débarquement américain en Afrique du Nord. Aux repas, on me servait du couscous dont la semoule était finement granulée et des gâteaux feuilletés aux amandes.

Je m'y suis installé, et je voyais arriver tous les jours les cars dont débarquaient des groupes de touristes congestionnés par le soleil, mais aussi par l'impatience. On m'a indiqué la raison de leur attente : Bou-Saada est le siège de la tribu des Ouled-Naïls, dont les jeunes filles se spécialisent dans la danse du ventre. La coutume de leur tribu voulait qu'elles ne puissent se marier qu'en apportant une dot. Pour la constituer, elles dansaient en faisant la quête, et offraient ensuite de caresser la peau soyeuse de leur estomac, puis celle de leur corps, à ceux qui acceptaient de les enrichir. C'est ainsi que, tard dans la nuit, j'entendais dans le fond du couloir les rires gras des Suisses alémaniques, satisfaits d'avoir arrondi la dot des jeunes Ouled-Naïls.

L'essentiel de mon travail consistait à vérifier les registres fiscaux. Dans une première colonne on inscrivait, après le nom des intéressés, le montant de l'impôt à payer — de toutes petites sommes — et dans une deuxième colonne la date du versement. Si cette colonne restait vide, on trouvait à côté la mention des « restes à recouvrer » et celle des poursuites entreprises pour les récupérer.

J'examinais chaque cas individuel avec le « receveur des contributions diverses », membre de la communauté juive d'Algérie, Georges Melka, que j'ai retrouvé plus tard comme rapatrié. Il me décrivait les poursuites qu'il entreprenait lorsqu'il se rendait dans les tribus rechercher les débiteurs récalcitrants, et qu'il les menaçait de saisir leur burnous ! Il semblait connaître personnellement chacun d'entre eux, bien que tous leurs noms me paraissent semblables.

Son adjoint était musulman, grand et maigre, avec des traits fins. Il portait un burnous. Son petit garçon, qui allait à l'école, venait le retrouver en fin de matinée. Par la fenêtre, je le voyais arriver le long de la ruelle de terre battue, ravinée de sillons, entre les maisons basses. Il était habillé, comme tous les écoliers, d'une culotte courte et d'une chemise blanche. Il avait des cheveux frisés et de grands yeux noirs intelligents.

J'ai interrogé son père, d'une manière qui manquait de délicatesse :

« C'est votre fils ?

— Oui.

— Pourquoi ne s'habille-t-il pas comme vous ? »

Il m'a jeté un regard où j'ai aperçu de la dignité offensée, et aussi une trace de mépris pour mon incompréhension. Puis il a pris l'étoffe laineuse de son burnous dans sa main, pour me la montrer, et m'a répondu :

« Tout cela, c'est fini. Nous sommes des Français comme vous. »

***

J'ai fixé, en accord avec les autorités algériennes, la date de mon voyage officiel au 10 avril 1975, moins d'un an après mon élection. Il était convenu que je resterais trois jours en Algérie. Nous nous sommes envolés d'Orly, dans le DC 8 du GLAM*. Selon l'habitude, le Premier ministre, Jacques Chirac, accompagné de plusieurs ministres, est venu me saluer au départ. Nous échangeons quelques mots, en aparté : c'est lui qui, pendant mon absence, est chargé de veiller sur la « maison »...

Nous marchons sur le tapis rouge, entre deux rangs de gardes républicains. Le temps est splendide, ensoleillé, et le vent fait claquer sèchement les drapeaux.

Nous nous installons à bord. L'avion a été aménagé pour Georges Pompidou en deux parties. A l'arrière, les rangées habituelles de fauteuils, deux de chaque côté du couloir central, et à l'avant un grand compartiment isolé par des cloisons de bois, et transformé en appartement : il comprend un salon avec une table où l'on peut travailler ou prendre ses repas, une chambre où se trouve un lit pour dormir pendant les longs voyages et, au bout, un cabinet de toilette, complété d'une douche dans un placard. Comme cet appartement est bordé d'un couloir qui conduit jusqu'à la cabine de pilotage, il n'est éclairé que d'un seul côté par les hublots de l'avion. La teinte sombre du bois des cloisons ajoute à l'atmosphère de demi-pénombre.

Les personnalités qui m'accompagnent s'installent dans leur fauteuil. La suite est réduite : les ministres directement intéressés, Jean Sauvagnargues, ministre des Affaires étrangères, Jean-Pierre Fourcade, ministre des Finances et des Affaires économiques et, comme j'ai voulu qu'un uniforme militaire français figure dans le cortège, le général Méry, chef de mon état-major particulier, qui

* Groupe de liaisons aériennes ministérielles : c'est l'unité de l'armée de l'air chargée de transporter les personnalités officielles.

porte son képi rouge à feuilles de chêne. Quelques hauts fonctionnaires : Claude Pierre-Brossolette, Jean-Paul Anglès, chef du protocole, François de Laboulaye pour les Affaires étrangères, et le directeur du Service des voyages officiels au ministère de l'Intérieur, compétent, courtois et discret, Alain Montarras. Le tout tenait dans un seul avion.

Nous nous asseyons, de chaque côté de la table, dans le petit appartement, Anne-Aymone le dos tourné vers l'avant de l'avion, car elle est indifférente au sens du vol, et moi en face. L'avion roule lourdement, tiré par ses quatre réacteurs. Puis il accroche l'air, et s'allège. Les moteurs continuent à tourner à pleine puissance. En altitude, leur régime s'adoucit. Nous voici installés dans le ciel.

Je m'appuie contre le dossier de la banquette, et je ferme les yeux. Voilà donc que je retourne en Algérie, où je ne suis pas revenu depuis quinze ans ! Après l'inspection des finances de Bou-Saada, j'y suis reparti en 1960. J'étais alors secrétaire d'État aux Finances, auprès de Wilfrid Baumgartner, dans le premier gouvernement de la Ve République, et j'avais souhaité aller voir sur place l'effort militaire en Algérie.

Le général Challe était venu m'accueillir à l'aéroport à la tombée de la nuit, chaude et opaque, dans le remue-ménage d'une escorte de motocyclistes et de véhicules blindés. Il m'avait conduit chez le délégué général du gouvernement, Paul Delouvrier, qui résidait au palais d'Été. J'avais dîné chez lui, où il avait invité, pour me les faire rencontrer, certains des colonels qui servaient sous ses ordres.

Le lendemain, j'étais parti survoler, dans un hélicoptère de la marine, une opération militaire qui était en cours sur le plateau de Tiaret. J'avais été impressionné par la discipline et le professionnalisme du marin qui me pilotait.

Nous apercevions au-dessous de nous, sur une étendue de collines vert pâle, des lignes de soldats dont certaines avançaient en sinuant. Des flocons de fumée blanche marquaient les emplacements de tirs.

J'ai demandé si nous pouvions nous poser un moment sur le terrain. La radio du sol a donné une réponse affirmative. En débarquant de l'hélicoptère, j'ai été accueilli par le général qui commandait l'opération, long et mince dans son treillis vert, avec des jumelles qui pendaient sur sa poitrine. Il m'a adressé quelques mots de bienvenue, tout en ayant visiblement l'esprit ailleurs. A côté de lui, je reconnais, à ma surprise, un de mes cousins, le lieutenant-colonel Jacques Malézieux-Dehon. Je savais qu'il servait dans l'armée :

« Qu'est-ce que tu fais là ?

— C'est moi qui commande le régiment qui est engagé dans cette opération. »

Je ne veux pas importuner les responsables par mes questions. Je m'éloigne de quelques pas. Plus loin, je vois des hommes assis par terre, un groupe de six et, à l'écart, quelques individus isolés. Je m'en approche. Ils portent des vestes de toile chiffonnée, des pantalons marron, des sandales en plastique ou des pataugas déchirés sur leurs pieds nus, et des passe-montagnes de laine. Un autre a la tête enroulée dans un turban. Ils tiennent leurs mains derrière leur dos. Auprès d'eux, des soldats debout dans leur tenue camouflée, les manches retroussées et le doigt sur la gâchette de leurs mitraillettes.

Je demande à mon cousin :

« Qui sont-ils ?

— Ce sont des prisonniers que nous venons de faire.

Nous allons les interroger pour tâcher de savoir où se sont enfuis les autres. Nous continuons à les chercher mais nous avons perdu leur trace. J'attends l'arrivée de l'interprète, car ils ne parlent pas français. »

En les regardant assis, comme cela, sur le semis de cailloux gris, serrés les uns contre les autres, avec en arrière-fond la rumeur des unités qui se déplacent et dont j'aperçois les mouvements comme sur un dessin de bataille, précédés de véhicules régulièrement espacés, sous un ciel léger et rempli de bourdonnement de moteurs, je réalise que ce ne sont pas des soldats mais des hommes, apeurés, paniqués, qui me regardent avec des yeux fuyants. Sont-ils cruels ? Comment agiraient-ils s'ils avaient la force de leur côté ? L'on vient de trouver l'interprète, qui court pour se rapprocher de nous. Mais je n'ai pas envie d'entendre leur interrogatoire, ni les questions, ni les réponses qu'on leur arrache. Je reviens vers l'hélicoptère dont les pales commencent à tourner lentement, jusqu'à ce que la turbine embraye.

Après notre décollage, pendant que nous prenons de l'altitude, j'aperçois, dans la lumière qui commence à baisser, la progression des lignes noires qui se poursuit sur la courbe étirée des collines.

***

Le DC 10 présidentiel a quitté la côte française au-dessus de Marseille. On peut voir, par le hublot, le château d'If sur son rocher calcaire.

Le personnel du GLAM nous sert maintenant notre déjeuner. Ce sont des militaires, dont une femme, qui assurent le service. On se croirait dans un bon restaurant de province : du bourgogne blanc dans des verres aux facettes taillées, des assiettes de Limoges. Il ne faut pas que je boive trop pour garder l'esprit alerte et disponible à l'arrivée, quand j'aurai à prononcer la courte déclaration que j'ai rédigée et apprise par cœur !

Je la lis pendant le repas, pour me la remettre à l'esprit, et je la relirai encore une dernière fois, juste avant l'atterrissage, car aucune défaillance de mémoire ne serait permise.

Le sifflement régulier des réacteurs invite à l'assoupissement. J'entends dans l'arrière-cabine des éclats de voix qui accompagnent la fin du repas.

Et les images me reviennent d'un autre vol qui me ramenait, cette fois, d'Amérique.

***

C'était en 1961. J'étais alors secrétaire d'État aux Finances. La réforme monétaire de 1958 avait rétabli la santé du franc. Les caisses de la Banque de France commençaient à se regarnir sous l'effet des excédents extérieurs. Nous pouvions commencer à rembourser nos dettes, nées de la Seconde Guerre mondiale.

Au total, ces dettes étaient peu importantes. La France en acquittait régulièrement les intérêts. Mais les États-Unis marquaient leur impatience de les voir définitivement soldées. Le ministre des Finances, Wilfrid Baumgartner, veillait à ce que nous effectuions des amortissements au fur et à mesure de nos rentrées de devises.

Au début de l'année 1961, la plus grande partie de nos dettes était remboursée. Seuls subsistaient quelques petits emprunts correspondant à des achats de matériel de guerre pour un montant de 293 millions de dollars. Je suggérai à Wilfrid Baumgartner de prendre la décision de rembourser le solde d'un seul coup, pour marquer l'assainissement de la situation financière française.

Il en a retenu l'idée, et m'a proposé d'aller l'annoncer moi-même au secrétaire du Trésor des États-Unis. J'ai accepté d'autant plus volontiers qu'il s'agissait de Douglas Dillon, homme chaleureux et bienveillant, que j'avais rencontré à plusieurs reprises lorsqu'il était ambassadeur à Paris. Il comptait de nombreux amis en France, où sa famille possédait — et possède toujours — le Château Haut-Brion, premier grand cru de Bordeaux.

Douglas Dillon m'a reçu dans son bureau de la Trésorerie, dont le bâtiment jouxte la Maison-Blanche. Je lui ai fait part de l'intention de la France de rembourser l'ensemble des échéances de ses dettes de guerre, et d'après-guerre. Nous avons posé pour les photographes. Mission accomplie. Puis Douglas Dillon m'a proposé :

« Le Président Kennedy veut vous remercier pour la décision de la France. Il va vous recevoir dans son bureau. Je vais vous y conduire. »

C'était à lui que je devais l'organisation de ce rendez-vous. J'en éprouvais un frémissement de plaisir, car le Président Kennedy représentait pour moi, comme pour tous les jeunes gens de ma génération, un modèle fascinant : sa blessure de guerre dans le Pacifique, le prix Pulitzer pour le livre qu'il avait publié, *Hommes de courage*, sa campagne bousculant les rengaines et les clichés politiciens, son débat en face à face avec le Vice-Président Nixon, rusé et expérimenté. Il donnait l'image éclatante et moderne de l'alliance de la jeunesse et du pouvoir.

Nous avons emprunté avec Douglas Dillon le couloir intérieur qui conduit du bâtiment voisin, où il avait son bureau, jusqu'à la Maison-Blanche. Puis nous avons monté un petit escalier. A chaque tournant, des *marines* en uniforme bleu. Nous entrons dans le bureau de John Kennedy. Ce n'est pas le salon ovale, mais un bureau plus intime, une sorte de bibliothèque, située au bout du premier étage. John Kennedy est debout, il me tend la main. Je ne l'imaginais pas aussi grand. Les yeux bleus éclairent le visage bronzé, avec des dents à l'émail très blanc. Un teint de jeune homme riche.

Douglas Dillon s'est retiré, nous laissant en tête-à-tête. John Kennedy m'invite à m'asseoir, et il engage la conversation. Une conversation ouverte, confortable, informée. Il me demande des nouvelles d'amis rencontrés à Paris, se renseigne sur les projets du général de Gaulle. Un mot de remerciement pour le remboursement :

« La France va mieux, me dit-il, dans son anglais soigné, marqué de l'accent nasillard de Boston. Votre politique a réussi. Vous n'avez presque plus d'inflation. Chez nous, nous n'y arrivons pas. L'inflation reste trop forte, et nous ne contenons pas la montée des salaires. »

Le photographe de la Maison-Blanche est entré discrètement dans la pièce. Il prend des clichés. J'ai toujours conservé depuis, dans mes bureaux successifs, l'image où l'on voit John Kennedy, dans le fauteuil à bascule destiné à soulager la douleur de sa colonne vertébrale, se tourner vers moi pour m'interroger :

« Puis-je vous demander un conseil ? Je ne suis pas un économiste, mais je vois bien que les mesures que nous prenons ne suffisent pas. Dites-moi ce que vous feriez, si vous étiez à ma place. »

Je ne rêve pas : c'est bien l'homme le plus puissant du monde qui me pose cette question ! Est-ce une habileté due au savoir-faire politique, un signe de bienveillance pour ce visiteur encore plus jeune que lui, un désir réel de s'informer, qui l'amène à m'interroger ainsi ? Ou tout simplement une question qu'il pose à tout venant, parce que le problème le préoccupe, sans qu'il entrevoie de solution.

Ma réponse est banale. J'essaie de la formuler simplement : il faudrait réduire les dépenses publiques, mais ne pas baisser les impôts. La baisse des taux d'intérêt allégerait alors les charges de la dette... etc. Il a l'air de m'écouter. Nous sommes interrompus par l'entrée d'un de ses collaborateurs.

Il me le présente :

« Vous connaissez Peter ? Peter, qu'est-ce qu'il y a ? »

Celui-ci lui répond :

« Nous avons des ennuis avec les alliés européens. Ils sont furieux parce que nous avons annoncé hier soir la nomination du commandant des forces terrestres de l'OTAN sans les avoir prévenus.

— Pourquoi se plaignent-ils ? Est-ce que nous devions les prévenir ?

— Le Pacte Atlantique nous oblige à les consulter avant de nommer les commandants en chef. Mais c'est une simple formalité. Jusqu'ici cela n'a pas créé de problème. Il aurait mieux valu attendre jusqu'à demain avant de rendre public notre choix. »

Kennedy sourit :

« Dites qu'on va les consulter puisque cela leur fait plaisir. Mais, de toutes façons, nous confirmerons notre décision. »

Il me regarde, en homme heureux d'avoir expédié une formalité irritante et insignifiante. Je me souviendrai de cet instant lorsque le général de Gaulle m'exposera, dans son bureau de l'Élysée, les motifs pour lesquels la France doit quitter l'organisation militaire de l'OTAN :

« Ils nous traitent sans la moindre considération », grognera-t-il alors.

Kennedy a repris l'entretien. Il me parle de ses lectures. Trois livres par semaine, en moyenne, car il pratique la lecture rapide.

Mais il s'excuse : il doit me quitter, des sénateurs l'attendent, et le Sénat lui crée beaucoup de difficultés.

Il me reconduit à la porte, où il me salue du même sourire, éclatant, insouciant. J'ai glissé dans ma poche la pochette d'allumettes de la Maison-Blanche, posée sur le guéridon à côté de moi, comme d'autres ramassent un galet sur la plage, juste pour se souvenir.

Pendant toute la durée de ma présidence, j'ai gardé, sur l'écritoire de marqueterie, placé entre les deux fenêtres de mon bureau, le livre que sa sœur Eunice m'a donné après son assassinat, sous le titre *Les Années Kennedy*, et dont la couverture reproduit son profil d'empereur et de jeune premier.

***

C'est encore imprégné de ces sensations, et allégé du remboursement de la dette, que j'ai débarqué le lendemain matin, mercredi, jour du Conseil des ministres, à l'aéroport d'Orly. L'officier de police qui m'est affecté, en tant que secrétaire d'État, m'attend au « salon d'honneur ». Il me tend un papier : « Le directeur du Cabinet du Premier ministre — alors Michel Debré — demande que vous l'appeliez tout de suite au téléphone. C'est urgent. »

Je m'isole dans une cabine. J'appelle Matignon, dont je connais le numéro par cœur pour y avoir travaillé auprès d'Edgar Faure. Le standard me passe le directeur de Cabinet, Pierre Racine. Je reconnais sa voix, nette, au timbre desséché, métallique.

« Je vous ai demandé de m'appeler dès votre arrivée, me dit-il, car le Premier ministre souhaite vous voir ce matin, à propos du Conseil des ministres de cet après-midi. Pouvez-vous venir directement à Matignon ? »

Je ne suis pas rasé, fripé par une nuit sans beaucoup de sommeil. Je cherche à me renseigner sur l'objet de ce rendez-vous, jugé si urgent.

« Le Premier ministre préfère vous en parler lui-même », me répond Pierre Racine.

Aussitôt arrivé à Matignon, Michel Debré me reçoit. J'admire son intelligence et son inlassable activité. Le matin, je trouve souvent sur ma table du ministère des Finances des petits mots qu'il a écrits à l'aube, dans son bureau désert, et où il me donne des instructions, à la manière de Colbert, de son écriture élégante et rapide, et qu'il m'a fait porter aussitôt. Notre attitude sur de grands sujets nous séparent. Je n'ai pas approuvé sa campagne intransigeante contre l'Europe du Marché commun, et je n'arrive pas à comprendre sa démarche envers l'Algérie, dont il prépare désormais l'indépendance, en me souvenant des diatribes virulentes — et sincères — dans lesquelles il fustigeait au Sénat les tenants et les complices de l'abandon. Enfin, l'essentiel pour lui, c'est l'État, et pour moi, c'est la France.

Mais je mesure aussi son attachement passionné à la cause du général de Gaulle, qu'il pousse jusqu'à l'abnégation, et qui le conduit à se délecter, parfois, d'une sorte de martyre.

Il est le chef du gouvernement dont je suis membre. J'en suis solidaire. J'écoute ce qu'il va me dire.

Il est assis dans son fauteuil, derrière un bureau Louis XV, qui est chez nous le signe symbolique du pouvoir.

« Nous allons annoncer, cet après-midi, me dit-il, à l'issue du Conseil des ministres, que nous allons ouvrir des négociations avec le FLN en vue d'un cessez-le-feu. Les négociations seront difficiles, car les demandes du FLN vont très loin. Il n'est pas question de céder, ajoute-t-il d'un ton où je sens la rage remonter. Nous allons rendre publique la composition de notre délégation. Elle comportera trois membres. C'est Louis Joxe qui la conduira, comme ministre d'État chargé des Affaires algériennes. Il sera assisté de Robert Buron. Et il faut quelqu'un pour traiter les questions économiques et financières. »

Il s'interrompt, reprend son souffle :

« Le général de Gaulle vous a désigné pour le faire. Il m'a demandé de vous en prévenir. »

Cette annonce me fait l'effet d'un coup reçu quelque part sur la nuque, dans le dos, entre les omoplates. Je reste interdit, le souffle coupé, mais avec une certitude en moi, dure et compacte comme un caillou : je n'irai pas !

Comme au moment des situations de grande tension, j'ai l'esprit calme et presque détaché. Mais mes mains sont nerveuses sur les accoudoirs, trop nerveuses. J'essaie de raisonner :

« Je comprends bien qu'il faille négocier. L'opinion publique ne supporte plus la poursuite indéfinie des combats. Et les succès sur le terrain nous mettent actuellement en position de force. Je serai solidaire de cette négociation, mais vous connaissez mes sentiments : j'aurais souhaité que nous puissions garder l'Algérie. Je reconnais, comme vous, que ce n'est plus possible. Mais je ne prendrai pas part à cette négociation. »

J'imagine dans ma tête, pendant que je lui parle, l'arrivée des deux délégations, les échanges de politesse. On s'assied ensuite autour de la même table.

Michel Debré me répond d'une voix irritée :

« Je peux comprendre votre réaction, mais il ne s'agit pas de vos sentiments. Il faut défendre les intérêts du pays. Chacun de nous doit y contribuer. Ce n'est pas facile pour moi, mais je le ferai jusqu'au bout. Et de toute façon, je ne vous ai pas demandé de venir pour en discuter, mais pour vous faire part de la décision du général de Gaulle. Il vous a désigné. Vous faites partie du gouvernement. Vous avez le devoir de respecter son choix. »

Le caillou se fait plus lourd. J'ai peut-être tort, mais cela m'est indifférent. Il y a des choses dans la vie que je ne ferai pas.

« Je regrette, Monsieur le Premier ministre. Je comprends vos arguments, mais c'est pour moi une décision personnelle. Je ne ferai pas partie de cette délégation. Je souhaite que vous en compreniez les raisons. »

Michel Debré se lève. Sa colère revient, il joue avec elle en la laissant monter. Je sens qu'elle va exploser :

« Je n'admets pas votre attitude. Nous ne sommes pas au gouvernement pour analyser nos sentiments, mais pour servir le pays. C'est trop commode de se protéger, de se mettre à l'écart ! Le général de Gaulle vous recevra avant le Conseil des ministres pour vous confirmer sa décision. Soyez à l'Élysée un quart d'heure avant le Conseil. »

A 3 heures 15, l'aide de camp du général de Gaulle me fait entrer dans son bureau, le salon aux boiseries dorées dont les trois fenêtres donnent sur le parc de l'Élysée. Le général m'invite du geste à m'asseoir, et s'assied lui-même derrière son bureau, le dos à la cheminée sur laquelle bat une pendule de bronze, supportée par des colonnes de marbre blanc.

Il entre sans périphrase dans le sujet :

« Le Premier ministre vous a fait venir pour vous informer de la composition de la délégation que nous allons annoncer tout à l'heure, et qui devra négocier avec le FLN. J'ai choisi Joxe pour la diriger, puisqu'il a la charge de l'Algérie. Et aussi Robert Buron. Mais il faut quelqu'un pour traiter les questions économiques et financières. Ils n'y connaissent pas grand-chose ! Les intérêts à défendre sont très importants ; il y a notamment le pétrole. Je vous ai désigné pour le faire. Vous serez chargé de cette partie de la négociation. Si vous avez des difficultés, vous pourrez vous adresser directement à moi. Je sais que vous avez fait part de vos réserves au Premier ministre. Il m'en a prévenu, mais ma décision est prise. »

Il change de ton, se rapproche de la confidence :

« Et puis j'ai besoin de quelqu'un qui saura tenir tête aux Algériens sur nos intérêts économiques, car, je le répète, ces intérêts sont très importants pour nous. »

Il a fini. C'est le grand art du général qui le conduit à me parler ainsi. Et aussi la raison d'État. Mais que peuvent l'art et la raison d'État contre un caillou qu'on porte en soi, et qui refuse de bouger ? J'essaie de lui répondre :

« Mon général, j'ai indiqué au Premier ministre, qui m'en a parlé ce matin, que je ne pouvais pas accepter de faire partie de cette délégation. Ce n'est pas une question politique, mais une question personnelle. J'ai eu certaines convictions à propos de l'Algérie, et je ne m'imagine pas siégeant en face des membres du FLN. Je vous demande de m'excuser, mais je ne changerai pas d'avis. Je comprendrais que vous en tiriez les conséquences. »

Le général reprend brièvement son argumentation. Mais je sens qu'il n'est plus concerné, et qu'il est lassé d'avoir à convaincre, lui de Gaulle, quelqu'un qui ne mérite pas un tel effort. Sa voix gronde :

« Je vous ai dit tout ce que j'avais à vous dire. Je vous verrai tout à l'heure au Conseil des ministres. »

Il me reconduit jusqu'à la porte, sans dire un mot. Dans l'antichambre, je croise Michel Debré, sombre et tendu, qui affecte de m'ignorer et entre dans le bureau du général.

Un quart d'heure plus tard, je rejoins la salle où se tient le Conseil des ministres, au premier étage de l'Élysée, en face de l'entrée du bureau du général de Gaulle. Je m'assieds au bout de la table, au milieu des secrétaires d'État, entre Jean Foyer et Jean de Broglie.

De Gaulle ouvre l'ordre du jour. En première partie, des textes. Puis des nominations. On en vient aux communications. Le général de Gaulle prend la parole, et expose les raisons pour lesquelles il convient d'ouvrir des négociations avec le FLN. Il faut aussi désigner notre délégation. De Gaulle s'adresse à Michel Debré :

« Monsieur le Premier ministre, qui proposez-vous pour faire partie de cette délégation ?

— Mon général, nous devons nommer trois personnes. Je vous propose que ce soit le ministre d'État, Louis Joxe, qui conduise la délégation, et qu'il soit assisté de Robert Buron et de Jean de Broglie. »

Le général de Gaulle jette un regard interrogatif autour de la table. Pas de réactions...

« Monsieur le Premier ministre, j'approuve votre proposition. La délégation sera ainsi constituée. Je lui préciserai ses instructions. »

Et il passe au point suivant de l'ordre du jour.

***

Un coup frappé à la porte de la cabine, qui s'ouvre.

C'est mon aide de camp, le commandant Vallat, venu me prévenir :

« Nous commençons notre descente vers Alger. Nous atterrirons dans un quart d'heure environ. »

J'ouvre les yeux. M'étais-je endormi, ou était-ce seulement une vague torpeur ? Anne-Aymone fait un travail de tapisserie, de l'autre côté de la table, un coussin me semble-t-il, dessiné avec des fils de laine qui s'entrecroisent sous l'aiguille et qui pendent de chaque côté du canevas, bleu, rose, et vert pâle.

Ainsi, c'est donc moi qui vais rendre visite à Boumediene ! Je reclasse mes idées à la hâte. J'ai l'esprit brumeux. Où est le texte de ma déclaration ? Je le relis, pour le fixer une dernière fois dans ma mémoire.

Du côté de l'appareil où nous sommes assis, on découvre, au loin, Alger. Semblable à autrefois, bleue et blanche, avec pourtant moins de navires dans la rade que j'en avais gardé le souvenir.

L'avion s'est arrêté en face de l'aérogare. Le nom de l'aéroport est peint sur la façade en caractères arabes. Je descends la passerelle.

Le président Houari Boumediene s'avance à ma rencontre, suivi d'un petit groupe de personnalités. Tout autour, se tiennent des policiers en civil, l'œil aux aguets.

Boumediene porte un costume classique avec une chemise blanche et une cravate de couleur et, par-dessus, un long burnous de drap noir, accroché devant la poitrine par une petite chaîne d'argent.

Sa silhouette est haute, maigre. Son visage me fait penser à celui d'un Espagnol, marqué par l'invasion arabe : ovale, étiré, une denture longue et régulière dans une bouche qui fait saillie, et dont les lèvres restent entrouvertes, comme si l'avancée de la gencive supérieure les empêchait de se rejoindre. Son front élevé s'incurve vers l'arrière, avant que commence la naissance des cheveux.

Il me tend les deux mains, dans le geste de bienvenue de la courtoisie arabe. Je les prends alors dans les miennes. J'ai le cœur serré, comme sous le poids du renoncement à une page d'histoire.

Il me présente ses collaborateurs, et moi les ministres français. Le général Méry lui adresse un salut militaire. Et nous passons devant les ambassadeurs alignés le long du tapis rouge.

J'ai fait prévenir le président Boumediene que je souhaitais faire une courte déclaration à mon arrivée. On me conduit dans un salon. Au mur, une reproduction d'une mosaïque romaine ; sur les tables, des plats ronds de l'artisanat local, en cuivre repoussé. On a placé les micros devant une sorte de canapé mou.

Je m'assieds entre l'ambassadeur de France, Jean-Marie Soutou, et le président Boumediene, drapé dans son burnous noir, qui m'écoute le visage impassible.

J'avais imaginé parler dans un tout autre décor pour un moment si important dans l'histoire de nos deux pays : une petite estrade, la ville d'Alger dans le lointain, peut-être même la présence de la foule. Peu importe la médiocrité de l'endroit : les micros relaieront la voix. Je commence à dire mon texte, tel que je l'ai écrit, en pensant aux deux Algérie, la française et l'indépendante :

« Voici que le chef de l'État français est en Algérie.

La France historique salue l'Algérie indépendante.

Il ne serait conforme ni à la considération due au peuple algérien dans cette première visite, ni aux égards dus au peuple français que je représente, de paraître oublier l'époque où nos histoires, jadis, et à nouveau, indépendantes, ont été étroitement mêlées.

Je ne pense pas seulement au moment où elles se sont dénouées, aux épreuves qu'ont pu subir les uns, ni aux souvenirs qui habitent encore les autres. Je pense aussi à la connaissance et à l'estime que les Français ont gardé de cette époque pour les Algériens, et aux sentiments réciproques que leur portent, je le crois, vos compatriotes.

Aujourd'hui, nos peuples travaillent ensemble. Nombreux sont les travailleurs algériens qui apportent à l'économie française la contribution de leur activité et de leur capacité. Nombreux sont les Français, enseignants, coopérants, techniciens, qui concourent au développement de l'Algérie moderne.

Nos deux pays exercent des responsabilités internationales. Ils participent, chacun selon sa manière propre, à la recherche d'un nouvel ordre économique mondial, dont nous savons les uns et les autres qu'il exprimera un état différent des relations entre les États, fondé sur une préoccupation de dignité, d'égalité, de justice, et aussi de compréhension, dont ma rencontre avec le président Boumediene constitue un symbole et, à certains égards, un exemple...

A cette terre d'Algérie, que nous regardons en face de nous de l'autre côté de la Méditerranée, à cette ville d'Alger dont on aperçoit de loin le miroitement blanc, comme jadis en venant de la mer, au peuple algérien, j'apporte le salut de la France. »

Le président Boumediene ne réagit pas, n'applaudit pas. Il se lève. Nous gagnons les voitures. Il me fait asseoir à côté de lui, dans une Mercedes décapotable. Le cortège s'ébranle en direction d'Alger.

Ce qui m'impressionne, dès l'entrée dans Alger, c'est

le délabrement de la ville. J'avais gardé en mémoire des rues nettes, des boutiques fraîchement peintes, des volets appliqués sur les façades. Nous montons la rampe du port. Une atmosphère étrange : celle d'une ville morte, qui serait surpeuplée. Les portes des immeubles sont ouvertes, on voit des gens assis dans les couloirs.

Le cortège arrive dans le quartier de la Poste. Nous allons prendre la rue Michelet. Je regarde les plaques : elle est rebaptisée rue Didouche-Mourad. Il y a des rangs de curieux sur les trottoirs, assez nombreux, hésitant sur l'attitude à prendre. Certains applaudissent. D'autres font des signes en direction de Boumediene. Pas un seul Européen. L'aspect conventionnel de cette cavalcade automobile dans cette rue que j'ai parcourue autrefois comme un jeune passant me déçoit. Je demande à Boumediene si nous pouvons la remonter à pied. Il fait signe au chauffeur d'arrêter la voiture, et nous voici marchant au milieu de la rue, lui-même le visage fermé, et moi adressant quelques signes à la foule, notamment lorsque je vois des enfants qui applaudissent.

Certains magasins ont abaissé par précaution leurs grilles de fer. Peut-être sont-ils simplement fermés. Sur les balcons des appartements bourgeois, je vois des groupes compacts, ceux des nouveaux habitants sans doute.

Oui, une ville morte, qui apprend doucement à renaître dans un univers différent. Mais les arbres, les murs, et même les enseignes des bureaux et des banques sont encore là. La matière ignore le changement de régime politique ! Devant nous, s'amorcent les virages en pente qui conduisent au palais d'Été, puis au-delà, aux beaux quartiers de jadis.

L'arrivée au palais d'Été, rebaptisé palais du Peuple, se déroule selon les rites habituels ; un court entretien, où l'on fixe le programme de la visite : le président Boumediene m'annonce qu'il a décidé de m'accompagner tout à l'heure pour visiter l'usine de la Sonacome, à Rouiba, où l'on assemble des camions Berliet, et demain à l'usine de liquéfaction de gaz de Skikda, l'ancienne Philippeville.

Le soir, au dîner officiel, j'ai Madame Boumediene pour voisine. Anne-Aymone a visité avec elle dans l'après-midi le musée des Beaux-Arts. Elle appartient à la bourgeoisie algérienne d'origine turque, avec, par sa mère, des ascendances suisse et française. Son allure et sa manière d'être sont complètement européennes. Au moment d'épouser Boumediene, elle a opté pour la pratique de l'islam. On me dit que sa situation est difficile, par rapport à une communauté musulmane qui ne l'accepte pas, et à des Européens qui la rejettent. Elle participe rarement à des manifestations officielles. Je la trouve douce, intelligente. Nous évitons les sujets brûlants.

Quand nous regagnerons tout à l'heure l'appartement de la villa des Hôtes, je resterai un moment sur le balcon. La ville est sombre, endormie et comme éteinte. Seul le ciel est piqueté de lumières.

Combien donnerais-je pour remonter le temps, et pouvoir passer cette nuit dans la chambre que j'habitais à l'hôtel Saint-Georges, et me pencher sur le balcon de ma chambre vers lequel monte l'odeur pesante des orangers, en écoutant le service du dîner se poursuivre au rez-de-chaussée dans un cliquetis joyeux de vaisselle, en apercevant sur le boulevard le grésillement électrique des tramways, et en devinant l'ombre rouge du tennis, caché au fond du jardin, sur lequel j'irai jouer demain.

***

Le lendemain, nous partons pour Constantine et Skikda. Le président Boumediene m'accompagne. Nous utilisons un avion à hélices, avec de larges hublots qui nous donnent une bonne vision du paysage. Après le décollage, nous survolons la Mitidja à basse altitude, et j'aperçois les bâtiments agricoles datant de la colonisation française. L'image que j'en reçois me serre à ce point le cœur que je la retrouverai présente dans mon esprit, deux ans plus tard, quand je m'adresserai aux rapatriés, à Carpentras.

On dirait que les habitants sont partis d'un seul coup, en laissant derrière eux les portes ouvertes, des volailles dans la cour, et du matériel agricole que l'herbe envahit. Là où il y avait des jardins, du linge sèche sur des fils de fer, et des femmes en jupe longue portent des seaux. Où résident maintenant ceux qui vivaient là ? Sont-ils encore hantés par le souvenir de leurs repas de famille, dans la salle à manger ensoleillée, et du départ des tracteurs, d'où les hommes leur lançaient un geste joyeux ?

Je me retourne pour quitter ce spectacle obsédant, avec la volonté de ne plus le revoir, et Boumediene me raconte son histoire, dans un français difficile à suivre. Il m'explique pourquoi il parle mal le français : son enfance dans une famille d'agriculteurs du Constantinois, puis ses études dans un centre maraboutique et dans une medersa renommée de Constantine. Lorsqu'il rejoint les mouvements clandestins, son départ pour l'Égypte, où il poursuit quelques études en arabe. Puis son retour en Algérie, où il s'installe à la frontière tunisienne. Il y exerce des activités de commissaire politique, avant de prendre, en 1957, le commandement de la Wilaya d'Oranie.

« Ma mauvaise connaissance du français me gênait, m'avoue-t-il, car la plupart de mes camarades, surtout les cadres, étaient plus à l'aise pour communiquer dans votre langue. »

Et brusquement, une confidence :

« D'ailleurs, nous ne pensions jamais que les Français partiraient. »

Je ne cache pas mon étonnement.

« Non ! reprend-il, quand nous étions dans le maquis, et que nous discutions entre nous, nous n'envisagions pas que les Français puissent partir. Ce que nous voulions, c'était d'avoir la responsabilité de diriger le pays. Mais nous pensions que les Français resteraient. Nous savions que nous avions besoin d'eux. »

Sans doute dit-il vrai. Mais était-il prêt, lui et ses camarades, à s'imposer les disciplines nécessaires pour que les Français puissent effectivement rester sur place, à les rassurer, à respecter leurs biens et leurs droits ? Existait-il une autre solution, une troisième voie, à la marocaine, qui soit acceptable pour la population de souche française, bien qu'elle se considérât de plein droit comme chez elle ? Je l'avais espéré. Le général de Gaulle l'avait envisagé dans ses trois options de 1959. Mais la troisième option a été peu à peu écartée, finalement dissoute par la violence et par la peur.

A Constantine, nous sommes accueillis sur la place de la Brêche, là où le général Lamoricière a donné l'assaut pendant la conquête de l'Algérie. Nous retrouvons la vraie foule, entassée, bruyante, totalement arabe. J'ai souhaité visiter l'université. L'ambassadeur me l'a déconseillé : les universités ne sont pas encore sûres, même pour les dirigeants du régime. J'ai maintenu ma demande.

On me pilote dans les couloirs de l'université. Les étudiants sont nombreux, parfois écrasés contre les murs de béton. Je serre toutes les mains, même celles qui ne se tendent pas et que je vais chercher, rigides, le long du corps. Nous faisons halte dans de petites salles. J'interroge les étudiants présents sur le déroulement de leurs études. En dehors des tables et des bancs, je ne vois pas de matériel d'enseignement. Quelques instruments de physique, des cornues au verre rendu opaque par la saleté, des brûleurs à gaz, comme on en utilise chez nous dans les classes préparatoires aux grandes écoles. Une proportion réduite de jeunes filles. Je sens chez les étudiants davantage de curiosité que de sympathie. Ils sont étonnés et flattés par ce contact, sans plus.

A l'arrière de notre cortège, j'entends monter une rumeur, accompagnée de grondements qui éclatent par moment. A la sortie de l'université, j'interroge mon chef de Cabinet, Philippe Sauzay, lui-même Pied-Noir, né à Bône, sur la nature de ces bruits. Il m'explique que ce sont des groupes d'étudiants et des policiers en civil qui réglaient entre eux d'anciens comptes.

Et nous repartons pour Skikda. Quand on m'a proposé cette étape, je l'ai acceptée aussitôt, car elle me rappelait une lointaine visite, au temps où Skikda s'appelait Philippeville.

Nous y étions arrivés, dans l'hiver de 1953, avec deux de mes camarades de l'Inspection des finances, dans une Peugeot décapotable. Au passage du col le plus élevé de la route venant de Constantine, un pneu de notre voiture avait crevé. Nous avions passé un long moment à changer la roue dans la nuit. Le lendemain, on nous avait reproché notre imprudence, car les routes du Constantinois commençaient à n'être pas sûres et nous risquions d'être attaqués. Nous y avions vu le premier signal des troubles qui devaient ensanglanter l'Algérie.

Le maire nous avait reçus à l'hôtel de ville. Il faisait

partie d'une dynastie politique corse, et avait décoré sa mairie, construite dans le style d'un casino de la Côte d'Azur des années trente, d'une remarquable collection de tableaux modernes.

Nous entrons à pied dans la ville, par une rue en pente qui descend vers la Méditerranée. Je reconnais au loin la mairie, restée identique à elle-même. Ici l'accueil est plus sympathique. C'est un univers différent. Nous sommes entourés de techniciens du gaz et du pétrole, entre lesquels on distingue difficilement les Algériens des Français, car les uns se sont formés auprès des autres. Arrivés à l'usine de liquéfaction de gaz, nous grimpons sur des escaliers métalliques, entre des tuyaux qui serpentent, et font des coudes à angle vif. Le directeur est visiblement fier de nous montrer son usine. Elle doit être effectivement du niveau international. Mais elle est plantée là, toute seule, au milieu d'un univers qui l'ignore et qu'elle enrichit faiblement.

Quand l'avion décolle pour nous ramener à Alger, j'aperçois au loin la colline de l'ancienne Hippone, posée au bord de la mer comme un bât de mulet, avec au-dessus la basilique qui commémore le souvenir de saint Augustin.

Et nous reprenons notre conversation là où nous l'avions laissée :

« Jamais, me répète Boumediene, lorsque nous discutions entre nous, jamais nous n'imaginions que les Français partiraient d'Algérie. »

***

Toute la journée, les ministres des Affaires étrangères

et leurs collaborateurs ont poursuivi leur négociation sur le démarrage de la conférence Nord-Sud.

Le ministre algérien Abdelaziz Bouteflika est un personnage surprenant. Il est actif, adroit, entreprenant. Il a réussi à se faire élire président de l'Assemblée générale des Nations Unies. Il disparaît parfois pendant plusieurs semaines, sans qu'on retrouve sa trace. Il lui arrive de venir faire des visites incognito à Paris, dont nous ne sommes pas prévenus. Il s'enferme dans l'appartement d'un grand hôtel, où se succèdent de charmantes visites. On affirme qu'il porte une perruque.

Notre représentant, Jean Sauvagnargues, appartient à la grande tradition diplomatique. Il a fait l'École normale, avant d'entrer au Quai d'Orsay. Je l'ai nommé ministre des Affaires étrangères, en accord avec Jacques Chirac, parce qu'il rassemblait un nombre impressionnant d'éléments favorables, dont ne disposait aucun homme politique : ancien ambassadeur en Éthiopie, il avait la pratique du tiers monde. Après un passage en Tunisie, il avait été nommé en poste à Bonn par le président Pompidou. Il nous y avait reçu pour les traditionnels sommets franco-allemands. J'avais remarqué qu'il parlait parfaitement l'allemand, et qu'il avait su gagner la confiance des milieux dirigeants. Or, je comptais mettre l'accent sur la coopération franco-allemande. Il avait réussi à mener à bien la difficile négociation quadripartite sur le statut de Berlin. Enfin, il appartenait à la tradition diplomatique gaulliste, mais était un partisan déclaré de la construction européenne. Or, il me fallait faire avancer l'une sans provoquer la réaction négative de l'autre. Bref, tout ce qu'il fallait pour réussir avec éclat dans la fonction !

Avant le dîner au palais du Peuple, que j'offre au président Boumediene dans la même salle mauresque où il m'a reçu la veille, Sauvagnargues m'informe que la négociation n'avance guère. Il n'arrive pas à arracher aux Algériens leur accord sur l'ouverture de la conférence Nord-Sud. Il insiste pour que j'intervienne personnellement auprès de Boumediene. Sans quoi, me dit-il, nous n'avons pas de chances d'aboutir.

Au cours d'une conférence de presse tenue à l'Élysée le 24 octobre 1974, j'avais en effet lancé l'idée d'une conférence réunissant les États du Nord et du Sud, pour essayer de répondre en commun aux problèmes posés par l'augmentation brutale des prix du pétrole.

Mon idée, en proposant d'ouvrir le dialogue Nord-Sud, était de rechercher une autre approche pour rompre le cercle vicieux qui venait de se former, ou plus exactement le conflit d'intérêts où chaque partenaire était assuré de perdre.

A l'automne de 1973, l'embargo pétrolier décidé par les États arabes à la suite de la guerre du Kippour avait fait flamber les prix de 2,5 dollars le baril aux environs de 10 dollars. La facture pétrolière annuelle de la France quadruplait ainsi en quelques mois. Et la hausse brutale des prix des produits chimiques et des plastiques dérivés du pétrole déclenchait l'inflation.

Cette situation était difficile à gérer pour les pays industriels, mais elle était catastrophique pour les pays en développement importateurs de pétrole. Quant aux pays producteurs, ils connaissaient une abondance financière extraordinaire, qui compensait en partie leurs revenus décevants du passé. Mais les surplus financiers dont ils disposaient excédaient largement leurs besoins intérieurs. Ils les plaçaient à l'étranger, et ils n'avaient donc pas intérêt à voir l'inflation venir ronger leur capital.

On pouvait essayer de dégager un intérêt commun :

modérer la hausse des prix sans chercher à revenir au niveau antérieur ; obtenir des pays producteurs qu'ils accordent une aide aux pays pauvres consommateurs ; rechercher un emploi des « pétro-dollars » utile à l'économie internationale, et garantissant l'intérêt des prêteurs. Pour cela, il fallait ouvrir un dialogue.

Les pays producteurs du pétrole étaient réticents devant cette proposition, car ils y voyaient une machine de guerre dont l'objectif inavoué était de faire baisser les prix. Pour désarmer leur crainte, j'avais eu l'idée d'associer à l'initiative le principal pays producteur, l'Arabie Saoudite. Son Premier ministre d'alors, devenu roi depuis, le prince Fahd, avait accepté, avec beaucoup de sagesse, de parrainer en commun la proposition de réunir une conférence Nord-Sud.

Les dirigeants algériens étaient à la tête de l'opposition à ce projet. Pays producteur d'importance moyenne, et sans réserves importantes, l'Algérie avait intérêt à vendre son pétrole le plus cher possible. Et ses dirigeants politiques, engagés dans la socialisation du pays, n'étaient pas mécontents de jouer un tour à une « monarchie arabe » jugée par eux réactionnaire.

Si nous n'aboutissions pas à un accord pendant mon séjour à Alger, il fallait être lucide : la conférence Nord-Sud ne pourrait pas avoir lieu.

Je demande à Jean Sauvagnargues de poursuivre ses conversations le lendemain matin. J'attirerai l'attention du président Boumediene sur la gravité du problème ce soir, à l'occasion du dîner. Et si les ministres ne parvenaient pas à conclure demain, je reprendrai directement la question avec lui.

***

Le lendemain était prévue la réception de la colonie française à la résidence de l'ambassadeur. Celui-ci l'avait bien préparée, en réunissant les nouveaux venus — les coopérants — et ceux des anciens colons qui avaient choisi de rester en Algérie.

La vue de ces derniers me serrait le cœur : leur petit nombre, leur âge, leur détresse visible ; ils avaient choisi d'achever leur vie parmi leurs souvenirs, mais leurs souvenirs les avaient abandonnés.

Dans l'entrée de l'ambassade, je dévoile une plaque, que j'avais demandé de préparer, sur laquelle une phrase est gravée : « Le général Charles de Gaulle a résidé, d'août 1943 à août 1944, en ce lieu où il a dirigé la lutte qui devait associer la France à la victoire. »

Jean-Marie Soutou me murmure à l'oreille que, contre toute attente, le président Boumediene a décidé de venir assister à cette réception. Effectivement, j'entends des coups de sifflet dans la rue, et des claquements de portières de voitures : le président arrive.

Suivant l'usage, nous commençons par nous asseoir sur un canapé : à ma droite, le président Boumediene, à ma gauche le cardinal Duval, resté archevêque d'Alger. Je remercie le président de son geste, et lui propose de faire un tour parmi les invités. Je me demande comment ceux-ci vont réagir, s'ils ne vont pas être blessés par cette rencontre, surtout les anciens colons.

L'ambassadeur Soutou nous pilote dans la foule et nous présente quelques personnalités. Je serre des mains. Boumediene, en veston, demeure impassible, sans doute en raison de sa réserve naturelle. Aucun contact, aucun dialogue. A regarder les visages, j'ai l'impression que les invités sont plutôt réconfortés par sa présence, et qu'ils ont ainsi, d'une certaine manière, le sentiment d'être reconnus par la nouvelle autorité du pays. Le tour achevé, je raccompagne Boumediene jusqu'à la porte.

J'ai attendu son départ pour m'adresser aux Français d'Algérie. L'ambassadeur a prévu que je leur parlerai dans le jardin. Ils s'y rassemblent. Petite estrade en planches, et micro perché sur une tige. Un mur encercle le jardin. J'en fais le tour du regard : tout ce qui reste du sol français en Algérie ! Et je m'adresse à nos compatriotes. Pour les coopérants, qui sont jeunes et ont amené avec eux leurs enfants, le thème est facile. Mais pour les autres, les anciens colons, j'ai du mal à trouver mes mots. Puis-je les apaiser, les rassurer, dans leur amertume explicable, eux dont je mesure l'éloignement et la solitude ? J'essaie de leur exprimer notre solidarité, notre fierté de l'œuvre qu'ils ont accomplie, notre volonté de ne pas les abandonner.

Mon discours est chaleureusement applaudi, mais j'ai le sentiment que ce qu'on approuve, plutôt que les mots, c'est davantage la réunion, le fait de se trouver rassemblés, pressés les uns contre les autres, dans l'îlot de ce jardin, comme des naufragés de l'Histoire.

J'ai ressenti, en d'autres occasions, cette impression angoissante de m'adresser à une foule morte. Morte au sens que l'on donne à l'expression « une branche morte », dont la sève de la vie s'est retirée.

J'étais trop ému. J'ai abrégé. Je n'ai pas réussi à aller jusqu'au bout de mon message.

***

Conférence de presse au palais du Peuple, puis rencontre avec le président Boumediene, qui m'attend dans le parc pour un échange de cadeaux.

Le comte de Paris, chef de la famille d'Orléans, est

venu me voir à l'Élysée, la semaine précédente, pour m'apporter un portrait de l'émir Abd el-Kader, dont la smalah avait été capturée par son ancêtre. Il souhaitait que je le remette, au nom de la France, au président algérien. Il s'agit d'une réduction d'un tableau d'Ange Tissier, exposé au Salon de 1853. On l'a posé sur un chevalet pour le présenter. Je l'offre au président Boumediene.

Celui-ci porte à nouveau son burnous noir. Le soleil est maintenant à la verticale, et si brûlant qu'il fatigue le regard. Un spahi en turban blanc s'avance, en faisant trotter un cheval à la longe. C'est le cadeau de Boumediene pour moi. Il est superbement harnaché, avec une selle arabe, et des œillères de cuir damassé. Sa crinière, claire, presque blanche, a été soigneusement peignée. Sa robe est mouchetée, noire et grise.

Un officier des haras m'explique que c'est un cheval barbe, de la race particulière à l'Algérie, un étalon, qui s'appelle Ouassal. En même temps, on me présente un burnous, pour accompagner la monture. J'imagine que, dans le cérémonial, je devrais revêtir le burnous et enfourcher le cheval. J'ai un instant d'hésitation : Ouassal paraît docile, et affectueux. Mais j'imagine instinctivement le ridicule de la situation, si quelque chose tournait de travers, s'il se cabrait et réussissait à m'éjecter. Les photographes seraient hystériques de bonheur : l'image prise ferait le tour de la presse internationale ! Je me contente sagement de caresser son museau.

Plus tard, j'ai demandé à un de mes amis de peindre Ouassal. Il en a fait un joli tableau, que j'ai accroché dans une véranda, où je le regarde de temps en temps. Quant au vrai Ouassal, il coule des jours grisants en tant qu'étalon barbe, dans les haras nationaux.

***

Avant de nous séparer, nous tenons une dernière réunion, debout, dans une salle du palais du Peuple. C'est Bouteflika qui fait le point des conversations. Il souligne les difficultés, indique qu'il reste encore beaucoup d'obstacles, mais que, s'il existe une bonne volonté de part et d'autre, et notamment une volonté de la France d'apporter son aide à l'Algérie, on pourrait envisager d'aboutir.

Je réponds que le ministre des Finances Jean-Pierre Fourcade est prêt à revenir en Algérie pour discuter des problèmes d'aide, mais qu'il est impossible d'entrer plus avant dans les détails aujourd'hui.

Et c'est Boumediene qui conclut : les conversations, dit-il, ont permis de rapprocher les points de vue. Il faut encore examiner certains problèmes, mais il pense que l'Algérie pourra donner son accord à l'ouverture du dialogue Nord-Sud. Il me préviendra dès que la décision définitive sera prise.

Ainsi la voie est ouverte.

Au début de l'après-midi, nous reprenons la route de l'aéroport. Sur le terrain, la cérémonie du départ est symétrique de celle de l'arrivée : les ambassadeurs sont alignés sur la gauche du tapis rouge, alors qu'ils étaient à droite à l'arrivée.

Nous échangeons des saluts au bas de la passerelle. Je prends congé de Madame Boumediene, et le président Boumediene d'Anne-Aymone. Le vent est violent sur la piste. Je serre la main de Boumediene en lui disant au revoir. Je croise son regard. Un soupçon de nostalgie dans l'adieu, comme après une épreuve que l'on redoutait, et qui a été finalement surmontée, et donc assumée, en commun.

Le dialogue Nord-Sud s'est ouvert huit mois plus tard à Paris, à l'hôtel Majestic, le 16 décembre 1975, en présence de la délégation algérienne. La mission de Jean-Pierre Fourcade à Alger a eu lieu à l'automne, mais ses résultats ont été jugés décevants par la partie algérienne, dont les demandes étaient exorbitantes.

Et je ne recevrai plus de communication directe du président Houari Boumediene jusqu'à celle qu'il m'a fait parvenir pendant que l'avion où il gisait survolait la Corse.

***

Chaque soir, à 19 heures, Jean François-Poncet apporte sur mon bureau deux dossiers, que je lui rendrai le lendemain.

L'un contient les télégrammes diplomatiques, en provenance de nos ambassades à l'étranger, sélectionnés avec un jugement quasi infaillible par mes deux conseillers successifs pour les Affaires étrangères, Gabriel Robin et Patrick Leclercq.

Sur la chemise cartonnée de l'autre, ma secrétaire, Mme Villetelle, a inscrit de son écriture ronde : « Urgences, du 15 novembre 1978 ».

On surnomme familièrement ce dossier « les urgences », sans doute pour me rappeler que les affaires qu'il contient ne doivent pas traîner !

Depuis mon départ de la présidence de la République, en mai 1981, tous les dossiers d'urgence sont venus s'aligner sur les rayonnages des Archives nationales, avec leurs étiquettes qui vont du 20 mai 1974 au 18 mai 1981, dans des cartons numérotés depuis 176 jusqu'à 296. Sept années de vie ainsi encartonnées !

A l'intérieur de ce dossier, je trouve d'abord des feuillets tapés à la machine, où sont présentés, sous forme de paragraphes longs de quelques lignes, les événements et les informations dont la connaissance m'est indispensable, qui ont été rassemblés par mes collaborateurs. Puis les sujets sur lesquels on attend que je prenne une décision. J'insiste pour qu'ils soient traités dans des paragraphes aussi courts que possible, et concentrés sur l'essentiel, de manière à ne pas disperser mon attention, et à pouvoir me souvenir de leur contenu. Comme ils ont une tendance naturelle à s'allonger, je fais de temps à autre au secrétaire général un rappel à la brièveté : les paragraphes s'abrègent effectivement, mais, après quelques semaines, voilà qu'ils recommencent à s'étirer !

En face de chaque information, j'annote « vu », ce qui m'oblige à m'arrêter un court instant après avoir lu chacune d'elles. Concernant les décisions, j'inscris une annotation en marge, parfois accompagnée d'un commentaire, qui constitue ma réponse.

Plus loin, le dossier des « urgences » contient les documents importants de la journée, les lettres de partenaires étrangers ou d'hommes politiques, les rapports de ministres. Et aussi la feuille qui retrace les opérations sur le marché des changes, et les cours du marché financier : habitude conservée du ministère des Finances.

Enfin, les derniers feuillets sont composés de la note quotidienne du ministre de l'Intérieur, Michel Poniatowski puis Christian Bonnet, qui m'informe de l'état du pays, des rumeurs du milieu politique, du niveau des sondages. Beaucoup de vrai dans les informations recueillies par les services, mais souvent aussi des renseignements inexacts, dans lesquels les lieux sont confondus, ou qui tombent dans les pièges tendus par l'homonymie.

Quant aux sondages, comme les marées tirées et repoussées par la Lune, ils font alterner des hauts et des bas ! La montée des chiffres me laisse apparemment sceptique, mais engendre chez moi un certain bien-être, tandis que leur baisse provoque chaque fois un pincement aigu du cœur.

Pendant que je parcours ces notes, je me fais la remarque que les chercheurs qui compulseront un jour ces dossiers laisseront de côté les feuilles du marché des changes, pour se plonger, la tête entre les mains, dans ce fouillis d'informations pittoresques, anecdotiques, mais souvent approximatives ou déformées...

Jean François-Poncet se tient debout à côté de mon bureau. Il attend que j'aie pu faire une lecture rapide du dossier et que je lui aie donné les premières réponses. J'emporterai ensuite ces « urgences » dans la bibliothèque de l'appartement privé pour les relire plus tranquillement et les annoter après le dîner.

« Nous avons reçu, me dit-il, un télégramme de Boumediene pendant que son avion survolait hier la Corse. Je l'ai mis dans les urgences. »

L'usage veut en effet que lorsqu'un chef d'État survole le territoire national d'un autre pays, il adresse à son homologue un message de courtoisie. Texte généralement plat, préparé par un collaborateur, où l'on utilise le langage diplomatique pour affirmer des banalités polies. « L'amitié entre nos deux pays », « le désir de resserrer notre coopération », « l'excellent souvenir que je garde de notre dernière rencontre » y trouvent régulièrement leur place.

Je demande à Jean François-Poncet de s'asseoir. Il s'installe dans le fauteuil placé devant mon bureau, recouvert de velours frappé bleu, et dont le châssis de bois est peint en blanc cassé. Il reste silencieux. Je sens qu'il me regarde, et qu'il attend de voir mes réactions.

Le message de Boumediene est placé le dernier dans le dossier des urgences. C'est un télégramme dont tous les caractères sont en majuscules. Je le lis avec attention.

« Traversant l'espace aérien de votre pays, n'est-ce pas là une autre occasion de vous redire notre entière disponibilité à assainir davantage sur des bases durables les rapports franco-algériens... Le dialogue rétabli l'an dernier à un niveau responsable nous a semblé aller au-delà des différences d'approche [...] Si telle est votre volonté, et si l'intérêt du peuple français le commande, je puis vous assurer que vous trouverez toujours en moi [...] un interlocuteur attentif, imaginatif, et décidé à écrire avec vous une page nouvelle d'Histoire... »

Le télégramme se termine par la mention qu'il a été émis en vol, à 11 heures 30.

Naturellement, ce texte contient les concessions aux habituelles formules conventionnelles, mais aussi, me semble-t-il, quelque chose de plus personnel. On a dû lui préparer un projet, sur lequel il a griffonné des corrections. Curieusement, la lecture de ce texte, qui paraît être un document de routine, éveille en moi une certaine émotion.

Je relève les yeux. Jean François-Poncet me regarde toujours.

« C'est un beau texte, émouvant, lui dis-je. Je crois qu'il a dû l'écrire en partie lui-même, ou le dicter. »

Visiblement, Jean François-Poncet ne partage pas ma réaction.

« Le ton semble sincère », se contente-t-il de répondre.

Oui, le ton me paraît sincère. Mais il me semble qu'il y a plus : un mouvement de la pensée qui l'anime, et dépasse les simples banalités. En le lisant, et en suivant le mouvement des phrases, il me semble qu'une rigidité intérieure a commencé à fondre chez celui qui l'a écrit et qu'une émotion a réussi à percer, comme une pression trop longtemps contenue. Je ressens l'expression d'un besoin de chaleur, et aussi le reproche ou le regret d'une compréhension qui n'est pas venue. L'attendait-il effectivement de moi, ou est-ce l'effet de la mort qui rôde, et qui lui suggère cette nostalgie de rapports fraternels et bienveillants ?

Une heure après le survol de la Corse, l'avion soviétique a atterri à Alger. Trois jours plus tard, le président Boumediene est entré dans le coma. Il n'a pas repris connaissance pendant plusieurs semaines, et il semble que son message contienne le dernier texte qu'il ait rédigé.

Le 22 novembre, les autorités algériennes nous demandent l'envoi d'une bulle de réanimation. Le lendemain, un Transall de l'armée de l'air gagne Alger dans l'après-midi, en transportant la bulle, deux spécialistes de la réanimation et trois techniciens.

Après trente-sept jours de coma, le président Boumediene s'éteint à Alger. Le 27 décembre dans la matinée, Radio-Alger annonce sa mort.

J'étais venu à Authon, ici même, passer les fêtes de Noël. Mon collaborateur de permanence à l'Élysée m'a téléphoné pour m'apprendre la nouvelle.

En l'écoutant m'annoncer le décès de Boumediene, les souvenirs me sont brusquement revenus de mon arrivée à l'aéroport de Maison-Blanche — rebaptisé Dar el-Beida — le 10 avril 1975, pour la première visite qu'un président de la République française rendait à cette Algérie qui avait conquis sur nous son indépendance.

II

LE CHOIX DES PREMIERS MINISTRES

1.

JACQUES CHIRAC
L'IMPULSION

Dans la vie de la Ve République, le choix du Premier ministre est la première des responsabilités du président de la République.

J'en étais déjà conscient en arrivant à l'Élysée : je savais que je serai jugé sur cette première décision, et qu'elle influencerait largement le succès ou l'échec de mon mandat.

Je n'avais pas eu l'occasion d'observer l'attitude du général de Gaulle lorsqu'il avait désigné Michel Debré comme Premier ministre, mais j'avais suivi dans le détail les discussions qui ont précédé et accompagné la nomination de Georges Pompidou. Choix controversé à l'époque : directeur de la banque Rothschild, il ne détenait pas de mandat parlementaire, ce qui troublait le sérail politique en lui retirant un poste qu'il croyait être une de ses chasses gardées.

Plus tard j'avais connu, de la bouche même de Georges

Pompidou, les conditions dans lesquelles le général de Gaulle l'avait remplacé par Maurice Couve de Murville, en juillet 1968, juste au moment où il venait de conduire au succès la campagne électorale de la majorité sortante. Celle-ci avait recueilli, grâce à lui, les dividendes de l'exaspération qui avait gagné tout le pays, devant les barricades et surtout les désordres du mois de Mai.

Quand Georges Pompidou a été élu président de la République, je me suis réjoui du choix judicieux qu'il a fait de Jacques Chaban-Delmas. Il s'est révélé un Premier ministre imaginatif, souple, et tenace. Puis les intrigues de l'entourage présidentiel, en jouant sur la lassitude et l'irritabilité que la maladie entraînait chez le président Pompidou, avaient réussi à accentuer les divergences de tempérament entre les deux hommes, l'un conservateur, prudent et sourcilleux, et l'autre libéral.

Ces divergences ont entraîné l'élimination de Chaban-Delmas. Il a fait montre d'une grande dignité et d'une correction parfaite, dans un départ qu'il ressentait pourtant comme une injustice.

Le président Pompidou m'avait fait venir alors à l'Élysée pour me consulter sur la nomination du Premier ministre suivant. Il hésitait, m'avait-il dit, entre deux possibilités : Olivier Guichard et Pierre Messmer. Je lui ai conseillé de désigner Olivier Guichard. Il a préféré nommer Pierre Messmer, homme de rectitude et de discipline, recommandé par l'entourage présidentiel qui voyait en lui une carte qu'il pourrait jouer en cas d'élection anticipée.

Mais aujourd'hui, maintenant, c'est à moi de choisir. Il ne faut surtout pas que je me trompe.

***

L'annonce du nom du Premier ministre constituera ma première décision aux yeux de l'opinion.

Je compte rendre ce choix public le jour-même de mon installation à l'Élysée, le lundi 27 mai 1974 dans l'après-midi.

D'ici là, j'aurai recours, pour préparer ce choix, à la méthode que je préfère : celle de l'immersion. Elle consiste à déposer le problème à l'intérieur de moi, et à le laisser vivre, évoluer, se décanter, à partir des informations que je reçois, des avis qu'on me donne, de mes propres réflexions, jusqu'à ce qu'il ait suffisamment mûri pour que sa solution me paraisse évidente.

En pensant à la longue durée à venir du septennat, il me semblait raisonnable de vouloir le partager entre deux gouvernements successifs, mais deux gouvernements seulement. Le calendrier justifiait cette attitude, puisque les élections législatives étaient fixées en 1978, exactement dans quatre ans, et découpaient le septennat en deux tranches successives.

Un premier « Premier ministre » dirigerait le gouvernement jusqu'en 1978, puis, suivant les indications données par les élections, ce serait éventuellement le tour d'un autre.

Les circonstances politiques du moment prédéterminaient largement le premier choix que j'avais à faire. Elles suggéraient d'elles-mêmes une désignation, qui recoupait ma propre préférence quand je réfléchissais au « portrait-robot » du futur Premier ministre.

***

Je devais d'abord tenir compte de la composition de la majorité parlementaire.

Les élections législatives avaient eu lieu quatorze mois plus tôt, en mars 1973.

A la surprise des observateurs politiques, notre majorité avait gagné plus largement que prévu : 268 élus sur 490 députés. La vague de rejet des événements de Mai-1968 continuait encore de la porter. Le parti gaulliste, qui s'appelait alors l'UDR, était le grand vainqueur. C'était un succès personnel pour le président Pompidou. Les républicains indépendants, alliés loyaux des gaullistes, quoique jugés par eux irritants et piquants comme des cactus, assuraient l'appoint pour constituer une majorité de gouvernement. Les centristes d'opposition — radicaux et démocrates de Jean Lecanuet — ne réalisaient pas la percée qu'ils espéraient effectuer.

Telle était la majorité : suffisante pour gouverner, mais dominée par l'UDR. Fallait-il la dissoudre pour tenter d'obtenir une majorité plus conforme à mes propres convictions : libérale, centriste et européenne ?

C'était le conseil que me donnaient certains de mes collaborateurs les plus proches.

J'éprouve une répulsion instinctive pour la dissolution, sauf si elle doit être utilisée comme moyen de sortir d'une crise politique grave. Elle me paraît constituer, avec les changements perpétuels de loi électorale — changements que les intéressés décident en général eux-mêmes —, le charcutage des circonscriptions et le report des dates d'élection, les traits qui donnent à notre vie politique son parfum de république bananière. Le recours à ces procédés excite, sans que les Français s'en rendent compte, l'ironie de nos partenaires anglo-saxons, qui ne manipulent jamais leurs lois électorales, et j'en étais affecté lors de nos rencontres lorsque je percevais leurs sous-entendus.

J'aime la durée, la stabilité, la régularité. Il me semble

que c'est à cela que se reconnaissent les régimes forts. Je rêvais d'une république stable et tolérante !

Et, au surplus, cette majorité était celle avec laquelle j'avais travaillé comme ministre de l'Économie et des Finances sous le président Pompidou. Elle ne m'avait pas empêché d'agir ! Elle n'avait pas fait non plus obstacle à mon élection. Et le ralliement des centristes d'opposition, soigneusement préparé avec Jean Lecanuet et Pierre Abelin, venait justement de l'élargir.

La dissolution n'aurait pu être expliquée à l'opinion publique que comme un geste de défiance vis-à-vis de la majorité actuelle. Au lieu de mettre fin à la querelle des appareils de partis entre les formations du centre-droit, notamment l'UDR et les républicains indépendants — ce que je rêvais de faire —, je relançais et j'avivais la compétition.

Non, je ne dissoudrai pas l'Assemblée nationale !

Je travaillerai avec la majorité qui s'y trouve. Et le Premier ministre devra être compatible avec sa composition : issu du parti gaulliste, et acceptable par ses partenaires.

***

L'élection présidentielle avait durement secoué l'UDR. Ce parti avait été le théâtre d'initiatives, de manœuvres, et de ralliements. Je devais évidemment tenir compte de cette situation.

Le jour même où avaient été célébrées les obsèques de Georges Pompidou, à l'église Saint-Louis-en-l'Ile, le jeudi 4 avril, et pendant que se déroulait son inhumation, une dépêche de l'AFP avait annoncé la candidature de Jacques Chaban-Delmas à la présidence de la République. Sans doute voulait-il prendre de vitesse l'entourage du président disparu, qui manœuvrait à la recherche d'un autre candidat, dans son désir de l'écarter à tout prix.

J'avais eu le pressentiment de cette manœuvre au cours d'un entretien avec Pierre Juillet, à la veille de Noël 1973.

Il m'avait demandé de venir le voir à l'Élysée, dans l'appartement qu'avait occupé le roi de Rome lorsqu'il était enfant, situé juste sous le toit, et que Pierre Juillet utilisait pour ses conversations discrètes. Je ne connaissais pas le sujet de notre rencontre à l'avance, mais celle-ci m'avait donné un aperçu de la stratégie présidentielle de « l'entourage ». Bien que Pierre Juillet ne m'ait fait aucune allusion aux problèmes personnels de santé du président Pompidou, il réfléchissait, m'avait-il dit, à la situation que nous connaîtrions si le président Pompidou décidait de ne pas se représenter pour un deuxième mandat, ce qui était une manière habile d'aborder le sujet.

Le successeur préféré pour Pierre Juillet était Jacques Chirac. Mais il le jugeait encore trop jeune, surtout en cas d'élection prématurée. C'est pourquoi on s'efforçait de le former aussi rapidement que possible, en s'apprêtant à le nommer ministre de l'Intérieur, après le ministère de l'Agriculture où il avait exceptionnellement bien réussi.

Le successeur exécré était Jacques Chaban-Delmas, soupçonné de faiblesse et de gauchisme. Il y avait donc un vide à combler dans le calendrier : on avait sélectionné Pierre Messmer pour le remplir.

Ce serait lui qui, en cas de besoin, porterait la bannière de la majorité à l'élection présidentielle.

Et Pierre Juillet mettait en garde ceux qui seraient tentés de perturber ses calculs :

« Ne vous y trompez pas, m'avait-il dit sans paraître

me viser directement mais en souhaitant que le message fût bien reçu, le candidat qui bénéficiera de l'appui officiel de la majorité sera largement en tête. Personne ne pourra aller contre la puissance de la machine installée sur le terrain : les députés UDR, les préfets, dans la mesure non négligeable où ils peuvent intervenir, les militants locaux. Au sein de la majorité, cette machine sera imbattable. »

Je voyais maintenant la manœuvre se développer sous mes yeux.

Puisque Jacques Chaban-Delmas venait de se déclarer candidat, il fallait tout de suite mettre en piste Pierre Messmer ; mais pour cela, la voie devait être libre, car Messmer exigeait d'être le seul candidat « loyaliste ».

Je figurais au nombre de ceux dont on craignait qu'ils viennent compliquer ces calculs subtils. Il fallait donc s'assurer que je ne serais pas candidat. Par collaborateurs interposés, on m'a demandé si j'accepterais de rencontrer Pierre Messmer. « Aucun problème », ai-je répondu.

Le rendez-vous a été fixé à Matignon, dans la bibliothèque, une pièce d'angle du premier étage, à laquelle on peut accéder en évitant l'antichambre et où, en dépit de son nom, je soupçonne que personne n'a jamais lu de livre !

A mon étonnement, je retrouve Pierre Juillet seul à m'attendre. J'écoute ses explications. Il part de l'idée que Chaban sera battu par François Mitterrand. Pour écarter ce risque — et par ricochet éliminer Chaban —, il faut présenter un candidat susceptible de rallier l'ensemble de la famille gaulliste. Ce candidat existe, c'est Pierre Messmer.

Mais il ne se décidera que s'il peut compter sur l'appui sans défaillance de tous les partenaires de sa majorité.

D'où la nécessité de mon soutien. Je réponds que ce soutien ne pose pas de problème pour moi. C'est le moment précis où Pierre Messmer survient :

« Monsieur le Premier ministre, lui dis-je, je fais partie de votre gouvernement. Il est évident que si vous vous présentez à la présidence de la République, je ne serai pas candidat contre vous. »

Il devrait se sentir soulagé. L'est-il vraiment ? Ce n'est pas l'impression qu'il me donne.

« Est-ce que je pourrai compter sur votre soutien ?

— Bien sûr, lui dis-je, je prendrai part à votre campagne, et je vous soutiendrai. »

Il nous quitte toujours soucieux, emportant avec lui son problème.

Et je descends l'escalier, pour sortir dans la cour de Matignon. Les journalistes se précipitent. J'ai juste le temps de monter dans ma voiture, la Citroën noire du ministère des Finances, que le chauffeur, Gabriel Lavaire, a eu l'intelligence de mettre en marche, pour pouvoir démarrer aussitôt.

Lavaire m'interroge :

« Tout va bien, Monsieur le Ministre ?

— Oui, tout va bien ! Messmer m'a demandé si je serai candidat contre lui. »

Lavaire, les yeux fixés sur le goudron de la rue de Varenne, poursuit son interrogatoire. C'est un ancien gaulliste, qui a rallié la France libre, et a connu les prisons espagnoles, avant de débarquer en Normandie avec la division Leclerc en août 1944.

« J'espère que vous lui avez répondu que oui ! Il ne sera jamais élu, cet homme-là !

— Je lui ai répondu que je ne serai pas candidat, et

que je soutiendrai sa candidature. Je suis ministre de son gouvernement. »

Lavaire décide de ne pas poursuivre l'entretien. Assis à côté de lui, comme je le fais toujours, je regarde son profil, son demi-sourire, ses yeux bleus de Français blasé, réaliste, rieur avec ses copains. Je devine qu'il trouve mon raisonnement inutilement compliqué.

Quand nous arrivons boulevard Raspail, il rompt son silence :

« Vous avez bien tort, reprend-il. Il faut y aller ! Sinon c'est Mitterrand qui passera ! »

Mais je n'ai plus rien à ajouter. Je n'avais pas d'autre réponse à faire à Pierre Messmer. Il est évident que je ne serai pas candidat contre le Premier ministre du gouvernement dont je suis membre.

Et pendant que nous débouchons de la rue de Beaune sur le quai, je me renverse en arrière sur mon siège, ébloui par la lumière du grand espace qu'ouvre la tranchée de la Seine, et soulagé d'être délivré du poids de l'effort écrasant qu'il m'aurait fallu entreprendre pour mener campagne. Et aussi de la tension nerveuse d'une attente, d'un espoir, dont je sens qu'ils m'auraient tenaillé jusqu'au bout !

***

Messmer ne s'est pas décidé : il ne sera pas candidat. Chaban-Delmas a du mal à faire démarrer sa campagne, vis-à-vis d'une majorité parlementaire réticente, fidèle au président Pompidou, impressionnée par le courage dont il a fait montre et traumatisée par sa mort.

Jacques Chirac a pris la tête des Pompidoliens fidèles. Ministre de l'Intérieur, il convoque et reçoit les députés. Pierre Juillet et Marie-France Garaud l'aiguillonnent et le conseillent. Je connais leurs grandes capacités d'initiative et leur savoir-faire. Ils ont réussi depuis cinq ans à piloter la majorité parlementaire à partir du bureau d'angle, à la tenture vert d'eau, au premier étage de l'Élysée où ils sont installés tous les deux, et où se tenaient les Conseils des ministres du temps du général de Gaulle.

C'est sur moi qu'ils reportent maintenant leur effort. Chirac m'appelle au téléphone rue de Rivoli. Il est en train de rassembler, me dit-il, les députés qui soutiendront la candidature d'un homme qui poursuivra l'action du président Pompidou. Il peut déjà compter sur une trentaine d'alliés sûrs.

Mon raisonnement est différent. Je crois que la majorité des Français souhaite un changement. Il y a plusieurs années qu'ils recherchent un « gaullisme à autre visage ». Si on se contente de leur proposer de continuer intégralement ce qui a été entrepris, de suivre le même chemin et de garder la même méthode de gouvernement, ils choisiront inévitablement le changement. C'est sur ce réflexe que compte François Mitterrand pour se faire élire. Les journalistes, auxquels il fait des confidences, le déclarent déjà assuré de son élection.

J'en suis moins persuadé que lui. L'alliance étroite, intime, qu'il a nouée depuis dix ans avec les communistes et qu'il considère comme une des conditions de son succès, effraie une partie de l'électorat de la gauche modérée. Et les derniers relents des fantaisies du stade Charléty, en mai 1968 — et de l'ébauche de gouvernement mis sur pied par Pierre Mendès France, durant la journée d'absence du général de Gaulle à Baden-Baden — ne sont pas encore dissipés.

Les Français souhaitent le changement, mais pas la

rupture ou la révolution. Ils veulent voir craquer la banquise du pouvoir ! Ils le jugent trop puissant, trop éloigné, un peu raide et distant, et surtout prenant insuffisamment en compte les manières d'être et les besoins nouveaux du monde moderne, dont les médias leur font la description quotidienne. Ils voudraient bien pouvoir continuer, mais en adoptant le changement.

Si je suis candidat, je serai celui du changement dans la continuité.

Pour représenter la continuité, je devrai pouvoir compter sur le soutien d'une large fraction du parti qui l'incarne aux yeux des Français, c'est-à-dire précisément l'UDR.

Je pense qu'il faut enterrer définitivement la hache de guerre entre les partis de gouvernement, que les rivalités et les harcèlements de part et d'autre ont trop marqué l'histoire politique des dix années précédentes, et qu'il faut penser maintenant à un avenir durable, où toute la majorité serait rassemblée.

Or c'est Jacques Chirac qui s'active à préparer le ralliement de l'UDR à ma candidature.

Il me téléphone maintenant chaque jour pour me tenir au courant du nombre des députés qu'il rassemble. Il m'assure qu'ils sont aujourd'hui quarante.

***

Le vendredi soir 5 avril, je suis allé faire une courte promenade avant le dîner dans le jardin des Tuileries, en face du ministère des Finances.

Sous l'arc de triomphe du Carrousel, tout rose dans le soleil déclinant, un seul visiteur, qui promène son chien : je ne suis pas sûr que celui-ci s'apprête à respecter la dignité du monument ! Puis je suis rentré écouter à la télévision les nouvelles du journal de 20 heures. Le commentateur ne dissimule plus son bonheur : la voie est largement ouverte à Mitterrand, qui prend désormais des allures de vainqueur.

Je m'assieds dans un fauteuil de la pièce qu'on appelle au ministère la bibliothèque verte, en raison de la couleur de la tenture qui recouvre ses murs, et je réfléchis longuement.

La majorité sortante n'est pas représentée dans ce débat. Elle est hésitante, divisée. On la sent prête à être battue. Ce n'est pas acceptable !

Je sais qu'une grande partie de l'opinion publique est persuadée que je suis obsédé depuis des années par l'idée de devenir président de la République. On ne lui a pas dit que cinq ans plus tôt, en avril 1969, j'ai refusé la proposition qui m'était faite dans le bureau du président du Sénat, Alain Poher, d'être le candidat unique des partis du centre contre Georges Pompidou, parce que je me jugeais insuffisamment préparé.

Si le déroulement des événements avait pu être conforme à mes préférences, le président Pompidou aurait achevé son mandat. J'étais persuadé qu'en dépit de ses réticences, il se serait présenté à nouveau, comme tous les présidents sortants de la Ve République ! Le problème ne se serait pas posé pour moi. En cas de succès, mon plus cher désir aurait été de rester au poste de ministre des Finances, qui me convenait tout à fait par la nature et l'étendue de ses responsabilités, et aussi par la liberté qu'il me permettait de garder pour mener comme je l'entendais ma vie personnelle, avec mon goût des expéditions lointaines et des voyages.

Mais la situation est aujourd'hui différente : la France, cette fois, risque de basculer dans l'autre camp qui continue obstinément à se situer dans l'obédience marxiste. Je ne crois pas à la possibilité de réussir pour Jacques

Chaban-Delmas. Et alors tout ce que nous avons entrepris, construit, toutes les chances de la France que nous avons patiemment rassemblées, sous les sarcasmes et malgré le dénigrement des dirigeants du Programme commun, tout cela va être démoli, disloqué sous nos yeux.

En même temps, je sens monter en moi une soudaine envie de faire, d'entreprendre, de décider, pour réaliser ce qui permettrait à la France de devenir conforme à ce que je rêve pour elle, et à quoi j'ai essayé de travailler sous les deux présidents précédents, dans mon refuge du ministère des Finances : une démocratie moderne, généreuse pour ceux qui souffrent, pleine d'allure et d'ouverture, un pays réconcilié — enfin ! — avec son histoire, ou plutôt ses histoires successives, un modèle de vie publique régulière et tolérante, exemplaire pour le reste du monde.

Oui, ma décision est prise : je serai candidat.

***

Avant de m'endormir dans l'appartement du ministère des Finances, je m'attarde un moment sur la terrasse de pierre, située en face de l'entrée du musée du Louvre, derrière les statues effritées.

La décision que je viens de prendre me paraît simple, soudainement évidente. Mais il va falloir m'organiser. Rien n'est prêt ! Les sondages qui commencent à paraître ne me donnent guère de chances : le dernier publié me place derrière Jacques Chaban-Delmas, et à treize points de distance de François Mitterrand ! Il faut maintenant que je m'adresse à l'opinion, qui va être la grande partenaire de ma campagne, comme c'est normal dans une élection présidentielle, et qui va finalement tout décider.

Lundi prochain, j'irai annoncer ma candidature dans ma mairie de Chamalières. C'est là que j'ai envie de la rendre publique, en sentant la terre d'Auvergne sous mes pieds, et mes amis, ceux de la vie réelle, rassemblés autour de moi.

Je songe déjà à mon texte :

« Il y a moins d'une semaine disparaissait le président Georges Pompidou...

Je m'adresse à vous aujourd'hui, ici, dans cette mairie de la province d'Auvergne, pour vous dire que je suis candidat à la présidence de la République...

Une élection présidentielle est un commencement.

C'est l'occasion de définir et de conduire une politique nouvelle pour la France :

— à l'intérieur, faire de notre pays un modèle de justice et de progrès social, de respect des règles démocratiques et de protection de la liberté de chacun ;

— à l'extérieur, défendre scrupuleusement les intérêts de notre pays. Atteindre en 1980 l'objectif essentiel de l'union politique de l'Europe... Apporter notre soutien à la cause des pays en développement les plus pauvres...

Je voudrais regarder la France au fond des yeux, lui dire mon message et écouter le sien... »*

***

Ainsi les données politiques de la campagne présidentielle, tout juste achevée, me recommandaient-elles de choisir Jacques Chirac. Mon désir de bâtir une majorité solide pour la Ve République, à l'image de ce que Konrad

* Texte complet en annexe.

Adenauer avait réussi pour l'Allemagne fédérale, en mettant fin au gaspillage d'énergie que représentaient les affrontements entre les partis voisins, allait dans le même sens. Et les traits de sa personnalité correspondaient également au « profil » que je souhaitais pour le Premier ministre.

Je voulais nommer un Premier ministre jeune, et donc plus jeune que moi. Il fallait qu'il soit actif et rapide, car l'opinion, qui m'avait élu de justesse, ne me laisserait guère de délais pour démontrer ma capacité de réforme. La nécessité de rétablir l'unité et la cohésion de la majorité parlementaire exigeait de sa part du savoir-faire politique.

Enfin, il était indispensable qu'il fût loyal. J'avais été le témoin de la dégradation des rapports entre le général de Gaulle et Georges Pompidou, puis de ceux de Georges Pompidou et de Jacques Chaban-Delmas.

Je savais que la fêlure des institutions de la Ve République se situait là : entre le pouvoir étendu, mais trop vaguement défini, reconnu au président de la République, et la capacité pratique de décision conservée par le Premier ministre, il existe un risque permanent de suspicion et de conflit. Si la méfiance s'introduit dans le système, la brèche s'élargit. La seule protection contre ce danger réside dans la loyauté du Premier ministre à l'égard du président de la République. Celle-ci confine parfois à l'abnégation !

Sur le plan humain, je connaissais peu Jacques Chirac. Il n'existait pas d'intimité entre nous. Nous n'avions, par exemple, jamais pris de repas en tête-à-tête.

Nos rapports professionnels remontaient à juin 1969. Quand Jacques Chaban-Delmas s'était décidé à me proposer de revenir à mon cher ministère de l'Économie et des Finances, après que j'ai refusé pour incompétence le poste de ministre de l'Éducation nationale, je lui avais demandé de pouvoir désigner moi-même le secrétaire d'État au Budget, qui serait mon principal collaborateur.

Il avait accepté, mais Georges Pompidou avait exigé que ce poste revienne à un de ses collaborateurs personnels. Il avait choisi Jacques Chirac, destiné, en terme de football, à me « marquer », et aussi à partager au nom de son parti les succès éventuels de ma gestion.

Au cours de mon premier entretien avec le président Pompidou, j'avais protesté contre cette nomination :

« Vous ne pouvez pas tout demander » m'avait-il répliqué, de son air goguenard, l'œil amusé de ma déception, et confortable dans son refus.

J'ai travaillé pendant plus d'un an avec Jacques Chirac, dans des conditions d'abord difficiles, car il insistait pour participer à toutes les réunions que je tenais, même celles qui portaient sur des sujets sans rapport avec le budget. Les choses avaient commencé à s'améliorer, sous l'influence de son collaborateur chargé du budget, Paul Deroche, homme d'une rare qualité humaine, qui faisait corps avec le ministère des Finances comme moi-même, et qui répugnait à l'idée d'un ministère à deux têtes.

C'est pendant cette période que j'ai pu observer les grandes qualités de décision, la rapidité du jugement politique, la bonne connaissance du terrain, la parfaite santé et l'incroyable activité de Jacques Chirac. Il dévorait le travail, la vie et les sandwiches à belles dents. De plus, il faisait montre d'une attitude que je respecte par-dessus tout : la fidélité. Il la dédiait au président Pompidou, auquel il allait rendre de fréquentes et discrètes visites. Si son bureau était situé rue de Rivoli, près de la direction du Budget, je sentais bien que son cœur et ses pensées étaient à l'Élysée.

Puis il m'a quitté pour recevoir une promotion : celle du portefeuille ministériel de l'Agriculture, et nos chemins se sont croisés plus rarement. Nous avons connu les conflits habituels qui opposaient les points de vue de l'Agriculture, qui souhaite dépenser, et des Finances qui cherchent à économiser ! Le Premier ministre, Jacques Chaban-Delmas, tranchait généralement en ma faveur. Jacques Chirac alertait alors l'Élysée, qui insistait pour qu'on lui donne satisfaction, en invoquant des raisons qu'on affirmait « politiques ».

Pour être le Premier ministre que je recherchais, pouvais-je compter sur Jacques Chirac ? Nos parcours politiques différents ne me le garantissaient pas. Mais j'avais été réellement impressionné par la qualité de sa fidélité à l'égard du président Pompidou. Je me suis dit que la fidélité était un trait de caractère qui était gravé en soi, et que, dès lors que la sienne était devenue veuve, il la reporterait sur moi.

Ainsi l'immersion avait achevé son œuvre : l'analyse politique et le portrait-robot convergeaient pour dessiner une même silhouette de Premier ministre : celle de Jacques Chirac.

Mais il me restait encore à écouter les avis.

Or ils allaient presque tous dans le même sens : « ne nommez pas un UDR », « ne choisissez pas Jacques Chirac ».

***

Les textes constitutionnels ne fixent aucun délai pour l'installation effective du président de la République nouvellement élu. J'avais demandé à Philippe Sauzay de consulter les précédents et, en accord avec le président Poher, j'ai fixé au lundi 27 mai la date de la cérémonie de prise de fonction. Je disposais donc de quelques jours pour mieux préparer mes décisions.

Et je vivais mes dernières journées au ministère des Finances, dans le grand bureau tendu de soie rouge, dont la verrière ouvre sur la cour du Louvre.

C'est là que se succédaient mes collaborateurs du ministère, et ceux qui m'avaient aidé dans ma campagne.

Je les savais préoccupés de leur sort personnel, ce qui était parfaitement légitime. Et je réalisais que le moment le plus important pour eux dans nos entretiens, au cours desquels j'essayais d'analyser la situation à laquelle j'aurai à faire face, serait celui où je prononcerai ma dernière phrase, en faisant allusion aux fonctions que je comptais leur confier.

Les impressions que je ressentais de mon côté étaient très différentes. Mes collaborateurs avaient été étroitement liés à ce que nous avions vécu ensemble, sous les gouvernements successifs. Nous avions partagé pendant de longues années notre travail en commun, nos projets, le mélange alterné de nos succès et de nos difficultés. En les regardant me dire au-revoir, je sentais le temps glisser, fuir, comme autrefois à la fin des vacances d'été, dans la petite chambre de la maison de mes grands-parents, lorsque je m'angoissais avant de m'endormir à l'idée qu'il faudrait bientôt repartir, quitter cette période ensoleillée et insouciante, pour rentrer dans une autre période plus tendue, plus exigeante, plus dure.

La plupart de mes visiteurs faisait une allusion, directe ou indirecte, au choix du Premier ministre qui alimentait alors toutes les conversations parisiennes. En raison des circonstances, Jacques Chirac apparaissait comme le favori. Le jugement de mes interlocuteurs allait de l'hostilité ouverte, en raison du souvenir qu'ils gardaient du passage de Jacques Chirac au ministère des Finances, à l'expression de leur inquiétude concernant la loyauté sur laquelle je pourrais compter de sa part.

Parmi les collaborateurs politiques de ma campagne, Michel Poniatowski était le plus réticent. Il faisait peu confiance à Jacques Chirac. Peut-être aussi imaginait-il, dans son subconscient, que le poste de Premier ministre pouvait lui revenir. Sa fidélité et ses grandes capacités lui permettaient d'y prétendre.

Pourtant je lui avais annoncé tout de suite, pour couper court à d'autres idées de sa part, mon intention de lui confier le ministère de l'Intérieur. Je savais qu'il y aspirait ardemment depuis longtemps, peut-être en souvenir de son aïeul Morny, qui avait occupé brillamment le poste. La dégradation de ses relations avec le groupe UDR, contre laquelle je l'avais souvent mis en garde sans succès — car il m'écoutait sans m'entendre —, ne me permettait pas d'envisager qu'il puisse coordonner l'action de l'équipe gouvernementale. Michel d'Ornano partageait mon analyse, et concluait à la désignation de Jacques Chirac.

Ce défilé a été marqué par la visite d'un ami, Arthur Conte.

Nous nous étions rencontrés lorsqu'il était secrétaire d'État à l'Industrie du gouvernement Bourges-Maunoury. En revenant d'une inauguration à Thiers, dans le Puy-de-Dôme, nous avons passé la soirée ensemble dans le train qui nous ramenait à Paris.

J'ai découvert ce socialiste catalan, généreux comme le soleil, rempli d'anecdotes et de curiosité, d'un humanisme bienveillant qui justifiait son socialisme de bord de mer, indifférent aux abstractions de la doctrine marxiste. La proximité régionale me faisait penser à un Georges Brassens de la politique ! Nous sommes restés amis.

Comme ministre des Finances, je répondais aux appels qu'il m'adressait à l'Assemblée nationale pour éviter de « matraquer » fiscalement les vins doux naturels et les crus de Frontignan !

Il s'était éloigné du pouvoir pour écrire. Ses livres sur les accords de Yalta, et sur le procès de Louis XVI, sont désormais des classiques. Comme historien, il regarde maintenant avec amusement les méandres de la politique, et aime à donner des conseils. Il était venu pour me mettre en garde contre le choix du Premier ministre que me prêtaient déjà les journaux.

Il s'assied dans un des grands fauteuils crème, de style Empire, disposés pour mes visiteurs devant mon bureau, ce beau bureau signé par Riesener qui partira avec moi après-demain pour l'Élysée. Je m'assieds dans un autre fauteuil, en face de lui. Ce sera moins solennel ainsi.

Il ouvre la bouche, pour entamer son raisonnement, et c'est son accent qui sort ! Son accent rugueux, caillouteux, de Catalan. Chaque fois que je l'entends, une chaude impression de terre lumineuse écrasée au bord de la mer, une odeur de fruits mûrissant sous les treilles, me montent à la tête. Je l'écoute. Il ne mâche pas ses mots, suivant le récit qu'il a publié lui-même six ans plus tard :

« Tu fais là une formidable gaffe ! (Je me souviens personnellement d'un terme d'un emploi plus fréquent aux terrasses des cafés de Perpignan !) Tu sauves l'UDR, que tout te conseille de fondre immédiatement dans un vaste ensemble, et qui ne demande elle-même qu'à se métamorphoser. C'est toi qui vas lui rendre la foi qu'elle vient de perdre en elle-même.

— Mais non ! Chirac seul pourra la faire évoluer.

— Disons alors, poursuit Arthur Conte, qu'au lieu de la giscardiser, il va surtout la chiraquiser. Fatalement, tu vas lui communiquer une ambition, voire un orgueil, qu'il n'a pas au départ. On peut déjà savoir comment tout ça va finir. Non seulement tu prends le risque de retrouver, dans trois ans, dans cinq ans, l'UDR face à toi, mais Chirac en personne... »

Il poursuit son développement en évoquant la personnalité de Jacques Chirac, sa relative impréparation pour ce poste, qui requiert des qualités de mesure et de grand sang-froid. Pourquoi ne pas lui confier un grand ministère, par exemple la Défense, et nommer comme Premier ministre un homme plus rassis, plus expérimenté, mieux indiqué pour observer la plus rigoureuse loyauté ?

Visiblement, cette question d'excessive jeunesse exaspère Arthur Conte. Il croit que c'est une manie chez moi. Effectivement, je lui réplique :

« Chirac est le mieux placé pour rajeunir avec moi un système qui en a grand besoin ! »

Et je poursuis ce dialogue avec bonheur. Parce qu'Arthur Conte est un ami. Parce que je regarde, en face, à travers l'immense verrière de mon bureau, le dôme du Louvre, qui paraît gonflé par la lumière qui ruisselle sur ses ardoises. Parce que j'aime échanger ainsi les idées, les comparer, les tester, dès lors que le dialogue est amical. Pas de conflit, pas de heurts.

Lorsque je reçois de tels conseils, mes interlocuteurs croient souvent que je n'ai pas pensé à leurs arguments, et ils ont peur de me heurter en me les faisant découvrir. J'ai pensé effectivement à certains d'entre eux, mais j'aime les entendre me les redire, pour vérifier s'ils n'ont pas plus d'importance que celle que je leur ai prêtée.

Nous échangeons les dernières répliques. Arthur Conte :

« Tu ne manques pourtant pas d'hommes sûrs et ayant du savoir-faire politique dans tes états-majors. A toi d'avoir le flair de nous sortir le bon. Mais tout sera meilleur que de nommer un UDR, et de te priver à jamais d'un grand parti de soutien. »

Et moi :

« Non ! Et puis j'aime l'amitié. J'ai une confiance absolue en Jacques Chirac. En voilà du moins un qui ne me trahira jamais*. »

Arthur Conte sort déçu de mon bureau. Il reviendra à plusieurs reprises me donner des conseils.

J'attends un instant avant de faire entrer le visiteur suivant. Je m'approche de la fenêtre. On voit des petits groupes qui attendent sur les marches l'ouverture du musée du Louvre. Des jeunes femmes en jupes de couleurs. Un autocar s'est arrêté, beige et blanc. Il doit venir des Pays-Bas. Des touristes en descendent lourdement, en s'accrochant à une rampe métallique qui scintille.

Arthur Conte pensait profondément ce qu'il m'a dit. Soudain, je découvre qu'il me faudra vivre et décider seul. Sur qui désormais m'appuyer, sur qui compter ?

Il y a bien un homme qui correspond exactement à mon dessein politique, un gaulliste libéral. C'est Jacques Chaban-Delmas. Je l'ai vu travailler. Je sais qu'il est profondément loyal. Ce serait un appui solide. J'ai songé à effectuer une démarche auprès de lui. Mais Jean Sérisé, qui le connaît bien, me l'a déconseillée. Venant si peu de temps après la campagne du premier tour qui nous a opposés, elle serait considérée comme prématurée, et de toute manière inutile. Par contre, je saisirai, dès que cela deviendra possible, l'occasion de lui manifester mon estime et ma sympathie.

Les portes du musée viennent de s'ouvrir. Les visiteurs

* Arthur Conte, *L'Homme Giscard*, pages 8 à 11 (Plon).

sont entrés. Les escaliers sont maintenant vides, et leurs marches dessinent de longues rayures d'ombre.

Mon choix est définitif. Ce sera Jacques Chirac.

Et c'est le moment d'introduire mon prochain visiteur.

***

Le lundi 27 mai, après le déjeuner où j'ai réuni les présidents des deux Assemblées parlementaires, du Conseil constitutionnel et du Conseil économique, j'ai donné rendez-vous à Jacques Chirac.

Il entre, et s'assied. Je le trouve détendu, reposé, malgré l'effort intense qu'il a accompli pour me soutenir pendant le deuxième tour de la campagne présidentielle.

Je lui annonce mon intention de le nommer Premier ministre.

Il m'écoute avec une attention éveillée, comme amusé par la surprise de me l'entendre dire. Une surprise de surface, car son comportement ne marque aucun étonnement : il connaissait ma décision avant d'entrer.

Il me remercie, et m'assure qu'il s'efforcera d'être à la hauteur de la tâche.

« Vous pourrez compter sur moi, Monsieur le Président. Je ferai tout pour vous aider à réussir. Mais je sais que vous n'avez pas besoin de moi pour le faire. »

Je commence à lui parler du gouvernement, non des personnes elles-mêmes, mais de son équilibre, de son nombre réduit, et surtout de mon désir d'aller vite.

« Puis-je venir vous voir demain, Monsieur le Président, avec mes propositions ? »

Tout de suite un démarrage rapide ! Mais je ne souhaite pas que des listes circulent, avec les noms de personnalités pressenties, qui considèrent aussitôt qu'on ne peut plus les écarter sans commettre un assassinat.

« Oui, venez me voir demain, lui dis-je, mais ne prenez encore de contacts avec personne. Réfléchissez. Je vous ferai part de mon côté des choix qui me paraissent importants. »

Lorsqu'il revient me voir, le lendemain, il tient à la main une serviette plate, de cuir noir. Il en sort une enveloppe, et me la tend.

Je l'ouvre. Elle contient une feuille blanche, que je déplie. Elle porte l'en-tête gravé du Premier ministre. Et quelques lignes manuscrites :

« J'ai l'honneur de vous présenter ma démission et celle de mon gouvernement en application de l'Article 8 de la Constitution. »

Jacques Chirac m'en commente le contenu :

« Je vous apporte, Monsieur le Président, ma lettre de démission. La date est en blanc. Il faut que vous soyez libre de mettre fin à mes fonctions et à celles du gouvernement quand vous le souhaiterez. »

Il fait référence, en effet, à une lacune de notre Constitution qui ne précise pas les conditions dans lesquelles le président de la République peut mettre un terme à l'exercice des fonctions du Premier ministre. Le problème avait été soulevé au moment du départ de Jacques Chaban-Delmas. Sans doute le président Pompidou avait-il évoqué cette difficulté devant Jacques Chirac.

J'en tire la conclusion qu'il me laisse la liberté de choisir, si je l'estime nécessaire, le moment de son départ, mais aussi que, a contrario — par un raisonnement peut-être hâtif de ma part — son intention est d'exercer sa fonction jusqu'à son terme naturel.

Je place l'enveloppe sur la table basse qui nous sépare. Elle y reste posée pendant que nous commençons à évoquer les noms des futurs ministres. Lorsque Jacques Chirac sortira de mon bureau, j'irai enfermer sa lettre dans le coffre-fort Fichet-Bauche, installé dans un petit réduit contigu à mon bureau, dont l'intendant Guy Hennequin vient de me remettre les clés, et m'a appris à me servir.

Je l'y conserverai jusqu'en août 1976.

Lorsque je mentionnerai devant lui l'existence de cette lettre, Jacques Chirac insistera à l'époque pour que je n'y fasse pas d'allusion publique.

2.

DE JACQUES CHIRAC A RAYMOND BARRE

RUPTURE OU MALENTENDU

Le choix de mon second Premier ministre devait s'effectuer dans des conditions très différentes, car j'avais à gérer la situation créée par le départ prématuré de Jacques Chirac.

***

Le 24 mai 1976, je reçois la visite du Premier ministre d'Iran, Amir-Abbas Hoveida. Il venait, à l'invitation d'Edgar Faure, participer à un colloque du Contrat social organisé à Châtellerault, auquel devait assister Anne-Aymone. Passant par Paris, il avait demandé à venir me saluer.

Je souhaitais recueillir une information directe sur la détérioration de la situation en Iran, où je devais me rendre en visite officielle à l'automne suivant. Aussi l'ai-je invité à déjeuner, en suggérant que son homologue français, Jacques Chirac, l'accompagne.

Après le déjeuner, nous nous sommes installés dans le salon Pompadour. Hoveida, qui porte une orchidée à la boutonnière, s'assied dans un fauteuil sur ma droite, et Jacques Chirac en face, de l'autre côté de la table basse où nous posons nos tasses de café. La chaleur est étouffante. Cela fait plusieurs mois maintenant que la sécheresse craquèle les pâturages dans l'Ouest du pays et en Bretagne. L'air brûlant qui pénètre du jardin fait palpiter le voilage blanc, qui se pince dans la fenêtre entrebâillée.

J'interroge le Premier ministre d'Iran sur l'état de son pays.

« La situation reste difficile, mais les choses commencent à s'améliorer », me répond-il.

Au son de sa voix, à ses traits fatigués, je sens qu'il s'agit d'un optimisme de commande. Et pourtant les immenses revenus du pétrole continuent de se déverser sur l'Iran.

Nous évoquons les dossiers en discussion, le projet de construction de centrales nucléaires en Iran, les perspectives de ma prochaine visite. Il se détend peu à peu. Il est heureux de retrouver des interlocuteurs avec lesquels il peut parler de politique comme il aime le faire, à partir de sa culture, de ses souvenirs, de ses innombrables anecdotes, dans cette langue française qu'il parle avec aisance, mais qui sort de sa bouche comme si elle était passée sur du sable fin.

Nous évoquons sa fonction, qu'il exerce depuis longtemps. Je lui demande si le poids n'en est pas trop lourd, et s'il n'est pas tenté, parfois, d'en être déchargé.

« Je resterai Premier ministre, me dit-il, aussi longtemps que l'empereur me gardera sa confiance et qu'il croira que je peux lui être utile. »

Il s'exprime avec simplicité, la tête rejetée en arrière, avec son regard marron, dans les yeux sillonnés de veinules rouges, filtré par les cils. Il met beaucoup de dignité fatiguée dans sa réponse. Ses mains jouent avec les pommes des accoudoirs, des mains brunes, légèrement velues, faites pour les travaux d'artiste ou pour le plaisir.

Sa réponse me touche. J'essaie de lui manifester que je l'ai comprise :

« Bien que nos situations soient différentes, nos pays

connaissent une certaine analogie dans leurs systèmes politiques. Il y a à leur tête une équipe composée de deux hommes, dont l'un représente la durée, et l'autre est chargé de la gestion. Le système ne peut fonctionner, comme vous l'avez dit vous-même, que s'ils sont liés par la confiance. »

Et je poursuis, entraîné par le sujet :

« Je crois souhaitable, comme vous, que les Premiers ministres restent en place pendant une longue période. Naturellement, dans nos régimes démocratiques, il faut tenir compte des élections. »

Et prenant en compte les tensions politiques du moment, mais convaincu de la justesse du raisonnement, je me tourne vers Jacques Chirac :

« Ainsi je peux vous dire qu'en France, mon intention est que le Premier ministre reste en fonction jusqu'à la prochaine élection du Parlement.

— A quelle date aura-t-elle lieu ? m'interroge Hoveida.

— Dans deux ans, en mars 1978. »

Jacques Chirac écoute avec attention notre dialogue. Il a allumé une cigarette et cherche un cendrier sur la table. De temps à autre, il y écrase un morceau de cendre. Il esquisse de la tête, me semble-t-il, un geste d'approbation.

***

La première sonnette d'alarme avait été tirée par les élections cantonales de mars 1976.

Notre majorité y perd de nombreux sièges : 220 au total, sur 1 863 cantons renouvelables. Il est vrai que la période de comparaison nous est très défavorable, car les précédentes élections cantonales ont eu lieu en 1970, en pleine vague de rejet de la gauche, peu après les événements de Mai-1968.

Le milieu politique est profondément secoué par ce résultat. Recruté en fait parmi les élus locaux, il a les yeux fixés sur les résultats de ces élections. Il se sent menacé dans sa survie et, comme souvent en France, il en rejette la responsabilité sur le chef qui n'a pas été capable de conduire ses troupes à la victoire. Sur moi, en l'occurrence.

Je ne suis pas intervenu dans ces élections. Leur caractère local me paraissait l'interdire au président de la République. Mais le Premier ministre, Jacques Chirac, m'en parle longuement lors de notre entretien hebdomadaire du mercredi suivant.

« La majorité se sent abandonnée, me dit-il. Elle a le sentiment de ne pas être conduite. Il faut la reprendre en mains, et faire taire les discordes entre les partis. Je suis prêt à le faire, mais j'ai besoin pour réussir d'une directive publique venant de vous et me chargeant de cette mission. Je suis convaincu que je peux redresser la situation, mais j'insiste pour avoir une décision rapide car le temps désormais joue contre nous. »

Je lui réponds que le résultat est en effet détestable, et que je comprends que la majorité soit déçue et troublée. Mais il ne faut pas exagérer la portée d'élections locales, et donner l'impression que nous agissons dans la précipitation.

Ma réponse ne le satisfait pas. Il insiste à nouveau.

« Il faut vous adresser au pays. C'est à vous de reprendre la situation en mains, et de montrer au pays qu'il est dirigé. Pierre Juillet est de cet avis. Il a accepté de venir travailler avec moi, et de reprendre du service pour nous aider à sortir de cette mauvaise passe. Il est prêt à vous en parler. Il vous donnera ses arguments.

Acceptez-vous de le recevoir ? C'est urgent. Pourriez-vous le voir demain ? »

J'accepte sa proposition comme il est naturel, mais je ne ressens pas l'événement avec la même intensité que lui.

Ce n'est pas un drame, une bataille avec des blessés et des morts, une humiliation pour la France ; c'est une élection ! Les élections se suivent et ne se ressemblent pas. Nous perdons celles-ci, nous gagnerons les suivantes. C'est la respiration normale de la démocratie.

Il est vrai que nos troupes se sentent démoralisées, mais il ne faut pas paniquer avec elles. Et je retrouve au fond de moi cet instinct de rejet, cette aversion pour la panique devant la défaite, qui remonte sans doute à la vision honteuse de la horde affolée sur la route de la débâcle, dont j'ai été le témoin à l'âge où l'adolescence enregistre pour toujours ses impressions, au printemps de 1940.

Pierre Juillet vient me voir le lendemain. Je respecte son sens aigu de l'initiative politique. Il est persuadé que l'opinion publique attend un message fort, et qu'elle est prête à l'accueillir.

Il m'a persuadé sur un point : si cette intervention est utile, je dois la faire. Ma conviction intime n'est pas acquise mais, s'il y a effectivement une chance à saisir, je ne dois pas tenir compte de mes réticences. Je parlerai donc à la télévision.

Le lundi suivant, 22 mars, Pierre Juillet vient rejoindre Jacques Chirac dans mon bureau. Cette fois-ci, il a préparé un projet d'intervention. Il le commente devant nous, et me laisse en partant un document écrit.

Il n'est pas bon d'attendre, et de s'éloigner trop de l'événement. Je fixe donc ma déclaration au surlendemain soir, mercredi. Je rédige un texte, en retenant plusieurs des suggestions de Pierre Juillet, notamment celle où je demande au Premier ministre de prendre en main la cohésion de la majorité politique.

L'enregistrement a lieu dans l'antichambre de la salle des Fêtes de l'Élysée.

Contaminé par l'atmosphère de drame politique, j'ai choisi de porter un costume sombre. Je m'assieds sur une chaise, devant la caméra, et je récite mon petit discours. Le texte exige que ma voix soit forte, assurée, persuasive. Je l'entends sonner faux, comme un écho dans une cavité. Le premier essai n'est pas convaincant. J'interroge les cameramen et les techniciens de la télévision. Ils sont de mon avis, sans trop oser me le dire : ce n'est pas bon, il faut recommencer ! Second essai, toujours décevant. Contrairement à mon habitude, on décide de faire un troisième enregistrement. J'essaie de mieux placer ma voix.

Pour choisir, on me montre sur l'écran les trois versions successives. Aucune ne me paraît satisfaisante. Il faut pourtant se décider : ce sera la seconde.

J'avais accepté depuis longtemps une invitation à dîner chez des amis d'autrefois. Ils habitent à Versailles, rue d'Angiviller.

Après avoir annoté le dossier des urgences, je quitte l'Élysée un peu avant 20 heures. Je m'installe au volant de ma voiture, une 604 Peugeot de couleur verte, que j'aime conduire pour me détendre, avec Gabriel Lavaire assis à côté de moi. La voiture suiveuse du Service de sécurité roule derrière nous.

Nous traversons le pont de Saint-Cloud au milieu des automobilistes, dont certains ont un mouvement de surprise en me reconnaissant, et nous entrons dans le tunnel de l'autoroute de l'Ouest. Je n'ai pas allumé la radio : c'est l'heure où mon allocution doit passer sur les ondes, mais je n'ai pas envie de l'entendre. Nous traversons les bois de Fausses-Reposes, et nous voici à Versailles.

La rue d'Angiviller est déserte. Je regarde les numéros pour reconnaître la maison, très semblable à ses voisines. J'aperçois un peu plus loin une place libre pour me garer. Je donne rendez-vous à Lavaire à 22 heures 30, afin de ne pas rentrer tard avant le Conseil restreint prévu pour le lendemain.

J'appuie sur le bouton de la sonnette, placé au milieu d'un cercle de cuivre. Mais on m'attend déjà, et la porte est entrebâillée. Je suis sûr que, pendant que je faisais le trajet, mes amis ont regardé la télévision, et qu'ils ont commenté mon intervention. J'attends avec une secrète inquiétude de connaître leurs réactions.

Le plafond de la pièce où j'entre est bas, ce qui la fait paraître obscure. Plusieurs personnes sont assises, d'autres s'entretiennent debout. Quelqu'un se détache d'un groupe, et s'avance à ma rencontre. C'est Jean d'Ormesson. Il gesticule avec ses avant-bras, et me dit, ou plutôt me clame pour m'accueillir :

« Bravo, Monsieur le Président ! » Il marque un temps d'arrêt, et ajoute : « C'est gagné ! »

Nous nous connaissons depuis l'enfance. J'ai de l'affection pour lui, et de l'admiration pour son réel talent littéraire, où se retrouvent un peu de la légèreté cynique et de l'esprit scintillant et lucide du XVIIIe siècle. Je me souviens de l'avoir rencontré pour la première fois en culotte courte, devant la porte d'une maison où nous étions invités ensemble à goûter. Sa gentillesse naturelle, et son désir de vivre avec son temps, lui suggèrent cette formule sportive : « C'est gagné ! »

Mais si l'expression lui vient naturellement, sa voix le trahit. Elle me paraît sonner aussi faux qu'ils ont dû juger la mienne, tout à l'heure, pendant qu'ils m'écoutaient déclamer ce message que j'ai ressenti et exprimé de travers !

Jean a voulu me faire plaisir, et les autres invités avec lui. Ils tiennent leurs verres à la main, et les lèvent, comme pour porter un toast.

Mais j'ai compris ! Ce qu'ils m'expriment n'est pas une surprise, mais la confirmation de ce que j'avais éprouvé moi-même, pendant cet enregistrement où je m'étais fait l'impression d'un oiseau funèbre récitant son texte devant un auditoire qui se serait enfui : « C'est raté ! »

***

Le lundi 31 mai, Jacques Chirac vient me voir à 18 heures pour un de ses deux entretiens hebdomadaires, l'autre ayant lieu le jeudi soir.

Il passe rapidement sur les affaires courantes. Je le sens tendu. Il souhaite visiblement aborder un autre sujet. Il y vient : c'est celui de la situation politique générale.

« Je suis préoccupé, me dit-il, par la situation politique. Elle n'est pas bonne. L'action gouvernementale donne une impression de flou. La majorité étale ses divisions. Or, la bataille politique est engagée. L'opposition nous mène un combat habile et acharné.

Vous m'aviez confié il y a deux mois des pouvoirs de coordination, mais les forces centrifuges continuent à nous affaiblir.

Dans ces conditions, il faut prendre une initiative qui nous redonnera l'avantage. Il faut donner l'occasion à la majorité qui soutient votre action de manifester sa cohérence ! Nous ne pouvons pas attendre pendant deux ans les prochaines élections législatives. Il faut dissoudre l'Assemblée nationale, et avancer les élections à l'automne prochain.

Pour vous préciser mes réflexions, conclut-il, je les ai formulées par écrit à votre intention. »

Et il me tend une enveloppe de grand format. Elle contient plusieurs feuillets manuscrits. Je les parcours devant lui. Les premières pages confirment les termes de son analyse. Je m'arrête plus longuement à la cinquième page qui résume ses conclusions :

« Démission du gouvernement dès la fin de la présente session parlementaire ;

— formation d'un nouveau gouvernement ramassé, solidaire et pugnace ;

— affirmation clairement renouvelée que le Premier ministre est chargé de coordonner et d'animer, en votre nom et sous votre contrôle, l'action du gouvernement et celle de la majorité ;

— dissolution de l'Assemblée nationale afin de provoquer des élections législatives à l'automne de 1976. »

Je relève la tête à la fin de ma lecture. La lettre de Jacques Chirac soulève des questions graves, importantes. J'en retire trois impressions rapides : dans sa proposition, c'est lui qui conduirait l'action du nouveau gouvernement, puisqu'il parle d'affirmation « renouvelée » ; il souhaite une dissolution rapide et pense que les élections pourraient être gagnées ; et il n'aborde pas le problème du contenu de la politique bien que la situation économique soit défavorable, avec une hausse mensuelle de 0,7 % de l'indice des prix, et un nombre de chômeurs qui frise les 960 000.

Il est trop tôt pour que je puisse réagir. Cela mérite

d'amples réflexions. Mais j'ai du mal à imaginer que des élections législatives pourraient être gagnées, quelques mois après l'échec des cantonales de mars, et dans une conjoncture économique vécue par les Français comme défavorable.

Je réponds à Jacques Chirac :

« Je vais réfléchir à vos propositions. Elles soulèvent plusieurs questions importantes. Il faut d'abord que je puisse lire tranquillement votre lettre. Mais nous aurons l'occasion d'en parler à la fin de la semaine, puisque vous nous faites le plaisir de venir avec Bernadette à Brégançon pour la Pentecôte. »

***

Cette visite était une idée d'Anne-Aymone.

Il y a plusieurs semaines, elle m'avait fait un reproche :

« Nous n'avons jamais reçu les Chirac, en dehors des réceptions officielles. Ce n'est pas normal. Il y a maintenant deux ans qu'il est votre Premier ministre. Je comprendrais qu'il s'en étonne et qu'il en soit blessé. Il faut leur proposer de venir, par exemple, pour passer un week-end avec nous.

— Oui, c'est une bonne idée, mais où ? On pourrait les inviter à Rambouillet.

— A Rambouillet, répond Anne-Aymone, cela fera officiel. Et puis c'est trop près de Paris. Connaissant Jacques Chirac, cela m'étonnerait qu'il ne soit pas obligé de repartir après quelques heures. Brégançon serait beaucoup mieux. On pourrait leur proposer le week-end de la Pentecôte. »

Ainsi dit, ainsi fait. Nous sommes arrivés un jour à l'avance. Pendant l'après-midi, nous avons préparé leurs chambres, avec l'aide de l'intendant Hennequin et du maître d'hôtel Walter. Il n'y avait pas beaucoup de choix : dans la même aile du bâtiment que celle que nous occupons, nous avons retenu deux chambres contiguës dont nous avons ouvert les volets pour renouveler l'air et chasser l'odeur de moisi déposée par l'hiver.

Nous avons poussé les commodes le long des murs, et déplacé quelques meubles pour essayer de donner aux pièces une apparence plus confortable. Anne-Aymone s'est chargée des fleurs, Hennequin des savons et de l'eau minérale. J'ai fait acheter des journaux et des magazines.

Bernadette et Jacques Chirac sont arrivés en voiture, par la rampe d'accès au fort. Je les avais envoyé chercher à l'aéroport voisin d'Hyères.

Nous les avons conduits dans leurs chambres, Bernadette souriante, et Jacques Chirac, qui portait un blazer et un pantalon blanc, plutôt crispé. Nous les avons laissé s'installer un moment, et Jacques Chirac est venu me rejoindre au salon.

Je ne souhaitais pas lui parler trop longuement des problèmes politiques. C'était contraire à l'idée de cette invitation que nous voulions garder aussi détendue que possible. Mais je lui devais une réponse :

« Je vous reparlerai bien entendu de votre lettre quand nous serons à Paris, lui dis-je. Mais il y a une première réaction dont je voudrais vous faire part aujourd'hui. Je m'interroge sur l'opportunité d'élections anticipées. Vous savez que, par principe, je suis opposé à l'idée d'une dissolution, sauf dans une situation de crise. Je souhaite normaliser notre vie politique. Et en plus, je ne pense pas que la majorité gagnerait actuellement les élections. Pour le moment, le front de l'opposition est sans faille. La situation économique est médiocre. Et je ne vois pas l'argument que je pourrais donner pour justifier la dissolution. Je pense qu'il vaut mieux rétablir la situation économique et sociale avant d'envisager des élections. Par contre, votre idée de concentrer le gouvernement, et de lui faire mettre en œuvre un programme de redressement, est certainement bonne. Si vous voulez bien, nous en reparlerons. »

Jacques Chirac ne souhaite visiblement pas entamer la discussion sur le fond. Il me redit sa conviction que, dans la foulée d'un changement de gouvernement, les élections pourraient être gagnées. Il croit à la mobilisation possible de notre électorat.

Anne-Aymone et Bernadette Chirac nous rejoignent. C'est déjà l'heure du dîner. Nous avions invité un couple d'amis : notre moniteur de ski à Courchevel, Gabriel Féjoz, et sa femme, qui gèrent pendant l'été un hôtel et une plage à Saint-Tropez, et qui sont arrivés pour préparer la prochaine saison. Nous n'avons pas voulu les décommander, car l'invitation est ancienne. Anne-Aymone l'a expliqué à Bernadette Chirac. Nos quatre enfants sont également venus passer le week-end avec nous.

Le dîner est sympathique, dans la salle à manger du fort, dont le plafond est arrondi comme celui d'une casemate. Nous sommes dix assis autour de la table, sur les sièges qui y ont été installés du temps du président Pompidou. La fenêtre est grande ouverte. Il entre du dehors la brise de la mer, qui commence à s'apaiser. Comme la lumière baisse, on allume des bougies. Il règne un contraste heureux et confortable entre cette salle à manger où les flammes jaunes dessinent des ombres sur le plafond, dans une odeur d'herbes et de poissons grillés, et l'immense voûte bleutée, qu'on aperçoit à l'extérieur, lisse et tiède, et qui s'assombrit par degrés.

La soirée se termine tôt. Nos invités sont pressés de

repartir pour Saint-Tropez, et nous souhaitons que les Chirac goûtent un peu de tranquillité.

Le lendemain, lundi, Bernadette Chirac reste à Brégançon pour passer la journée avec nous. Jacques Chirac, lui, doit repartir dans la matinée. J'espère qu'il a pu profiter du calme de l'endroit. Je le raccompagne jusqu'à la voiture qui va le conduire à Hyères. Le sol, qui est fait de gros galets, nous oblige à marcher de travers. Quand nous remontons vers le fort, Anne-Aymone, qui est descendue avec moi, me dit l'avoir trouvé transformé en quelques heures, beaucoup plus détendu et reposé.

« Je crois que c'était une bonne idée, conclut-elle, de leur demander de venir. »

L'hebdomadaire *Le Point* publie, dans son numéro suivant, un compte rendu sarcastique de cette invitation. J'aurais manifesté, selon le journaliste qui en fait le récit, des prétentions protocolaires insupportables en siégeant dans la salle à manger sur un fauteuil dressé à la manière d'un trône, et j'aurais fait venir intentionnellement pour dîner mon moniteur de ski, afin d'humilier le Premier ministre.

La classe politique se délecte à cette lecture.

Je rapporte l'exemplaire du journal à la maison pour le montrer à Anne-Aymone. L'auteur de l'invitation le parcourt les yeux écarquillés !

Je demande au service de presse de l'Élysée de se renseigner auprès du journal sur l'origine de cette information. Celui-ci, embarrassé, l'attribue à mon fils Henri ! On l'imagine, racontant ces fadaises... Je suis peiné de cette présentation, où perce la main invisible de l'entourage.

***

A la fin du mois d'avril, j'avais demandé à mon conseiller Jean Sérisé de suivre de plus près la situation politique, et d'essayer de l'évaluer. J'avais insisté pour qu'il se mette en rapport avec les collaborateurs du Premier ministre, en essayant d'améliorer la coordination de l'action de l'Élysée et celle de Matignon.

Il est venu me rendre compte de ses conclusions :

« J'ai entrepris ce que vous m'avez demandé, m'a-t-il dit, avec l'ardeur du néophyte. Je ne suis pas un homme politique, et je ne connais pas bien le milieu, ni ses motivations, ni sa manière de traiter les problèmes. J'ai eu des conversations avec les collaborateurs de Jacques Chirac, notamment Jérôme Monod, son directeur de Cabinet, et bien sûr Pierre Juillet et Marie-France Garaud, mais aussi beaucoup d'autres. »

Et il conclut par une seule phrase :

« Ils ont décidé de s'en aller.

— De s'en aller eux, lui dis-je, ou que Chirac s'en aille ?

— Que Chirac s'en aille. »

Je l'écoute sans rien ajouter d'autre. Je n'ai ni à approuver ce qu'il dit, ni à présenter des objections. Il me rend compte de la conclusion qu'il a tirée de ses entretiens. Elle est nette : « Ils ont décidé de s'en aller ».

Je ne suis pas persuadé que la réalité soit aussi simple. Jean Sérisé me décrit l'attitude des conseillers de Jacques Chirac, et les recommandations qu'ils lui font. J'en avais déjà décelé la trace dans les propositions de la lettre que Jacques Chirac m'a remise : j'y avais bien retrouvé la technique du « coup », qui consiste à brusquer et à dramatiser les choses pour déstabiliser l'adversaire, chère à la petite équipe qui vient de se réinstaller à Matignon.

Mais il faut compter aussi avec Jacques Chirac lui-même. Il est Premier ministre. L'exercice de la fonction l'intéresse visiblement. Il fait montre vis-à-vis de moi du désir, que je crois sincère, de continuer dans la tâche que je lui ai confiée.

Après mûre réflexion, je décide de ne pas me laisser trop impressionner par l'action de ses conseillers. Il faut convaincre Jacques Chirac qu'il doit poursuivre sa tâche.

Je retourne les arguments dans ma tête :

Il serait injustifié de se lancer dans l'aventure des élections anticipées. C'est visiblement le « coup » qu'on lui a recommandé. Les élections ne sont pas un acte artificiel, mais plutôt, comme je le pense, une pulsation et une respiration normale du régime démocratique. Leur date est prévue pour dans deux ans. Cela nous donne précisément le délai nécessaire pour rétablir la situation économique du pays. Si nous y parvenons, je suis persuadé que nous gagnerons les élections législatives de 1978 ! Quelle est l'utilité d'avancer leur date ?

Un départ brusqué du Premier ministre sera sûrement interprété par le milieu politique comme l'indice d'une crise dans la majorité. Les explications données ne satisferont personne. Or, notre majorité ne dispose pas dans le pays d'une marge suffisante pour pouvoir se payer le luxe d'un affrontement, et encore moins d'une division.

Je crois enfin qu'une telle décision serait contraire aux intérêts de la France. Tout l'effort de la Ve République a tendu à instaurer la durée et la continuité dans l'action gouvernementale, pour mettre fin aux détestables habitudes antérieures, et aux tentations permanentes de notre tempérament national. Un changement précipité de gouvernement, qui ne serait pas justifié par des motifs tenant au fond de la situation du pays, mais provoqué seulement par des considérations liées à l'état du milieu politique, nous ferait retomber dans l'ornière de l'instabilité.

Un tel changement serait nuisible. Je dois convaincre Jacques Chirac de ne pas se laisser entraîner dans cette voie, et de poursuivre son action à la tête du gouvernement.

Dans nos rencontres personnelles, il me donne l'impression d'être pris entre deux séries d'arguments contradictoires, les siens, et ceux que lui présentent ses conseillers, mais qu'en réalité son désir intime le conduirait à rester. Et ce serait la meilleure solution pour la France, pour lui, et pour moi.

***

Le printemps de 1976 a été particulièrement chargé en événements.

D'abord un voyage officiel en Amérique, à la mi-mai, pour commémorer le bicentenaire de l'indépendance des États-Unis, et le souvenir de la contribution que la France avait apportée aux « Insurgents ».

C'est le Président Gérald Ford qui nous reçoit à la Maison-Blanche.

Pendant le trajet que nous faisons ensemble en voiture en direction de Mount Vernon, la propriété patricienne de George Washington où nous allons inaugurer, dans une soirée glacée, le spectacle « son et lumière » offert par la France, je me souviens qu'il a été membre de la commission Warren, chargée d'enquêter sur les conditions de l'assassinat du Président Kennedy. Je l'interroge sur cette énigme qui continue de m'obséder :

« Tout ce que je peux vous dire, Valéry, c'est qu'on n'a jamais pu nous apporter la preuve que cet attentat ait été organisé. Toutes les questions que vous vous posez, nous nous les sommes posées. Mais aucune des personnes que nous avons interrogées, pourtant longuement, quelquefois pendant plusieurs heures, n'a pu nous apporter la moindre preuve. C'est notre seule conclusion. Nous n'écrivons pas dans notre rapport que l'attentat n'a pas été organisé. J'insiste bien : nous disons seulement que nous n'avons pu en découvrir la preuve. »

Je resterai donc sur ma soif.

Puis la commémoration, le 13 juin, à Douaumont du soixantième anniversaire de la bataille de Verdun, où se trouvent rassemblés la plupart des survivants des terribles combats, affaiblis par l'âge et, peut-être même en raison de cela, combien émouvants. Je pense à mon père qui a traversé, sur la Somme, les mêmes épreuves qu'eux, et qui en a rapporté de longues cicatrices que j'avais aperçues, enfant, sur son dos, labouré par les éclats d'obus.

Dans mon discours, je rappelle le déroulement de la bataille, comme l'avait fait dix ans plus tôt le général de Gaulle, dont j'ai lu soigneusement le texte. Je rends hommage à tous ceux qui ont combattu, et à ceux qui ont assuré la victoire. L'opposition s'indigne de mes propos, scrupuleusement conformes à la vérité historique et militaire, dans lesquels elle voit une tentative de réhabilitation de la mémoire du maréchal Pétain.

Le 22 juin, nous partons avec Anne-Aymone pour un voyage officiel en Grande-Bretagne, le premier effectué depuis 1960 par un président de la République française. Il est organisé avec tout l'éclat et la minutie que savent y apporter les Britanniques.

La reine Elizabeth vient nous accueillir sur le quai de Victoria Station. Défilé en carrosse le long du Mail, dans une odeur de crottin de cheval et une auréole de poussière, car la température continue à s'élever au début de cet été desséché.

Le matin, avant les cérémonies et les discours, je vais me rafraîchir en nageant dans la piscine qu'Edouard VII s'est fait aménager dans une aile du palais de Buckingham.

Je retrouve chez la reine Elizabeth la même conscience professionnelle que chez le général de Gaulle. Elle accomplit toutes ses tâches, j'allais écrire ses corvées, avec la même application, la même attention que lui, sans chercher à tricher avec les contraintes.

Je mesure la force de son caractère, et l'énergie qu'elle est obligée de contenir, à la manière dont elle réagit devant les critiques. Le soir où nous allons assister à Covent Garden avec le couple royal à une représentation du *Bal masqué* de Verdi, notre ambassadeur, Beaumarchais, me montre les journaux qui attaquent violemment la reine à propos de l'achat qu'elle vient de faire d'un domaine pour sa fille Anne, jugé trop vaste et trop coûteux.

Pendant la durée du spectacle, je vois dans l'ombre du balcon le pied de la reine qui se balance nerveusement, non pas pour marquer la mesure, mais pour laisser jaillir son exaspération, pendant que son visage garde une impassibilité souriante.

Comme cadeau, elle m'a offert un chien de son élevage : le fils de sa chienne labrador, Pippitt. Il est très beau, bien équilibré, le front carré. Son garde me remet un sifflet à ultra-son, et m'explique le dressage du chien. Il s'appelle Sandrigham Samba.

Gaieté générale de la famille royale autour de l'animal,

qui se montre à peine dépaysé, sur la terrasse qui borde le parc de Buckingham.

La reine me dit :

« He is very nice. He likes to please his master. »

« Il est très gentil. Il aime faire plaisir à son maître. »

C'est vrai. Il a cherché à me faire plaisir pendant des années, à l'Élysée d'abord, puis à Authon ensuite, petit compagnon fidèle et paisible d'un exil intérieur qu'il a traversé sereinement, indifférent aux complications des hommes, et follement passionné par les odeurs, les pistes à suivre, les os à déterrer.

Je le voyais venir de loin dans les allées, trotter en se dandinant, la queue levée et fier de ses trouvailles qu'il venait m'apporter, un bout d'os, une branche morte, jusqu'à ce qu'il aille reposer, depuis deux ans, sous l'herbe du cimetière des chiens, à vingt pas de ma fenêtre.

Nous avons quitté la reine en Écosse, près d'Édimbourg, au château d'Holyrood, après y avoir déjeuné.

J'ai passé en revue avec le prince Philip la garde écossaise, déployée devant le château, selon la manière traditionnelle en Grande-Bretagne, c'est-à-dire en marchant entre les rangs.

Le rythme des réunions s'accélère.

Le deuxième sommet des Pays industrialisés se tient à Porto-Rico, les 27 et 28 juin. Le Président Ford y prend le relais du premier sommet tenu à Rambouillet un an auparavant. Il invite pour la première fois le représentant du Canada, Pierre Trudeau, à se joindre à nous. Nous passons ainsi de six à sept membres.

Puis une visite officielle à Angers, consacrée aux problèmes de l'environnement et, les 5 et 6 juillet, le sommet franco-allemand que le chancelier Schmidt a tenu à organiser dans sa ville de Hambourg.

Je le reçois à déjeuner, selon l'usage, avec tous ses ministres et le maire de Hambourg. J'ai invité également à ce repas le nouveau leader que vient de se donner l'opposition chrétienne-démocrate, Helmut Kohl. Il souhaite me rendre visite, et vient me voir pour un entretien avant le repas, à l'hôtel des Quatre-Saisons, en compagnie de notre ambassadeur à Bonn. C'est un géant rhénan, massif mais encore svelte, qui n'a pas la vivacité dialectique d'Helmut Schmidt, mais qui me paraît calme, organisé, et déterminé dans sa démarche. Il se montre, dans ses propos, un Européen convaincu.

Départ pour Nice, où j'ai souhaité qu'on organise une revue navale avant la fête nationale, car la marine me paraît tenue trop à l'écart de nos grandes commémorations.

Un hélicoptère me dépose sur le pont d'envol du porte-avions *Clemenceau*.

Le commandant de bord me donne des explications dans la cellule vitrée de sa passerelle de commandement, d'où j'assiste aux défilés des navires. Les caméras de la télévision nous accompagnent. Elles enregistrent les détails de cette visite, et en raison de l'étroitesse de l'espace, leurs images fouillent intimement nos visages. L'opinion publique, me dit-on, est frappée par la grande tension et la nervosité de Jacques Chirac.

Rapide voyage à Bruxelles, les 12 et 13 juillet, pour un Conseil européen, qui commence à trouver sa régularité, au rythme de trois réunions par an. Ambiance de travail avec une équipe bien soudée : Jim Callaghan, Leo Tindemans, et bien entendu, Helmut Schmidt. Nous nous mettons d'accord sur le nombre et sur la répartition des sièges, pour la future élection du Parlement européen au suffrage universel. Cette nouvelle approche, indispensable pour donner une base démocratique au fonctionnement de la Communauté européenne, va déclencher, je le sais, un débat passionné dans notre milieu politique. Mais je suis décidé à l'affronter, car la France ne peut pas rester à la traîne du mouvement vers l'union de l'Europe, qui a jailli, après tout, d'une initiative française.

Et le soir même, je rentre à Paris pour le traditionnel dîner du 13 juillet, la veille de la revue, auquel je convie l'ensemble de nos chefs militaires.

Le lendemain matin, aucune disposition n'a été prise pour protéger la tribune officielle, d'où nous assistons au défilé, contre le mauvais temps. Ces dispositions ne paraissaient pas nécessaires car le ciel était imperturbablement bleu depuis quatre mois : pas un seul nuage en vue sur toute la France ! On a pu se dispenser pour une fois d'installer un auvent : des fauteuils et des chaises garnis de velours rouge ont été simplement alignés sur une estrade qui tourne le dos à l'Obélisque de la place de la Concorde.

Au réveil, quand j'ouvre mes volets sur la rue de l'Élysée, stupéfaction : le ciel est gris, et il tombe une pluie très fine, comme un brouillard en suspension. J'imagine que le soleil va le nettoyer très vite. Quelle erreur ! Lorsque je descends les Champs-Élysées dans la voiture de commandement, l'avenue ressemble à une grande flaque d'eau, et la foule, vêtue de chemisettes et de robes d'été, se réfugie sous les marronniers pour se protéger de la pluie qui continue à tomber.

Mais c'est le début du défilé qui donne le signal de la cataracte.

Impossible d'apercevoir les avions dont les réacteurs sifflent dans le coton des nuages. C'est un rideau de pluie qui tombe maintenant, compact, ininterrompu, inondant.

Certains des ministres ont eu la sagesse de se munir d'imperméables : Jean Lecanuet, rendu prudent par le climat normand, Simone Veil, Jean Sauvagnargues qui a du mal à enfiler sa manche, déjà trempée. Le président de l'Assemblée nationale, Edgar Faure, porte un manteau de tweed.

Mais les autres affrontent le déluge en complet veston. Jacques Chirac, bien entendu, et le ministre des Armées, Yvon Bourges, comme il se doit. Mais aussi le ministre du Commerce extérieur, Raymond Barre, et par ordre hiérarchique, tous les ministres alignés qui sentent le col de leur chemise s'amollir sous la pluie, et des ruisselets d'eau gagner leur colonne vertébrale.

Le seul avantage de cette pluie, c'est qu'elle est tiède ! Ce n'est même plus la peine de se protéger. Comme pendant la traversée des marigots africains lorsqu'on s'enfonce dans l'eau jusqu'à la ceinture, il ne faut pas essayer d'imaginer qu'on puisse être sec, mais se résigner à se sentir dans ses vêtements comme dans des serviettes mouillées, et accepter que ses pieds clapotent dans des souliers remplis d'eau.

Suivant mon habitude, nous avons assisté debout au défilé des troupes à pied. Avant que ne débouchent sur la place de la Concorde les véhicules blindés, dont on apercevait les silhouettes vibrant dans un brouillard de gas-oil en train de descendre, depuis l'Étoile, la pente de l'avenue des Champs-Élysées, nous disposions d'un temps de répit.

Je me suis assis pour attendre leur arrivée et, derrière moi, les ministres et les personnalités officielles ont suivi mon exemple : erreur fatale !

J'ai entendu un bruit d'éponges écrasées, accompagné d'exclamations et d'éclats de rire. Nous nous étions assis dans des flaques, et même dans des flaques rouges ! Le tissu des sièges complètement imbibé d'eau avait commencé à déteindre.

Et lorsqu'il a fallu nous relever, pour saluer le drapeau qui arrivait porté à bras tendus par un officier sur le premier véhicule, je me suis arraché difficilement au coussin de mon fauteuil, qui a rendu le soupir humide et mou d'une ventouse.

***

Le ballet de mes occupations ne s'est pas ralenti, absorbant entièrement mon attention en raison des grands intérêts en cause. Il m'empêchait de remarquer la tension grandissante qui témoignait du débat intérieur du Premier ministre.

Les premiers craquements du gouvernement se sont fait sentir à l'occasion du vote de trois projets de loi qui répondaient à des engagements que j'avais pris pendant ma campagne électorale, et qui correspondaient à des idées qui m'étaient chères : permettre à Paris d'élire librement son maire, en mettant fin à l'administration préfectorale de la capitale, en vigueur depuis la Commune ; donner à la région parisienne un statut semblable à celui des autres régions ; et assainir la pratique des élections à deux tours pour mettre fin aux « magouilles » qui accompagnaient les désistements.

Le premier projet avait été voté sans difficulté, en décembre 1975, malgré les réticences de Jacques Chirac, qui contestait — ô ironie prémonitoire ! — l'opportunité de cette réforme.

La mise au point des deux autres textes avait été laborieuse. C'est le ministre de l'Intérieur, Michel Poniatowski, qui en était chargé. Ses rapports avec le Premier ministre étaient tendus. Et le fait de vouloir réformer les collectivités locales soulève toujours une tempête de protestations dans le milieu politique. Les élus y flairent une manœuvre pour remettre en cause les situations acquises. J'avais dû réunir plusieurs conseils restreints pour aboutir aux rédactions finales.

Sur ces deux projets je n'avais tranché que sur quelques points : pour le premier, le nom de la région « d'Ile-de-France », auquel les élus et Michel Poniatowski préféraient celui de « Région de Paris » ; et pour l'autre, la fixation d'un seuil de voix relativement élevé — 15 % des électeurs inscrits — nécessaire pour qu'un candidat puisse se maintenir au deuxième tour des élections locales.

Le projet sur l'organisation de la région parisienne était examiné par l'Assemblée nationale au printemps de 1976. Michel Poniatowski m'appelait au téléphone pour me tenir informé des difficultés qu'il rencontrait.

« Je n'ai pas réussi à faire voter le nom "Ile-de-France" pour la région. Les élus ont choisi "Région parisienne". J'ai fait tout ce que j'ai pu, car je sais que vous y teniez, mais ils ne m'ont pas suivi. »

Je ne suis pas sûr qu'il ait fait réellement tout son possible ! Car cet ami fidèle, délicat, courageux, est également passionné et obstiné. Il poursuit avec une ténacité souterraine des objectifs dont il pense qu'on ne les voit pas, mais que j'aperçois à la surface, comme les écailles triangulaires du monstre du Loch Ness affleurant à la surface de l'eau. Je m'amuse à lui tendre un piège :

« Pourquoi y tiennent-ils tellement ?

— A cause de l'image internationale, me répond-il. »

Au son convaincu de sa voix, j'entends que ce ne sont pas leurs arguments, mais les siens, qu'il avance. J'en souris intérieurement. Il poursuit :

« Chacun connaît Paris dans le monde, alors que personne ne connaît l'Ile-de-France. Les milieux économiques pensent que pour la promotion de leurs produits la référence à la "Région parisienne" serait bien meilleure. »

Personne ne connaît l'Ile-de-France, me dit-il ! Et alors ? L'important c'est que nous la connaissions, nous. Nous savons que c'est le berceau de notre pays, feutré de forêts et de prairies à l'est et au nord, et bordé au sud par le somptueux tapis doré de la Beauce.

C'est là qu'est notre sanctuaire, celui de notre mélange unique, porteur d'harmonie et d'affrontements, entre la civilisation gallo-romaine dépérissante, et l'agressivité tonique des envahisseurs francs. Le sang bleu, et le sang rouge, réunis dans nos couleurs. Ce rappel ne serait pas suffisamment flatteur sur l'étiquette des produits à commercialiser ! Mais c'est de nous-mêmes, et pas de nos produits, qu'il s'agit ! Nous avons la chance d'avoir conservé le plus beau nom qui soit, celui de cette île terrestre qui a mis au féminin le nom de ses envahisseurs. Pas question d'y renoncer ! Pendant que je me perds dans cette songerie, Michel Poniatowski est resté silencieux à l'appareil.

« Tu es toujours là ? lui dis-je, avec le tutoiement facile et insouciant des amis.

— Oui, bien sûr ! Mais j'insiste pour que nous n'essayons pas de changer.

— Écoute, lui dis-je, ne m'en veux pas si je t'ennuie avec cette question, mais j'y tiens beaucoup. Il faudra rétablir le nom "d'Ile-de-France" à la deuxième lecture.

— Bon, me répond-il, si tu y tiens vraiment, je le ferai. »

A son timbre de voix, je discerne qu'il est plus résigné que convaincu. Mais je sais aussi qu'il réussira à faire aboutir cette idée par fidélité et par affection pour moi, cette mince idée... Et Notre-Dame-de-Paris, qui avait craint de perdre son Ile-de-France, retrouvera sa sérénité, au milieu des jardins où le chanoine Abelard donnait, ou plutôt appliquait, sous forme de châtiments fermes et subtils, ses équivoques leçons de théologie à la belle Héloïse.

***

L'incident concernant le second texte était plus sérieux. Il avait pour moi valeur d'avertissement, car il intéressait directement le Premier ministre.

Le 6 juillet 1976, à 8 heures 20, pendant que je prenais mon petit déjeuner habituel — jus d'orange, café au lait, et un seul croissant accompagné de deux coupelles remplies de confitures trop tentantes, l'une aux oranges, l'autre aux myrtilles — en lisant les journaux du matin, la sonnerie du téléphone retentit. La voix masculine du standardiste, cette voix que j'identifie à l'oreille et dont je ne reconnais le visage qu'une fois par an, au moment des vœux, m'annonce :

« Monsieur le Président, le Premier ministre demande à vous parler. »

Ce genre d'appel est inhabituel. La courtoisie de Jacques Chirac, un peu raide mais scrupuleuse, lui interdit de me déranger pour des affaires ordinaires.

« Monsieur le Président, débute-t-il, je vous demande de m'excuser de vous déranger. Mais je reçois à 9 heures le ministre des Relations avec le Parlement et les responsables du groupe UDR. Ils refusent catégoriquement de voter le relèvement des seuils électoraux. »

La voix de Jacques Chirac est claire, bien timbrée. Il y a ce matin, dans son débit, comme une aspérité. Ce n'est pas le ton d'une interrogation, mais plutôt celui d'une mise en garde.

Je lui réponds :

« Je vous remercie de me prévenir. Cette difficulté était prévisible, mais il faut insister, et les convaincre. »

Jacques Chirac me réplique :

« Je n'y parviendrai pas.

— Que demandent-ils ? Souhaitent-ils un abaissement du seuil ?

— Non ! Ils en font une question de principe. Ils estiment qu'il n'est pas démocratique d'éliminer des candidats qui ont réussi à figurer honorablement au premier tour. Je les sens décidés à refuser de voter. »

Cette détermination me surprend. Il s'agit, après tout, d'une mesure de salubrité qui s'inscrit dans la ligne gaulliste. A moins qu'on ne veuille perpétuer la situation où la multiplicité des candidats du centre permet au candidat UDR de se faire finalement élire. On ne peut pas fonder des règles électorales sur des raisonnements de circonstance ! D'autant plus que les candidats du Programme commun respectent, eux, scrupuleusement, la règle du désistement au second tour. Il est vrai aussi que le climat à l'Assemblée nationale est extrêmement tendu en raison du débat en cours sur l'imposition des plus-values.

Je conclus :

« Nous avons longuement discuté de ce problème lors

de la préparation du projet. Je connais bien les arguments pour et contre. Quelle que soit leur valeur, je pense toujours que la mesure que nous proposons est bonne. Il faut mettre fin à ces manœuvres magouillesques entre les deux tours. Elles déconsidèrent le personnel politique, sans profit pour personne. Dites aux parlementaires UDR que vous comprenez leurs motifs, mais que, tout compte fait, vous leur demandez de voter le projet. »

Un silence au bout du fil. Un long silence de quelques secondes, et la voix du Premier ministre reprend. C'est une autre voix, où l'aspérité est devenue tranchante. La distance qui, le long du fil téléphonique, s'étend entre sa bouche et mon oreille paraît s'être allongée comme dans un espace devenu glacial :

« Monsieur le Président, est-ce que c'est un ordre ? »

Je n'hésite pas sur le sens de la réplique que je dois faire, mais je réalise qu'entre la question directe que je viens d'entendre, formulée dans des termes nouveaux, et ma réponse, qui va être aussi directe, une lame va tomber, et couper de nombreux liens :

« Oui, Monsieur le Premier ministre. »

***

Depuis le début du mois de juillet, Jacques Chirac avait fait allusion à plusieurs reprises dans nos entretiens, mais de manière interrogative, à la difficulté de sa tâche. Il souhaitait prendre de la distance et avait le sentiment, me disait-il, de ne plus me rendre service dans sa fonction de Premier ministre. Il n'était pas revenu, en revanche, sur sa proposition de dissoudre l'Assemblée nationale.

J'interprétais ces déclarations comme reflétant une lassitude bien explicable, après deux années d'activité où il avait dépensé une énergie incroyable, et aussi une frustration devant la difficulté qu'il rencontrait à imposer son autorité politique sur les membres du gouvernement qui entendaient préserver leur ligne de conduite personnelle, tels que Michel Poniatowski et Jean Lecanuet.

Mais j'essayais d'apaiser son irritation, en soulignant que tout ceci faisait partie de la vie politique, qu'après l'été une partie des tensions s'apaiseraient, et qu'il aurait auprès de lui un gouvernement dont je veillerais à ce que la solidarité fût respectée.

Il m'écoutait avec attention, le front plissé, et ne me répondait pas. Nous convenions de notre prochain rendez-vous, et j'imaginais que la crise serait passagère.

Pour la première fois, le lundi 19 juillet 1976, au cours de notre entretien habituel de fin d'après-midi, Jacques Chirac m'a fait part directement de son intention :

« Je vous ai dit à plusieurs reprises, Monsieur le Président, que j'avais le sentiment de ne plus être utile dans ma fonction. Le gouvernement n'est pas suffisamment cohérent. Il y a, vous le savez, des ministres qui ne jouent pas le jeu. Vous m'avez donné la mission, en mars dernier, de rassembler la majorité. Je ne peux pas y parvenir, en raison des manœuvres, ou des refus. Dans ces conditions, je ne crois pas que je vous serve. Au contraire ! »

Il reprend son souffle. Nous sommes assis tous les deux dans mon bureau. Pas de témoin. La fournaise de la journée commence à s'apaiser, mais le soleil fait encore saillir à angles vifs les bas-reliefs de pierre sur la façade en face de ma fenêtre. Je me tourne vers lui. Je sens sa tension et sa détermination. Il poursuit :

« Aussi, je vous demande, Monsieur le Président, de mettre fin à mes fonctions.

— Vous voulez démissionner, lui dis-je ?

— Je souhaite partir. »

Finalement, pensai-je, c'est la même conversation qui reprend. Seulement cette fois, elle va beaucoup plus loin. Jusque-là, il s'agissait pour lui de souhaiter conduire un gouvernement plus ramassé. Les arguments restent les mêmes. La seule différence est qu'ils débouchent maintenant sur son départ.

Cette conclusion me paraît excessive, inutile, et tout compte fait, mauvaise : la France sans gouvernement, une majorité étalant ses divisions et ses aigreurs, et Jacques Chirac entraîné dans la négativité d'un départ que nos adversaires communs analyseront et envenimeront comme un échec. J'essaie de le raisonner, et de le convaincre :

« Je comprends très bien, lui dis-je, votre lassitude et votre irritation. Mais je ne crois pas que ce soit une bonne décision de quitter le gouvernement. Vous y avez bien réussi. Depuis le creux d'avril, les sondages ont commencé à remonter. Vous vous souvenez de ce que j'ai dit devant vous à Hoveida : les Premiers ministres doivent rester en fonction assez longtemps, et partir dans une circonstance naturelle, par exemple à l'occasion d'élections générales.

Nous aurons des élections dans moins de deux ans. Restez Premier ministre jusque-là, et nous verrons, suivant les circonstances, si vous devez rester ou partir. En tout cas aujourd'hui, je vous demande de réfléchir. C'est la première fois que vous me posez la question de votre départ. Jusqu'ici, vous me parliez d'un changement de gouvernement. Il est naturel que j'en examine les conséquences. Il n'y a pas d'urgence à décider. Je vous dis franchement que je souhaite que vous restiez à votre poste. Si vous confirmez votre désir de partir, je ne m'y opposerai pas. Mais je vous demande de prendre votre temps, et de m'en reparler à la rentrée. »

Jacques Chirac me regarde, m'observe. M'écoute-t-il ? Je le crois, et je sens que mes arguments l'ébranlent et qu'il préférerait sans doute leur donner le pas sur ceux dont ses conseillers, journellement, doivent l'assaillir. L'essentiel est qu'il puisse reconsidérer la situation à un moment où l'été et les vacances parlementaires auront débarrassé l'atmosphère politique des séquelles des tensions qu'a engendrées ce printemps sec et irritant pour les nerfs.

« Nous en reparlerons à la rentrée, lui dis-je, en me levant pour le raccompagner.

— C'est entendu, Monsieur le Président, puisque vous le souhaitez, mais je ne crois pas que je changerai d'avis. »

Le lundi suivant, 26 juillet, je reçois le Premier ministre pour ce que je pense être notre dernier entretien avant la coupure de l'été.

Je dois m'envoler le 5 août pour un voyage officiel au Gabon. Le prochain Conseil des ministres se réunira dans la dernière semaine du mois d'août, le mercredi 25.

L'huissier annonce le Premier ministre. Jacques Chirac entre, s'assied. Il n'a pas apporté de dossier. Il pose chacune de ses mains ouvertes sur ses genoux, les doigts écartés, ce qui fait saillir les phalanges :

« Monsieur le Président, je suis venu vous remettre ma démission. Vous m'aviez demandé de réfléchir, mais ma décision est prise, et cela ne sert à rien d'attendre.

— Je vous avais demandé d'attendre la rentrée, et vous m'aviez donné votre accord.

— C'est vrai, me dit-il, mais je ne vois pas d'élément nouveau, et je ne me sens pas en état de continuer à exercer ma fonction. »

Qu'est-ce qui a pu le pousser ainsi à précipiter les choses ? Quels arguments a-t-on mis en avant pour le décider ? Il m'avait donné l'impression d'accepter le délai de réflexion et l'échéance que je lui proposais.

Je sens monter en moi une irritation qu'il me faut absolument contenir, car elle s'alimente à la violence excessive de certaines de mes réactions, et elle risque d'inspirer des raidissements inutiles. Mais cette manière de faire dans la politique française m'exaspère, cette manie de fabriquer des enjeux là où il n'en existe pas, et cette impossibilité d'attendre les échéances normales et de respecter les délais !

Sa décision est prise. Bien ! Je ne vais pas essayer de l'en faire revenir. Pourquoi même le tenter ? Comme souvent, lorsqu'on a multiplié les tentatives, l'envie de convaincre vous passe brusquement.

Et soudain, je ressens une impression que je n'attendais pas, un sentiment de peine, presque de chagrin. Je lui avais témoigné ma confiance pendant ces deux années. Tout n'avait pas été facile, ni nécessairement réussi. Je n'avais jamais cherché à tirer avantage des difficultés qu'il pouvait rencontrer. Comment se fait-il qu'il n'en reste rien, et qu'il me parle de partir sur le même ton qu'un locataire prenant congé d'une agence immobilière, propriétaire de son appartement ? Il me semble que les choses faites en commun à la tête de notre pays, que nous étions heureux et fiers de diriger ensemble à nos âges respectifs, auraient pu tisser entre nous une solidarité qu'il eût été possible, de part et d'autre, de manifester. J'attendais un geste, un mot d'émotion, un regret.

Je me reprends : la sentimentalité n'est sûrement pas une attitude politique !

« Je vois que votre décision est prise, lui dis-je. J'accepte donc votre démission, mais il n'y a aucun motif de précipiter les choses. Vous savez que je pars dans une semaine en voyage officiel au Gabon. Je n'ai pas l'intention d'annuler ce voyage. Vous devez vous-même vous rendre à la fin de ce mois en visite officielle au Japon avec le ministre du Commerce extérieur. Les Japonais comptent sur votre venue, et vous savez combien ils sont susceptibles. Ils prendraient très mal le fait que vous vous décommandiez.

Et puis la France est en vacances : nous ne devons pas lui offrir le spectacle de ce que les Italiens appellent une “crise gouvernementale balnéaire” ! Vous viendrez donc me remettre votre démission la veille du prochain Conseil des ministres. Il est prévu pour le 25 août. »

Cette solution ne le satisfait pas, car il souhaite visiblement, pour des raisons qui m'échappent, que son départ soit rapide. Mais sans doute par respect de la règle du jeu, il ne me dit rien.

« Dans l'intervalle, ajoutai-je, et pendant mon absence de France, je vous demande de veiller au déroulement normal de la vie gouvernementale. Il ne devrait rien se passer d'important. Et je compte aussi sur vous pour ne pas annoncer la nouvelle de votre départ. De mon côté, je n'en parlerai à personne.

— J'aurais préféré partir tout de suite, me répond Jacques Chirac, mais puisque vous l'avez décidé ainsi, j'attendrai votre retour. Et je ne communiquerai ma décision à personne. Vous avez ma parole. »

Le lendemain matin, il me fait porter une lettre où il me confirme son intention.

« Hier soir je vous ai remis ma démission de Premier ministre.

Je l'ai fait avec tristesse mais convaincu que l'intérêt du pays exige au plus tôt la formation d'un gouvernement investi de toute votre confiance et doté des moyens indispensables à l'action que je crois nécessaire.

Vous estimez que l'annonce de ma décision doit être différée, et je ne peux que m'incliner devant votre volonté !

J'assumerai donc la gestion des affaires gouvernementales jusqu'à votre retour et c'est alors que je vous présenterai en Conseil des ministres la démission du gouvernement.

J'ai été très touché de l'appréciation que vous avez bien voulu porter sur l'action que j'ai menée, sous votre haute autorité, pendant les deux années où j'ai eu l'exceptionnel honneur d'être votre Premier ministre. »

Je lui réponds aussitôt, et décide de ne faire paraître cet échange de correspondance qu'après l'annonce de son départ.

***

Du fort de Brégançon, où je suis revenu au milieu du mois d'août, desséché et bronzé par douze jours d'Afrique, j'organise au téléphone avec le secrétaire général de la présidence, Jean François-Poncet, la journée du mercredi 25 août. Je le mets au courant de la démission de Jacques Chirac, qui détermine le scénario des événements.

La rumeur du départ du Premier ministre s'est répandue, mais d'une manière vague, dans cette France en vacances qu'elle ne trouble pas encore. La mer est immensément bleue, piquetée de planches à voile. La crise pétrolière a raréfié les canots à moteur qui tirent les amateurs de ski nautique. J'aperçois, par la fenêtre, la silhouette gris-mauve de notre chien Jugurtha qui descend par le sentier se baigner dans la crique du fort, en se roulant sur le dos dans l'eau, d'où il rapportera tout à l'heure une odeur musquée de varechs.

A l'heure de la sieste, tous les bruits s'apaisent sauf, ici et là, les cris stridents des enfants qui jouent sur la plage.

Je fais un bref aller et retour à Paris pendant la semaine où la plupart des ministres prennent leurs vacances. J'invite Jacques Chirac à déjeuner. Il me fait le compte rendu des événements qui se sont déroulés pendant mon absence. Peu de choses, au total. Il ne me parle pas de son départ imminent et paraît détendu. Je m'interroge encore sur les motifs véritables de sa décision.

Je ressens comme une contradiction, ou une dualité, dans son attitude.

La lassitude qu'il évoque n'est pas visible. Il paraît toujours intéressé par le déroulement de la vie gouvernementale qu'il continue à suivre dans son détail.

Sa décision tient-elle à mon refus d'envisager une dissolution prochaine ? Il ne m'en a plus reparlé depuis Brégançon. Et il n'a pas suggéré non plus de donner suite à son idée d'un gouvernement restreint qu'il dirigerait. S'agit-il d'un calcul politique, et dans ce cas, quels raisonnements lui ont développés ses conseillers ? Ou bien est-ce le résultat de sa part — car il est viscéralement attaché à son parti — de l'irritation qu'il ressent devant le rapprochement qui s'esquisse entre les républicains indépendants et les centristes ? Mais, quel que soit le cheminement qui l'y a conduit, je sens qu'il est maintenant déterminé dans son attitude, au point d'être peu désireux d'en parler.

Jacques Chirac me demande de modifier à titre exceptionnel les règles habituelles de fonctionnement du Conseil des ministres : il souhaite s'adresser aux ministres, avant que ne débute le conseil et en dehors de ma présence, pour leur donner les raisons de son départ. Après quoi, le Conseil des ministres examinera sous ma présidence les affaires inscrites à l'ordre du jour. Enfin, Jacques Chirac me remettra formellement sa démission.

Je reviens vers l'appartement privé en longeant le salon. Les portes-fenêtres sont ouvertes sur le parc. L'air est bourdonnant, parcouru de souffles chauds. La circulation paraît ralentie sur les Champs-Élysées.

Je m'interroge, tout en marchant. Pouvais-je faire davantage ? Aurait-il été sensible à un geste plus chaleureux, plus direct de ma part ? A un appel d'homme à homme ? Ou sa détermination était-elle définitive ?

Tout est calme, étrangement.

***

Je rentre à Paris le lundi 23 août, par un avion du GLAM qui vient me chercher à l'aéroport militaire d'Hyères. Anne-Aymone m'accompagne. Elle passera la nuit à Paris et repartira aussitôt pour Authon.

A 9 heures 25, je descends par l'ascenseur et parcours à nouveau l'enfilade des salons le long du parc. La réverbération du soleil sur le dallage blanc du perron est aveuglante. J'arrive dans le salon Murat. Jacques Chirac m'attend à l'entrée. Il a les traits tirés, des mouvements nerveux autour de la bouche. Je fais le tour de la table en serrant les mains des ministres. Quand je passe à côté du petit bureau derrière lequel s'assoient, comme des frères jumeaux, le secrétaire général du gouvernement et le secrétaire général de la présidence de la République, ce dernier me tend une note. Je la parcours :

« Cela s'est mal passé. Le Premier ministre a dit que certains ministres l'avaient combattu et avaient affaibli la majorité par leurs déclarations publiques, et que les moyens qu'il jugeait nécessaires pour conduire le combat contre l'opposition socialo-communiste lui avaient été refusés. »

Je poursuis ma ronde. L'atmosphère est mauvaise, chargée de tensions, avec des lueurs d'affrontement dans les regards.

Comme dans toutes les circonstances de crise, je retrouve en moi le curieux espace de paix et de sérénité qui s'y installe, comme s'il voulait constituer un contrepoids à la pression extérieure, et me rappeler l'existence d'autres valeurs plus fondamentales, indifférentes au tumulte de l'instant présent.

Je m'assieds, en tirant mon fauteuil par ses deux accoudoirs, Jacques Chirac en face de moi.

Le formalisme de la vie politique française reprend un instant le dessus.

L'ordre du jour prévoit l'examen d'un certain nombre de sujets d'intérêt secondaire. Nous parlons de la solde des polytechniciens, de la participation d'Air France au capital de Sofre-Avia, de mesures techniques prises à la suite de la sécheresse. Ceci paraît futile, et impatiente visiblement les ministres.

Je m'adresse maintenant à Jacques Chirac :

« Monsieur le Premier ministre, dis-je, vous avez souhaité faire une communication au Conseil des ministres.

— Oui, Monsieur le Président. »

Il marque une pause, et reprend :

« J'ai l'honneur de vous remettre la démission du gouvernement. »

Pas un bruit, pas un souffle. Deux ans de vie commune pour ces hommes et ces femmes rassemblés autour de la table, un enthousiasme partagé à l'origine, des espoirs, des échecs inévitables, tout cela vient de faire naufrage, et bascule sous mes yeux.

Aussitôt je vois les visages qui changent. Ce sont évidemment les mêmes, mais ils paraissent mus par des ressorts différents : les ambitions personnelles, les rancunes, les manœuvres d'approche en direction du prochain pouvoir. C'est la crise.

Nous échangeons des congratulations rituelles. Je donne lecture aux ministres des lettres que nous avons échangées avec Jacques Chirac le 26 juillet. Et j'ajoute un bref commentaire :

« Pourquoi ai-je accepté cette démission ? D'abord parce que, lorsque quelqu'un souhaite partir, il faut l'accepter. Ensuite parce que j'ai annoncé le 6 juin dernier qu'une nouvelle action politique allait s'engager à la rentrée pour redresser l'économie française. Si le Premier ministre ne désire pas la conduire, je dois désigner une nouvelle équipe pour l'entreprendre. Enfin, le comportement des partis politiques a pesé d'un poids excessif sur l'action du gouvernement, en particulier dans les derniers temps de la session parlementaire.

Je remercie tous les membres du gouvernement pour leur action, et d'abord le Premier ministre pour l'activité remarquable qu'il a déployée et la loyauté avec laquelle il s'est attaché à atteindre les objectifs qui me paraissaient essentiels pour le bien de la France. »

Pendant que je parle, je me rends compte que mes propos n'arrivent pas à retenir l'attention des ministres. Leur intérêt est ailleurs : dans la fureur et la déception à peine contenues de ceux qui devinent qu'ils devront partir, à la suite d'une péripétie qu'ils estiment injuste et sans rapport avec leur propre sort ; dans la recherche anxieuse de l'attitude la plus appropriée chez ceux qui espèrent pouvoir conserver leur poste ; dans la tristesse visible de ceux, le plus grand nombre, qui pensent que cette crise est inutile et dommageable.

Je lève la séance, salue chacun des ministres les uns après les autres, et donne rendez-vous à Jacques Chirac dans mon bureau.

***

C'est un autre homme que je retrouve, dix minutes plus tard, assis en face de moi, dans un fauteuil tourné de trois quarts, comme nous nous sommes trouvés placés si souvent pendant nos entretiens hebdomadaires.

Il est détendu, presque confiant. Une atmosphère de simplicité s'établit entre nous, conforme à l'ambiguïté attachante de nos rapports. Il ne reste rien de la scène de tout à l'heure, de son aspect de déchirement funèbre, joué devant des figurants crispés.

« Je ne pouvais plus continuer, me dit Jacques Chirac, je devais partir. Ce n'est pas que je n'aimais pas mon travail. Au contraire, il me passionnait. Et j'étais sensible à la confiance que vous m'avez toujours témoignée. Ce qui n'était pas le cas de votre entourage. Vos collaborateurs se livraient à des attaques incessantes contre moi. »

Je ne réponds pas. Je ne veux pas entrer dans le cycle des récriminations. Je fais un signe de la main, comme pour chasser des oiseaux noirs. Jacques Chirac voit ce signe. Il reprend :

« Je reconnais que vous m'avez toujours manifesté votre confiance, et ce que je viens de dire ne vous concerne pas.

Et puis, poursuit-il, il y a trop longtemps que je suis dans la vie politique. Cela fait près de dix ans que je suis au gouvernement de manière ininterrompue, sans jamais dételer. J'ai envie de faire autre chose. »

Il s'arrête, comme s'il cherchait le fil de sa pensée.

« Je ne sais pas encore ce que je vais faire. J'hésite entre plusieurs possibilités. L'une serait d'ouvrir une galerie de peinture. Je me suis toujours beaucoup intéressé à la peinture. »

Je suis stupéfait de l'entendre. Je m'interroge sur les raisons qui peuvent le pousser à me tenir ce langage. Est-ce l'influence du président Pompidou ? Les chevrons entrecroisés de rouge et de bleu intense des toiles de Hartung qu'il avait fait accrocher dans le couloir des appartements privés, me passent devant les yeux.

« En tout cas une chose est sûre, reprend-il, vous n'entendrez plus parler de moi ! Je compte quitter Paris, et rester absent plusieurs mois. Je souhaite n'avoir plus aucun contact avec le milieu politique. »

Il se lève. Je le reconduis jusqu'à la porte. Nous sommes debout, l'un en face de l'autre. Il ne lui reste plus que quelques mètres à franchir. La grande fenêtre nous inonde de son soleil, joyeux et vibrant comme l'été qui passe.

Je lui adresse une dernière phrase de remerciement, où je lui répète mon regret de le voir partir.

Sans doute ces mots le touchent-ils, car je vois monter sur son visage une bouffée d'émotion. Et il me dit exactement ceci, à l'instant de me quitter, que je garde gravé dans ma mémoire :

« Monsieur le Président, mon plus grand regret en partant est de ne pas avoir réussi à bien vous servir. Mais j'espère que je saurai mieux vous servir en-dehors du pouvoir que je n'ai pu le faire au pouvoir. »

Nous nous serrons la main.

La porte se referme sur lui.

3.

RAYMOND BARRE

LE CHOIX DU REDRESSEMENT

Lorsqu'en juillet 1976, Jacques Chirac m'a annoncé son intention de quitter sa fonction de Premier ministre, je n'avais pas d'idée précise sur le choix de son successeur : aucun Premier ministre en réserve.

Soucieux de ne pas me trouver pris à l'improviste, au cas où un événement imprévisible surviendrait, je réfléchissais parfois à ceux qui pourraient accéder, en cas de nécessité, à cette fonction.

C'est ainsi qu'au fil des mois j'avais observé les uns et les autres, pour discerner si une personnalité nouvelle émergeait. J'avais vu s'affirmer des capacités ministérielles réelles, mais rien qui ressemblât à l'autorité d'un Premier ministre.

L'opinion publique s'imagine que la désignation d'un Premier ministre est, en quelque sorte, un choix « libre ». Dès lors que quelqu'un est perçu en termes favorables par l'opinion publique et fait montre de certaines capacités, on pourrait le nommer Premier ministre. Quelle erreur !

Dans un pays comme le nôtre, complexe et fragile à l'intérieur, et exposé, à l'extérieur, aux contrecoups des événements européens et internationaux, le Premier ministre est un personnage clé. Il doit être constamment sur la brèche, compétent, maître de lui, et solide. J'avais pu mesurer en Mai-1968, grâce à l'exemple donné par Georges Pompidou, combien il était important pour la France de pouvoir compter, en temps de crise, sur la sécurité que lui garantissait un Premier ministre expérimenté et déterminé. Et sur le plan international, même si le président de la République « couvre » largement le sujet, le gouvernement a besoin d'avoir à sa tête un homme qui soit reconnu, dans la Communauté européenne, aux États-Unis, en Union soviétique, en Chine, au Japon, comme un interlocuteur qualifié.

La série des Premiers ministres de la Ve République — Michel Debré, Georges Pompidou, Jacques Chaban-Delmas, Jacques Chirac — est impressionnante par sa qualité, et a conféré à la fonction un haut niveau de responsabilité et de capacité politique. J'étais décidé à le maintenir.

C'est également un choix périlleux ! Si le Premier ministre échoue, si l'opinion publique constate après quelques mois qu'il n'a ni la dimension intellectuelle, ni la capacité d'organisation nécessaires, le discrédit en rejaillit sur le président de la République, responsable de l'avoir désigné.

Dans la famille gaulliste, je retrouvais les mêmes noms qu'en 1974 :

Jacques Chaban-Delmas, qui conservait, et de loin, le meilleur profil de gaulliste libéral, mais dont l'antagonisme avec Jacques Chirac rendait la désignation pratiquement impossible.

Olivier Guichard, que je faisais sonder, mais qui me renvoyait des signaux négatifs : d'accord, à la limite, pour une fonction ministérielle, mais refus du poste de Premier ministre où il lui paraissait impossible d'obtenir le soutien du groupe UDR, trop secoué par le départ de Jacques Chirac.

Alain Peyrefitte ? Il n'avait pas souhaité jusque-là entrer au gouvernement. Gaulliste fervent, il avait exercé la fonction de secrétaire général de l'UDR. En 1973, pendant la présidence de Georges Pompidou, il avait conçu le « programme de Provins », et réuni tous les candidats de la majorité dans la ville dont il était maire. Sa culture politique, avant 1958, le rapprochait de la démocratie chrétienne : il devait conserver des affinités avec le centre.

Mais était-il un chef d'équipe, capable de réunir et de conduire un ensemble gouvernemental cohérent ? Et au moment où commençait à s'amplifier le pouvoir de la télévision, qui avait évolué depuis l'époque où elle n'était encore qu'une lucarne montrant des interviews filmées, comme du temps du général de Gaulle, pour devenir un instrument autonome disposant d'une énorme puissance d'impact en raison des images livrées en vrac, chaque soir, à des millions de téléspectateurs, Alain Peyrefitte saurait-il s'adresser aux imaginations, et les séduire ?

Finalement, du côté gaulliste, je ne retenais que son nom.

Le jour même où Jacques Chirac me faisait part de sa décision de démissionner, le 26 juillet 1976, je demandais à Alain Peyrefitte, alors simple député UDR, de passer me voir à l'Élysée.

Sans l'informer de la décision de Jacques Chirac, je lui communiquais mes réflexions :

« J'ai le devoir de me préparer à toutes les éventualités, lui dis-je. Vous savez certainement que le Premier ministre s'interroge sur son avenir. S'il devait partir, je ne veux pas être pris au dépourvu. Vous comptez parmi ceux auxquels je pense pour assurer sa succession. Je ne vous demande évidemment pas de me répondre tout de suite, mais je souhaiterais que vous y réfléchissiez. »

Alain Peyrefitte me regarde avec attention. Ses sourcils, sans avoir l'ampleur de ceux de Georges Pompidou, sont noirs et broussailleux. Il a l'habitude de passer sa langue sur ses lèvres, comme si elles étaient sèches. Quand il parle, il accentue légèrement les syllabes, pour souligner que les mots sont en prise directe sur sa pensée :

« Je vous suis très reconnaissant, Monsieur le Président, de ce que vous me dites, et je suis touché que vous ayez pensé à moi. Imaginant cette éventualité, j'y avais déjà réfléchi. Et voici ma conclusion. Je ne crois pas que je puisse faire l'affaire, si vous me permettez cette expression. »

Sa langue passe à nouveau sur ses lèvres. Il cligne légèrement des yeux.

« La fonction m'intéresserait évidemment beaucoup, poursuit-il, même si je ne suis pas sûr d'avoir toutes les qualités pour la remplir. Je serais très honoré de travailler auprès de vous. Mais le problème est politique. Depuis que Jacques Chirac a pris la tête de l'UDR, l'appareil du parti a été entièrement renouvelé. Les anciens ont été écartés. Le parti, tel qu'il est devenu, n'aurait pas de peine à boycotter l'action du Premier ministre qui sortirait de son rang, s'il ne correspondait pas à sa préférence. Je crains que ce soit une mission impossible. S'il s'agit de remplacer Jacques Chirac, je n'aurai pas d'autorité dans le mouvement, car ce serait perçu comme une revanche. Je vous déconseillerais un tel choix.

Il faudrait que vous trouviez quelqu'un qui soit incontesté dans le parti, et que Jacques Chirac ne puisse pas récuser. »

Oui, je vois bien, me dis-je intérieurement, le merle blanc ou le mouton à cinq pattes. Ce serait un excellent choix, mais où le dénicher ?

Je remercie Alain Peyrefitte de sa franchise. Je le sens flatté et intéressé, mais plutôt déterminé dans son refus.

Je me dis cependant que le temps va faire son travail,

que l'idée va prendre forme et germer dans son esprit, avec son miroitement et ses tentations. Je ne renonce pas encore à ce choix.

Mais je me tourne aussi de l'autre côté, celui des libéraux et du centre.

Les conditions du départ de Jacques Chirac, son affrontement final avec certains des ministres du gouvernement, largement diffusé dans le public, rendait la désignation d'un d'entre eux, quel que soit son mérite, pratiquement impossible. Un seul des ministres était resté à l'écart de ce débat : c'était Raymond Barre.

Il n'avait pas fait partie du premier gouvernement de 1974. Je l'avais chargé en 1975 de présider une commission qui devait réexaminer l'emploi des crédits que le budget de l'État consacrait à aider le logement social, et qui paraissaient d'une efficacité douteuse. Il avait proposé de remplacer l'aide à la pierre par l'aide à la personne, pour mieux prendre en compte la situation sociale des mal-logés.

Lorsque, six mois plus tard, Norbert Segard a quitté le ministère du Commerce extérieur pour remplacer Aymar Achille-Fould aux Postes et Télécommunications, j'ai pensé à nommer Raymond Barre. Il avait été membre de la commission de Bruxelles, et connaissait bien les rouages d'un organisme qui jouait désormais un grand rôle dans notre politique commerciale extérieure.

Notre première rencontre était déjà lointaine.

C'était en 1961. J'étais secrétaire d'État aux Finances auprès de Wilfrid Baumgartner. Les agents d'Électricité de France avaient déclenché des grèves pour protester contre le retard de leurs salaires sur ceux du secteur privé. Le Premier ministre, Michel Debré, sur le conseil du ministre de l'Industrie, Jean-Marcel Jeanneney, avait chargé une commission, présidée par François Bloch-Lainé, d'évaluer ce retard, et de proposer des mesures de rattrapage.

Les informations qui nous parvenaient, indiquaient que le retard des salaires serait évalué par la commission à 12,5 %, et qu'elle recommanderait une première étape immédiate de hausse de 9,5 %.

L'ampleur de ce chiffre faisait bondir Baumgartner. Il était incompatible, me répétait-il, avec notre objectif de lutte contre l'inflation. Il fallait s'y opposer par tous les moyens.

Wilfrid Baumgartner savait que le général de Gaulle avait de la considération pour Jean-Marcel Jeanneney — une considération qui contribuera malheureusement à l'entraîner dans le référendum fatal de 1969 — et qu'il lui donnerait sans doute raison contre lui. Il ne souhaitait pas l'affronter directement et prendre le risque d'un échec.

Aussi m'avait-il chargé de rendre visite au ministre de l'Industrie, pour tenter de le dissuader de retenir les propositions de la commission, ou du moins d'envisager d'étaler leur application dans le temps.

Chargé de cette étrange mission, je me suis rendu au ministère de l'Industrie. On m'a introduit dans le bureau du directeur de Cabinet : c'était Raymond Barre. Je le vois encore assis dans la pénombre de la pièce, derrière un bureau éclairé par une seule lampe à abat-jour opaque, à la manière d'un tableau de La Tour. Il tient sa tête en avant. Son visage est pâle, élargi vers le cou. Une raie de côté dans ses cheveux noirs, appliqués sur le crâne. Son regard est vif, perçant, sous des paupières aux cils rares.

En attendant le moment d'entrer chez le ministre, je

lui ai exposé les motifs de ma démarche. Il ne m'a guère laissé d'illusion sur son succès, convaincu qu'il était lui-même de l'exactitude des chiffres et de l'importance du retard accumulé.

Sa prévision était exacte. Je ne suis resté qu'une demi-heure dans le bureau de Jean-Marcel Jeanneney. C'était peine perdue. Mon argument selon lequel il fallait prendre en compte la situation globable de l'économie, et les risques de contagion qu'entraînerait automatiquement une hausse des salaires de 9,5 % à Électricité de France, considérée comme une entreprise privilégiée, n'a pas réussi à ébranler sa certitude économétrique.

J'ai rendu compte à Baumgartner de l'insuccès éclatant de ma démarche.

***

Depuis qu'il a pris ses fonctions de ministre du Commerce extérieur, en janvier 1976, Raymond Barre a adopté une attitude de calme et de réserve.

A la table du Conseil des ministres, il est assis à ma gauche, à la quatrième place. Je l'aperçois parfois de profil, et je reconnais son bras posé devant lui au bracelet de sa montre composé de deux cercles d'or, qui creusent une entaille dans le gras de son poignet.

Il ne demande jamais à prendre la parole, même sur les sujets de politique internationale, où son expérience est pourtant supérieure à celle de ses collègues du gouvernement. Et quand il rend compte de ses négociations à l'étranger, il le fait brièvement.

Son comportement m'impressionne favorablement. Il ne cherche ni à s'imposer, ni à rattraper vis-à-vis de ses collègues du gouvernement ce qu'il pourrait juger comme un retard pris sur eux du fait de son arrivée tardive. Il remplit simplement et correctement sa fonction.

Il évite avec habileté de se mêler au débat politique. Proche des centristes, en raison de ses convictions européennes, il affiche pourtant un attachement sans défaillance à la pensée et à l'action du général de Gaulle, avec, me semble-t-il, un regret caché que celui-ci ne l'ait pas appelé au gouvernement.

Il n'appartient à aucun clan, et compte peu d'amis, à l'exception peut-être de Simone Veil. Jacques Chirac, qui l'apprécie pour sa compétence, a réagi très favorablement quand j'ai mentionné son nom pour le Commerce extérieur.

La situation économique et financière appelle un redressement. La relance budgétaire, décidée en 1975, a donné une impulsion trop forte, qui s'est retrouvée sous la forme d'un surplus d'inflation et d'un déficit extérieur. Le choix collectif du pays, imposé par la pression sociale et les habitudes antérieures, malgré les mises en garde répétées du gouvernement et de moi-même, a consisté à maintenir la progression, pourtant forte, du pouvoir d'achat des particuliers, et à faire supporter la totalité du prélèvement pétrolier par les entreprises. Il se révèle coûteux en termes d'investissement et d'emploi.

L'excès de demande intérieure gonfle à son tour le déficit commercial. Le 15 mars précédent, il a fallu se résigner à faire sortir le franc du serpent monétaire européen. Peut-être cette mesure, et la permanence de l'inflation, ont-elles contribué à la décision de Jacques Chirac de quitter le gouvernement.

Pour établir un programme de redressement, Raymond Barre a toute la compétence requise. C'est un économiste respecté, proche, mais sans excès, de la pensée monétariste. Un Keynesien d'origine, revu par Milton Friedman !

Sa réputation à l'extérieur, notamment à Bruxelles, est excellente.

Alain Peyrefitte a davantage d'expérience politique que lui, et il fait partie du sérail gaulliste, où le clan des « barons » est prêt à lui faire confiance. A l'inverse, Raymond Barre est mieux centré dans la majorité, et sa compétence personnelle correspond davantage à la priorité nationale du moment.

Mais quel sera l'accueil du public, qui ne les identifie pas encore bien, ni l'un ni l'autre ?

J'ai recours à une curieuse méthode de sondage, le sondage par déjeuner. A la fin du mois de juillet, j'invite chaque jour un ami personnel à déjeuner en tête-à-tête, et je sonde successivement chacun d'eux pour détecter sa réaction. Je ne leur dévoile pas mon intention, mais je livre des noms au hasard pour essayer de les faire parler.

Leurs réactions ne départagent pas nettement les candidats. J'en retiens qu'aucun des noms que je cite n'est véritablement connu des Français, mais ne provoque de réaction de rejet. Je suis donc libre d'effectuer mon choix.

Comme pour Alain Peyrefitte, je demande à Raymond Barre de passer me voir à l'Élysée : l'occasion est naturelle, car il est ministre du Commerce extérieur, et part pour un voyage au Japon, où il accompagne Jacques Chirac.

Je lui expose les difficultés que représenterait pour moi le choix d'un Premier ministre, le jour où Jacques Chirac déciderait de partir. La désignation d'un homme politique soulèverait beaucoup de problèmes, car s'il n'appartenait pas à l'UDR, son arrivée serait ressentie comme une menace pour le parti le plus nombreux de la majorité, à moins de deux ans des élections législatives. Et s'il faisait partie de l'UDR, on tombait dans les difficultés que m'avait décrites Alain Peyrefitte. C'est pourquoi je pense à désigner un Premier ministre qui n'appartienne pas à une formation politique.

Raymond Barre m'écoute attentivement. Il ne commente pas mon analyse, et se contente de me répondre :

« Je ne suis pas candidat, mais si vous deviez me désigner, j'accepterais. La fonction de Premier ministre, si le président de la République vous en juge digne, ne se refuse pas. »

Je sens en lui davantage qu'une acceptation, une sorte de préparation, comme si la perspective de cette nouvelle tâche ne le surprenait pas, et que, dans la réserve qu'il s'était imposée, il l'avait en quelque sorte vue venir de loin.

***

A la réflexion, la situation économique qui continue à se détériorer détermine ma décision : le prochain Premier ministre sera Raymond Barre.

L'après-midi du jour où j'ai effectué mon aller et retour entre Brégançon et Paris, je le reçois en présence de Jean Sérisé. Jean Sérisé est chargé de mission auprès de moi, c'est-à-dire qu'il est mon conseiller le plus intime. Authentiquement libéral, c'est un esprit ouvert, sans traces de préjugés, avec un don exceptionnel pour la synthèse, et un cœur profondément généreux.

J'indique à Raymond Barre que mon choix est fait : je compte le nommer Premier ministre. Et je lui demande de commencer à réfléchir à la composition et au programme du prochain gouvernement. Pour faciliter sa tâche, lui dis-je, je mets Jean Sérisé, qui connaît bien le personnel politique, à sa disposition.

Ceux-ci passent ensemble deux soirées, au domicile d'un de mes anciens collaborateurs, à préparer la structure du nouveau gouvernement. Jean Sérisé vient me faire part de sa conviction : dans les circonstances présentes, il est nécessaire que le Premier ministre conserve directement pour lui le portefeuille de ministre des Finances. Je lui donne d'autant plus volontiers mon accord que je me souviens que Raymond Poincaré avait agi de cette manière en 1926, et que cela avait été une des clés du redressement financier.

L'après-midi du départ de Jacques Chirac, j'ai convoqué Raymond Barre à l'Élysée.

Nous avons eu une brève conversation, où il m'a confirmé formellement son acceptation. Nous avons établi la chronologie de la mise en place rapide du nouveau gouvernement, car je ne voulais pas qu'un vide s'établisse dans le pouvoir, ni au niveau du Premier ministre, ni à celui du gouvernement.

Le secrétaire général de la présidence a accompagné Raymond Barre sur le perron de l'Élysée et a lu devant les journalistes, à 18 heures, le décret qui le nommait Premier ministre. Puis Raymond Barre a répondu à quelques questions.

On m'a apporté la dépêche de l'AFP, où il déclarait :

« Monsieur le Président de la République vient de me nommer Premier ministre. Je mesure le grand honneur qu'il me fait et je suis très sensible à la confiance qu'il me témoigne. Je ne me dissimule pas les difficultés de la tâche. L'objectif principal de la politique du nouveau gouvernement sera de combattre l'inflation et de maintenir la stabilité de notre monnaie... Je suis convaincu que les Françaises et les Français sont capables, par un effort de solidarité, de maîtriser les problèmes auxquels ils ont à faire face dans un monde difficile et troublé.

Quant à moi, sous la haute autorité du Président de la République, j'exercerai la fonction de Premier ministre dans la plénitude de ses attributions, et je m'efforcerai de porter la charge qui vient de m'être confiée dans le seul intérêt de la nation. »

Puis il a ajouté qu'il ferait peu de déclarations et éviterait les « petites phrases ».

En parcourant son texte, je me suis dit que s'il n'avait pas encore la pratique des médias, il en avait du moins une excellente intuition !

Commentant le soir-même sa nomination à la télévision, en réponse aux questions de deux journalistes, Henri Marque et Charles Baudinat, j'ai expliqué que j'avais fait appel à un des meilleurs économistes de France. Les journalistes ont simplifié ce jugement sous la forme « du meilleur économiste de France ». D'autres économistes, dont moi-même, ont souffert de ce raccourci dans leur immodestie.

Et c'est ainsi qu'a débuté une coopération qui devait s'avérer loyale et fructueuse pour la France, pendant quatre années, avec un homme dont l'ardeur à travailler et à réformer me faisait souvent penser à celle de Colbert qui se frottait les mains, dit-on, à la vue des dossiers empilés le matin sur son bureau.

Deux ans plus tard, l'amélioration de la situation économique contribuait à faire gagner par notre majorité les élections législatives. Elle permettait aux électeurs, comme j'en ai fait le récit dans le premier volume de ce livre, de se prononcer en faveur du « bon choix pour la France ».

Après ce succès, notre travail en commun a repris pour se poursuivre, en dépit des difficultés entraînées par le deuxième choc pétrolier, jusqu'à ce moment de l'automne 1980 où, sous la pression de l'approche de l'élection présidentielle, on a senti dans le pays le vent, brusquement, se durcir en tempête.

III

LA CONFÉRENCE D'HELSINKI

La première réunion internationale importante à laquelle j'ai participé comme président de la République a été la conférence d'Helsinki, à la fin du mois de juillet 1975.

C'était la première fois depuis la guerre que se rassemblaient autant de chefs d'États et de gouvernements, puisqu'on y trouvait à la fois les dirigeants soviétiques et américains, les responsables de l'Allemagne de l'Ouest et de l'Allemagne de l'Est, qui ne s'étaient jamais rencontrés jusque-là et qui siégeaient côte à côte, ainsi que la totalité des gouvernants de l'Europe. Au total, les dirigeants de trente-cinq États.

Cette conférence avait été préparée depuis plusieurs années. A l'origine, il s'agissait d'établir, à défaut d'un traité de paix, les nouvelles règles de la sécurité en Europe : reconnaissance mutuelle des frontières héritées de la guerre, et adoption de mesures destinées à limiter les risques de conflits accidentels ainsi qu'à développer la confiance réciproque.

J'en avais suivi les premiers pas durant le septennat du président Pompidou, lorsque le ministre des Affaires étrangères, Michel Jobert, avait rendu compte au Conseil des ministres du démarrage de la négociation en juillet 1973. Je gardais le souvenir d'une intervention brillante et percutante, qu'il avait prononcée à Helsinki à l'ouverture des travaux préliminaires.

Après mon élection, on m'avait informé des progrès de la négociation. Ils étaient lents. Les premières réunions qui suivirent, à Genève, avaient fait apparaître l'existence de trois sujets séparés, qu'on traitait dans des « corbeilles » différentes : les mesures de sécurité et de confiance militaires ; la coopération économique ; le respect des libertés fondamentales et des droits de l'homme.

Au cours de son audience hebdomadaire, Jean Sauvagnargues me faisait le point des discussions. Le rythme était différent pour les trois « corbeilles ». Les deux premières traitaient de sujets connus : respect et inviolabilité des frontières, non recours à la force, information sur les mouvements de troupe, réduction du nombre des manœuvres et notification à l'avance de leur déroulement ; et aussi les principes généraux — et vagues — de la coopération scientifique et économique en matière de transports et de communication. Sur tous ces points, bien que les négociations s'avèrent difficiles en raison du blocage soviétique, on pouvait espérer aboutir après une dernière épreuve de force.

Restait la corbeille des droits de l'homme. La négociation avait un caractère paradoxal et pouvait paraître surréaliste : les demandes des pays occidentaux, et notamment de la France, portaient sur l'affirmation et le respect des droits fondamentaux — liberté d'expression, d'information et de religion, libre circulation des personnes, garanties judiciaires des droits de l'individu — qui étaient bafoués quotidiennement dans les pays de l'Est, et que les dirigeants communistes n'avaient aucune intention de reconnaître. Il s'agissait pour eux de droits liés à la conception bourgeoise de la société, et contraires à la doctrine de la « dictature du prolétariat » encore en vigueur dans la pensée marxiste.

Pourtant, ils avaient accepté d'en discuter. Les Occidentaux avaient fait de la négociation de la troisième corbeille la condition de leur acceptation d'un accord d'ensemble. La diplomatie soviétique, qui était à l'origine du projet depuis 1954, souhaitait aboutir à une conclusion qui s'inscrivait dans sa stratégie d'appel à la paix, destinée à démobiliser l'opinion publique occidentale, et à assurer à l'Union soviétique la supériorité — ou au moins la parité — qu'elle était en train d'acquérir dans la course aux armements. Aussi, sur la troisième corbeille, les Soviétiques négociaient-ils à reculons.

Notre délégation était d'excellente qualité, compétente et combative. Un jeune diplomate, Jacques Andréani, coordonnait les travaux au ministère des Affaires étrangères, et l'ambassadeur André menait l'action sur le terrain à Genève. Bien que la France fût engagée plus que d'autres dans la politique de détente, ce sont pourtant les négociateurs français qui présentaient les demandes les plus précises, et qui restaient inébranlables dans leurs positions. Les Soviétiques s'en irritaient et exprimaient leurs doléances par la voie diplomatique. Mais Jacques Andréani recevait les instructions de tenir bon.

Je lui avais demandé de venir me parler, à l'automne de 1974, des points encore en discussion. Certains pouvaient paraître futiles, tel que la liberté d'ouvrir des centres d'information dans les pays de l'Est et d'y diffuser les journaux occidentaux. Mais quel serait, sans cela, le contenu pratique de la liberté d'information ?

Une longue et ultime réunion s'était tenue à Genève. Je l'avais préparée en indiquant à Leonid Brejnev, pendant son séjour à Rambouillet au début du mois de décembre, quelles étaient pour nous les conditions indispensables à un accord. Cette rencontre avait permis le dégel des négociations, bloquées depuis l'été.

Après des rumeurs successives d'échec et des manœuvres dilatoires, dans lesquelles les diplomates soviétiques étaient experts pour tester la résistance de leurs adversaires, on aboutit, comme par miracle, à un accord. Un télégramme m'apprend que la délégation française a approuvé la dernière version du projet.

Il ne reste plus qu'à régler les modalités acrobatiques de sa signature : les problèmes sont si complexes — les grands et les petits, les pays de l'Ouest et les pays de l'Est — qu'on se donne un délai ultime de préparation : la signature aura lieu en Finlande, à la fin du mois de juillet.

La conférence d'Helsinki a duré trois jours : les 30, 31 juillet et le 1er août 1975.

C'était une sorte de grand'messe, où se retrouvaient tous les puissants du monde. L'équivalent moderne de ce qu'a dû être la rencontre d'Erfurt sous le premier Empire. On y reconnaissait la plupart des visages célèbres de l'époque : Brejnev, Gerald Ford, Tito, Helmut Schmidt, Harold Wilson, Henry Kissinger, Aldo Moro, Trudeau, Ceaucescu. Et on était entraîné dans un tourbillon de rencontres, dont personne ne voulait se sentir exclu, et où chacun s'efforçait de valoriser, aux yeux des médias, l'influence de sa délégation. Les grands se faisaient prier pour recevoir les autres, et les petits jouaient des coudes.

Je suis arrivé en Finlande le mardi 29 juillet dans la soirée. C'était ma première visite dans ce pays, que j'ai tout de suite aimé, et où nous sommes revenus depuis avec Anne-Aymone.

J'étais tombé amoureux de la Finlande à l'âge de treize ans, lorsque le magazine *Match*, publié alors en noir et blanc, avait montré la photo d'une jeune Finlandaise en short, blonde et élancée, qui servait dans l'armée finnoise pour combattre l'agression soviétique. Puis, plus tard, j'avais vécu sur le stock d'idées fausses liées à l'usage du terme de « finlandisation » : un pays qui se serait abandonné, et qui aurait échangé une apparence d'autonomie contre l'acceptation de la pesante tutelle soviétique.

Il est vrai que l'Union soviétique est située juste en face. J'ai aperçu de l'avion sa longue côte plate et, m'a-t-il semblé, dans le lointain, les fumées des faubourgs de Leningrad.

Quel plaisir de découvrir une réalité entièrement différente : un port nordique, dans lequel les bateaux arrivent jusqu'au centre de la ville, devant la résidence présidentielle ; des façades de maisons soignées, de grands parcs sur les collines, et des vitrines qui démontrent qu'on vit en pleine économie de marché, directement branchée sur celle de l'Europe de l'Ouest. Une population d'allure libre et sportive, où se mêlent les ascendances suédoises et finnoises.

La vie politique ressemble à celle des pays scandinaves voisins : un parti communiste nettement minoritaire, une prédominance social-démocrate, et la montée régulière des formations du centre et du centre-droit. Quant à la « finlandisation », j'apprends (un peu tard...) que la Finlande est le seul pays de l'est de l'Europe sur le sol duquel les forces soviétiques n'ont jamais réussi à pénétrer, que le maréchal Mannerheim est resté, après la guerre, un héros respecté et influent, et que le profil bas adopté par la diplomatie finlandaise était la conséquence inévitable de l'environnement politique et militaire d'une

Finlande à laquelle personne, dans les années cinquante, n'était prêt à porter secours en cas de danger.

Je m'installe à l'ambassade de France, dans le quartier résidentiel. Une maison bourgeoise avec de grandes fenêtres et, à l'arrière, une terrasse ensoleillée qui donne sur le jardin. On me montre au passage les ambassades américaine et allemande voisines, où habitent le Président Gerald Ford et le chancelier Helmut Schmidt.

La séance d'ouverture a lieu à midi dans la salle de conférences du Finlandia Hall, aménagée comme une salle de cinéma, avec des rangs de fauteuils en pente descendante. Chaque délégation a droit à six sièges : trois devant et trois derrière. Je m'installe entre Jean Sauvagnargues et Claude Pierre-Brossolette. Derrière nous, Jacques Andréani, Xavier Gouyou Beauchamp, chargé de la presse à l'Élysée, et mon collaborateur Jean-Pierre Dutet, qui suit les questions économiques internationales.

Les délégations ont été classées par ordre alphabétique, en retenant l'appellation française, selon la pratique diplomatique ancienne. Les deux délégations allemandes siègent ainsi sous le nom d'Allemagne (République fédérale d') et Allemagne (République démocratique d'). Elles sont situées côte à côte au premier rang. Par délicatesse, on les a placées de chaque côté du couloir central ! Helmut Schmidt et Erich Honecker ne s'étaient encore jamais rencontrés. Je les aperçois de loin échanger quelques mots, leurs premiers mots...

La première journée est consacrée aux discours. La presse guette les interventions de Leonid Brejnev et de Gerald Ford. Le style est celui qu'on emploie à l'ONU : des textes préparés d'abord par les services, qui ont ensuite été révisés et lissés plusieurs fois. Brejnev insiste

«Quand j'étais à l'Élysée, j'ai photographié mon bureau, pour garder le souvenir de cette pièce dans laquelle j'ai vécu pendant sept ans. J'avais accroché sur le mur de droite un tableau de Delacroix prêté par le musée de Bordeaux, *La Grèce expirant sur les ruines de Missolonghi.* Dans le coin, le fanion du 2ème dragons dans lequel j'avais servi. Sur la table, la lampe-bouillotte du général de Gaulle.»

En 1961, le Président Kennedy reçoit VGE, alors jeune secrétaire d'État aux Finances.
«J'en éprouvais un frémissement de plaisir, car le Président Kennedy représentait pour moi, comme pour tous les jeunes gens de ma génération, un modèle fascinant. [...] J'ai toujours conservé depuis, dans mes bureaux successifs, l'image où l'on voit John Kennedy, dans le fauteuil à bascule destiné à soulager la douleur de sa colonne vertébrale, se tourner vers moi pour m'interroger.»

«Je demande à Boumediene si nous pouvons remonter la rue (Didouche, ex Michelet) à pied [...] et nous voici marchant au milieu de la rue, lui-même le visage fermé, et moi adressant quelques signes à la foule, lorsque je vois des enfants qui applaudissent.»

Discours à l'ambassade de France à Alger (avril 1975) : «Un mur encercle le jardin. J'en fais le tour du regard: tout ce qui reste du sol français en Algérie.[...] La vue des anciens colons me serrait le cœur: leur petit nombre, leur détresse visible; ils avaient choisi d'achever leur vie parmi leurs souvenirs, mais leurs souvenirs les avaient abandonnés.»

1975 : premier voyage officiel d'un Président de la République français en Algérie depuis l'indépendance. «[Lorsqu'il m'accueille à l'aéroport] Boumediene porte un costume classique avec une chemise blanche et une cravate de couleur et, par dessus, un long burnous de drap noir, accroché devant la poitrine par une petite chaîne d'argent. [...] Il me tend les deux mains, dans le geste de bienvenue de la courtoisie arabe. Je les prends dans les miennes. J'ai le cœur serré, comme sous le poids du renoncement à une page d'histoire.»

La conférence d'Helsinki (30 juillet-1er août 1975)
En marge de la Conférence, les gouvernants se rencontrent pour des tête-à-tête ou des réunions informelles : «Un déjeuner réunit les quatre dirigeants occidentaux. C'est Harold Wilson qui nous reçoit. Il y a là une équipe d'hommes qui continueront de se retrouver d'année en année, même après avoir quitté le pouvoir: Helmut Schmidt, Gerald Ford, Henry Kissinger, James Callaghan, Genscher et Sauvagnargues. Nous prenons le café, allongés dans des fauteuils d'osier. La chaleur devient accablante. La torpeur nous gagne.»

Auschwitz. 18 juin 1975.

Lors des adieux officiels à l'aéroport de Varsovie (le 20 juin 1975), madame Jablonska (en tailleur blanc, à droite) éclate en sanglots.
«[Anne-Aymone me raconte :] Vous ne comprenez pas, m'a-t-elle dit, ils ne nous laisseront jamais sortir ! Mon mari n'est pas communiste. Il était socialiste et les communistes s'en sont servi en le mettant à la tête du Conseil d'État. Mais ils ne prendront jamais le risque de nous voir sortir de Pologne. Ils nous ont prévenus !»

Jean-Paul Sartre, Raymond Aron et André Glucksman à l'Élysée (26 juin 1979)
«Je suis heureux de les sentir présents dans ce bureau, eux qui réunissent une grande part de l'intelligence française et dont je sais pourtant qu'ils détestent le pouvoir.»

«Pendant que je relisais les épreuves de ce livre, le vendredi 8 mars 1991, à 10 heures du matin, dans la petite maison d'Authon où j'ai rédigé ce livre, j'entends la sonnerie du téléphone tinter irrégulièrement dans la pièce voisine. Je me lève de ma table, je décroche l'appareil. Je reconnais, haletante, le voix de ma collaboratrice, Marie-Hélène Descamps : "Monsieur le Président, Michel d'Ornano est mort ! Il a été renversé par une voiture à Saint-Cloud."
Michel est mort !»

«Comme cadeau, la reine Elizabeth m'a offert un chien de son élevage : le fils de sa chienne labrador. [...] "Il est très gentil. Il aime faire plaisir à son maître", me dit-elle. C'est vrai. Il a cherché à me faire plaisir pendant des années, à l'Élysée d'abord, puis à Authon, petit compagnon fidèle et paisible d'un exil intérieur, qu'il a traversé sereinement, indifférent aux complications des hommes, et follement passionné par les odeurs, les pistes à suivre, les os à déterrer.»

sur la paix, comme prévu, et Gerald Ford sur la non-ingérence et le respect des libertés. Pas de surprise.

Le Premier ministre italien, Aldo Moro, qui préside par rotation la présidence de l'Europe des Neuf et qui signera l'accord comme président en exercice du Conseil des Communautés européennes, ce qui constitue une « première » diplomatique, nous invite à déjeuner. Les Européens de la Communauté sont heureux de se retrouver et de se sentir soudés par leurs rencontres régulières, au sein de cette Europe diluée, que la présence des Américains et des Soviétiques étire depuis l'Alaska jusqu'au Kamtchatka. Le Luxembourgeois Gaston Thorn raconte des anecdotes sur les détails de la conférence. Helmut Schmidt, plein de verve, lui répond. Genscher les écoute, silencieux.

La séance reprend au début de l'après-midi. C'est à mon tour de prendre la parole.

Je rappelle la position française : « En souscrivant ensemble à des règles identiques pour tous, [...] nous définissons un étalon de mesure de la détente. Nous nous obligeons moralement et politiquement à confirmer notre action à un code de bonne conduite. Nous acceptons aussi de nous offrir au jugement des autres États, sur la base de critères qui désormais nous seront communs. »

Je pose ensuite la question : « Sommes-nous sincères dans notre volonté de poursuivre la détente ? » et je cite deux obstacles : « la poursuite d'un effort d'armement considérable, et la vivacité des antagonismes idéologiques entre nos systèmes politiques ».

« Il est naturel que des choix politiques et philosophiques conduisent à une compétition idéologique. Mais l'esprit de détente doit nous conduire à fixer une limite à l'âpreté de cette compétition. Cette limite doit être celle de la compétition idéologique, sans ingérence, et sans intolérance. »

Je cite la correspondance de Talleyrand lors du congrès de Vienne : « Je serai doux, conciliant mais positif, ne parlant que de principes et ne m'en écartant jamais. »

Et je conclus par « l'engagement de la France à appliquer complètement et scrupuleusement les dispositions de l'Acte final, directement, ainsi qu'à travers la Communauté européenne ».

J'ai veillé, par la suite, à ce qu'elle le fasse.

A la fin de la séance, à 18 heures 30, la délégation française rencontre la délégation soviétique.

Nous nous retrouvons face à face dans une petite salle. Ce sont les Soviétiques qui nous reçoivent. Des bouteilles d'eau minérale et de jus de fruits, et aussi des chocolats enrobés de papiers de couleur, sont posés sur la table. Brejnev est flanqué de Gromyko et d'un interprète qui prend des notes. Sauvagnargues et Andréani m'accompagnent. Brejnev est de mauvaise humeur, irritable, et paraît fatigué. Son attitude vis-à-vis de moi est franchement désagréable. Il ne me parle pas des travaux de la conférence, ni du contenu de son discours, mais se plaint de l'insuffisance de notre coopération et de la lenteur de la mise en place des crédits français. C'est un de ses numéros classiques. Je lui donne la réplique, en sachant que cela ne prête guère à conséquence, puisque nous ne sommes pas équipés pour une conversation sérieuse. Brejnev distribue parcimonieusement ses rendez-vous, et il était nécessaire, dans ce milieu où chacun s'observe, que la France figurât sur sa liste réduite d'entretiens.

Le soir, dîner au palais présidentiel finlandais. Le président Kekkonen a placé à sa droite Kurt Waldheim, secrétaire général des Nations Unies, et à sa gauche le maréchal Tito. Le protocole finlandais a joué subtilement de l'ordre alphabétique, pour qu'Helmut Schmidt soit placé juste après Kurt Waldheim, suivi de Honecker et du Président Ford, et que Brejnev se retrouve immédiatement à la gauche de Tito, tandis qu'Harold Wilson et moi nous sommes assis côte à côte, en face du président Kekkonen.

Avant le début du repas, deux militaires finlandais apparaissent sur de curieux piédestals, en forme de petits balcons, placés en hauteur dans les angles du plafond. Ils soufflent dans de longues trompettes.

Vers le milieu du dîner, Leonid Brejnev se lève brusquement et sort de la salle. Un frisson d'inquiétude parcourt l'auditoire, qui s'interroge sur les motifs de ce départ. Leonid Brejnev ne reviendra pas, et les conversations reprennent peu à peu leur bruissement.

En sortant de la salle, Helmut Schmidt me prend par le bras. Il éclate de son rire franc et sonore :

« Cela a dû beaucoup vous plaire, Valéry ?

— Qu'est-ce qui a dû me plaire ?

— Les joueurs de trompette ! C'est tout à fait l'idée que les Français se font du protocole ! »

***

J'avais programmé, moi aussi, les rencontres que je souhaitais avoir, en équilibrant les représentants de l'Ouest et ceux de l'Est.

Le lendemain matin, petit déjeuner avec Edward Gierek, Premier secrétaire du parti communiste polonais, à la résidence de l'ambassadeur de France. Il souhaitait faire le point des suites données au voyage officiel que j'avais effectué en Pologne, un mois plus tôt, du 17 au 20 juin.

Nous nous sommes assis autour d'une table dans le jardin, où l'été finlandais étalait sa splendeur, et où les feuilles de bouleaux vibraient dans le soleil. Avec nous, les ministres des Affaires étrangères, et un seul interprète. Nul besoin d'interprète pour Gierek, car le français a été sa seconde langue maternelle, apprise à l'école primaire de Bourg-Lastic, dans le Puy-de-Dôme, lorsque son père y travaillait dans les mines de charbon, et qu'il a entretenue dans le Nord de la France, où il a séjourné auprès de sa mère jusqu'à ce qu'il atteigne dix-sept ans, sans jamais revenir en Pologne.

Pendant qu'il s'attarde, avec son débit appuyé et insistant, sur le problème des crédits financiers à la Pologne, plusieurs images de mon tout récent voyage dans ce pays me remontent à la mémoire.

Le plus bouleversant, dont l'intensité me revient fréquemment comme le relent têtu d'une poussière de cendres fines, est celui de la visite du camp de déportation d'Auschwitz.

J'avais choisi pour m'y rendre la date symbolique du 18 juin.

En arrivant à l'entrée, j'ai été surpris par l'exiguïté du camp. J'avais imaginé un vaste enclos grillagé, entouré de glacis et de forêts. Le camp est près de la ville. On embrasse d'un seul coup d'œil ses baraques grises, l'allée d'entrée, et au fond les bâtiments abritant les fours monstrueux. Nous avons visité les baraques. J'essayais d'éviter que la suite officielle ne m'accompagne, car ses mouvements et ses murmures rendent impossible tout recueillement. J'ai demandé qu'on me laisse seul avec le guide.

L'administration du camp a accroché sur les murs de bois des baraques des photos prises sur place, au moment de la libération du camp, ou peut-être par les geôliers pendant qu'ils exerçaient leur répugnante fonction. On y voit des hommes étendus, entassés sur les étages des châlits, avec d'immenses yeux creusés dans les joues et des têtes rasées. Ils portent des pyjamas à rayures. Çà et là pend un bras, ou une jambe squelettique.

Ce sont les mêmes châlits qui sont ici devant moi, la même porte entrebâillée par laquelle on venait rechercher les prisonniers, et que ceux-ci attendaient avec terreur de voir s'ouvrir. Je ferme les yeux, pour essayer de revenir en arrière, et de retrouver la réalité telle qu'elle était vécue dans ce monde d'horreur.

Nous ressortons. Le ciel est bas, et on entend, au-delà des clôtures barbelées, les rumeurs confuses de la gare et de la ville. J'aperçois dans un groupe le général Méry, qui retrouve les images et les souvenirs d'un autre camp, où il avait été lui-même déporté. Avant mon départ j'avais demandé à Simone Veil, alors ministre de la Santé, si elle souhaitait m'accompagner à Auschwitz. Après avoir demandé un délai pour y réfléchir, elle m'a fait une réponse négative, en me donnant les raisons de son refus. Je les ai comprises.

Je dois maintenant prendre la parole, et prononcer mon discours. Malgré la saison printanière, il fait très froid. Je sens une barre douloureuse me traverser le front. Nous nous retrouvons à trois sur la tribune, Gierek, Jablonski, président du Conseil d'État polonais, et moi. Gierek s'exprime en premier. Nous n'avons devant nous comme auditoire que quelques centaines de personnes, composées de notre suite, et des représentants d'associations de déportés polonais et français.

J'ai rédigé mon texte un après-midi, dans mon bureau

de l'Élysée dont, vu d'ici, le luxe me paraît irréel et presque choquant. J'en ai parlé avec Samuel Pisar, qui a été jadis notre locataire à Authon, et dont la peau du bras porte, gravé en creux comme les animaux au foirail, son numéro de déportation. Il m'a décrit dans tous ses détails l'horreur de l'holocauste, et fait partager l'angoisse indélébile qu'elle a laissée au cœur de chacun des membres de la communauté juive. Aussi j'ai bâti mon discours autour d'une formule : « plus jamais cela ». En lisant la documentation qu'on avait rassemblée pour moi, j'ai noté certains chiffres que je cite maintenant à ceux qui m'écoutent : le nombre des juifs détenus et exterminés dans ce camp ; celui des Polonais, et aussi celui de la foule dépareillée des autres victimes, russes, ukrainiennes, et bien entendu françaises. Je cite Bertolt Brecht, et la « bête immonde ». Mais je reviens toujours à la même phrase : « plus jamais cela ».

Et je sens monter en moi, face à cet espace vide bordé de baraques à la peinture écaillée, la même impression que j'ai ressentie tout à l'heure en marchant dans le bâtiment des fours : une impression intense, enveloppante : celle d'une présence vivante. Oui, une présence ! La même qu'on ressent avant d'entrer dans une salle où l'on sait qu'une foule compacte vous attend, et dont on entend enfler la rumeur derrière la cloison.

De ce sol, fait d'un mélange de cendre et de cailloux gris, monte vers moi un rayonnement aussi chaleureux, aussi animé, aussi palpable que celui qu'émettent le mouvement, les gestes et les voix des êtres familiers autour de soi.

Une présence vivante, qui m'entoure et me fait prendre conscience qu'eux et nous, nous sommes du même côté de la mort.

***

Nous avons quitté Auschwitz le jour même pour Cracovie, où nous sommes arrivés dans l'après-midi.

Les autorités polonaises nous ont installés dans le célèbre château Wawel, construit par les rois Jagellon, quand Cracovie était capitale de la Pologne.

Lorsque j'y entre, j'éprouve le choc de la rencontre avec un souverain français. C'est de là que le jeune duc d'Anjou, le fils de Catherine de Médicis, florentine et auvergnate, élu à vingt-deux ans roi de Pologne grâce aux intrigues de sa mère, s'est échappé dans la nuit, après avoir fait enivrer les boyards avec lesquels il banquetait, pour revenir se faire couronner en France.

Et c'est dans ce même château qu'a séjourné, en 1943, le gauleiter Franck, d'horrible mémoire. Hitler et Himmler l'avaient chargé d'organiser l'extermination des juifs polonais. Il avait fait installer dans une pièce attenant à son bureau un piano à queue. Il y jouait les sonates des grands musiciens classiques allemands. Parfois, dans les nuits chaudes de l'été, comme un message dégradé en perversité, on entendait depuis la ville, venant des fenêtres éclairées du château Wawel, les notes délicates s'égrener sous ses doigts.

Nous faisons une visite rapide à notre appartement. Anne-Aymone me fait remarquer, sur la tenture claire des murs, des cercles que la poussière accumulée dessine en taches brunes. Je passe la main derrière le tissu et je découvre des micros, signes d'une hospitalité confiante.

J'avais demandé, après mon étape prévue à l'université Jagellon, à visiter l'église gothique, dédiée à la Vierge, qui borde la place du Marché. La population a été prévenue de notre visite. Elle s'est rassemblée nombreuse et bruyante sur la place du Vieux-Marché, et ne laisse ouvert qu'un passage étroit en direction du porche de l'église.

Nous nous sommes avancés dans ce passage, avec nos accompagnateurs polonais, dont Henryk Jablonski qui fait fonction de chef d'État. Le clergé nous attendait à l'entrée : plusieurs dizaines de prêtres, revêtus de leurs ornements, avec des surplis blancs amidonnés et fraîchement plissés. Au fur et à mesure que notre petit cortège progressait, la foule nous entourait, nous pressait pour nous prendre les mains et, en le faisant, réussissait à détacher de nous par indifférence ou par calcul les dirigeants communistes, écartés comme des intrus. Seul Jablonski réussissait à surnager.

Le porche franchi, pendant que nous parcourions l'église, sonorisée par les chants liturgiques, il ne restait plus autour de nous que la Pologne populaire. On aurait dit qu'elle avait tenu à démontrer qu'elle était ici chez elle, maîtresse des lieux, avec ses croyances et ses espoirs, et qu'elle était heureuse de nous les manifester, à nous dont elle savait que nous les partagions, pendant que partaient à la dérive, au loin, sur la place, les îlots noirs des groupes officiels.

***

Nous sommes repartis le surlendemain de l'aéroport militaire de Varsovie.

Tout le gratin polonais était présent, sur le terrain, souriant et aligné.

Nous avions participé le matin à une séance d'entretiens au palais de la Diète, dans une salle où fusaient de tous côtés les flashes des caméras. Puis nous avons signé les documents officiels, Edward Gierek et moi, en échangeant les textes polonais et français.

A présent, je reçois les journalistes pour tirer les conclusions de ce voyage. Et nous nous arrêtons à l'ambassade de France. Les élèves de l'École française de Varsovie chantent une *Marseillaise* souriante et approximative. Petit discours de remerciement aux personnes venues à l'ambassade. Étape au château de Wilanov, qui nous a servi de résidence, et où je rencontrerai Brejnev en mai 1980, pour un déjeuner d'adieu protocolaire.

A la fin du repas, les invités passent devant nous en file indienne, et nous leur serrons la main. Anne-Aymone porte une robe d'été en tissu clair, décorée de petites fleurs et, me semble-t-il, de topinambours ! Mais je n'ose pas mettre mes lunettes pour le vérifier. Enfin nous voici à l'aérodrome !

On a tracé une ligne blanche en pointillé sur le ciment du parking, le long de laquelle les ambassadeurs sont alignés. Il y a déjà un long moment qu'ils attendent. Poignées de mains, sourires. Nous ne les reverrons jamais, à la rare exception de ceux que je retrouverai dans d'autres postes, au hasard de mes voyages officiels, comme à New Delhi, et qui me le rappelleront, chacun avec son accent : « J'étais en poste à Varsovie, pendant votre voyage officiel. »

Des enfants portent des pancartes imprimées célébrant l'amitié franco-polonaise. Deux petites filles, en uniforme kaki d'éclaireurs, nous présentent des fleurs, à Gierek et à moi. Nous les embrassons, au milieu des sourires et des flashes.

Puis c'est l'adieu. Gierek s'exprime en français. Il paraît sincèrement ému : la remontée des souvenirs de son enfance, la fierté d'être à la tête de son pays, auquel il est visiblement attaché, même si sa mère lui reproche sévèrement ses choix politiques ! Il m'a raconté qu'elle vit en Silésie, dans une petite maison, fidèle à sa foi catholique, et qu'elle réprimande son fils, chaque fois qu'il lui rend visite, pour s'être éloigné de l'Église.

Anne-Aymone m'a rejoint après avoir fait de son côté une tournée d'adieux. Je la découvre bouleversée. Qu'a-t-il bien pu se passer ? Nous montons l'escalier de la passerelle, et nous nous retournons avant d'entrer dans la cabine de l'avion. Salut de la main, spontané et obligatoire. Nous apercevons les visages d'en haut, tournés vers nous, pâles, comme un plateau de fromages, avec les silhouettes que la perspective réduit de la tête vers les jambes... Ainsi qu'à chaque départ, je ferme une seconde les yeux, pour saluer le moment vécu, comme si j'avais, par ce geste, le pouvoir de l'inscrire dans la durée, et de le faire échapper au temps qui va le ronger et le détruire.

L'avion a décollé. Nous retrouvons nos fauteuils. Je sens sur mon visage et sur mon corps, en raison de la chaleur et de la matinée trop chargée, une pellicule de sueur tiède, avec, au-dessous, la peau qui commence à se détendre, à s'assouplir, comme si elle était consciente que l'effort vient de se terminer et qu'elle peut maintenant se laisser aller.

Anne-Aymone est encore soucieuse, le visage tendu. Je cherche à en comprendre la cause. Je lui pose la question :

« Que s'est-il passé ? »

Elle me répond, avec un jaillissement d'émotion :

« Je suis bouleversée. C'est à cause de Madame Jablonska. »

Ce ne sont pas les mots dont elle se sert habituellement. Elle n'emploie jamais d'expression aussi forte. Son attitude réservée contraste avec ma sensiblerie, qui me fait jaillir les larmes des yeux pour un détail, un anniversaire, un objet cassé, et bien sûr, la perte d'un animal ! Elle peut affronter les plus grandes épreuves sans donner un signe de défaillance.

Je lui demande :

« Bouleversée à cause de Madame Jablonska ! Que lui est-il arrivé ?

— Elle a éclaté en sanglots au moment du départ. C'était horrible, et c'est ma faute. Quand nous nous sommes quittées, je lui ai dit que j'espérais la revoir à Paris, si elle accompagnait son mari quand il viendrait nous rendre visite. Elle m'a dit qu'elle aimerait beaucoup le faire, mais que c'était impossible. J'ai cru que c'était à cause de raisons protocolaires, et j'ai fait la bêtise d'insister. Elle ne m'a pas répondu et, brusquement, elle s'est mise à pleurer.

"Vous ne comprenez pas, m'a-t-elle dit, ils ne nous laisseront jamais sortir ! Mon mari n'est pas communiste. Il était socialiste, et les communistes s'en sont servi en le mettant à la tête du Conseil d'État. Mais jamais ils ne prendront le risque de nous voir sortir de Pologne. Ils nous ont prévenus !"

J'étais stupéfaite, poursuit Anne-Aymone, c'est la femme du chef de l'État ! J'ai essayé de la consoler, mais elle ne m'écoutait pas. Je crois que ce qu'ils endurent est bien pire que ce que nous croyons. »

Pendant qu'elle me parle, l'avion poursuit son vol en direction de la France, cette France printanière et paisible, sûre de son bon sens, où les électeurs envoient des communistes diriger les mairies, où les socialistes ont scellé l'accord du Programme commun et où beaucoup de nos compatriotes, malheureux ou naïfs, placent encore leur espoir dans la venue magique du paradis communiste.

***

Dans le jardin de l'ambassade d'Helsinki, il me reste une dernière démarche à effectuer auprès d'Edward Gierek. C'est Helmut Schmidt qui m'a demandé de l'entreprendre.

Il s'agit du sort des Allemands de Pologne. Helmut Schmidt m'a expliqué leur cas :

« Ils sont trois cent mille ou trois cent cinquante mille dans les anciens territoires allemands annexés par la Pologne, qui demandent à partir. Les Polonais leur refusent l'autorisation, mais en même temps ils leur rendent la vie impossible. Ils les ont obligés à changer leurs noms pour des noms polonais, l'usage de l'allemand est interdit dans les écoles, et ils ont fermé leurs églises. Je suis prêt à accepter des compensations pour leur départ. Mais jusqu'ici les Polonais n'acceptent pas de négocier. Je ne connais pas Gierek. Je sais que vous lui avez rendu visite. Pouvez-vous organiser une rencontre avec lui ? J'irai le voir, s'il le souhaite. »

Je transmets sa demande à Edward Gierek. Celui-ci m'écoute, le visage buté. Dès que j'ai commencé à parler des anciens territoires allemands, son attitude est devenue hostile :

« Il n'y a pas d'Allemands en Pologne, me répond-il. Ce sont tous des Polonais.

— Peut-être le pensez-vous, lui dis-je, mais il y a bien un problème si certains d'entre eux demandent à partir. Il serait normal que vous en parliez à Helmut Schmidt. On peut éviter la publicité sur cette rencontre. »

Il consulte ses collaborateurs du regard. Il réfléchit avant de répondre :

« Je ne vous promets rien, car c'est un problème strictement polonais. Mais si vous insistez, j'accepte d'en parler avec Helmut Schmidt. Demandez-lui s'il peut venir demain matin. »

Ils se sont rencontrés, et ont entamé une négociation discrète. Celle-ci a été longue, mais a fini par aboutir. Elle a permis le retour en Allemagne de l'Ouest de plus de deux cent mille Allemands de Silésie.

Et le manège continue de tourner : le chancelier autrichien ; le Premier ministre d'Espagne, Arias Navarro, nouveau venu des réunions internationales ; le président Tito, dans un costume croisé blanc, et les cheveux teints en jaune, qui me reçoit sous l'ombre des arbres de sa villa.

Un déjeuner réunit les dirigeants des quatre grands pays occidentaux. C'est Harold Wilson qui nous reçoit. J'y rencontre une équipe d'hommes qui continueront de se retrouver d'année en année, même après avoir quitté le pouvoir : Helmut Schmidt, Gerald Ford, les ministres des Affaires étrangères Henry Kissinger, James Callaghan, et Hans Dietrich Genscher. Nous prenons le café allongés dans des fauteuils d'osier. La chaleur devient accablante. La torpeur nous gagne.

Mon dernier rendez-vous a lieu le lendemain avec la délégation américaine : Gerald Ford et Henry Kissinger me reçoivent pour déjeuner à l'ambassade des États-Unis. Brent Scowcroft conseille le Président sur les questions de sécurité. Sauvagnargues et Pierre-Brossolette m'accompagnent.

Je connais bien mes interlocuteurs, que j'ai reçus à la Martinique au mois de décembre 1974. La conversation est très libre, et confiante. Rarement, je crois, les rapports franco-américains ont été aussi détendus et dépourvus d'artifice. Nous approuvons les négociations sur le plafonnement des armements stratégiques que conduisent

Ford et Kissinger. Et ils acceptent désormais sans arrière-pensée notre attitude vis-à-vis de l'OTAN.

La qualité de notre entente repose sur un échange : de notre côté, la reconnaissance de la compétence et du professionnalisme de l'action diplomatique américaine. Du leur, la perception de la fermeté et de la netteté de nos attitudes en Europe et en Afrique.

J'ai regretté profondément que cette coopération intime n'ait pu se poursuivre pendant mon septennat. Le cours de certains événements — sûrement en Iran, probablement en Afghanistan — eût été différent. Mais les électeurs américains en ont décidé autrement lorsqu'en novembre 1976, ils ont écarté Gerald Ford et choisi Jimmy Carter.

En nous quittant, nous faisons un rapide bilan des résultats de la conférence : somme toute, positifs. Il ne nous reste plus qu'à aller signer ensemble l'Acte final.

La clôture de la conférence et la signature doivent avoir lieu dans la grande salle du palais Finlandia, le 1er août à 17 heures.

Une longue table basse s'étire d'un bout à l'autre du hall. Elle est recouverte d'un tapis de feutre, et des pots de fougères sont placés tout le long de ses pieds. Des pancartes indiquent le nom de chacun des trente-cinq pays participants. Chacun des chefs de délégation s'assied seul derrière la pancarte de son pays. On a préparé, pour les signataires, un buvard, et un stylo en plaqué or, planté dans un de ces supports tels qu'on en voit posés sur les comptoirs des aérogares.

Après la brève introduction du président, le protocole s'affaire pour la signature des documents. Nous devons tous signer le même texte, en trois exemplaires. On les présente successivement à chacun de nous, en commençant par les deux Allemagne, puis en remontant l'alphabet. Ils franchissent le Danemark, l'Espagne, la Finlande. C'est à mon tour de signer. Je m'applique, pour être lisible.

Un instant plus tard, le chef de la délégation voisine m'interroge :

« Croyez-vous qu'on peut garder le stylo ? »

J'observe le comportement des autres signataires. Il me semble que certains le conservent, sans doute en souvenir. Je lui réponds :

« Je n'en sais rien. Chacun fait ce qu'il veut ! »

Les documents continuent leur tour de piste, dépassent la Turquie, atteignent la Yougoslavie. La cérémonie est terminée. Le président lève la séance, en nous invitant à le rejoindre pour prendre une coupe de champagne.

Nous nous levons de nos sièges, derrière la table. J'attends que le passage se dégage. Mon voisin commence à partir. Je remarque qu'il a la poitrine bizarrement gonflée. Par l'entrebâillement de son veston, j'aperçois, blotti dans l'ombre, le porte-stylo.

Helmut Schmidt me rejoint dans le hall :

« Si le président a l'intention de nous faire boire du champagne soviétique pour célébrer l'événement, me dit-il, j'annule ma signature ! »

***

Le soir, après le trajet de retour en avion jusqu'à Paris, je relis attentivement, dans ma chambre de l'Élysée, le texte de l'accord que j'ai emporté avec moi. Il est très long et détaillé, mais j'ai l'esprit trop préoccupé pour pouvoir m'endormir tout de suite.

Les journalistes de la radio, comme déjà ce matin ceux de la presse écrite, ont accueilli l'Acte final avec scepticisme, ou même avec dérision. Il témoigne, disent-ils, d'une attitude de complaisance coupable vis-à-vis de l'Union soviétique. Chacun est conscient que les dirigeants soviétiques n'ont aucunement l'intention de respecter la libre circulation, l'accès à l'information, la liberté d'expression. Alors pourquoi, en acceptant de signer cet accord, donner gratuitement un certificat de bonne conduite aux pays de l'Est ?

Il y a beaucoup de vrai dans ces arguments, mais la lecture attentive des articles de l'Acte final me conduit à une conclusion différente : les engagements y sont précis, détaillés. Ils pourront être rappelés le moment venu. Même si la vérification de certains d'entre eux est impossible, d'autres sont contrôlables, ceux par exemple qui concernent la circulation des personnes et la mise en vente des journaux occidentaux. Il ne sera pas facile pour les pays de l'Est de rester en infraction permanente si, comme il est prévu et souhaité par les Soviétiques, des réunions périodiques doivent se tenir, où nous pourrons les mettre en accusation.

Mon pressentiment est qu'en signant ces textes, les Soviétiques mettent, sans le savoir, la main dans l'engrenage, et se trouvent placés sur la défensive. Ils en attendent évidemment des résultats à leur avantage, concernant l'amplification de leur campagne pour la paix, et l'affaiblissement de la cohésion de l'OTAN. Mais ce qui est écrit est écrit : les mots sont là, et ils resteront les témoins, résignés d'abord, vigilants avec le temps, des valeurs de liberté.

Le texte de ces accords a été publié, conformément aux engagements pris, dans tous les pays signataires, notamment en Union soviétique et dans les États communistes de l'Europe de l'Est. Des comités de citoyens se sont formés pour en exiger l'application. Des dissidents et des « refuzniks », traduits devant les tribunaux, se sont référés à leurs principes.

***

Quinze ans plus tard, le 24 mai 1990, j'ai rencontré, à Séoul, Jan Urban, l'un des principaux dissidents tchèques, devenu président du Mouvement du Nouveau Forum, qui a soutenu et conduit le changement démocratique en Tchécoslovaquie.

Je lui ai posé la question qui me préoccupait toujours :

« Vous qui avez vécu en Europe de l'Est, pouvez-vous me dire si les accords d'Helsinki ont été vraiment utiles pour votre action, et s'ils ont contribué au succès du mouvement vers la démocratie ? »

Jan Urban a marqué un moment d'étonnement, et sa réponse a fait exploser de surprise son visage d'étudiant bienveillant et songeur. Je l'ai notée sur un bout de papier que j'ai glissé dans ma poche :

« Évidemment ! s'est-il exclamé. C'était crucial pour nous ! Cela a été le commencement de tout ! »

IV

L'ÈRE DU NUCLÉAIRE

Pour Michel d'Ornano,
en affectueux souvenir.

1.

L'ATOME CIVIL

Il est probable que la décennie 1970 restera dans l'histoire comme l'ère du nucléaire.

La combinaison de deux événements — la crise de l'énergie engendrée par l'embargo pétrolier arabe de 1973 et la montée continue de la puissance militaire soviétique — a donné aux programmes nucléaires civils et militaires une dimension qu'ils n'avaient jamais connue jusque-là, et qu'ils ne retrouveront sans doute plus jamais.

La France a traversé cette ère nucléaire à son honneur et à son avantage.

***

Lorsque j'ai été élu, en mai 1974, la crise pétrolière battait son plein. Le pétrole brut était importé par la France au cours de 10 dollars environ le baril, contre moins de 3 dollars l'année précédente.

La hausse était due à une cause politique : l'embargo arabe, décidé à la suite de la guerre du Kippour, mais aussi à l'action de l'Organisation des pays producteurs (OPEP) qui, forts de leur monopole, fixaient le prix du pétrole en fonction de considérations politiques et de leurs besoins financiers. Elle s'inscrivait également dans une perspective que les experts prédisaient — et dramatisaient — depuis quelques années : l'épuisement rapide et prochain des réserves mondiales de pétrole, prises en tenaille entre une consommation galopante et l'insuffisance de recherche de nouveaux gisements. Je me souviens encore de leurs sombres prédictions, que la situation actuelle du marché pétrolier, quinze ans plus tard, suffit à démentir ! D'où la prudence nécessaire devant les affirmations catégoriques des experts...

Il est vrai que le gaspillage touchait à son comble. Le prix réel du pétrole avait baissé continuellement durant de longues années et se situait à un niveau très bas, ce qui avait créé des habitudes détestables : des immeubles surchauffés, toutes fenêtres ouvertes, une consommation automobile débridée et polluante, une faible considération du coût de l'énergie pétrolière dans l'industrie.

Ne disposant pas de ressources propres en pétrole, et soucieuse de préserver l'indépendance de son approvisionnement énergétique, la France avait décidé, avant même cette crise, de chercher à produire de l'électricité à partir de centrales nucléaires. Un long débat avait opposé les ingénieurs du Commissariat à l'énergie atomique, ceux de l'EDF, les industriels et les ministres concernés, sur le choix du procédé technique. Celui-ci devait-il être « français », indépendant de la technologie américaine ? Le savoir-faire que nous nous disposions à acquérir pourrait-il être exporté ? Quels étaient les résultats économiques et la fiabilité de chacun des procédés qu'on nous proposait ?

Le président Pompidou, après avoir écouté tous les arguments, dans le tohu-bohu des intérêts contradictoires, avait sagement tranché : la France acquerrait l'une des deux filières américaines. Pour éviter les gaspillages qu'aurait entraînés un double choix, le ministre de l'Industrie, Michel d'Ornano, m'avait recommandé d'opter en faveur du procédé Westinghouse à eau pressurisée, reconnu comme le meilleur dans le monde. J'ai accepté, à condition que ce procédé soit progressivement « francisé ».

Mais le plus difficile restait à faire : développer une industrie capable de construire les équipements, et surtout choisir et faire accepter les sites où l'on installerait les centrales nucléaires.

Ce travail a été assuré, avec un succès exceptionnel, par Michel d'Ornano et la remarquable équipe dont il s'était entouré. Il travaillait en liaison étroite avec Électricité de France, chargée de la maîtrise d'ouvrage du projet, et ses dirigeants Paul Delouvrier, président, et surtout Marcel Boiteux, directeur général.

Cette collaboration a fourni, je crois, la clé du succès.

***

Pendant que je relis ce paragraphe pour en corriger les épreuves, le vendredi 8 mars 1991, à 10 heures du matin, dans la petite maison d'Authon où j'ai rédigé ce livre, j'entends la sonnerie du téléphone tinter irrégulièrement dans la pièce voisine.

Je me lève de ma table, je parcours le couloir aux murs blancs, je décroche l'appareil.

Je reconnais, haletante, la voix de ma collaboratrice, Marie-Hélène Descamps. Je devine qu'elle a une mauvaise nouvelle à m'annoncer.

« Monsieur le Président, me dit-elle, Michel est mort ! Il a été renversé par une voiture à Saint-Cloud. On vient à l'instant de me prévenir. Je vous rappellerai tout à l'heure. »

Visiblement, son effort ne lui permet pas d'en dire plus.

Michel est mort ! Michel d'Ornano...

Entre le moment d'avant l'accident, celui où il vibrait encore de projets, d'optimisme, d'initiatives à prendre, et celui d'après, où il n'y a plus rien à dire ni à faire, la distance est infinie, comme entre deux mondes qui ne savent plus communiquer.

Michel d'Ornano était un homme public. Il était donc observé, jugé. Comme nous tous, il avait une image. Cette image correspondait-elle à sa réalité intime ? Je ne le crois pas. C'était un homme qu'il fallait découvrir. Ses qualités n'étaient pas choisies pour plaire, mais pour répondre à l'extraordinaire solidité de son exigence intérieure.

Un signe ne trompait pas : la totale fidélité qu'il portait à ses amis. Ses amis venus de partout, et de toutes les phases successives de sa vie. Il s'occupait du sort de chacun d'eux, avec une obstination que rien ne décourageait. Il y mettait toute sa générosité et sa gentillesse extrême.

Aimait-il la vie politique ? Il en avait connu les succès et les déceptions notamment lors de l'élection à la Mairie de Paris, puis en 1981. Je crois qu'il aimait avant tout agir, et qu'il avait choisi la vie politique comme terrain d'action. En me souvenant de la part décisive qu'il a prise dans la mise en œuvre de notre programme électronucléaire, je réalise combien il a été un grand ministre, compétent, capable de décisions rapides et fermes, soucieux de faire comprendre par l'opinion et accepter ses objectifs.

Pendant cette période, mais surtout au cours des dernières années, nous avions pris l'habitude de nous parler au téléphone presque chaque soir. Dès que je décrochais, je reconnaissais sa voix. Lorsque la sonnerie retentira, et que je serai pris par surprise, j'espérerai...

***

Nous nous étions interrogés sur une autre formule possible : elle aurait consisté à confier la construction de chaque groupe de centrales à une société indépendante. Cette formule eût été plus souple et aurait permis davantage de compétition dans les prix, mais elle entraînait des risques supplémentaires, sur le plan de la sécurité.

Électricité de France, alertée sur cette éventualité, l'avait ressentie comme une menace insupportable pour son monopole. Et nous l'avions écartée car il était indispensable, pour des raisons politiques et sociales, d'avoir le soutien actif d'EDF pour ce programme.

Il existait en effet un apparent mystère sur les réactions politiques à notre programme électronucléaire.

Dans les pays voisins, Benelux, Italie, et surtout Allemagne fédérale, les partis politiques et les mouvements écologiques retardaient, ou rendaient pratiquement impossible, tout programme cohérent.

Or en France, si l'opposition socialiste continuait le combat qu'elle avait entrepris depuis de Gaulle contre notre force nucléaire de dissuasion et refusait obstinément, année après année, d'en voter les crédits dans le budget militaire, le programme électronucléaire faisait l'objet d'un discret consensus.

Ce consensus était facilité par le fait que le choix des sites avait donné lieu à une concertation sans précédent. Pour les sept premières centrales, trente-quatre sites avaient été proposés ! Mais il y avait une autre explication.

A la fin du sommet des pays industrialisés de Tokyo, consacré au problème de l'énergie, Helmut Schmidt m'avait interrogé à l'ambassade de France, où nous prenions ensemble notre petit déjeuner :

« Comment réussissez-vous en France à développer votre programme nucléaire ? Votre programme est le plus important du monde, et il finira par vous donner un avantage énorme sur les autres, y compris sur nous. En Allemagne, c'est impossible. Les *Länder* et les Verts bloquent tout. Je considère que c'est l'un des plus grands succès de votre pays. »

J'ai essayé de lui fournir l'explication :

« Il y a à cela plusieurs raisons, lui dis-je. La science nucléaire se situe en France, depuis l'origine, à gauche, et même à l'extrême-gauche de l'éventail politique. Depuis les Curie et Frédéric Joliot-Curie, la quasi-totalité de nos grands physiciens ont été des hommes de gauche. Ils ont fait de l'atome une religion de gauche. N'étant pas favorables à son usage militaire, ils se sont prononcés pour son usage civil !

Quant à Électricité de France, le syndicalisme d'influence communiste y a régné depuis la guerre et y reste prépondérant. Or le programme électronucléaire représente une chance de développement extraordinaire pour EDF. Les syndicats le souhaitent et l'appuient et, par leur courroie de transmission, ils font remonter leur soutien jusqu'au Parti communiste lui-même.

C'est pourquoi il n'y a pas actuellement d'opposition de gauche à notre programme civil. »

Helmut Schmidt m'écoute, attentif. C'est un homme qui sait écouter longtemps, sans chercher à vous interrompre.

Devant nous, par les baies ouvertes sur le jardin qu'a acheté Paul Claudel, alors ambassadeur à Tokyo, on aperçoit, au-dessus des arbres aux fines aiguilles serrées, les buildings en construction dans la ville.

Et je poursuis :

« On peut ajouter deux explications supplémentaires : l'ouverture d'un chantier de centrale, qui entraîne une dépense de travaux publics d'au moins deux ou trois milliards de francs, représente une aubaine pour une petite ville, ou pour une région en difficulté, d'autant plus qu'on cherche à utiliser la main-d'œuvre locale. La construction d'une centrale entraîne également pour la commune où elle est installée une importante recette fiscale. C'est pourquoi des collectivités sont volontaires pour nous proposer le site des centrales à construire.

Enfin, il y a le bon sens des Français. Ils savent que nous ne disposons pas de sources naturelles d'énergie, et ils viennent de réaliser ce que cela coûte d'en être privé. Ils souhaitent pouvoir être assurés d'une énergie indépendante. »

Helmut Schmidt conclut :

« Vous avez de la chance ! Les Français ont bien raison. Mais en Allemagne, ce n'est même pas la peine d'essayer. Quand nous avons réussi à trouver un site, les procès commencent. D'abord les propriétaires voisins, et puis les Verts. Cela traîne pendant des années, on finit par perdre en appel, et il faut tout recommencer. »

De la chance, oui, dans ce domaine.

De 1975 à 1981, nous avons réussi à lancer la construction de 41 centrales, soit les trois quarts du parc nucléaire actuellement en service. Grâce à cet effort, le taux de dépendance énergétique extérieure de la France, qui était de 77,5 % en 1973, a été abaissé à moins de 50 % en 1990.

Le jour où, inévitablement, le prix du pétrole recommencera à monter, la France recueillera le fruit et les avantages économiques de son indépendance énergétique.

Pour accompagner notre programme électronucléaire, il restait deux problèmes à régler : celui de la sécurité des installations et celui de nos activités internationales.

Électricité de France assurait la sécurité technique du fonctionnement des centrales. Elle y mettait tout le savoir-faire et les moyens nécessaires. La prise en compte des préoccupations de sécurité a conduit à une augmentation du coût de chaque centrale de l'ordre de 20 %. Mais lorsque j'interrogeais les dirigeants d'EDF sur les questions de sécurité, leurs réactions psychologiques me préoccupaient. L'irritation qu'ils laissaient percer démontrait qu'ils se considéraient comme seuls responsables de cet aspect des choses, qu'il suffisait de leur faire confiance pour prendre toutes les dispositions nécessaires, et qu'ils n'avaient de comptes à rendre à personne.

Or je savais bien que si, par malheur, un accident sérieux survenait, on ne se contenterait pas de rechercher les responsabilités au niveau d'EDF, et que l'opinion publique demanderait aussitôt, à juste titre, si le gouvernement avait pris les précautions indispensables.

Je pensais aussi que cette attitude de fermeture sur soi était mauvaise conseillère, qu'elle entraînait un comportement d'autosatisfaction qui rendait plus difficile les remises en question périodiquement nécessaires.

Et j'étais convaincu que les mouvements écologiques avaient un rôle utile à jouer en contraignant les pouvoirs publics à se montrer impitoyables sur le plan de la sécurité, afin d'éliminer les risques de catastrophes auxquelles les défaillances techniques pouvaient conduire, comme on l'a constaté, hélas ! plus tard à Tchernobyl !

Aussi je décidai de garder le débat ouvert. Un Comité pour la sécurité nucléaire serait mis en place et permettrait d'interroger les responsables sur l'efficacité des mesures prises, et sur la nature des dangers courus.

Pour le présider, j'ai fait appel à Simone Veil, alors ministre de la Santé. Elle a d'abord été réticente, craignant qu'on refuse de lui communiquer les informations indispensables et que ce Comité ne soit en fait qu'une « couverture » des activités d'EDF. Lorsque je lui ai confirmé ma volonté qu'on puisse aller au fond des choses, elle a fini par accepter.

Vis-à-vis du reste du monde, nous étions embarqués, par des décisions antérieures, dans une série d'opérations importantes et complexes, dont il était difficile d'avoir une vue d'ensemble et de connaître les justifications. Or, ces opérations pouvaient avoir des conséquences extrêmement importantes sur le plan politique ou sur celui de la protection de notre environnement.

Quelques exemples :

— L'usine de retraitement des déchets nuclaires installée à La Hague, près de Cherbourg, disposait d'installations dont la puissance dépassait largement nos besoins du moment. La COGEMA, société filiale du Commissariat à l'énergie atomique, qui la gérait, recherchait donc des contrats à l'extérieur pour retraiter des déchets qu'on ferait venir en France. Des contacts étaient pris avec l'Allemagne et le Japon. Et la COGEMA souhaitait d'autant moins que la puissance publique mît son nez dans ces opérations que les contrats correspondants étaient extrêmement profitables pour elle.

— Le Commissariat à l'énergie atomique avait offert une participation à l'Iran dans la deuxième usine d'enrichissement construite sur le site de Tricastin, dans la vallée du Rhône, et cherchait à l'intéresser financièrement à la construction d'une troisième usine, indispensable pour alimenter nos centrales en combustible nucléaire.

— J'apprenais, parfois par la bande, que des négociations avaient été engagées pour fournir à l'extérieur des équipements nucléaires. Ainsi, une centrale nucléaire à l'Afrique du Sud ; une usine de retraitement au Pakistan, dont le principe avait été décidé du temps du président Pompidou ; un réacteur expérimental pour l'Irak convenu entre Jacques Chirac et Saddam Hussein lors de sa visite en France en septembre 1975, et que j'avais entériné.

Il me semblait que l'aspect global de ces décisions était insuffisamment pris en compte : les unes étaient dues à l'initiative des constructeurs, c'est-à-dire des vendeurs ; les autres visaient à améliorer nos relations bilatérales avec tel ou tel État ; d'autres enfin étaient assorties de contreparties industrielles.

Il fallait y voir plus clair.

Après en avoir parlé avec le nouveau Premier ministre, Raymond Barre, et les ministres concernés, j'ai décidé la création d'une structure nouvelle : le Conseil des relations nucléaires extérieures. Un décret, publié le 2 septembre 1976, annonce sa mise en place.

Toutes les décisions concernant les opérations que

nous pouvions entreprendre en matière nucléaire vis-à-vis de l'extérieur, qu'elles portent sur l'approvisionnement en matières premières, le traitement des déchets, l'enrichissement de l'uranium ou la livraison de centrales nucléaires, devaient obligatoirement lui être soumises.

Ce Conseil s'est réuni pour la première fois le 24 septembre 1976 à l'Élysée, puis de manière régulière, tous les six mois.

Lorsque la question de la prolifération nucléaire est devenue d'actualité, et que le Président nouvellement élu des États-Unis, Jimmy Carter, en a fait un des enjeux principaux de sa présidence, j'ai pu vérifier que la France avait pris, dans ce domaine, une avance sur ses partenaires, et qu'elle était mieux outillée qu'eux pour traiter efficacement cette question.

***

Ce nouveau dispositif m'a permis de trancher un problème difficile, et de recueillir sur un autre tous les renseignements dont je pouvais avoir besoin.

Le premier problème était celui de la construction au Pakistan de l'usine de retraitement des déchets nucléaires, décidée sous la présidence de Georges Pompidou. Un certain nombre de grandes sociétés privées, dont Saint-Gobain, participaient à ce chantier. Les enjeux financiers étaient élevés.

Les autorités pakistanaises avaient donné les assurances les plus solennelles que cette usine ne pourrait servir en aucun cas à la fabrication d'armes nucléaires. Lorsque nous les interrogions pour obtenir confirmation de cet engagement, elles s'en offusquaient même en disant que notre méfiance était injurieuse pour la parole de leur pays.

Mais en feuilletant la presse internationale, j'avais relevé des informations d'un ton différent. Le maréchal Zia Ul Haq, chef de l'État pakistanais, avait indiqué que son pays « n'était pas éloigné d'acquérir la maîtrise de l'arme nucléaire ».

J'avais alors fait interroger le gouvernement pakistanais par notre ambassadeur, qui s'était vu opposer le démenti classique. Puis, au cours d'une réunion du Conseil des relations nucléaires extérieures, les spécialistes m'avaient fait part de leur opinion selon laquelle les matériels que nous livrions ne pouvaient pas être utilisés à des fabrications militaires.

Mais mon scepticisme s'accroissait à mesure que mon savoir se complétait. Une usine de retraitement ne pouvait avoir d'utilité que pour un pays disposant déjà d'un réseau de centrales nucléaires, dont il devient nécessaire de régénérer les déchets. Or, le Pakistan n'avait pas de centrale électronucléaire en service. Le seul usage possible du retraitement était alors de dégager du plutonium, c'est-à-dire un matériau utilisable à la production de la bombe atomique.

La question se simplifiait à mes yeux. Je l'ai posée directement à l'administrateur du Commissariat à l'énergie atomique.

« Quelle peut être, pour un pays qui ne dispose pas de centrales nucléaires, l'utilité d'une usine de retraitement des déchets nucléaires ? »

Sa réponse ne comportait pas d'équivoque :

« Il n'y en a pas. »

C'est à partir de cette réponse que j'ai pris ma décision, tout seul, dans le noir, sans avoir subi, comme on l'a écrit, de pressions de la part des États-Unis, et contre l'avis de ceux qui me certifiaient que le risque n'existait pas : la décision d'interrompre nos livraisons pour la construction de l'usine de retraitement pakistanaise.

Les réactions ont été violentes, comme cela était prévisible, mais non excessives. Les autorités pakistanaises se sont mises aussitôt à rechercher ailleurs, notamment en Italie, des fournisseurs de remplacement, avec un acharnement qui me paraissait d'ailleurs confirmer mes soupçons.

Ma décision était-elle juste ? Qui pourrait en donner la certitude ? Mais en moi, depuis cette date, un recoin de ma conscience en est resté apaisé.

*
* *

Il m'a été difficile, au contraire, de parvenir à une conclusion définitive à propos du réacteur expérimental, baptisé Osirak, que nous nous étions engagés à livrer à l'Irak.

Cette demande irakienne, modérément soutenue par notre Commissariat à l'énergie atomique en raison de son intérêt financier limité, avait d'abord été écartée par notre ministre de l'Industrie, Michel d'Ornano. Puis, à la fin de la visite que Saddam Hussein, Premier ministre d'Irak, faisait en France en septembre 1975 — au cours de laquelle je l'avais reçu pour un entretien à l'Élysée — et qui s'était prolongée par un séjour à l'Hôtellerie de Baumanière aux Baux-de-Provence, où l'avait invité Jacques Chirac, Saddam Hussein avait su trouver les arguments pour convaincre notre Premier ministre. Celui-ci lui avait donné un accord de principe pour deux opérations : la construction d'un réacteur de recherche, sans utilisation militaire possible, et celle d'une centrale nucléaire de la filière graphite-gaz, dont la technologie présentait le risque de pouvoir alimenter des fabrications militaires.

J'en étais préoccupé à cause des conséquences possibles sur la sécurité du Moyen-Orient, et particulièrement de l'État d'Israël.

Je ne voulais pas que nos livraisons de technologie avancée risquent de mettre cette sécurité en cause. C'est ainsi que j'avais fait interrompre, dès que j'avais eu vent de son existence, un projet de contrat de la société Matra avec l'Égypte, portant sur l'étude de missiles à moyenne portée.

A la demande de Michel d'Ornano, Jacques Chirac a mis un terme au projet de centrale nucléaire, en raison du risque de prolifération qu'elle présentait.

Quant au besoin d'un réacteur expérimental pour l'Irak, il ne me paraissait pas évident.

L'Irak est le troisième pays du monde pour l'importance de ses réserves en pétrole. Ses besoins nationaux en énergie sont couverts pour l'éternité, et même au-delà ! A cet argument, Saddam Hussein répliquait qu'il n'acceptait pas que son pays restât sous-développé. Les pays industrialisés possèdent tous des éléments de technologie nucléaire d'usage militaire pour les uns, et civils pour les autres. Il n'avait aucune intention, affirmait-il, de s'embarquer dans l'aventure de la construction d'une bombe atomique, mais il ne voulait pas que son pays soit tenu à l'écart d'une des branches de la technologie moderne. Il s'agissait, insistait-il, de recherche et de physique fondamentale.

Celles-ci constituaient-elles, dans son esprit, le socle d'un développement militaire ultérieur ? Il fallait multiplier les précautions pour l'éviter.

Dans la négociation qui a été ouverte à la suite de l'accord de principe qui avait été donné, toutes les dispositions nécessaires ont été prises, concernant notamment les limites de l'approvisionnement en uranium enrichi, et son retour en France. La quantité de ce minerai disponible dans le réacteur expérimental a été constamment maintenu à un niveau inférieur au seuil critique nécessaire pour entreprendre la fabrication d'une bombe. L'exécution de cet accord a été suivie scrupuleusement par les services du Commissariat à l'énergie atomique.

En 1980, lorsque l'existence de ce réacteur est devenu un sujet de polémique, j'ai fait venir dans mon bureau André Giraud, ministre de l'Industrie et spécialiste des questions nucléaires militaires, puisqu'il avait été responsable pendant plusieurs années du Commissariat à l'énergie atomique.

C'est un Bordelais vigoureux, au poil blond et aux yeux ardemment bleus. Il avait été le « major » à Polytechnique de la promotion précédant la mienne et avait organisé à ce titre mon « bizutage ».

C'est un esprit clair, très précis, capable de construire et de présenter des synthèses brillantes, avec le risque que celles-ci l'entraînent dans des certitudes dont il accepte difficilement la remise en cause.

« Vous suivez de près, lui demandai-je, les activités du réacteur expérimental construit en Irak ?

— Vous voulez parler d'Osirak, Monsieur le Président ? Oui, de très près.

— Avez-vous des craintes qu'il puisse être détourné à des fins militaires ?

— Aucune, Monsieur le Président. Sa technologie est très éloignée de toutes les technologies militaires. Et nous venons de prendre des garanties supplémentaires en utilisant comme combustible nucléaire notre nouveau produit dit “caramel”. Je vous rappelle qu’il est impossible d’extraire du plutonium de ce “caramel”, après sa combustion. »

Je lui communique ma préoccupation :

« Mais le savoir qu’acquièrent les techniciens ne leur donne-t-il pas des bases qui leur faciliteront plus tard leurs recherches militaires ?

— Sans doute, me répond-il, mais ils peuvent trouver le même savoir dans des bouquins de physique, ou dans les laboratoires des universités américaines ! »

Quand il prononce ces mots, ils me font revenir à la mémoire notre rencontre inattendue, un an après notre sortie de l’École polytechnique, sur un paquebot qui faisait la traversée entre New York et Le Havre, et où nous rapportions des visions d’une Amérique confiante en elle-même, chromée, bronzée, entraînant le monde dans son sillage heureux.

Je poursuis :

« Vous avez des techniciens qui vont souvent à Bagdad ?

— Oui, très souvent, me répond-il. Au moins tous les trois mois. Et ils me font des comptes rendus à leur retour.

— Avez-vous confiance dans leur jugement ? »

Il rit, en montrant des dents éclatantes. L’Amérique encore !

« Oui, comme dans le mien, comme dans tout jugement. On juge ce qu’on voit, et on voit ce qu’on vous montre ! »

J’insiste encore :

« Mais vos experts peuvent-ils tout voir ?

— Oui ! D'ailleurs il n'y a pas tellement à voir ! Ils connaissent tout ça par cœur. »

Je voudrais arriver à une certitude :

« J'ai une demande précise à vous faire, lui dis-je. La prochaine fois où une mission sera conduite par quelqu'un ayant votre confiance totale, pouvez-vous lui demander de regarder s'il aperçoit un indice quelconque, portant sur une interrogation technique, le besoin d'un matériel nouveau, le désir de protéger un secret, permettant de penser qu'il existe une intention ou une manœuvre, pour faire dévier l'usage de ce réacteur vers la préparation d'armes nucléaires. »

André Giraud me répond :

« C'est parfaitement possible. Un bon technicien a tous les moyens de le détecter. Je demanderai à Andrieu, le président de Framatome, de procéder à cette vérification.

— Revenez me voir, lui dis-je, quand vous aurez les renseignements. »

Deux mois plus tard, André Giraud me demande rendez-vous. Je le reçois.

« J'ai le renseignement que vous souhaitiez obtenir, Monsieur le Président. J'ai reçu moi-même le responsable de la mission, auquel j'avais posé la question. Il est venu me rapporter ses conclusions. Il n'a vu aucun indice d'aucune sorte permettant de penser que les Irakiens utilisaient le réacteur, ou se préparaient à l'utiliser, à d'autres fins que son usage expérimental. »

J'ai besoin de l'entendre dire à nouveau :

« Aucun indice ? »

Il me répond par un grognement bougon, impatienté de tant d'insistance :

« Aucun. »

2.

L'ATOME MILITAIRE

Ceux qui accédaient, dans l'univers des années 1970, à la fonction présidentielle, avaient le sentiment d'être plongés dans l'ère du nucléaire.

Dès l'après-midi même de mon installation, comme si chaque seconde était comptée, j'ai eu droit à une première séance d'initiation à la chaîne du commandement nucléaire.

Les explications m'étaient données par les collaborateurs militaires du président Pompidou, restés encore en place. Ces explications étaient trop nombreuses pour que je réussisse à les absorber tout de suite.

Elles consistaient à me montrer la manière dont je devais faire connaître ma décision d'ouvrir le feu de nos armes nucléaires. Celle-ci soulevait plusieurs problèmes. Une interrogation d'abord : qui était qualifié pour me poser la question ? Puis la nécessité d'une identification certaine : mon interlocuteur serait-il assuré que c'était bien moi qui lui répondais et pourrait-il vérifier le sens exact — et définitif — de l'ordre que je lui aurais donné ?

Par mesure de sécurité, tous les systèmes de communication étaient « redondants », selon un terme cher aux militaires, c'est-à-dire qu'ils étaient reproduits plusieurs fois de manière que la destruction ou la défaillance de l'un d'eux n'empêche pas la transmission de l'ordre.

Cet après-midi du 27 mai 1974, je découvre dans un placard, entre deux salons du rez-de-chaussée de l'Élysée, un dispositif que je n'avais jamais connu et dont je n'avais même pas repéré les indices extérieurs : une armoire métallique, revêtue d'écrans de télévision, et couverte de boutons de contrôle.

Le chef d'État-major du président Pompidou m'en explique le maniement. Les écrans sont reliés au poste de commandement souterrain de Taverny, dans le Val-d'Oise, là où sont concentrés les moyens de communication de nos forces de dissuasion.

On met l'appareil en marche. Un officier apparaît sur l'écran et, suivant l'usage, décline son identité en se mettant au garde-à-vous. Image étrange, sur cette télévision en noir et blanc, que ce visage et ce buste qui adoptent la posture traditionnelle du garde-à-vous d'un militaire vis-à-vis de son supérieur.

J'écoute avec attention les explications, mais j'ai du mal à les retenir. Plusieurs échelons successifs de commandement sont concernés. C'est le ministre de la Défense qui représente l'échelon ultime, le dernier avant le mien. Mais en cas d'urgence exceptionnelle, son niveau peut être court-circuité par l'état-major. Comment vérifier que les circonstances, et non la panique, le justifient réellement ?

Il reste à assurer l'identification. C'est ici qu'intervient le code. Quand toute communication visuelle, directe ou sur écran, est coupée, l'identification ne peut plus être assurée que par la voix, ou par un message. Ni l'une, ni l'autre, ne sont totalement fiables. D'où la nécessité de recourir à un code d'identification.

Celui-ci, qui change périodiquement et qui doit toujours être porté sur soi, ou du moins à courte distance par un collaborateur, permet d'authentifier celui qui détient le pouvoir suprême : celui de donner l'ordre de déclencher le feu nucléaire.

***

Je prête beaucoup d'attention à cette première initiation, tout en pensant que je devrai y revenir, car beaucoup de points restent obscurs.

En particulier, parmi nos trois composantes stratégiques — les fusées stratégiques du plateau d'Albion, les avions Mirage IV et les sous-marins nucléaires —, comment se répartirait l'utilisation des frappes, et comment serais-je, en cas de crise rapide, interrogé sur ce choix ?

Je suis décidé à combler mon ignorance et à atteindre un état de préparation quasi parfait.

Ce n'est pas que j'aie le sentiment d'être pressé par l'urgence, car aucune crise de dimension mondiale ne se profile à l'horizon. Mais je sais que dans le jeu subtil de la disponibilité et de la menace d'emploi des moyens nucléaires — jeu d'échecs et jeu de poker joués sur la même table —, la préparation parfaite du joueur fait partie de la règle, et son non-respect le disqualifie.

Lors des premières réunions des Conseils de défense, je vérifie que je suis en état « d'inexpérience », c'est-à-dire que je n'ai pas la qualification nécessaire pour contredire, s'il le faut, les conclusions des experts. Je suis donc, en réalité, entièrement entre leurs mains.

Or, c'est moi qui ai reçu, par le vote populaire, le pouvoir suprême, et l'opinion publique compte sur moi pour l'exercer en temps de crise. Quand je parle de questions stratégiques avec Helmut Schmidt, qui a été dans son pays ministre de la Défense, je le sens parfaitement à l'aise dans le maniement des concepts et des mots.

Pour moi, ils restent encore entourés d'un certain brouillard : l'enrichissement et le retraitement ; la filière graphite-gaz ; le rôle exact des têtes multiples ; le « durcissement » de ces têtes pour les protéger des contre-mesures électroniques ; le nombre des kilotonnes et des mégatonnes ; la nécessité concrète des expériences nucléaires : pourquoi faut-il encore les multiplier ? Aussi fais-je demander au Commissariat à l'énergie atomique de me préparer un document de référence, une sorte de petit manuel du chef d'État nucléaire, que j'étudie le soir avant de dormir. Certaines notions me deviennent très vite familières, d'autres plus lentement.

Je découvre que l'emploi de certains mots est réglementé par une théologie intransigeante : parlant de nos Plutons, qui tirent leurs charges à une centaine de kilomètres, je me permets d'employer un jour l'expression « d'artillerie nucléaire ». La consternation et la révulsion se lisent sur le visage de mes interlocuteurs, comme sur un voilier où j'aurais parlé de ficelles au lieu de cordages !

***

Peu à peu mon initiation progresse.

Sur nos composantes stratégiques, une seule décision est nécessaire : la construction d'un nouveau type de fusée à têtes multiples et à portée plus longue. Lorsque nos sous-marins patrouillent dans l'océan Atlantique, la région de Moscou se trouve en effet à la limite de leur capacité de tir.

Or l'état-major m'a proposé de redéfinir nos objectifs de frappe, en cas d'apocalypse nucléaire.

Si nous utilisons un jour nos fusées stratégiques dans un conflit avec l'Union soviétique, et si celle-ci riposte, la France sera totalement détruite. Il n'y a donc pas lieu pour nous d'envisager une situation militaire qui succéderait à cette frappe croisée. Le seul objectif de la dissuasion est alors d'être en mesure d'infliger le plus grand dommage possible à l'Union soviétique pour qu'elle hésite avant de décider notre anéantissement.

Je refuse de fixer cet objectif de destruction en termes

de population : tant ou tant de millions d'habitants de l'Union soviétique qui périraient sous nos bombes ? C'est partiellement une hypocrisie, car la population sera évidemment atteinte, mais c'est aussi l'expression d'une forme de décence devant les conséquences inévitables de son acte.

Aussi, après l'examen des plans de tir, je retiens comme objectif pour notre frappe stratégique « la destruction de 40 % des capacités économiques de l'Union soviétique situées en-deçà de l'Oural, et la désorganisation de l'appareil de direction du pays. »

Pour être sûr d'obtenir ce résultat, il nous faut pouvoir atteindre la totalité de la région industrielle de Moscou, y compris ses prolongements vers l'est.

Nous avons donc besoin d'allonger la portée de nos missiles. Aussi décidons-nous la fabrication d'une nouvelle fusée, le missile M4, équipée de six têtes nucléaires, qui se séparent au-dessus de la cible en poursuivant des trajectoires indépendantes, susceptibles de déjouer les défenses.

A partir de 1977, nos nouveaux sous-marins seront construits de manière à emporter cette fusée. Leur capacité de tir sera ainsi multipliée par quatre, et atteindra quatre-vingt-seize têtes nucléaires par sous-marin. Quant aux bâtiments plus anciens, ils devront être rénovés, car les missiles M4 ne peuvent pas entrer tels quels dans leurs tubes de lancement.

Ces décisions sont prises avec Yvon Bourges, qui se révèle un excellent ministre de la Défense.

Je l'ai nommé à ce poste en même temps que je désignais Marcel Bigeard comme secrétaire d'État, car j'avais besoin d'une équipe solide à la tête de nos armées. La réduction des crédits militaires pendant la période précédente, une certaine indifférence des responsables pour les matériels et les conditions de vie de l'armée de terre, une évolution trop lente des méthodes de commandement, avaient créé un trouble dans les unités, notamment parmi les appelés.

En fin de semaine, à l'arrivée et au départ des trains de permissionnaires des garnisons de l'Est, des scènes de désordre et des meetings pacifico-politiques avaient lieu dans les gares. Rien de grave, mais une atmosphère détestable à assainir très vite. Marcel Bigeard, sur le plan du moral et du commandement, Yvon Bourges, sur celui des moyens et de l'organisation, y parviennent rapidement.

***

Concernant nos matériels nucléaires, je suis impressionné et ébloui par la capacité de nos techniciens.

J'étais allé passer en novembre 1974 une nuit en mer à bord d'un de nos trois sous-marins lanceurs d'engins, auxquels on avait donné les noms de nos navires de haut-bord du temps de Louis XIV : celui-ci avait été baptisé *Le Terrible*.

On y pénètre par le haut de la tourelle, en apercevant devant et derrière soi le dos noir et la queue de ce poisson métallique, qui paraissent interminables. Puis on descend dans un dédale de couloirs qui tournent à angle droit, bordés d'autant de tuyaux et de fils électriques qu'une chaufferie et une centrale réunies. Les officiers m'ont montré les missiles et leurs mécanismes. Je n'ai aperçu que la base des missiles, musculeuse sous sa peinture gris vert sans reflet. La première partie de leur trajectoire se fait sous l'eau. Je n'arrive toujours pas à comprendre comment, lancés à partir d'une plate-forme en mouvement, ayant à traverser la surface d'une mer agitée et à changer brusquement de milieu de parcours, de l'eau à l'air, on réussit le miracle — je ne suis pas sûr que ce soit le mot ! — de les placer sur une trajectoire qui leur permettra de frapper leur objectif, plusieurs milliers de kilomètres plus loin, avec une précision de quelques centaines de mètres.

Nous avons dîné dans un petit « carré » où l'on avait rassemblé autour de moi des hommes de tous grades : le commandant de bord, compétent et chaleureux, astreint, lui et sa famille, à la contrainte de ces interminables patrouilles — une durée de quatre-vingt-dix jours, deux fois par an, où l'on est totalement coupé de toutes nouvelles des siens, pour éviter le repérage par radio du trajet du sous-marin — les officiers-mariniers, concentrés et comme intériorisés par les contraintes de leur technicité et de leur vie recluse ; et aussi, à ma surprise, un appelé qui inaugure sa jeune carrière en partageant la vie du *Nautilus* du capitaine Nemo ! Il me fait penser à un papillon qui se serait trouvé captif par hasard, au moment où on refermait le clapet de la tourelle du sous-marin !

La goutte d'humidité qui coulait sur l'étiquette de la bouteille de muscadet posée sur la table, entre les visages serrées les uns contre les autres et éclairés par une ampoule dans le plafond, évoquait un bistrot du Maine-et-Loire.

Moi qui souffre de claustrophobie, qui ne connais pas d'épreuve pire que l'exercice qui consiste à ramper dans un long tuyau dont on aperçoit l'ouverture au bout, tel un cercle d'air lointain et inaccessible, je me suis endormi dans le ronronnement étouffé des moteurs, en pensant à ces centaines de mètres d'eau de mer au-dessus de moi et, au-dessous, à ces cavernes d'algues et de crustacés enchevêtrés, où la lumière ne pénètre jamais.

Chaque détail des moteurs, de la coque, et des missiles de ces sous-marins a été conçu et fabriqué par nos ingénieurs et par nos techniciens. Comme l'ont été aussi ceux des avions Mirage IV, et des fusées enterrées dans leurs silos du plateau d'Albion, à l'est de Carpentras.

Dans la mise au point et le déploiement de sa force de dissuasion stratégique, la technologie française a démontré une capacité exceptionnelle.

***

Notre technologie nucléaire a-t-elle été aidée de l'extérieur ?

Du temps du président Pompidou, des allusions avaient été faites devant moi en Conseil de défense à des contacts avec l'administration américaine. Je n'en avais pas saisi la portée exacte.

Six semaines après ma prise de fonctions, on m'a signalé le prochain passage à Paris, le 5 juillet, du secrétaire d'État américain Henry Kissinger, en route pour le Proche-Orient, et qui souhaitait me rencontrer.

Cette période était très chargée puisque je recevais, le 4 juillet, dans le parc de Bagatelle, les « supporters » qui m'avaient aidé dans ma campagne. Bousculade indescriptible, gaieté, pointe d'émotion : je serre toutes les mains, et exprime à tous ma profonde gratitude.

Et le surlendemain, 6 juillet, je dois partir pour la Lozère inaugurer à la Canourgue, avec Jacques Blanc, un centre médical pour handicapés adultes. Je visite aussi avec lui, à cette occasion les chambres d'un centre pour enfants. Ce sont des débiles profonds. Pas de signes de reconnaissance, lorsque je leur parle, mais des lueurs de vie dans leurs gestes, et l'apparence d'une existence semblable à la nôtre dans la similitude de nos visages, dont on espère toujours, le cœur affreusement serré, qu'une impulsion viendra un jour chez eux en soulever et en animer la surface.

J'ai accepté cette invitation afin que, dans ce printemps marqué de festivités, un signe vienne rappeler l'existence, et l'importance pour nous, de ceux que les malheurs de leur lourde destinée maintiennent en dehors de la fête de la vie.

A mon retour à Paris, j'ai demandé qu'on mette en chantier par priorité le projet qui deviendra, un an plus tard, la loi d'aide aux handicapés.

***

Pour donner à cette première rencontre un caractère plus personnel, j'invite Henry Kissinger à venir prendre un petit déjeuner à l'Élysée. Comme le temps est très beau, il sera servi dans le petit jardin, sous la fenêtre de ma chambre.

Cette visite m'excite beaucoup. Je connais déjà Henry Kissinger, pour l'avoir rencontré aux deux sommets franco-américains des Açores, en décembre 1971, et d'Islande en 1972, où il conseillait le Président Nixon et où j'accompagnais le président Pompidou.

Le Président Nixon est toujours en fonction, mais le filet politico-judiciaire du Watergate se resserre sur lui, et on envisage l'éventualité de son départ. La réputation d'Henry Kissinger n'en est pas atteinte, et il poursuit son parcours brillant et solitaire de spécialiste de la diplomatie, auréolé de la gloire des médias.

C'est en effet un personnage en lui-même. Éduqué dans l'Allemagne d'avant-guerre, qu'il a fuie avec sa famille lors des persécutions anti-juives, il parle l'anglais avec un lourd accent germanique, ou plutôt un accent à lui, qui appuie sur les « d » et sur les voyelles graves. Ne réussit-il pas à l'éliminer, ou fait-il exprès de l'entretenir, pour souligner la singularité de son personnage ?

Venu du milieu universitaire de Harvard, libéral et démocrate, il sert un Président républicain. La « jet-set society » a accepté de l'accueillir et le traite maintenant comme une de ses vedettes. Ses périples internationaux sont jalonnés de dîners privés, où les épaules des femmes à la mode luisent sous l'éclat doux des chandelles. Les rubriques des journaux publient la liste des invités, où figure un dosage bien étudié d'Elizabeth Taylor, d'Agnelli, de Rothschild, et de célébrités bancaires new-yorkaises.

On cite ses bons mots, qui mêlent le cynisme à une vanité douce-amère. Cette activité latérale n'interfère pas avec la poursuite infatigable des deux objectifs qu'il s'est fixés : maintenir la parité stratégique entre les États-Unis et l'URSS, et aboutir par paliers à un règlement de paix entre Israël et ses voisins arabes.

Je sais qu'il va me parler de ses initiatives dans ce dernier domaine. J'y suis mal préparé. J'ai découvert en effet que je ne savais rien — littéralement rien — sur les Palestiniens. Le mot n'évoque rien de précis pour moi !

Je ne connais bien ni leur origine, ni leur lieu de résidence, ni les causes de leurs difficultés. Ils représentent une population mal localisée, mal identifiée, dans le brouillard opaque du Proche-Orient.

Pour clarifier mes idées, j'ai fait demander un dossier au Quai d'Orsay. Je l'ai reçu la veille au soir, et j'ai commencé à le regarder en rentrant de la réception de Bagatelle.

La note historique est bien faite. Elle remonte à la lettre qu'Arthur Balfour, secrétaire au Foreign Office, a adressée en novembre 1917 à Lord Walter Rothschild, alors vice-président du groupe parlementaire de soutien aux juifs britanniques. Dans cette lettre, Arthur Balfour écrit, selon la traduction faite par le Quai d'Orsay : « Le gouvernement de sa Majesté envisage favorablement l'établissement en Palestine d'un foyer national pour le peuple juif, et emploiera tous ses efforts pour faciliter la réalisation de ce projet, étant bien entendu qu'il ne sera rien fait qui puisse porter atteinte aux droits civils et religieux des communautés non-juives existant en Palestine, ou aux droits et au statut politique dont jouissent les juifs dans tout autre pays. »

Les documents et les cartes qui accompagnent le dossier sont anciens, d'un dessin déjà démodé. En les dépliant, on sent revenir un passé fané. Pour mieux les regarder, je les épingle sur un panneau du mur de la bibliothèque. Je commence à voir plus clair, mais je décide que j'aurai besoin de compléter mon information pendant les mois à venir.

***

Oui, cette visite d'Henry Kissinger m'excite, parce qu'il représente à mes yeux un des hommes qui analysent le mieux et qui influencent le plus l'évolution du monde où nous vivons. Et il vient en parler avec moi, moi qui n'ai pas encore revêtu complètement l'habit présidentiel, et qui reste impressionnable face à l'importance des autres.

Je me suis réveillé tôt. Le jour est déjà levé. Je regarde par la fente inclinée des persiennes le jardin où je recevrai tout à l'heure Henry Kissinger. C'est une roseraie, avec une allure de jardin de préfecture. Des arceaux rouillés, où s'accrochent des roses aux pétales tachés de brun. Le gravier est tout blanc sous la première lumière, mais déjà le soleil fait pénétrer par le côté un poudroiement doré, qui avive l'ombre des tiges et les couleurs des fleurs. Délicieuse matinée. Je reprends le dossier pour le lire dans mon lit avant de m'habiller.

Nous nous sommes assis dans des fauteuils de jardin blancs, en laissant deux sièges vides à côté de nous, car Henry Kissinger, auquel j'ai fait poser la question, n'a pas souhaité la présence de collaborateur.

Il me parle d'abord de son voyage au Proche-Orient. Je l'écoute, et j'enregistre, sans rien dire, car ma science est trop restreinte. Puis je l'interroge sur la situation intérieure américaine. Il ne pense pas que le Président Nixon pourra rester en fonctions, bien que le « crime » initial ne justifie pas un départ, mais les dénégations, les mensonges, les contradictions successives, et surtout les interventions dans l'appareil judiciaire, l'ont placé dans une situation dont c'est maintenant la seule issue de secours.

Je le regarde boire son jus d'orange et découper son croissant avec ses doigts, car celui-ci est trop épais pour être mangé tel quel. Henry Kissinger a le visage bronzé, les cheveux serrés et bouclés, pas de fatigue visible malgré ses déplacements incessants. Il reste jeune, comme un animal trapu, et heureux de l'immense responsabilité qu'il exerce.

Il aborde le sujet de sa visite :

« Je souhaitais que nous ayons une première rencontre aujourd'hui, mais nous aurons d'autres occasions de nous revoir. Je voulais aussi vous parler de nos relations spéciales. »

Je ne vois pas à quoi il fait allusion. Il s'en rend compte, et reprend :

« Nos relations spéciales dans le domaine nucléaire. Vous êtes certainement au courant. Je voulais savoir si vous désiriez que nous les poursuivions. »

Je commence maintenant à comprendre. Il s'agit de la coopération technique dans le domaine des armes nucléaires dont j'avais aperçu les indices. Et je mène alors avec Henry Kissinger une sorte de « conversation-découverte », où je cherche à me renseigner plutôt qu'à répondre. Lorsqu'il devient trop précis dans ses questions, je repars d'un autre côté, à la recherche d'une information.

Je réalise, bribe par bribe, qu'il existe depuis plusieurs années une coopération entre nous, pour faciliter les recherches françaises dans le domaine nucléaire militaire.

C'est en fait une coopération à sens unique, où nous cherchons à nous assurer auprès des Américains, évidemment en avance sur nous, que nos recherches progressent dans une direction qui peut aboutir au succès. Cette coopération reste strictement secrète, parce que sa révélation serait périlleuse des deux côtés.

Périlleuse du côté français, où la présentation politique de « l'indépendance de la dissuasion nucléaire française », allant jusqu'à la théorie saugrenue de la « riposte tous azimuts », qui consistait à vouloir nous protéger aussi bien des Américains que des Soviétiques, serait ternie par la découverte que nous bénéficions d'un soutien technique américain ! Et également du côté américain, où la législation, depuis l'adoption de la loi proposée par le sénateur Mac-Mahon, interdit formellement tout transfert de connaissance nucléaire militaire à des États étrangers, même alliés, et assortit cette interdiction de sanctions sévères.

La démarche suivie respecte à la lettre la législation américaine. Je comprends qu'elle s'appuie en effet sur « l'information négative », qui consiste pour les Américains, lorsque nos spécialistes prennent l'initiative de leur décrire un programme de recherches, à leur indiquer les voies condamnées à l'échec, ce qui permet de gagner du temps et d'économiser des ressources. Les Américains ne nous ont jamais « donné » de renseignements, en devançant nos demandes. Mais un débat public serait néanmoins risqué, et conduirait sans doute à renforcer la législation protectrice des États-Unis.

C'est pourquoi les contacts sont maintenus à un niveau strictement technique. Ils ont lieu aux États-Unis, où nos spécialistes se rendent périodiquement. Un haut responsable est seul chargé de chaque côté de piloter l'opération. Pour nous, c'est le délégué général pour l'armement, qui en rend compte au chef d'état-major des armées.

Je commence à apercevoir l'architecture du système, et je comprends mieux le sens de la question que me pose maintenant Henry Kissinger :

« Si vous souhaitez que cette coopération se poursuive, nous sommes prêts à le faire. Mais il faudra continuer à respecter strictement les mêmes règles, car nous ne pouvons pas prendre le risque d'une indiscrétion qui déclencherait un débat politique très difficile pour nous. »

Je l'imagine volontiers : un Watergate, cela suffit ! Mais jusqu'où puis-je m'engager, et pourquoi les États-Unis coopèrent-ils avec nous, à leurs risques et périls, dans cette affaire où ils n'ont rien à gagner ?

Je me dis que c'est un risque calculé pris par l'administration Nixon, au moment où Henry Kissinger était encore conseiller à la Sécurité nationale, pour tenter de resserrer avec la France les liens d'un partenariat militaire distendus par la sortie de la France du dispositif intégré de l'OTAN. On voit bien aussi comment cette relation spéciale s'intégrait dans le système de rapports — destinés à être étroits et méfiants à la fois — entre le président Pompidou et le Président Nixon.

Je réponds à Henry Kissinger :

« Je ne savais pas que vous me parleriez aujourd'hui de cette question. Je n'ai pas suffisamment regardé le dossier (c'est un euphémisme !). Je suis prêt à vous en reparler bientôt, dès que j'aurai fait le point du problème. D'ici là, c'est-à-dire pendant quelques semaines, tout au plus trois mois, je suis d'accord pour maintenir le dispositif strictement selon les règles actuelles.

— D'accord, me réplique Henry Kissinger. Mais j'insiste sur le respect impérieux du secret. Nous ne pouvons prendre aucun risque. J'ai absolument besoin de pouvoir compter sur votre parole ! »

Son insistance me surprend. Il sait parfaitement que je réalise la nécessité de protéger ce secret. Cette nécessité est aussi forte pour nous que pour eux. J'imagine, dans une lueur, les titres de la presse internationale : « La dissuasion nucléaire française facilitée par les États-Unis » ; « Pour réussir leur dissuasion nucléaire, les Français comptent sur l'aide américaine ».

Mais cette atmosphère de secret, précisément, fait-elle partie de cette « relation spéciale » qui nous lie davantage que nous le pensons, et peut-être même que nous le souhaitons ?

Je ferai le point approfondi de la question au cours des mois suivants.

Le délégué général pour l'Armement me confirme l'intérêt de ces échanges. Ils nous font progresser sur trois sujets, d'ailleurs liés, sur lesquels nous avons besoin de réaliser des progrès rapides : celui de la miniaturisation des armes nucléaires ; celui de la technologie des têtes multiples, pour nos futures fusées sous-marines ; et celui du « durcissement » de nos têtes nucléaires face aux contre-mesures électroniques. Ces contacts nous ont déjà évité de bifurquer dans des directions stériles. Je lui confirme alors les règles de discrétion.

A la rencontre de la Martinique, du 14 au 16 décembre 1974, où je reçois le Président Gerald Ford venu me rendre visite pour un premier contact, celui-ci est accompagné d'Henry Kissinger, confirmé par le nouveau Président des États-Unis dans sa fonction de secrétaire d'État.

Nous reprenons notre conversation là où nous l'avions interrompue. Nous décidons de poursuivre notre coopération, selon le dispositif convenu antérieurement. En ma présence, Henry Kissinger met le Président Ford au courant de cette action qu'il ne paraissait pas connaître.

Celle-ci se poursuivra selon les mêmes règles, pendant la présidence de Jimmy Carter. J'en suis tenu discrètement et régulièrement informé, sans que je cherche à entrer dans les détails qui restent de la compétence de nos experts nucléaires.

Le jugement des responsables de notre armement me confirme périodiquement l'utilité de cette coopération. A aucun moment, elle ne met en cause l'indépendance de notre démarche et de nos décisions.

Le 21 mai 1981, pendant mon entretien avec le président de la République nouvellement élu, François Mitterrand, dans le salon des Aides de camp, aux boiseries blanc et or, au rez-de-chaussée de l'Élysée, et tandis que j'entends s'enfler au loin, dans la salle des Fêtes, le murmure des voix impatientes de saluer le nouveau pouvoir, je mentionne l'existence de cette coopération avec les États-Unis dans le domaine nucléaire militaire. Il me semble utile que le président de la République en soit prévenu. François Mitterrand me regarde, m'écoute. Il hoche son long visage et ne me dit rien.

Comme une flambée d'images reçues en pleine figure, je revois le petit jardin, les arceaux verts et Henry Kissinger, le visage replet et bronzé, qui m'interroge pour connaître ma réponse.

⁂

L'armement nucléaire tactique à courte portée constituait pour moi un sujet d'interrogation.

Quel rôle jouerait-il dans un conflit ? De quelles armes, terrestres ou aériennes, fallait-il le constituer ? A quel niveau et quand déciderait-on de son emploi ?

Pour autant que je m'en souvenais, le général de Gaulle ne s'en était pas préoccupé. Je l'avais entendu parler de notre armement nucléaire stratégique — à longue portée — auquel il attribuait un double rôle : constituer une capacité de frappe ou de riposte sur l'Union soviétique ; servir de détonateur pour le cas où les États-Unis hésiteraient à employer leurs propres moyens nucléaires stratégiques pour dissuader les Soviétiques d'envahir l'Europe.

Puis, peu à peu, au cours des années soixante-dix, les ministres de la Défense successifs, Pierre Messmer et Michel Debré, répondant à la pression des états-majors, avaient développé un armement nucléaire à courte portée, sous la forme de fusées Pluton, tirant des obus nucléaires à une distance comprise entre 40 et 120 kilomètres.

Sous la présidence de Georges Pompidou, il avait été décidé que ces régiments Pluton seraient stationnés en France, et non en Allemagne fédérale — bien que les Allemands se soient déclarés prêts à les accueillir — afin de souligner le caractère strictement national de leur mission.

Leur mise en place s'était accompagnée de la formulation d'une doctrine d'emploi : celle de « l'ultime avertissement ».

Cette doctrine se résumait ainsi : au cas où les forces d'invasion soviétiques, qui auraient percé le dispositif allié, s'approcheraient de notre territoire pour l'envahir, nous effectuerions sur elles un premier tir nucléaire au moyen de nos armes tactiques à titre d'ultime avertissement, constituant, selon les instructions de l'état-major, un « test de la volonté de l'adversaire ». Si ces forces persévéraient dans leur volonté de nous envahir, elles seraient prévenues que l'étage suivant de la riposte consisterait dans le déclenchement du feu nucléaire stratégique.

J'avais du mal à imaginer la vraisemblance de ce raisonnement.

Dans l'hypothèse ainsi décrite, les forces soviétiques seraient victorieuses. Elles auraient réussi à traverser le dispositif allié, sans que les Américains n'utilisent leurs armes nucléaires. Nous chercherions à les empêcher de gagner la France. Si nous les « avertissions » de notre intention d'effectuer une frappe nucléaire sur leurs forces en marche, les Soviétiques nous préviendraient à leur tour qu'ils riposteraient par la destruction d'un certain nombre d'objectifs en France : tous les aérodromes, les ports militaires et pétroliers, et les moyens d'approvisionnement électrique des grandes villes. Persisterions-nous alors dans notre intention ? Et si nous frappions par surprise, ne risquerions-nous pas de déclencher le feu nucléaire global sur la France, alors que nos alliés auraient décidé de l'éviter pour eux-mêmes.

Bref, un grand nombre de points d'interrogation. Je n'étais pas en état d'y répondre.

Je me méfiais des arguments qu'on me présentait et surtout du refus d'entamer une discussion ouverte, comme s'il s'agissait d'un dogme théologique.

La référence constante à la « pensée du général de Gaulle » me paraissait abusive. Tous ceux qui avaient eu l'occasion fréquente de s'entretenir avec lui (pour moi, au cours de plus de deux cents entretiens !), savaient combien sa pensée était moderne et évolutive. Il s'adaptait mieux que personne au changement des circonstances.

Je ne pouvais pas m'empêcher de penser à la situation militaire d'avant 1914, si bien décrite par Barbara Tuchman dans son livre *Août 1914*. L'état-major avait alors élaboré, sous l'impulsion brillante du général Lanrezac, la doctrine de « l'offensive à tout prix ». Quiconque s'interrogeait sur sa justesse était dénoncé comme un ennemi de la France ! Cette doctrine, mise en œuvre dès la déclaration de guerre par l'Allemagne, avait conduit à la désastreuse opération de Belgique, et à la retraite jusqu'à la Marne. Il avait fallu, dans l'espace d'un mois, renoncer à la doctrine et remplacer la plupart des généraux.

Aussi je décidai d'approfondir ma réflexion, sans prendre de décisions irréversibles. N'ayant pas encore pu aboutir à une conclusion, je m'opposai à ce qu'on augmente exagérément dans le budget de la Défense la part des crédits consacrés au nucléaire tactique, et à ce que l'on décide la création de nouveaux régiments de Pluton.

Un entretien et une expérience m'ont par la suite conduit à une première conclusion.

***

C'était à Londres, le 8 mai 1977.

Le Premier ministre britannique, James Callaghan, travailliste modéré, affable et ouvert aux idées européennes, qui avait remplacé, au soulagement de ses collègues européens, l'insaisissable et doctrinaire Harold Wilson, avait convoqué à Londres le troisième sommet des pays industrialisés. Nous allions y faire la connaissance du nouveau Président des États-Unis, Jimmy Carter, que nous n'avions pas encore rencontré.

Jimmy Carter était la vedette éclatante de ce sommet. Ainsi vont les réputations ! Lorsque nous sommes partis à pied du 11 Downing Street, le 8 mai, pour nous rendre à la conférence de presse organisée à Banqueting Hall, et que nous avons suivi les trottoirs de White-Hall, la foule et les caméras de télévision n'avaient d'yeux que pour lui. A la conférence de presse, assis devant Cyrus Vance, il a monopolisé l'attention, en s'exprimant avec aisance et simplicité, dans un anglais marqué par l'accent traînant et scandé de la Géorgie.

Le soir, au dîner que la reine Elizabeth offrait à Buckingham Palace, il était assis à sa gauche. Placé de l'autre côté, en raison de mon « ancienneté », je l'avais entendu dire à la reine : « C'est la première fois que je viens ici. Lorsque j'ai visité Londres comme touriste, j'ai regardé ce palais de l'autre côté de la grille, en me tenant aux barreaux. Jamais je n'aurais imaginé que je me trouverais un jour à l'intérieur ! »

Il exprimait avec une foi évangélique sa préoccupation, que nous partagions tous, devant le risque de la prolifération des armes nucléaires dans le monde. Un mois plus tôt à Washington, il avait proposé pour le réduire une méthode de concertation entre les grandes puissances nucléaires. Il reprenait aujourd'hui devant nous cette proposition.

Pendant le tour de table, la plupart de nos partenaires, soucieux de conserver des marchés à leur industrie, avaient exprimé des réserves, ou posé des conditions qui auraient rendu tout système de contrôle inopérant. Au cours de la discussion, j'avais été le seul à lui apporter mon soutien, car je mesurais les dangers d'une situation incontrôlable où de trop nombreux pays, responsables ou irresponsables, disposeraient des armes nucléaires. Ce soutien avait été décisif, je crois, pour renverser la tendance et aboutir à une conclusion positive.

Le Président Jimmy Carter avait donné au dispositif de coordination sur lequel nous nous étions mis d'accord le nom bizarre de « programme d'évaluation ». Et je m'amusais, comme souvent dans les réunions internationales, à voir mes collègues Fukuda, Andreotti, et surtout Jim Callaghan, sauter sur le mot, l'absorber, et l'incorporer dans leur argumentation comme s'il faisait partie du vocabulaire de la diplomatie fondamentale !

Nous étions, comme je l'ai dit, le 8 mai, à Londres. Un jour dont la résonance pour moi est bien différente des autres. Et pourtant, rien ne le distinguait en apparence, car les Britanniques ne commémorent pas publiquement le 8-Mai, malgré la part déterminante qu'ils ont prise dans la victoire. J'ai voulu faire deux gestes, en souvenir.

L'un était de déposer une gerbe de fleurs, le matin, avant notre réunion de Downing Street, devant la maison où le général de Gaulle avait installé son bureau et où il vivait à Londres, au 4 Carlton Gardens. J'y avais été accueilli par l'amiral Flohic, ancien aide de camp du général, et le président de l'Association des Français libres. Les drapeaux des anciens combattants étaient présents, ainsi que les militaires de l'ambassade de France.

J'ai préféré la simplicité de cet instant à l'éclat de beaucoup de cérémonies officielles...

L'autre geste consistait à inviter Helmut Schmidt à dîner en tête-à-tête à l'ambassade de France. C'était une manière de souligner la réconciliation de nos pays depuis la guerre, mais la portée de mon initiative était réduite car, visiblement, le 8 mai n'était chargé pour Helmut Schmidt d'aucun symbole émotif !

Il préférait me parler du contenu de nos travaux et, sur le canapé où nous étions assis tous deux après le dîner, il m'a fait la confidence — ou plutôt la mise en garde — suivante :

« Ce matin, m'a-t-il dit, quand nous parlions des armements nucléaires, j'ai remarqué que vous faisiez allusion à vos armes nucléaires à courte portée, à vos fusées Pluton. Je ne comprends toujours pas l'utilité de ces armes. Naturellement je sais qu'il est difficile pour vous d'arrêter un tel programme, à cause des protestations que cela susciterait de la part de Michel Debré, mais franchement il n'a aucun sens ! »

Il pointe vers moi son index, souillé de tabac, et je vois un réseau de veines rouges s'irriguer dans l'émail blanc de ses yeux.

« A la minute, continue-t-il, où un engin atomique frappera le sol de l'Allemagne, nos forces hisseront le drapeau blanc. A la minute même ! Quelles que soient nos obligations, nous arrêterons le combat ! Je vous le dis pour que vous ne l'oubliiez jamais dans vos raisonnements. »

Il voulait dire « vos raisonnements stupides », mais il s'est arrêté à temps, pour éviter de me blesser. Comme je le connais bien, je savais qu'il ne pourrait pas s'empêcher de revenir sur le sujet au bout de quelques secondes. Cela n'a pas manqué :

« Il faut être stupide pour imaginer que nous pourrions accepter de voir l'Allemagne dévastée par une bombe atomique, qu'elle soit lancée par nos ennemis ou par nos alliés, et continuer à nous battre ! Le moral de nos troupes s'effondrera aussitôt. C'est une absurdité ! Nous sommes tous d'accord là-dessus ! »

Je n'oublierai jamais cette mise en garde dans la poursuite de mes réflexions.

***

Le lendemain matin, 9 mai, j'ai eu mon premier entretien en tête-à-tête avec le Président Jimmy Carter, dans un bureau que James Callaghan avait mis à notre disposition, au 10 Downing Street.

L'impression qu'il m'a faite était très différente du jugement qui a été par la suite porté sur lui, et qui a été poussé jusqu'à la caricature après sa défaite électorale de 1980.

Sa mécanique intellectuelle était de très bonne qualité, supérieure à celle de beaucoup d'hommes qui l'ont accablé de leurs sarcasmes. Il avait l'esprit rapide et précis. Trop précis, peut-être, et c'était une de ses faiblesses. Il faisait état d'un nombre infini de détails, généralement exacts. Il aimait vous faire sentir qu'il avait une connaissance minutieuse, fouillée, des problèmes. D'où une sorte de pensée anecdotique qui vous accablait d'un flux d'informations, dont il devenait difficile de dégager une ligne générale.

Il attribuait une valeur décisive aux connaissances qui étaient le fruit de son expérience directe : le passage qu'il avait effectué dans un sous-marin nucléaire, les entretiens qu'il avait avec ses visiteurs à Washington. Il lui était impossible de leur restituer leur valeur relative, et de mettre en doute les conclusions auxquelles elles l'avaient conduit. D'où une sorte de conviction, fortement nouée, et accrochée à des détails.

Il se sentait porteur d'un message, ou plutôt d'une mission. C'était un populiste évangéliste, bien différent des populistes de droite que nous voyons aujourd'hui apparaître en Europe. Alors que ceux-ci jouent sur l'aspiration à un retour à l'ordre de type égalitaire, d'où les germes de perversion — auxquels toutes les nouveautés sont assimilées — seraient éliminés, le populisme de Jimmy Carter s'alimentait à une sorte de rousseauisme évangéliste : profondément généreux et sensible à la souffrance, convaincu de l'égalité absolue de tous les groupes humains, quel que soit leur niveau de développement économique et culturel, il imaginait qu'une sorte de fuite en avant du progrès humain suffirait à résoudre tous les problèmes !

Cela expliquait le caractère contradictoire, et parfois bizarre, de sa démarche. D'un côté des décisions précises, souvent courageuses, mais prises sans corrélation entre elles. De l'autre des gestes d'effusion, un appel à la bonne volonté, l'acceptation imprudente de certains risques.

J'en ai eu l'exemple au cours de notre entretien. Je cite ses propositions telles qu'il me les a décrites pêle-mêle :

Une analyse très précise de l'état d'avancement de la négociation SALT 2, bourrée d'indications chiffrées sur le nombre de lanceurs, de têtes nucléaires, etc.

Un projet de réduction du nombre d'expérimentations des missiles de croisière : pas plus de six expériences par an.

Le désir d'aboutir à une interdiction totale des expériences nucléaires, qu'elles soient civiles ou militaires, pendant deux ou trois ans. Seules la France et la Chine, me dit-il, pourraient être exceptées.

La fixation des objectifs à atteindre dans ses contacts avec Brejnev : résoudre leurs différences ; réduire le niveau des armements nucléaires ; faire entrer l'Union soviétique dans les organisations internationales.

Et pour la Corée, le retrait complet des forces terrestres américaines dans un délai de quatre ou cinq ans. Seules les forces aériennes seraient maintenues sur place.

Il aborde dans la foulée la situation au Proche-Orient, dans des termes qui ne détonneraient pas aujourd'hui :

« Cette année, me dit-il, sera celle de notre dernière chance. Il faut régler trois problèmes :

— celui du retour aux frontières de 1967, avec des rectifications mineures ;

— celui de la définition de la “vraie paix” : en quoi consiste-t-elle pour les États de la région ?

— celui du sort des Palestiniens. Il semble souhaitable d'établir un lien entre les territoires qu'ils vont récupérer et la Jordanie.

Sur la méthode, nous hésitons encore. Cyrus Vance va entreprendre un nouveau voyage dans la région. Après cela, nous déciderons, soit d'aller à Genève pour une conférence, soit de rendre notre position publique.

Je compte faire un effort très important cette année, et j'aurai besoin de votre soutien. »

Puis il passe, sans transition, aux notations personnelles :

« J'ai une correspondance privée avec Brejnev. Je réalise qu'il n'a pas confiance en moi. Cela est dû à ma position sur les droits de l'homme. Nous n'avions pas prévu la vigueur de la réaction soviétique. Je veux éliminer cet obstacle. Nous avions besoin d'agir parce que notre opinion publique, après Watergate et le Vietnam, désirait nous voir adopter une attitude vigoureuse et militante ! »

Voici les deux Carter, le réaliste, mais aussi, je le sens bien, l'évangéliste dans sa croisade. Et il change brusquement de sujet :

« La période pendant laquelle c'était les secrétaires d'État qui prenaient les décisions dans notre pays est révolue ! »

Puis il revient à son goût du contact humain :

« Je désire, me dit-il, écouter vos avis, et même vos critiques. »

Par un mot manuscrit qu'il m'adresse, ici ou là, il cherche à donner un ton personnel, une chaleur intime à nos relations. J'ai retrouvé l'un d'entre eux daté de novembre 1977 :

« J'ai été heureux d'être avec vous. Merci de m'apporter autant votre aide. Votre ami, Jimmy. »

Je me lève pour le quitter. Je sais désormais que j'aurai pendant quatre ans un partenaire singulier. Les Français ne le sauront pas, et les commentateurs n'en tiendront pas compte dans leurs jugements sur ma politique.

Oui, à la tête de notre plus important allié, et de la première puissance mondiale, un partenaire singulier, qui reflète les contradictions de la culture politique américaine, messianique et immensément pratique à la fois ; un homme qui n'est nullement insignifiant, et qui se révèle pour moi attachant, et décevant.

***

Il fallait maintenant essayer de tester ces réflexions sur la réalité. Le seul moyen était d'organiser des manœuvres.

Au départ, l'idée me laissait sceptique. Les manœuvres

militaires m'avaient toujours paru constituer un genre à part, un exercice convenu, où l'on fixe a priori les positions successives du parti bleu et du parti rouge, où l'effet du courage et de l'initiative individuelle est réduit à néant, et où le vainqueur est désigné à l'avance.

Néanmoins, au fur et à mesure que l'on améliorait l'organisation et l'entraînement de notre armée de terre, des manœuvres avaient lieu sur le terrain. En octobre 1979, j'étais allé assister en Franche-Comté aux manœuvres dénommées « Saône » que l'ensemble de la 7e division blindée avait conduites pour la première fois en « terrain libre », c'est-à-dire en pleine nature.

Il pleuvait des cordes. On avait prévu de me faire assister à une démonstration d'hélicoptères de combat, afin de me montrer la manière dont ils pouvaient voler au ras du sol et apparaître brusquement derrière une haie, en surprenant l'adversaire pour détruire ses blindés. La démonstration a été moins probante sous le ruissellement de la pluie, car chacun cherchait à se protéger davantage des gouttes que des hélicoptères, et le bruit de ceux-ci se perdait dans le déluge de l'eau. L'armée, qui pense à tout, avait prévu pour moi une parka : celle des officiers au combat, à laquelle on avait accroché l'insigne de mon « grade », celui de président de la République, que j'ai conservé en souvenir.

La manœuvre s'est terminée au PC de la division, un de ces châteaux démeublés, avec des ornières creusées par les véhicules dans les allées du parc, tels qu'on les reconstitue dans les films de guerre.

Et mes propres souvenirs sont revenus. Il existait une similitude entre ce repas du soir et celui auquel le général de Lattre, qui commandait la 1ère armée française, nous avait invités, mon cousin François et moi, dans ce même

Jura, en novembre 1944, à son poste de commandement installé dans un hôtel de Montbéliard.

Muets, assis au bout de la table éclairée par une lueur basse, nous étions les témoins timides de ce brouhaha des chefs, des entrées et des sorties des aides de camp, et de la hiérarchie strictement respectée dans les conversations : la société masculine, telle que les hommes préfèrent la vivre entre eux lorsqu'ils ne sont pas contraints ou aiguillonnés par les présences féminines : un peu formelle au début à cause de leur goût de paraître, mais au fur et à mesure que le temps passe et que la boisson coule, bruyante, familière, volontiers grossière, et faite de camaraderie chaleureuse.

***

Pour clarifier le débat sur l'emploi de l'arme nucléaire tactique, j'ai demandé au chef d'état-major des armées, le général Méry, de préparer une manœuvre en vraie grandeur, au cours de laquelle nous testerions les décisions à prendre.

Cette manœuvre a été soigneusement mise au point et s'est déroulée au mois de mai 1980, en deux temps : les 13 et 14, et les 20 et 21 mai. Son objet était de reconstituer, aussi exactement que possible, la séquence des événements déclenchés par une invasion massive des forces soviétiques en direction de l'Europe de l'Ouest.

Je me suis rendu à l'état-major des armées, boulevard Saint-Germain, où le général Méry m'a présenté le déroulement de la manœuvre. Il voulait surtout s'assurer de ma disponibilité au moment où des décisions de ma part seraient attendues. J'ai veillé à disposer des délais de réflexion nécessaires et libéré pour cela, autant que possible, mon emploi du temps. Mes contraintes, cependant, étaient lourdes, car je devais me rendre dans l'intervalle à Varsovie pour y rencontrer Leonid Brejnev.

Le général Méry me précise :

« La manœuvre commencera le lundi soir, et j'aurai besoin de vous voir deux fois : une première fois le mercredi soir, et une deuxième fois sans doute le jeudi soir ou le vendredi en fin de matinée selon le déroulement des opérations.

— De combien de temps aurez-vous besoin ? lui dis-je.

— La première fois ce sera assez court, une heure environ. Je vous décrirai la situation. Dans notre schéma, ce sera le moment où les forces soviétiques, arrivées dans la région de Francfort, se prépareront à reprendre leur offensive vers l'Ouest. Et je vous demanderai de donner l'autorisation au commandant en chef de la 1ère armée, qui aura à sa disposition deux régiments Pluton, de décider le tir nucléaire.

— Pourquoi dites-vous : donner l'autorisation ? Vous me poserez la question et je vous donnerai la réponse !

— Ce n'est pas exactement cela, Monsieur le Président, me répond Méry. Pour le bon déroulement de la manœuvre, nous avons besoin d'anticiper votre réponse. Dans le cas d'une situation réelle, bien entendu, on vous demanderait réellement votre autorisation. »

Je vois que mon intention n'a pas été exactement comprise.

Je lui réponds :

« Il ne s'agit pas pour moi de participer à une manœuvre dans laquelle ma décision ne jouera aucun rôle, mais, comme je vous l'ai dit depuis le début, d'essayer de mieux connaître les situations dans lesquelles j'aurais à décider l'emploi de l'arme atomique. Donc, ne changez rien à votre dispositif. Vous viendrez mercredi me décrire la situation ou, si vous le préférez, vous demanderez au général de Montaudoin de venir à votre place. Et je vous ferai connaître ma décision. Faites savoir dès maintenant autour de vous que cette décision n'est pas prise, et que le déroulement de la suite de la manœuvre devra tenir compte de cette incertitude. »

Je vois qu'il est mécontent. Je dérange le jeu dont on avait soigneusement, et au prix de beaucoup d'efforts, fixé les règles. Je comprends sa déception, mais je ne dois pas en tenir compte car c'est ainsi que la vie agit, en perturbant les organisations et en dérangeant les calculs.

Le mercredi, dix minutes avant 5 heures, je descends le petit escalier qui conduit de l'appartement privé à l'entrée du poste de commandement souterrain.

J'ai la grippe, une forte grippe qui est encore dans sa phase ascendante. Par moment, elle m'inonde de chaleur fiévreuse, avec une brûlure le long de la gorge, et des suintements huileux sur le pourtour des yeux. Le nez n'est pas encore pris. L'air y passe librement, mais je sens que la moisissure microbienne commence à se déposer sur ses parois.

Puis la fièvre tombe. Quelques minutes de détente musculaire, et une fraîcheur de bien-être sous la chemise. Je sens alors la transpiration qui se fige peu à peu sur ma peau en une pellicule glacée et inconfortable, jusqu'à ce que le cycle recommence.

Pour casser la fièvre, je me suis arrêté dans le cabinet de toilette de l'appartement, et j'ai pris le remède suprême : deux comprimés de Céquinyl, avalés dans un grand verre d'eau. La fièvre va se calmer, mais je reste irrité contre moi-même d'être ainsi handicapé à un moment où je voudrais avoir l'esprit libre et précis.

Dans la salle de réunion du sous-sol, l'équipe militaire est rassemblée autour du général Méry. L'air est frais, un peu trop frais pour ma grippe. Sur le mur, des cartes, et notamment une grande carte du centre de l'Europe, rayée de flèches. Toutes ces flèches sont tournées vers l'Ouest. Elles indiquent les axes de marche de l'invasion soviétique. Et, au centre, sur le territoire allemand, des carrés de couleur dont certains sont coupés par une diagonale : ils représentent les forces alliées. Plus près du Rhin, regroupés, quelques carrés rouges. Ce sont sans doute les unités françaises.

Le général Méry me décrit la situation. Les autres officiers l'écoutent, attentifs et tendus, visiblement heureux d'être impliqués dans cette bataille, ce moment de vie qui rassemble tout ce qu'ils ont appris et tout ce à quoi ils se sont préparés, en s'imposant des disciplines et des sacrifices inconnus de ceux qui travaillent dans la vie civile.

Les officiers complètent les explications que me donne Méry en pointant pour moi, sur ses instructions, un bâton qui souligne les détails de la carte.

Les forces soviétiques ont bousculé le dispositif allié, le long de la frontière entre les deux Allemagne. Elles l'ont traversé en plusieurs points, notamment au nord et au centre. Le Président des États-Unis n'a pas donné l'ordre d'utiliser les armes nucléaires tactiques. Les unités soviétiques du nord et du centre se sont rejointes au voisinage de Francfort-sur-le-Main. Elles ont subi de très lourdes pertes et ne sont pas en état de reprendre immédiatement l'offensive.

Aussi le commandement soviétique a-t-il acheminé de nouveaux renforts, qui vont repartir vers l'avant. Les forces alliées sont désorganisées et ne pourront opposer qu'une résistance symbolique, en utilisant surtout leurs moyens aériens. Quant aux divisions françaises, elles ont été peu engagées jusqu'ici et restent intactes. Elles ont été regroupées entre le Rhin et Francfort, au nord-est de Strasbourg.

En écoutant ce récit, je partage la tension des jeunes officiers, le sentiment de vivre une extraordinaire aventure, d'être au centre d'un réseau entremêlé d'événements, de forces et d'hommes comme l'Europe devait en connaître pendant les dernières guerres napoléoniennes.

En mesurant mon attention, ma capacité de concentration, mon envie de prendre des décisions — une sorte d'aptitude à vivre dans le calme tout ce remue-ménage — je me dis qu'en d'autres temps j'aurais sans doute été doué pour être un chef de guerre. Les temps ont changé : il ne me reste plus que les manœuvres ! Et je souris en pensant à cet éditorial d'un journal sportif qui s'apitoyait sur le sort de Fausto Coppi, en se demandant quelle destinée il aurait connue s'il était né cinquante ans avant l'invention de la bicyclette !

Ma grippe me rappelle à davantage de modestie. La fièvre remonte, et le nez commence à s'obstruer. Je cherche un mouchoir dans ma poche. Il s'y trouve, blanc et encore plié. Ma pensée devient floue, ralentie, bloquée entre les tempes dans un espace que lui disputent des afflux de microbes.

Le général Méry a terminé sa description. Il la conclut par une question, articulée d'une voix presque solennelle : « Monsieur le Président, le commandant de la 1ère armée vous demande de l'autoriser à utiliser, s'il le juge nécessaire, ses armes nucléaires tactiques. »

Je me suis préparé pour cet instant. J'essaie de réfléchir de mon mieux. Ce n'est pas un jeu, ou plutôt si, c'est un jeu aujourd'hui, mais il peut se faire que j'aie un jour à décider pour de vrai. Et je n'aurai pas le droit de me tromper. Il n'existe aucune tolérance d'erreur possible.

J'accepte la règle : nous vivons une vraie guerre. Et je pose quelques questions pour compléter mon information :

« Les Soviétiques ont-ils commencé leur deuxième offensive ?

— Pas encore.

— Vont-ils s'attaquer à la fois aux forces alliées et aux forces françaises ?

— Oui. Mais les forces alliées sont hors d'état de leur opposer une résistance organisée. Seules nos forces ont encore la capacité de le faire. »

J'imagine le déroulement des événements : les unités françaises tirent leurs fusées nucléaires à courte portée sur les armées soviétiques, situées en territoire ouest-allemand. Comme me l'a annoncé Helmut Schmidt, les dernières forces allemandes renoncent au combat. Demain, un tir nucléaire soviétique détruira l'ensemble de nos divisions, et les bases de notre force aérienne tactique, en Alsace et dans l'Est.

Simultanément, le commandement soviétique nous menacera de représailles sévères, en cas de nouveau tir nucléaire. Et dans cette situation de semi-anéantissement de nos forces, avant même l'invasion de notre territoire, la décision de déclencher le tir stratégique, et de provoquer la « destruction mutuelle assurée », apparaîtra comme le dernier geste d'un irresponsable.

Je communique ma réponse :

« Dans les circonstances actuelles, je ne donne pas l'autorisation de tir. Quand les forces soviétiques auront repris l'offensive, et qu'elles seront au contact de nos unités, vous me poserez à nouveau la question.

— Bien, Monsieur le Président. Je peux vous dire que, de son côté, le commandant de la 1ère armée nous avait fait savoir qu'il n'avait pas l'intention, pour le moment, d'utiliser votre autorisation. »

Alors pourquoi m'avoir fait cette demande ? Je sais bien que c'est le jeu de la manœuvre. Mais une conclusion se fait jour, peu à peu : ni de loin, où je suis, ni sur le terrain, où se situent les responsables militaires, la décision d'employer l'arme nucléaire tactique n'apparaît opportune.

Comme convenu, le général Méry me présente un nouveau compte rendu deux jours plus tard.

Même décor, et cette fichue grippe qui me tient toujours. Elle est entrée dans sa phase descendante, et c'est le nez qui est bouché. Je sens l'infection suinter vers le haut des poumons, et je commence à tousser.

Le général Méry reprend sa description, et les officiers de l'état-major leur bâton. Les carrés rouges se sont resserrés sur la carte et rapprochés du Rhin.

« Les Soviétiques ont repris l'offensive, comme prévu, me dit-il. Ce sont des unités fraîches, moins bien préparées que le premier corps de bataille, mais néanmoins capables de combattre. Elles disposent d'une écrasante supériorité numérique.

— De combien ? demandai-je.

— De trois à quatre contre un. Les Américains commencent à envoyer des renforts, notamment aériens. Ils peuvent infliger des pertes aux Soviétiques. Notre commandement est d'avis de ne pas engager une bataille frontale. Il est probable que nous stopperions l'avance soviétique, mais au prix de pertes trop élevées. Aussi, il se propose de regrouper nos forces et de les replier lentement en direction de notre frontière, en attendant que les Soviétiques commencent à souffrir de l'éloignement de leurs bases et des pertes que leur inflige l'aviation.

— Alors quelle autorisation me demande-t-il ?

— Aucune, Monsieur le Président (Méry sourit, comme s'il s'agissait d'une bonne blague). Le commandement ne vous demande pas d'autoriser l'emploi de l'arme nucléaire tactique. Il estime qu'il vaut mieux conserver intacte la disponibilité de notre corps de bataille plutôt que de l'exposer à la destruction nucléaire. »

Ainsi, on ne me demande plus rien ! La démonstration n'est pas complète, puisque la bataille n'est pas encore achevée. Mais au fur et à mesure que nous nous rapprochons de notre frontière, nous sortons du domaine de « l'ultime avertissement » pour entrer dans celui de la dissuasion stratégique. Car un tir limité de notre part entraînerait aussitôt des représailles directes sur notre sol. Il ne resterait plus qu'à choisir entre le drapeau blanc et la « destruction mutuelle assurée ». Il vaut mieux garder ce qui reste de cartes dans notre main.

(Et puis, concernant la destruction mutuelle assurée, quoi qu'il arrive — et j'écris cela entre parenthèses pour souligner que cette décision a toujours été enfouie au fond de moi —, quoi qu'il arrive je ne prendrai jamais l'initiative d'un geste qui conduirait à l'anéantissement de la France. Si sa destruction était entamée par l'adversaire, je prendrais aussitôt la décision nécessaire pour la venger. Mais autrement, je veux laisser à son paysage, à ses maisons, à ses arbres, à l'eau de ses étangs et de ses fleuves, à la fidélité à leurs convictions alors cachées de ses habitants, l'ultime chance de faire revivre un jour une culture française.)

***

L'expérience s'est déroulée d'un bout à l'autre, et à aucun moment l'emploi de nos armes nucléaires tactiques n'est apparu souhaitable. J'ai atteint, finalement, ma conclusion personnelle.

Mais une interrogation continue de me préoccuper : pourquoi, dans le cas de cette invasion, les forces de l'Alliance Atlantique auraient-elles renoncé, de leur côté, à utiliser leur armement nucléaire tactique, et accepté ainsi d'aller à leur destruction ? Le problème se pose en termes différents pour elles, car les États-Unis ne courent pas le risque d'une riposte tactique sur leur sol, et disposent d'une panoplie complète d'armes stratégiques.

C'est une question que je dois éclairer avec les dirigeants américains. Je vais rencontrer dans deux mois à Venise le Président Jimmy Carter, à l'occasion du sommet des pays industrialisés. Je me promets de lui poser la question.

Les participants de la réunion s'apprêtent maintenant à repartir. Ils décrochent les cartes. Je les remercie : « Au revoir, général ! Merci messieurs ! »

Les officiers sont embarrassés de leurs baguettes de démonstration comme s'ils tenaient des queues de billard. Ils se mettent au garde-à-vous.

Et je repars par l'escalier. Sa moquette au dessin vert et rouge, sa balustrade Napoléon III dont l'acier reluit sous les produits d'entretien, me font penser davantage à une maison bourgeoise du temps de Bel-Ami qu'à une cage d'accès à un poste de commandement nucléaire.

Tout en haut, au-dessus de moi, j'aperçois le dernier palier. La garniture de ses vitres en voilage blanc, les fenêtres qui l'entourent sur trois côtés d'où on aperçoit, en face, les boutiques du faubourg Saint-Honoré, en font un espace lumineux et protégé. Une seule porte sur ce palier : celle qui me permet de rentrer dans l'appartement privé.

Il ne reste plus que quelques marches à monter. J'ai du mal à trouver mon souffle. Maudite grippe !

V

MES HÉROS

Pour le Mal-Passant
et pour le Bien-Aimé.

Pendant la durée de mon septennat, en raison de la vie particulière que je menais, mes héros ont été les personnages de mes lectures.

Tous les soirs de ma présidence, que ce soit à l'Élysée, à notre domicile de la rue Bénouville, pendant les voyages officiels, au Kremlin ou même dans un campement africain, j'ai lu pendant une demi-heure avant de m'endormir.

C'était un plaisir exquis, qui me faisait connaître une sorte de double vie, car aucune de mes lectures n'a jamais eu de rapport direct ou indirect avec ma fonction de président de la République.

Souvent dans la journée, je pensais au moment où je reprendrais mon livre, étendu sur mon lit, la lampe de chevet allumée, et où je partagerais à nouveau le talent et les activités de mes héros. Ceux-ci étaient à la fois, ou alternativement, les auteurs des livres et leurs sujets.

Je reconnais objectivement que le choix de ces héros tel qu'il pouvait être perçu en termes de communication a parfois été malheureux. L'opinion publique informée par les échos des journaux, ou par les articles des hebdomadaires satiriques qui faisaient des gorges chaudes en m'assimilant aux personnages de mes lectures, était perturbée par ce qui en filtrait : Maupassant, Louis XV, Henri III et les Valois, la littérature chinoise. Les plus bienveillants mettaient ces choix sur le compte d'une certaine originalité.

La vérité était plus simple : chacune de ces périodes de lecture correspondait à un enthousiasme, à un emballement personnel, déclenché par une découverte due pratiquement au hasard.

La première de ces découvertes a été celle de Guy de Maupassant.

Je connaissais mal son œuvre, gardant depuis l'adolescence un souvenir déplaisant d'une lecture faite trop vite de *Boule de suif*, dont le titre me répugnait.

C'est mon chauffeur du ministère des Finances, Gabriel Lavaire, qui m'a mis sur la piste de Maupassant.

Il partageait mes goûts pour la chasse, qu'il avait approfondis dans sa jeunesse jusqu'à la science du braconnage. Quand nous revenions, le dimanche soir, d'une journée à la campagne, il me racontait quelques-unes de ses aventures de chasse dans le Jura. Et il poussa même la fidélité dans le récit à vouloir imiter, pendant un arrêt dans une station-service, la démarche d'un rat qu'il avait aperçu un jour, trottinant debout sur ses pattes de derrière, et portant un œuf de faisan dans ses pattes de devant. Les automobilistes éberlués en ont laissé l'essence s'égoutter librement des tuyaux des pompes ! Il me vantait les *Contes de la bécasse*, le meilleur livre, disait-il, jamais écrit sur la chasse, et s'indignait de ce que je ne l'aie pas lu.

Maupassant se serait réjoui d'avoir un tel initiateur. Et

j'ai fini par céder, en demandant à Gabriel Lavaire de m'acheter les *Contes de la bécasse*, dans une édition de poche.

Cela a été le début de mon ère Maupassant. Elle dure toujours. Je crois avoir lu tout ce qu'il a écrit, et même des textes non publiés que des amis ou des correspondants anonymes, connaissant mes goûts, m'ont envoyés.

J'ai assisté au progrès de son écriture, depuis ses premiers vers, détestables, jusqu'à la perfection de la forme lentement acquise, grâce aux leçons de Gustave Flaubert, et atteinte dans *Une vie* et *Bel-Ami*, avant que les ravages de la maladie ne commencent à y glisser l'usage de procédés littéraires plus factices.

J'ai aussi été le témoin de son curieux manque de souffle, qui l'empêchait de conduire un roman au-delà de trois cents pages, là où les écrivains russes auraient fait couler un fleuve !

Sa biographie écrite par Armand Lanoux m'a aidé à comprendre sa démarche littéraire, mais m'a aussi ouvert les yeux sur les aspects étranges de sa vie.

J'ai invité Lanoux à venir déjeuner en tête-à-tête à l'Élysée, pour parler avec lui de Guy de Maupassant. Nous avons discuté de sa naissance, de la paternité éventuelle de Gustave Flaubert, dont il était le sosie, et que nous attribuions tous les deux à l'imagination orgueilleuse de sa mère, de sa vie sexuelle de taureau brutal et grossier, de ses amies, Hermine Lecomte du Noüy, la comtesse Potocka, la charmante Marie Kann, l'androgyne Gisèle d'Estoc, et de la longue maladie qui rongeait son cerveau, et lui laissait connaître des périodes de rémission qu'il passait dans le Midi de la France.

Dans les nouvelles qu'il a écrites à Cannes, on aperçoit une sorte de crépuscule mental envahir peu à peu ce pays de soleil.

Nous avons commenté aussi sa longue folie finale, dans la clinique du docteur Blanche, cette folie devenue furieuse, d'un corps conservant toute sa vigueur, et d'un esprit dont les lueurs passagères ne lui servaient plus qu'à mesurer sa déchéance.

Et enfin ses obsèques, en juillet 1893, à l'église Saint-Pierre de Chaillot et au cimetière Montparnasse, où sa mère s'est fait représenter par sa femme de chambre.

Cette conversation m'a incité à compléter mes recherches. J'ai acheté les livres, les mémoires, les critiques qui figuraient dans les catalogues des libraires. J'ai lu les souvenirs de son valet de chambre, François Tassart, fidèle et dévoué jusqu'à ce que l'argent et la célébrité ne le pervertissent. Et aussi les récits, équivoques et perfides, de celles et de ceux qui ont été mêlés aux orgies de sa décadence.

J'ai lu, bien entendu, la correspondance qu'il a échangée avec Flaubert, le récit des soirées passées à Médan, dans la maison d'Émile Zola, et surtout l'admirable critique que lui a consacré Léon Tolstoï — où l'on peut mesurer la vigueur du génie de l'écrivain russe, qui a tout lu, tout comparé, tout jugé.

Quand j'ai déménagé du ministère des Finances à l'Élysée, j'ai emporté ma petite collection d'ouvrages de Maupassant, encore incomplète. Je l'ai installée sur les rayonnages du secrétaire de ma chambre à coucher : les nouvelles, les contes, les romans. Elle y est restée pendant tout mon septennat et le soir, souvent, avant de dormir, je retrouvais la vie des paysannes normandes, dont les visages gardent leurs traits vikings, sous leurs tresses raides et blondes, celle des fonctionnaires craintifs dont les jeunes femmes défaillaient devant des aventuriers de pacotille, les récits de cette humanité moyenne, ratée, timide, capable de sentiments doux et de vengeances perfides, et qui aimait à dériver le dimanche sur des canots, dans l'ombre feuillue de la Seine.

***

Louis XV, c'était autre chose.

J'y suis également venu par hasard.

Un de mes amis, qui passait de temps en temps me voir à l'Élysée en fin d'après-midi, pour m'informer sur les expositions, les ventes, et la vie culturelle, m'a apporté un jour un livre à la couverture mauve.

« J'ai pensé qu'il vous intéresserait, me dit-il, c'est une vie de Louis XV. Elle est écrite par un diplomate à la retraite, Paul Del Perugia, qui vit dans le Morbihan. Il défend une thèse originale : selon lui, Louis XV était un saint.

— C'est en effet une thèse originale », lui dis-je, en pensant vaguement à Madame de Pompadour, à Madame du Barry, et aux beautés grassouillettes étendues à plat ventre sur leurs coussins, dans la maison du parc aux Cerfs.

Cet ami, Maurice Aicardi, connaissait mes goûts pour l'art français du XVIIIe siècle. Il m'avait conseillé lorsque, ministre des Finances, et à ce titre responsable de la direction de la Monnaie, j'avais décidé d'organiser, quai de Conti, une exposition consacrée à l'art des années 1723-1775, sous le titre de : « Louis XV — un moment de perfection de l'art français ».

Mon élection à la présidence de la République m'avait privé du plaisir de participer jusqu'au bout à sa mise au point. Je m'étais contenté de rédiger la préface du catalogue, en concluant par une citation de *Jacques le Fataliste*, trottinant auprès de son maître, et sentant déjà monter l'angoisse des temps nouveaux : « C'était écrit là-haut ! »

J'ai dévoré le livre de Paul Del Perugia avec passion. Sa thèse singulière sur la sainteté de Louis XV — moins singulière qu'il n'y paraît si l'on pense qu'il a été, avec Louis XI, l'un des souverains français les plus assidus dans sa pratique de la religion — repose sur quelques arguments et des anecdotes.

Il cite le fait que, pendant sa liaison avec Madame de Pompadour, son confesseur lui avait interdit l'accès aux sacrements, y compris le jour de Pâques. Le roi, qui aurait pu trouver de nombreux accommodements dans une époque qui s'y prêtait facilement, y compris celui du changement de son confesseur, avait respecté son interdiction : il était resté immobile à sa place, trois ans de suite, dans la chapelle de Versailles, au milieu des murmures réprobateurs de la Cour, sans s'approcher de la table de communion.

Dix ans plus tard, son confesseur étant décédé, il lui fallut en nommer un autre. On citait les noms des prédicateurs les plus brillants. Le roi a surpris tout le monde en désignant un inconnu, un curé de paroisse de la forêt de Sénart, qui s'est présenté dans une soutane en haillons à la Cour de Versailles.

Louis XV s'était en effet souvenu qu'à l'occasion d'un accident de carrosse, quelques années auparavant, il s'était arrêté à un carrefour de la forêt de Sénart. Pendant qu'on réparait la roue, il avait bavardé avec des paysans du voisinage. Ceux-ci s'étaient plaints de leur extrême pauvreté. « Personne ne nous porte secours, personne ne s'intéresse à nous » lui avaient-ils dit, sans reconnaître l'identité de leur interlocuteur, « sauf un homme, qui est curé dans une paroisse voisine ». Et ils lui avaient cité son nom.

Louis XV s'était souvenu de cette recommandation, et avait appelé l'intéressé auprès de lui sans l'avoir jamais rencontré.

A ces preuves, ou plutôt ces indices de sainteté, s'en opposaient quelques autres, que l'auteur balayait d'un revers de plume. Il justifiait ainsi les amours tumultueuses, et simultanées, du roi pour les trois sœurs Mailly par le besoin de compenser sous la forme d'une ambiance quasi familiale le vide affectif dont sa petite enfance avait été entourée...

***

Ma curiosité s'était alors éveillée sur le personnage. Je me suis lancé dans la lecture. Les œuvres érudites de Pierre de Nolhac, puis les mémoires habilement falsifiés de Madame du Barry. Ce livre étant introuvable, je me suis fait prêter pendant quelques mois l'exemplaire détenu par la Bibliothèque nationale.

Et les informations se sont emboîtées les unes dans les autres. L'Élysée, où je résidais, avait appartenu à la maîtresse du roi, Madame de Pompadour. Sa chambre à coucher était située au rez-de-chaussée. Le président Vincent Auriol avait fait démolir son alcôve pour construire un ascenseur. C'est sur les murs de cette chambre, où je recevais souvent mes visiteurs, qu'étaient présentées les pièces les plus rares de la Manufacture de Sèvres, dont elle avait été le mécène. A sa mort, elle a légué son hôtel à son royal amant, qui l'a revendu trois ans plus tard.

De livre en livre — la biographie de Madame de Pompadour par Nancy Mitford, celle de Louis XV par Pierre Gaxotte — je voyais s'affiner, et se raffiner, les traits du personnage.

J'avais fait accrocher sur la soie verte du salon de

l'appartement privé, au-dessus de la cheminée, le dernier portrait qui existe de Louis XV. Drouais l'a peint deux ans avant sa mort. Il porte un habit rouge, et il a presque conservé l'allure d'un jeune homme. Pas de cynisme, pas d'arrogance dans son expression — ni non plus de nonchalance —, plutôt une lassitude, avec un regard bienveillant.

Il m'a semblé qu'il appartenait à ce groupe d'hommes auquel la vie refuse depuis l'enfance les réponses simples : très affectueux et sensible, il reçoit une éducation sotte et distante. Sa vie de jeune mâle est incompatible avec son mariage prématuré et le vieillissement rapide d'une femme bonne, et même séduisante, mais devenue ennuyeuse et plaintive.

Il a l'intelligence des grands événements, et un goût artistique exceptionnel. Mais pour lui tout est déjà acquis : il n'y a rien d'autre à entreprendre que de vivre dans la rotation régulière des saisons, de fête en fête, et de liaison en liaison.

Il entreprend la modernisation du pays, fait construire le réseau qui est devenu celui de nos routes nationales, car il aime les idées neuves, les inventeurs, les médecins et les économistes. Mais il sait que son entourage n'est plus en prise sur le pays. Quand il confie des responsabilités à quelqu'un, comme à l'insupportable Choiseul, celui-ci les exploite à son avantage et combat perfidement son maître.

Sa famille a atteint un tel niveau d'orgueil qu'il ne peut plus envisager de mariage pour ses filles. La plus jeune, Louise, s'enferme au carmel de Saint-Denis, pour faire pardonner les péchés de son père. Celui-ci vient la voir souvent de Versailles, presque en cachette. Elle écrit en grandes lettres sur le mur du couloir : « souffrir passe — avoir souffert ne passe pas ».

Je lis ces récits, le soir, avidement. Je ne les connecte pas directement avec ma vie présente. Il n'y a pas d'enseignement à en tirer, sauf la similitude limitée des lieux.

Mais j'ai le sentiment de trouver dans ces livres une sorte de gisement des singularités françaises : un grossissement de nos qualités et de nos défauts, mais aussi, en même temps, dans l'élégance des objets, des bâtiments, de la langue, dans la coexistence des idées philosophiques et du mysticisme, de la recherche de la beauté et d'une grande liberté des mœurs, ce dialogue particulier entre la simplicité et la qualité — le vrai et le beau — qui me paraît l'essence de la démarche culturelle française.

***

Ma passion pour le XVIe siècle et la période des Valois a été provoquée à l'origine par la lecture d'une biographie d'un historien américain, Paul Murray Kendall, consacrée à Louis XI.

Lorsqu'il a paru en 1974, ce livre a eu un grand retentissement. Les lecteurs ont découvert soudain les mérites, l'habileté, l'incroyable ténacité du roi-chasseur. Je l'ai lu avec deux ans de retard. Il a déclenché en moi une grande curiosité sur une époque que je connaissais à peine. Et la publication d'un autre livre, celui d'Ivan Cloulas sur Catherine de Médicis, m'a fait sauter d'un siècle à l'autre, du XVe au XVIe siècle. Je suis resté installé dans le XVIe siècle jusqu'en 1980 !

Il faut dire que c'est une période extraordinairement fertile et captivante : l'accumulation sur moins de cent ans du bouleversement artistique de la Renaissance, des cruautés inouïes des guerres de religion, d'une succession au pouvoir de souverains aux personnalités vigoureuses ou étranges, l'usage d'une langue française tout juste délatinisée et d'une merveilleuse fraîcheur, les manifestations désordonnées de passions sanglantes, incestueuses ou mystiques, en font un moment fascinant de notre Histoire. Quand on veut bien l'accepter, avec ses ombres et ses lumières entrecroisées, elle est sans doute la plus « française » de toutes nos époques.

J'ai commencé par découvrir avec délices l'*Heptameron* de Marguerite de Navarre, dont je n'avais jamais lu une seule ligne. J'avais vu annoncer dans la presse sa publication en édition de poche. Pendant deux mois successifs, j'ai savouré les récits insolents, sensibles, capricieux, pervers, écrits par la sœur de François Ier, en réalisant qu'ils avaient été publiés, malgré leur liberté de ton et la critique des mœurs de certaines congrégations religieuses, au moment même où son frère régnait sur la France.

L'excellente biographie de Catherine de Médicis, qui est un modèle de précision, d'érudition et d'objectivité, écrite par un chartiste qui procédait, à partir des années 1970, à l'informatisation des Archives nationales, m'a encouragé à avancer dans le temps, et m'a mis en appétit. Mais c'est Alexandre Dumas qui a apaisé ma faim !

J'avais lu, comme tout le monde, la série des *Trois Mousquetaires*, dans une collection d'œuvres complètes éditée à la fin du siècle dernier et illustrée des dessins de Maurice Leloir : elle était rangée sur le rayon du bas, dans la bibliothèque de notre maison d'Auvergne. Lorsque je venais chercher *Vingt ans après*, ou *Le Vicomte de Bragelonne*, j'apercevais d'autres titres d'ouvrages : *La Dame de Monsoreau* ou *La Reine Margot*. Ils ne m'avaient jamais tenté. Cette fois-ci, ma curiosité était éveillée.

J'ai profité d'un passage à Chanonat pour reconstituer mon approvisionnement de livres. Ils m'ont tenu compagnie pendant deux ans.

A travers les mille rebondissements des récits, des « gants empoisonnés », du duel où se sont massacrés les mignons, du livre de chasse dont les feuillets imprégnés de parfum vénéneux auraient précipité la mort de Charles IX, et des extravagances amoureuses de Bussy d'Amboise, j'ai vu apparaître un personnage central, que son caractère, son rôle, et l'étrangeté de sa conduite plaçaient visiblement au-dessus des autres : c'était Henri III. J'ai cherché à le connaître davantage.

Son nom m'avait été cité par Arthur Conte, dans une lettre de mise en garde amicale qu'il m'avait adressée, en novembre 1974. Il m'exprimait son irritation, et aussi son inquiétude, devant la multiplicité des réformes que je proposais : abaissement de l'âge du droit de vote à dix-huit ans, suppression de la censure politique au cinéma, tentative de rechercher des solutions aux problèmes brûlants de société, tels que le divorce et l'interruption de grossesse. Cette précipitation lui semblait inspirée par un désir de plaire à tout prix, de céder à la mode, de répondre à l'attente de cette frange de l'opinion, composée d'intellectuels et du monde parisien, changeante, capable d'engouements rapides et de désaffection. Il m'avertissait : « Fais attention de ne pas gâcher tes chances, et de ne pas apparaître un jour dans l'Histoire comme un autre Henri III ! »

Quand j'avais reçu cette lettre, mon ignorance du personnage ne m'avait fait évoquer que son « toquet » violet sur la tête, ses pendentifs aux oreilles et la suite bruyante et équivoque de ses mignons. Je ne m'étais pas senti concerné. Maintenant je me trouvais face à face avec le personnage.

J'ai essayé d'en comprendre l'identité. Ce n'était pas facile. Son règne était borné par deux flaques de sang : celui des protestants lors de la Saint-Barthélemy d'août

1572, et le sien propre, lorsque le moine Clément, échauffé sans doute par la beauté de la duchesse de Montpensier, lui a enfoncé un couteau dans l'estomac pour le punir de vouloir transmettre le royaume à son héritier légitime, le protestant Henri de Navarre.

Curieux jeune homme ! Héros victorieux de la petite bataille de Moncontour, dans le Poitou. Petite par les effectifs, mais importante par la violence des fanatismes en présence, celui des protestants, rassemblant l'aristocratie moyenne et la bourgeoisie, et celui des catholiques dont il conduisait l'armée, regroupant l'aristocratie royale et le peuple.

Frère cadet de deux rois, fils préféré de sa mère, amant de sa sœur, la belle Marguerite de Valois, puis jaloux de ses aventures, il mène une jeunesse brillante, courageuse, raffinée. Éphémère roi de Pologne, il reçoit la couronne de France à la mort de son frère, Charles IX.

Un règne de violence, incompatible avec la modération de son caractère. Il essaie de rétablir l'apaisement entre catholiques et protestants, dans la ligne d'action du chancelier de sa mère, l'Auvergnat Michel de l'Hospital. Ni les uns, ni les autres ne veulent l'entendre. Il rétablit avec peine l'autorité de l'armée royale, contre les coalitions des partis religieux et des mercenaires allemands.

Quand il réunit les états généraux à Blois, mobilisés contre lui, pour tenter de boucher le trou du Trésor royal, son talent d'improvisation est tel — nous possédons toujours le texte de son discours — qu'il retourne l'auditoire en sa faveur.

S'il n'a, je crois, aucune responsabilité dans le massacre de la Saint-Barthélemy — perpétré sous le règne de son frère et manipulé par la reine-mère, Catherine de Médicis —, il décide en 1588 l'exécution de son cousin le duc de Guise, chef de l'extrême-droite catholique. Je dis

« exécution » et non pas assassinat, car son action s'exerce sans doute dans le cadre de son pouvoir légitime : il prononce la condamnation de celui qui ne cache plus son intention de renverser par la force l'autorité monarchique. Il ne se dérobe pas. Il n'utilise pas le poison. Il fait exécuter ses ordres par sa garde personnelle, les « quarante-cinq » venus de Gascogne, et en sa présence.

Il se méfie de sa capitale, Paris, qui le déteste. Devant la montée de la violence, il s'enfuit du Palais des Tuileries à cheval, accompagné de quelques fidèles. Il maudit la ville et jure d'y revenir. Il y revient en effet, à l'automne de 1589, pour en conduire le siège, du haut de la colline de Saint-Cloud.

Et c'est là qu'il ressent, pendant son entretien avec le moine Clément qui lui a demandé audience et qu'il reçoit assis sur sa chaise percée, la piqûre à peine douloureuse de la dague enfoncée dans son ventre. Il s'exclame : « Ah ! le méchant moine ! »

Pendant les trois jours de son agonie, durant lesquels la plaie continue de s'infecter, il s'entretient avec son beau-frère, le mari de Marguerite, qu'il jalouse et qu'il méprise en raison de son accent provincial et du manque d'élégance de ses manières. Lui catholique, conciliant mais d'une foi inébranlable, décide de confier au chef des protestants le sort du royaume, puisque la légitimité lui revient. J'essaie d'imaginer une équivalence : pour les catholiques de l'époque, pour le petit peuple des paroisses, après ces années de guerre civile, les protestants n'étaient pas loin de représenter une faction aussi éloignée d'eux que ne l'était, pour la France bourgeoise des années soixante-huit, les militants gauchistes ; ou même pour les citoyens israéliens, les responsables palestiniens !

Arthur Conte m'avait bien mis en garde : « Fais attention de ne pas apparaître un jour comme un autre

Henri III ! » La leçon ne s'appliquait guère. Pas d'analogie dans les situations. Peu de ressemblance entre les caractères : il est né sous le signe de la Vierge et moi sous celui du Verseau. Mais peut-être, en demi-teinte, comme une musique d'orchestre avant que le rideau se lève, quelques traits constants du comportement français : le fanatisme, la mode, l'importance des mots, le refus du plus grand nombre qu'on le dérange dans ses habitudes de pensée, et le décor, le somptueux décor qu'offrait à cette période de déchirements la Loire, lente et ensablée dans son cours, entre les châteaux fortifiés pour les guerres et illuminés pour les fêtes, et les profondes forêts giboyeuses où l'on poursuit le chevreuil et le cerf, sans souci des récoltes qu'on piétine, et de la famine qu'on sème derrière soi.

Pour donner un contenu plus scientifique à mon savoir je lis l'ouvrage de Philippe Erlanger, et les célèbres travaux de Pierre Champion. En raison des références constantes qu'on y fait, je me procure les trois tomes du *Journal* de Pierre de L'Estoile, ce bourgeois de Paris qui a consigné jour par jour, depuis 1574 jusqu'à 1611, tous les événements qui se sont déroulés dans la ville, et qui a recopié en fin de mois le texte de chacun des libelles calomnieux, infâmes, ou licencieux, colportés de bouche à oreille, ou affichés sur les murs de Paris.

J'ai découvert, à ma grande surprise, que j'étais tombé sur la source quasi unique des livres d'Alexandre Dumas. Il a pratiquement recopié certaines pages du journal de L'Estoile !

Mais pourquoi lui en faire le reproche ? Il a ajouté l'enluminure, même s'il n'a pas dessiné le trait.

***

Quand je pensais, le soir, aux héros de ces lectures, à leurs auteurs, ou à leur sujet, je me demandais si mon choix était réellement le fait du hasard, ou s'il n'existait pas entre eux une sorte de parenté.

Si j'y ajoutais d'autres écrivains vers lesquels je revenais régulièrement — *La Sonate à Kreutzer* de Tolstoï m'a bouleversé en 1975 — ou des personnages qui me fascinaient depuis longtemps, comme Talleyrand et Mozart, il me semble que cette parenté résidait dans la nature de leur sensibilité.

Une sensibilité généralement aiguisée par les malheurs de l'enfance, très vive, mais à tonalité intellectuelle. D'où une manière d'être intense, librement vécue, et qui se trouve de ce fait en conflit avec les conventions du moment. Un goût de la liberté de l'esprit, pour les autres et pour soi-même, pouvant passer tantôt pour du cynisme, tantôt pour de la provocation. Et quelque part, proche du centre de l'être, une blessure : un pied-bot, une mère possessive et indifférente, un mal héréditaire, une solitude glacée dans la petite enfance.

Avaient-ils réellement une parenté entre eux ? Je les aimais, et cela me suffisait.

***

Un soir, un de mes amis m'a demandé :

« Trouvez-vous que je sois cultivé ? »

Je lui ai répondu, trop vite, sans réfléchir, mais avec une évidente sincérité :

« Non ! »

J'ai réalisé trop tard — mais pourquoi me posait-il cette question ? — que je l'avais blessé.

Et presque au même moment, en 1979, j'ai mesuré

l'état d'ignorance et d'inculture qui était le mien : ceci à propos de la Chine.

Quand mes collaborateurs ont commencé à préparer mon voyage officiel en Chine, à la fin de l'année 1979, et qu'ils m'ont posé des questions sur la manière dont je concevais le déroulement de ce voyage, j'ai découvert, à ma honte, que la Chine était pour moi un trou noir sur la carte du monde !

Je m'étais renseigné, comme tout le monde, sur la Chine, mais mes efforts n'avaient pas été loin. Ministre des Finances, je m'étais rendu en 1973 en Malaisie pour inaugurer une exposition française. J'y avais été reçu par mon collègue malaisien, d'origine chinoise. Il m'avait invité chez lui, et c'était la première fois que je partageais le repas d'une famille chinoise. Celle-ci avait gardé les traditions d'autrefois, et les jeunes femmes qui faisaient le service à table, rapides et silencieuses, portaient la jupe de soie noire longuement fendue sur leurs jambes nues.

Mesurant mon ignorance, j'ai demandé à mon hôte s'il connaissait un livre permettant de s'initier à la civilisation chinoise. Il m'a répondu qu'il en connaissait un, écrit en anglais, et qu'il me le ferait parvenir.

Effectivement, lorsque à l'automne de 1974 il est venu à Londres pour subir une intervention chirurgicale, il m'a fait déposer au retour l'ouvrage d'un auteur britannique, C.P. Fitzgerald, sur l'histoire culturelle de la Chine.

Ce livre, broché avec une couverture verte, je l'ai lu avec passion, mais lentement, pour essayer de retenir ce que j'étais en train de découvrir. Il est resté posé sur ma table de nuit, à gauche de mon lit, jusqu'à mon départ de l'Élysée.

Lorsque je ne le lisais pas, la simple présence de son titre, *China*, aperçu sous le cercle de lumière de ma lampe de chevet, était le rappel de mon ignorance, et aussi l'annonce du plaisir qui m'attendait à pouvoir découvrir, quand j'en aurai le temps, cet autre monde.

Sur la Chine contemporaine, mes connaissances étaient superficielles : celles que pouvaient me donner la lecture des articles et des télégrammes de notre ambassade à Pékin, consacrés au président Mao.

De sa rencontre en avril 1974 avec Mao, le président de la république gabonaise, Omar Bongo, m'avait rapporté une anecdote qui m'avait secrètement flatté, et qu'il me répétait à l'occasion de chacune de nos rencontres, conscient de l'impression qu'elle faisait sur moi :

« Mao me parlait par l'intermédiaire d'une interprète, me racontait-il, et même de deux interprètes, qui étaient, soi-disant, ses nièces. Il émettait des sons incompréhensibles, et il y avait besoin de deux personnes pour les déchiffrer. »

Et là, le président Bongo interrompait son propos pour imiter le mode d'expression de Mao en poussant des grognements inintelligibles, et en dodelinant de la tête. Ce spectacle était d'un comique irrésistible, qui n'affaiblissait pas à mes yeux la valeur du témoignage, car Bongo poursuivait son récit :

« Il m'a dit : pour remplacer Pompidou, les Français vont élire Giscard. »

Bongo prononce Giscard à l'africaine, avec un *a* très ouvert, qui lui fait retrousser la lèvre supérieure sur les gencives. Et il souligne l'importance de son affirmation en écartant les deux mains, dont j'aperçois les paumes roses.

« Ils n'éliront pas un homme de gauche, continuait Mao. D'ailleurs les candidats de gauche ne sont pas bons. Les Français n'ont pas envie de désordre. Ils voudront quelqu'un pour continuer l'œuvre de De Gaulle et de

Pompidou. Giscard est jeune. On me dit qu'il est moderne. Il leur plaira. C'est lui qu'ils vont élire. »

J'aimais écouter ce récit, qui me permettait de réaliser qu'en avril 1974 le Grand Timonier connaissait mon existence.

Les voyages à Paris de Deng Xiaoping puis, après la mort de Mao, la visite officielle de son successeur, Hua Guofeng, m'avaient maintenu au courant de l'actualité politique chinoise, et du léger progrès de nos relations économiques. Mais l'immense Chine, elle, me restait inconnue.

Lorsque les autorités chinoises m'ont demandé, en vue de mon prochain voyage officiel en Chine, d'indiquer les sites que je voulais visiter, je suis resté muet. Je me souvenais des grottes aux sculptures bouddhiques dont parlait volontiers André Malraux. Mais à quelle distance se trouvaient-elles de Pékin ? Finalement, sur le projet que me présentait mon chef de cabinet, le choix se limitait aux grottes bouddhiques ou au site de Xian. Là aussi un souvenir vague : des tombes immenses remplies de chevaux et de guerriers en terre cuite. J'ai choisi Xian, presque au hasard.

Pendant mon voyage, j'ai vérifié à chaque instant mon impossibilité de communiquer avec la Chine : les caractères dessinés sur les murs, que ma mémoire était incapable d'enregistrer et qui représentaient un graphisme confus dont aucune signification n'émergeait alors pour moi, la langue, à peine audible — sauf les cris —, faite de consonnes dentales ou sifflantes, suivies de variations innombrables sur le *i*, le *a* et le *ou*. Une langue que votre interlocuteur, sans prévenir, se met tout à coup, en changeant de ton, à vous murmurer à voix basse.

C'est à Xian que j'ai eu la révélation de l'étendue de mon ignorance. Quand je me suis rendu compte que cette ville, dont je connaissais à peine le nom, avait été pendant huit siècles la ville la plus peuplée du monde, à un moment où l'Europe sombrait dans l'anarchie du Bas-Empire — et bien avant que ne surgisse l'Amérique —, qu'elle avait adopté, dix-huit siècles avant New York, un urbanisme régulier, avec d'interminables avenues rectilignes de dix kilomètres de longueur, des rues les coupant à angle droit, qu'elle avait été le siège de l'intense création artistique et intellectuelle des dynasties Han, Sui, et T'ang, dont on s'arrache encore les figurines et les chevaux en terre cuite, et que je n'en soupçonnais même pas l'existence, je me suis dit qu'il y avait dans notre culture, et particulièrement dans la mienne, obstinément centrée sur la Méditerranée, un déséquilibre à redresser.

J'ai décidé de rétablir les choses et d'acquérir la connaissance de cet immense empire, de son peuple orgueilleux et soumis, de sa civilisation et de sa culture. Pour cela, il me fallait apprendre sa langue. Et comme sa langue n'est pas parlée, mais écrite, m'initier à son écriture.

C'était un gigantesque et délicieux chantier qui s'ouvrait, interminable comme la longue avenue de Xian, tracée du nord au sud, dont on aperçoit l'enfilade à partir de la pagode de la Tortue.

Je me suis donc plongé dans l'étude de la culture chinoise en accumulant les livres, les grammaires, les dictionnaires, les romans, les manuels de calligraphie. Et j'ai passé la dernière année de mon septennat à recueillir lentement ce nouveau savoir.

Deux récits m'ont particulièrement passionné : celui de la chute du dernier empereur Ming, en 1644, à un moment où l'activisme persuasif des Jésuites était peut-être proche d'aboutir à la conversion au catholicisme des élites chinoises, et où l'empereur s'est suicidé sur une colline de la Cité interdite, devant la menace créée par un soulèvement paysan, accompagné du chef de ses eunuques.

Et aussi l'histoire, singulièrement moderne, de la dynastie des Song. Un affrontement s'y était développé entre les partisans de l'immobilité et ceux de l'évolution, en utilisant des arguments qui pourraient encore nous servir aujourd'hui. Leur débat raffiné a été interrompu par les clameurs venues du Nord et la menace, toujours pressante, des invasions Mongoles.

Quand le dernier empereur Song a été déposé par Koubilay Khan, le petit-fils de Gengis Khan, on l'a laissé vivre dans un de ses palais, entouré de ses serviteurs et ses eunuques, gardant l'apparence de son ancienne fonction, mais dépouillé de tous ses pouvoirs et privé de tout contact avec le monde extérieur.

Comme les Chinois ont la passion de l'Histoire et de la chronologie, son règne a été soigneusement relaté. Mais j'imaginais qu'il aurait pu être tenté lui-même, dans le décor de son pouvoir en trompe-l'œil, d'écrire la succession des événements qui avaient conduit à sa perte.

J'avais envie de le faire à sa place, sous la forme d'une nouvelle, dont je retournais dans ma tête la première phrase : « C'est à moi qu'il revient d'écrire le récit de l'apogée, et de la chute, de la dynastie des Song. »

C'était en 1980.

LA VEILLÉE SOLITAIRE DE JEAN-PAUL SARTRE

Jean-Paul Sartre est assis sur une banquette de moleskine, devant une glace appliquée contre le mur, au fond et à gauche du *Café de Flore*. En face de lui, des feuilles de papier, une tasse de café noir et, posés sur une soucoupe, des croissants qui se dessèchent. Il écrit, la tête penchée. Puis il se redresse, sans doute pour rassembler et préciser d'autres idées. La lumière de la rue fait passer un reflet trouble dans le verre épais, et presque glauque, de ses lunettes.

Il ne nous regarde pas. Il est indifférent à notre présence. Nous sommes avec lui, mes cinq camarades et moi, les seuls clients du café à cette période de la matinée, 9 heures 15, où les bureaux et les écoles sont déjà ouverts, et où les passants n'ont pas encore commencé leur promenade.

Le boulevard Saint-Germain est désert, merveilleusement désert, comme il ne l'est plus jamais. Une grande avenue de province, jalonnée d'arbres, avec à l'instant, contre l'un d'eux, un chien au poil noir planté sur trois pattes, la quatrième faisant en l'air un angle aigu.

Nous sommes venus prendre un café en nous promenant, car le cours que nous devions avoir ce jour de juin 1950, à l'École nationale d'administration, a été annulé.

Notre professeur, membre du Conseil d'État, chargé de nous éclairer sur les institutions politiques, que nous voyions parfois arriver le matin avec des plumes d'oreiller dans les cheveux, et qui, ne connaissant parmi nous que deux élèves, interrogeait toujours les mêmes sans réussir à identifier les motifs de notre hilarité, ne s'est sans doute pas réveillé. Nous disposions ainsi d'une heure à perdre, ou plutôt d'une heure à gagner, grâce à cette rencontre inattendue avec le Maître.

Je l'observe pendant que mes camarades discutent entre eux. Un peu tassé, le ventre étalé derrière la table. Mais n'a-t-on pas toujours cette silhouette quand on écrit ? J'aime son indifférence, sa solitude confortable. Un garçon de café s'est approché, en pantalon noir et en tablier blanc. Il remporte la soucoupe de croissants.

L'intelligence et la gloire ! Je ne connais pas bien ses écrits, sauf ses pièces de théâtre. J'ai essayé de pasticher l'une d'elles. Pour comprendre sa pensée philosophique, j'ai lu les analyses qu'il en a lui-même publiées, et qu'on retrouve au deuxième degré, dans ses œuvres de la guerre : *L'Être et le Néant* et *Huis clos*.

Mais ce destin existentiel qu'il nous décrit et que nous portons tous en nous, depuis le petit pois, l'insecte, jusqu'à l'être humain, dans sa prétention anthropocentrique, cette identité du devenir, je la ressens effectivement en moi, même si elle ne me paraît pas contenir à elle seule l'explication universelle...

Il nous faut quitter maintenant le *Café de Flore*, et regagner l'École nationale d'administration. Jean-Paul Sartre n'écrit plus. Il reste immobile, les mains croisées sur ses feuilles de papier. Quand la porte pivotante se referme derrière nous, elle renvoie sur le reflet de sa vitre la silhouette assise de Jean-Paul Sartre, qui tourne comme le va-et-vient d'une ombre.

Je suis heureux de l'avoir aperçu, heureux de ne pas lui avoir parlé, de ne pas avoir cherché à l'importuner, lui, ce monument d'intelligence et de savoir, entrevu dans le quotidien familier du matin.

***

« Jean-Paul Sartre demande à ce que vous le receviez. » C'est Jacques Wahl qui s'adresse à moi. Comme secrétaire général de la présidence de la République, il a la charge d'organiser mes rendez-vous.

« Vous avez reçu, me dit-il, une demande de rendez-vous d'un groupe d'intellectuels. Ils font partie du comité "Un bateau pour le Vietnam". Raymond Aron et Jean-Paul Sartre appuient cette demande. Ils veulent attirer votre attention sur le cas des boat-people, qui constitue un cas particulièrement dramatique de mépris des droits de l'homme. Ils estiment que vous devez intervenir. Dans l'ensemble ce sont des hommes de gauche, ou d'extrême-gauche. Je pense que vous devriez les recevoir.

« C'est le secrétaire de Jean-Paul Sartre qui m'a appelé, poursuit-il, j'ai l'impression que Sartre et Raymond Aron veulent venir personnellement. »

Je les ai reçus effectivement le 26 juin 1979, à 4 heures de l'après-midi. La délégation était composée de six personnes. J'y reconnaissais André Glucksmann, et l'avocat Miquel que j'avais déjà reçu à propos du sort des Français détenus en Guinée.

Ils se sont assis en demi-cercle, devant moi, dans l'ancien bureau qu'occupait le général de Gaulle. J'apercevais Raymond Aron, sur ma gauche, et Jean-Paul Sartre, plus à droite, presque en face de moi. Jean-Paul Sartre portait un polo noir et un blouson clair, tandis que Raymond Aron, avec son veston et sa cravate, respectait les usages de Sciences-Po.

Sartre a avancé son fauteuil pour se rapprocher de moi, sans doute pour compenser sa mauvaise vue. Un de ses collaborateurs l'accompagne. Il s'est assis à côté de lui, en retrait, sur une chaise. Il lui parle à l'oreille.

Ils me dépeignent la détresse des boat-people. La manière odieuse dont ils sont maltraités par des pirates pendant leur voyage, et le caractère inhumain de l'accueil qui leur est fait, lorsqu'on les enferme dans des sortes de camps de concentration, en Thaïlande ou à Hong Kong, d'où ils ne pourront jamais sortir.

Puis la conversation glisse sur d'autres cas, dont certains me sont connus, de personnes auxquelles l'asile politique a été refusé. Il s'agit pour la plupart de personnalités du Proche-Orient.

« Vous comprendrez, leur dis-je, que des vérifications soient nécessaires, car il n'est pas question pour nous de donner refuge à des personnes impliquées dans des actes de terrorisme. » Ils insistent sur leur bonne foi. « Je ne la mets pas en doute, leur dis-je. Mais la sincérité ne suffit pas. J'en ai fait récemment l'expérience à mes dépens. »

***

La police avait arrêté, près de Saint-Jean-de-Luz, un jeune Basque espagnol soupçonné d'avoir fait exploser des bombes meurtrières en territoire espagnol. Faute de preuves suffisantes apportées par la justice espagnole, nos tribunaux avaient refusé l'extradition.

Les services de police l'avaient alors assigné à résidence dans l'île de Port-Cros, où ils surveillaient son séjour.

L'archevêque de Marseille était intervenu auprès de l'Élysée pour protester contre cette mesure arbitraire. Le jeune Basque, me faisait-il dire, avait été accusé par erreur. Une seule chose comptait pour lui : la poursuite de ses études. Sa « déportation » à Port-Cros l'empêchait de les achever. Cette première démarche, restée sans effet, a été suivie par une autre, beaucoup plus insistante. L'archevêque de Marseille demandait qu'on autorise le jeune Basque à résider dans un couvent, où il pourrait continuer ses études. La garantie m'était donnée qu'il respecterait ses engagements et ne chercherait en aucun cas à regagner l'Espagne.

Je n'avais pas le droit, me semblait-il, de mettre en doute une telle parole. Aussi l'administration autorisa-t-elle le jeune homme à résider dans un couvent.

La semaine suivante, on m'apprenait qu'il avait disparu. Trois mois plus tard, la police espagnole l'arrêtait pour avoir participé à un attentat sanglant.

***

Il est extraordinaire de voir devant moi, rassemblés pour défendre la même cause, les deux normaliens jumeaux, les frères ennemis, Jean-Paul Sartre et Raymond Aron.

Ils se détestent à présent au point de contester, l'un chez l'autre, l'existence d'un génie philosophique que personne d'autre qu'eux n'oserait nier ! Il me semble qu'ils ont du mal à supporter leur présence réciproque.

Quand Jean-Paul Sartre s'exprime, d'une voix sourde et peu audible, Raymond Aron gratte les accoudoirs de son fauteuil. Même intelligence dans les visages, une intelligence si intense qu'elle les a déformés avec l'âge, au point d'en faire leur propre caricature : l'un déplumé, avec des traits fatigués que la peau tire vers le bas, l'autre circulaire, lunaire, qui me regarde comme au travers d'un hublot.

La délégation a achevé la présentation de ses arguments. Je leur expose l'action que conduit la France. Elle est importante puisque nous sommes, pour le moment, le premier pays d'accueil des réfugiés du Viêt-nam. Nous pourrions peut-être faire davantage, mais nous sommes limités par nos possibilités d'insertion dans les associations d'accueil et dans les familles.

Je prolonge un peu l'entretien. Je suis heureux de les sentir présents dans ce bureau, eux qui réunissent une grande part de l'intelligence française, et dont je sais qu'ils détestent le pouvoir.

J'aimerais qu'ils puissent deviner le plaisir que j'ai à me sentir, sinon l'un des leurs, du moins un interlocuteur qu'ils reconnaissent comme n'étant ni incapable, ni indigne, de débattre avec eux.

Mes visiteurs se lèvent, dans un brouhaha de fauteuils qu'ils bousculent. Jean-Paul Sartre me demande s'il peut me parler à part. J'accepte, bien entendu, et commence par prendre congé de ceux qui s'en vont.

Puis je reviens vers Jean-Paul Sartre.

« Je voulais seulement vous remercier, me dit-il, pour ce que vous avez fait pour Benny Lévy. C'était important pour lui, et pour moi. »

Il n'y a rien à ajouter. Ce que j'avais fait était normal. Je l'accompagne jusqu'à la porte, et je la vois se refermer sur sa nuque ronde et sur son blouson beige.

Il m'avait en effet écrit, dix mois plus tôt, pour me signaler le cas de son secrétaire.

Celui-ci était juif et avait été déchu de sa nationalité égyptienne, qu'il avait pourtant acquise à sa naissance. Il se trouvait désormais apatride, et les services français ne voulaient pas lui remettre de titre de séjour de longue durée, en arguant du fait que les autorités égyptiennes n'exerçaient pas vis-à-vis de lui de persécution politique.

J'ai demandé au secrétaire général de la présidence de venir dans mon bureau, et je lui ai montré la lettre de Jean-Paul Sartre.

« Je ne connais évidemment pas, lui ai-je dit, le contenu

du dossier dont il parle. Les services administratifs ont sans doute des raisons de s'opposer à cette demande, mais Sartre en fait une affaire personnelle. Il m'explique que sa vue baisse, et qu'il a besoin de l'aide de son secrétaire pour lui faire la lecture. Je souhaiterais qu'on lui donne satisfaction. Je vous demande d'insister pour essayer de faire aboutir cette affaire. »

Quelques mois plus tard, Jacques Wahl me signale, dans le dossier des « urgences », que la situation de l'intéressé est en voie de règlement, que les services de la préfecture de police lui ont remis ses documents de séjour, et que sa naturalisation va pouvoir être prononcée.

***

En mars 1978, Pierre Hunt, qui dirige maintenant le service de presse de l'Élysée, demande à me voir.

« Monsieur le Président, me dit-il, j'ai appris quelque chose qui va vous faire plaisir. »

Plaisir ? Le mot me surprend. Il n'y a pas grand-chose, dans la situation politique récente, qui donne matière à l'évocation de plaisir.

« Jean-Paul Sartre, me dit-il, a fait votre éloge.

— Cela m'étonnerait !

— Si, à Radio-Luxembourg, poursuit Hunt. RTL a enregistré une série d'émissions qui lui sont consacrées. Et dans la dernière, répondant à une question du journaliste, il parle de vous.

— Que dit-il ?

— Qu'il a pour vous une sympathie d'homme à homme. Cela n'implique pas, ajoute Hunt, que politiquement il soit d'accord avec vous, mais il n'aime pas la politique. D'ailleurs je vais pouvoir vous communiquer le texte exact, car RTL m'a promis de m'envoyer la cassette.

— Quand cette émission sera-t-elle diffusée ? »

Pierre Hunt est visiblement embarrassé :

« Cette partie de l'interview ne va pas passer maintenant, car Jean-Paul Sartre leur a demandé de ne pas diffuser sa réponse. Mais il leur a dit qu'il les autorisait à la rendre publique après sa mort. »

Je préfère cette attitude de sa part. Dans l'immédiat, l'appréciation de Jean-Paul Sartre m'aurait évidemment rendu service. Mais les commentateurs, et peut-être aussi l'opinion, se seraient interrogés sur les motifs de cet « éloge ». Ils auraient cherché une explication, et l'auraient peut-être attribuée à la reconnaissance du service rendu.

Je suis heureux de ce témoignage, qui viendra plus tard. Il sera pour moi comme une récompense. Mais Pierre Hunt se trompe : ce n'est pas un éloge de moi qu'a fait Jean-Paul Sartre, mais l'expression d'une sympathie d'homme à homme. C'est beaucoup plus fort.

***

On a annoncé la mort de Sartre le 15 avril 1980. Le choc de la nouvelle a été brutal dans la presse et dans l'opinion publique. J'aurais imaginé pourtant qu'il serait plus profondément ressenti. Il me paraissait feutré, comme amorti.

J'ai demandé à ce que l'on s'informe sur le déroulement de ses obsèques, et que l'on fasse savoir à Madame Simone de Beauvoir, elle-même souffrante, que le gouvernement répondrait à tous ses souhaits concernant l'organisation de la manifestation. Elle a exprimé, en réponse, le désir qu'on lui garde un caractère privé, et a fixé au samedi 19 avril 1980 la date de son inhumation.

Quel geste d'hommage pouvais-je accomplir ? Suivre le cortège et assister aux obsèques était hors de question. J'ai rédigé un message qui s'adressait au public et aux médias.

« Je ressens la disparition de Jean-Paul Sartre comme celle d'une des grandes lueurs d'intelligence de notre temps. Jean-Paul Sartre rejetait tous les honneurs. Il ne convient pas que l'hommage du président de la République paraisse contredire ce choix intime.

A la perception du devenir tragique de l'être humain, trop rendu à sa seule dimension, il répondait par une générosité d'allure dogmatique, mais authentique, militante et, en dépit de son rejet de toute catégorie, singulièrement française. »

Quand j'ai relu mon texte, il m'a paru trop formel, glacé, une « belle page » d'écriture... J'ai décidé d'aller me recueillir devant son corps.

Jacques Wahl a téléphoné à la directrice de l'hôpital Broussais, où il était décédé, en indiquant que je souhaitais m'y rendre, mais en insistant sur le caractère strictement personnel de cette visite : pas d'information donnée à la presse, pas de photographes.

Pour éviter d'attirer l'attention, il a été convenu que ma voiture se rendrait directement devant le bâtiment de la direction de l'hôpital. De là, la directrice, Madame Renoir, m'accompagnerait.

Effectivement, ma voiture a laissé derrière elle, à l'extérieur de l'hôpital Broussais, l'auto suiveuse de la sécurité. Nous avons retrouvé, comme convenu, la directrice. Elle est montée à côté de moi, pour m'indiquer le chemin.

Nous nous sommes arrêtés devant un bâtiment qui

ressemblait à un hangar. Personne ne se trouvait là. Nous sommes entrés. C'était un assez grand espace, éclairé de côté par une verrière, comme un garage. A l'intérieur, deux tréteaux parallèles et, posé sur chacun d'eux, un cercueil.

La directrice m'a indiqué le cercueil de Jean-Paul Sartre. Ce n'est pas celui qui est placé contre le mur du fond, mais celui qui se trouve vers le milieu de la pièce. Déposé sur lui, un petit bouquet.

« Madame de Beauvoir est passée tout à l'heure ainsi qu'Arlette Elkaïm, la fille adoptive de Sartre, me dit la directrice. Mais elle était très fatiguée. Elle n'a pas pu rester.

— Il n'y a personne ? lui dis-je. Personne d'autre n'a demandé à venir ?

— Non, pour le moment, me dit-elle. Peut-être préférez-vous que je vous laisse. Je vous attendrai à l'extérieur. »

Je préfère, en effet, qu'elle me laisse. C'est à la nuit prochaine que je pense, la longue nuit qui va venir, et que Jean-Paul Sartre va traverser seul, sur ce tréteau, en attendant la manifestation du surlendemain.

Sans doute est-ce normal qu'il en soit ainsi. Et c'est le cas pour beaucoup de personnes, dont celui, ou celle, qui passera également la nuit sur le tréteau voisin. Sartre n'a pas de famille proche, et Simone de Beauvoir est malade.

Mais comment se fait-il que la marée de la vie se retire si brusquement ? Elle qui l'a flatté, adulé, entouré d'assiduités et d'hommages, dans son talent et dans ses jeux provocants.

Cet endroit est étrangement silencieux. Si c'était un garage, on entendrait au moins des chocs de métal qu'on frappe. Ici, le seul bruit vient du glissement extérieur des autos, sans doute des ambulances, qui longent le bâtiment.

Je m'immobilise devant le cercueil de Jean-Paul Sartre, et je cherche à me souvenir de lui. A nos deux rencontres, au *Café de Flore* et à l'Élysée, si proches l'une et l'autre, qu'elles me paraissent se situer à la même date.

Pour fixer mon attention, je prononce une prière. Je ne le fais pas pour m'immiscer dans ses convictions, dont je ne connais pas le dernier état, mais pour rassembler ma pensée, la rendre plus intense, la faire entrer directement en rapport avec la mort, avec la durée, avec la survie.

Avant de sortir, je m'arrête devant l'autre cercueil, celui de son compagnon, ou de sa compagne d'un soir. Tout est net dans la pièce, le sol a été balayé. Rien n'y est beau, et pourtant ce silence, ce dépouillement, dans ce garage étrange du milieu de Paris, me permet d'adresser, de rendre à Jean-Paul Sartre, l'hommage intense que son talent et la singularité de sa vie appelaient.

***

Le samedi soir, Jacinte dîne avec nous à notre domicile de la rue Bénouville. Elle poursuit ses études à l'École vétérinaire de Maisons-Alfort. Elle nous raconte sa journée :

« Cet après-midi, dit-elle, j'ai cru que je ne rentrerais jamais de Maisons-Alfort ! J'étais en auto, et je suis passée par Sèvres-Babylone. Tout le quartier était bloqué. Je suis restée plantée presque une heure. C'était un véritable cirque. J'ai demandé ce qui se passait. On m'a dit que c'était les obsèques de Jean-Paul Sartre. »

Je ne lui ai pas parlé de ma démarche de l'avant-veille, à laquelle la presse a fait peu d'écho, et qu'elle ignore. J'aimerais savoir comment la foule réagissait, quelle était l'attitude de ceux qui étaient venus participer à ces obsèques. Je lui pose la question.

« Il y avait une foule énorme, me répond-elle. Je ne peux pas vous dire combien. Mais certainement des milliers et des milliers. Les gens n'avaient pas l'air excité, mais contents d'y participer. Pas spécialement des jeunes, mais il y avait de tout, et même une camionnette en tête du cortège. Je vous l'ai dit : c'était un cirque. »

Dans l'émission que Radio-Luxembourg a consacrée le lendemain à Jean-Paul Sartre, le commentateur a fait passer la partie de la cassette de son interview où il parlait de moi, en mentionnant qu'il avait demandé que ce témoignage ne soit rendu public qu'après sa mort.

La presse en a fait un commentaire étonné, mais correctement descriptif. Cela constitue à peine un événement. C'est bien naturel : la description des obsèques suffit à remplir toute la scène.

VI

TELS QU'EN EUX-MÊMES ENFIN L'ÉTERNITÉ LES CHANGE

Un septennat, en raison de sa durée, ne peut éviter d'être marqué par la mort.

Pendant la première partie de mon mandat, la mort a épargné notre équipe. Sans doute parce que nous étions plus jeunes au départ. Peut-être aussi parce que la loi mystérieuse des générations fait qu'elles sont décimées dans certaines périodes davantage que dans d'autres.

A partir de 1976, cette protection du sort a été levée, et la mort a frappé dans les rangs du personnel politique.

L'opinion publique s'en est émue. Lorsqu'il s'est agi de morts accidentelles, elle en a bien naturellement recherché les causes, et quand les décès ont été criminels, elle a voulu en identifier les coupables et situer les responsabilités.

Selon la règle constante de ce livre, je m'en tiendrai strictement au récit de ce que j'ai pu connaître personnellement, et des informations que j'ai reçues au jour le jour, concernant la disparition des personnalités en cause, ou le drame qu'elles ont traversé.

Des enquêtes ont eu lieu, des livres ont été écrits depuis à leur sujet. Je ne ferai pas état des informations qu'ils contiennent, car je me limiterai à ce dont j'ai eu directement connaissance.

Ainsi les lecteurs pourront-ils vivre ces événements comme je les ai moi-même vécus et connus.

Certains d'entre eux s'étonneront peut-être de ne pas trouver ici toutes les réponses aux questions qu'ils se posent. La raison en est simple : je ne me considérais ni comme un policier, ni comme un juge, mais comme étant chargé d'assurer le fonctionnement régulier et indépendant de nos grandes institutions nationales. Ceci traçait la limite au-delà de laquelle je ne me reconnaissais pas le droit d'aller.

Le premier décès a été celui de Jean de Broglie.

LE MEURTRE DE JEAN DE BROGLIE

La soudaineté du meurtre de Jean de Broglie, et son caractère d'invraisemblance, ont pris tout le monde par surprise.

C'est le secrétaire général de l'Élysée, Jean François-Poncet, qui est venu m'annoncer la nouvelle, le 24 décembre 1976, au début de la matinée.

Un coup de téléphone du ministre de l'Intérieur, Michel Poniatowski, venait de lui apprendre que Jean de Broglie avait été trouvé mort dans une rue de Paris, située dans le XVIIe arrondissement. Il avait été abattu d'une balle de revolver. La nouvelle s'en était répandue comme l'éclair. Tous les bulletins d'information des stations de radio ouvraient sur elle. Aucune indication n'était donnée sur la cause de cet assassinat.

Lorsque Jean François-Poncet quitte mon bureau, je reste un instant assis, sous le choc émotif de l'événement, et je remonte le fil de mes souvenirs.

Jean de Broglie est un ami, ou plus exactement un camarade avec lequel je suis lié d'amitié. Nous nous connaissons depuis l'enfance. Nous nous tutoyons. Il est de cinq ans plus âgé que moi. Il habitait Paris pendant l'Occupation, et je l'apercevais quelquefois le dimanche, place Victor-Hugo, où se rencontrait la jeunesse « dans le vent » de l'époque. Je l'admirais, à cause de son nom, du rôle joué par sa famille au siècle dernier et de l'importance qu'il savait se donner : partout où il se trouvait, il devenait de manière naturelle un centre d'intérêt.

Si, comme certains le disent, je suis né, selon l'expression britannique, avec une cuillère d'argent dans la bouche, Jean de Broglie est né avec une cuillère d'or !

Il a toujours fait montre d'originalité. Pendant la Libération de Paris, je l'ai croisé place de l'Étoile, à l'angle de l'avenue Foch, assis sur le toit d'une 11 CV Citroën, d'où il brandissait un pistolet. Il a disparu pendant plusieurs mois, et nous avons appris qu'il avait rejoint un bataillon de sécurité militaire et qu'il était redescendu sur le versant italien des Alpes.

Dans le Paris d'après-guerre, bruissant de rumeurs et dont la société est déstabilisée, il se choisit un nouveau rôle, celui d'homme politique. Il passe avec facilité le dernier concours d'accès direct au Conseil d'État, avant la création de l'École nationale d'administration, et fonde le mouvement des Jeunes Radicaux, dont il se retrouve aussitôt président.

Il compense le nombre réduit des membres de cette formation par une utilisation subtile de l'homonymie. Il réussit en effet à dénicher dans Paris des Daladié, des Erriaux, des Roche, des Caillot, qui donnent à ses réunions les consonances, sinon la substance, des grands congrès radicaux. Il organise des conférences, avenue Foch, devant de jeunes auditoires politico-mondains. Un des premiers sujets qu'on y traite est celui de « la femme ». Jean de Broglie prononce l'introduction : « Au commencement était l'esclavage, s'exclame-t-il, et la première esclave fut la femme ! »

Frémissements de plaisir prolongés dans son auditoire.

Il noue de nombreux contacts : Félix Gaillard le met en rapport avec l'équipe de Jean Monnet, qui monte au firmament politique. Il lance, avec deux de ses amis, un dîner qui rassemble, une fois par mois, les jeunes talents et les ambitions naissantes. Ils le baptisent, Dieu seul sait pourquoi, « les Misérables ». On joue des coudes pour s'y faire inviter.

Au moment de mon mariage, je découvre qu'il est proche parent d'Anne-Aymone, leurs deux mères étant cousines germaines.

Puis ce sont les années de la IVe République, où nos trajectoires se croisent à trois : Jean de Broglie, Jacques Duhamel et moi. Âges voisins, formations semblables, mais parcours différents.

Jacques Duhamel est séduit par le milieu de l'édition — il épouse la charmante Colette Rousselot, merveille de délicatesse et de sensibilité —, et celui du monde politico-journalistique, qui se retrouve le dimanche à Louveciennes chez Pierre et Hélène Lazareff pour d'interminables déjeuners. On y prépare chaque fois le gouvernement suivant. Jacques Duhamel est naturellement porté vers le centre-gauche. Il oscille entre Edgar Faure, dont il est comme moi le collaborateur, et Pierre Mendès France, qui le fascine par son autorité intellectuelle.

Jean et moi sommes des libéraux, à un moment où le mot n'existe pas encore, et n'a pas le vedettariat politique.

Il essaie patiemment de se faire élire dans l'Eure, où son oncle, le duc de Broglie, lui a laissé sa propriété de famille, mais Pierre Mendès France lui barre tenacement la route, malgré leur coloration radicale commune.

Après le tremblement de terre de 1958, et l'arrivée salvatrice du général de Gaulle, nous nous retrouvons tous les deux à l'Assemblée nationale, élus sous l'étiquette des Indépendants.

Deux mois plus tard, j'entre au gouvernement de Michel Debré. Jean de Broglie, qui brûle du désir de rejoindre la nouvelle équipe, est nommé à son tour, lors du remaniement d'août 1961, secrétaire d'État au Sahara, aux Départements et aux Territoires d'outre-mer. Il prend part à la négociation des accords d'Évian, puis gère le secrétariat d'État à la Fonction publique.

Il m'a rejoint aux Républicains indépendants lorsque le groupe des Indépendants a sombré dans un naufrage électoral pour avoir combattu l'élection du président de la République au suffrage universel, et que nous avons regroupé avec Raymond Mondon, Raymond Marcellin et Aimé Paquet, ceux qui avaient soutenu la proposition du Général de Gaulle.

Il assiste à nos réunions, et je me souviens de lui, assis sur la tribune à côté de moi, dans la petite salle souterraine de l'hôtel Lutétia où je prononce, le 10 janvier 1967, ma formule du « Oui, mais » à de Gaulle.

Pendant la présidence de Georges Pompidou, qui ne l'aime pas et le tient à l'écart, il connaît un passage difficile. Pas de poste au gouvernement. Il recherche alors une présidence : celle de la commission des Finances est vacante. Il souhaite l'obtenir. Mais, comme ministre des Finances, je suis conduit à l'en dissuader. Il connaît en effet des problèmes avec les administrations financières. Moins pour lui-même, me dit-on, qu'en raison de dettes fiscales que son frère cadet a laissées et qu'il acquitte pour lui. Il est élu, à la place, président de la commission des Affaires étrangères.

Ses relations avec l'argent sont surprenantes, car il n'a pas le goût de la dépense. Il s'habille simplement et circule dans une vieille voiture. Il a hérité miraculeusement d'une dame sans enfant, qu'il connaissait à peine, un patrimoine composé de terrains à bâtir situés en bordure d'Évreux et d'un hôtel particulier à Paris. Mais il aime l'intrigue, les rencontres mystérieuses et le secret. Il fait montre d'une étonnante crédulité, et a le goût, semble-t-il, de « jouer avec l'argent ». Il a gardé, ici et là, des contacts avec les milieux, notamment algériens, que ses négociations internationales l'avaient fait rencontrer.

Au moment de mon élection à la présidence de la République, il espère revenir au gouvernement. Je souhaiterais pouvoir le nommer, car il a été d'une loyauté sans défaillance avant et pendant la campagne, et son talent est incontestable.

Nous en parlons avec Jacques Chirac. Ses difficultés personnelles ont été ébruitées dans le milieu politique et, comme souvent, amplifiées et déformées. Elles risquent d'éveiller la malveillance. Jacques Chirac me donne un avis négatif, en ajoutant que, s'agissant d'un membre de ma famille politique, il se rangera finalement à mon avis.

Tout compte fait, j'estime que la meilleure solution est qu'il reste au Parlement. Il pourra, après un délai suffisant, et lorsque sa situation se sera clarifiée, rejoindre le gouvernement. Je le lui explique au téléphone. Il en est déçu, et je reconnais qu'il y a une part d'injustice dans cette décision. Il n'insiste pas et reste sans autre fonction que son mandat parlementaire.

Il n'a donc été ministre ni pendant la présidence de Georges Pompidou, ni pendant la mienne.

En 1975 et en 1976, je le reçois deux fois au retour de voyages qu'il effectue à l'étranger et dont il souhaite me faire le compte rendu. Le 17 août 1976, il m'entretient de sa récente mission au Cambodge.

J'avais suivi d'heure en heure, pendant le printemps de 1975, la chute de Pnom Penh, les horreurs commises dans la ville et les difficultés rencontrées pour organiser l'évacuation de ceux dont nous avions la charge : les quelques Français de l'ambassade, les Cambodgiens que nous avions réussi à camoufler parmi nos ressortissants, et aussi les diplomates qui avaient souhaité se joindre à notre colonne, dont les Soviétiques. Notre dernier représentant sur place avait fait montre d'une capacité d'initiative et d'un courage dignes des plus hautes fonctions.

J'étais avide de savoir ce qui se passait depuis sur le terrain.

Jean de Broglie me présente son compte rendu d'un ton plutôt optimiste, et il conclut :

« La presse internationale a tendance à noircir les choses. Cela tient en partie à une erreur de traduction ! On dépeint les Khmers rouges comme des communistes fanatiques. Mais en réalité, dans la langue khmère, leur nom veut dire : “les khmers roses”. »

Cet argument me laisse sans voix. Nous nous quittons, et je réalise aujourd'hui que je ne l'ai jamais revu depuis.

Une seule nouvelle récente le concernant : on m'a signalé sa présence relevée par la presse, le 5 décembre dernier — il y a trois semaines —, au premier rang du palais des Congrès, lorsque Jacques Chirac a annoncé la fondation du RPR.

***

Cinq jours plus tard, le 29 décembre, à la fin d'une conférence de presse qui avait été organisée pour annoncer un ensemble de mesures destinées à améliorer la sécurité publique, Michel Poniatowski, ministre de l'Intérieur, répond à une question d'un journaliste, qui l'interroge sur les résultats de l'enquête de la police sur l'assassinat de Jean de Broglie :

« Le coup de filet est complet, dit-il, toutes les personnes impliquées sont maintenant arrêtées après l'arrestation de M. Hirsch de Varga. »

Puis un journaliste demande au directeur de la police judiciaire, Jean Ducret, qui assiste à la conférence de presse, quel est le personnage clé de cette affaire.

Jean Ducret lui réplique :

« M. de Varga et son acolyte, M. Ribemont, sont les instigateurs de l'assassinat. L'organisateur, c'est l'inspecteur Simoné, et l'assassin, c'est M. Frèche. »

Ces nouvelles, que me transmet Jean François-Poncet, m'apportent un apaisement. La brigade criminelle, dont tous les moyens avaient été mobilisés, avait atteint des résultats en un temps record.

Le soir, une note du ministère de l'Intérieur précise les conclusions de l'enquête : Jean de Broglie a été abattu par un tueur professionnel, Gérard Frèche, en sortant du domicile d'un homme d'affaires de réputation douteuse, appelé Pierre Hirsch de Varga, avec lequel il était en rapport. Le tueur vient d'être arrêté et a reconnu le crime. Il a certainement été commandité. Il devrait être possible de remonter, par son intermédiaire, jusqu'au véritable donneur d'ordres. Quatre personnes sont déjà sous les verrous : Gérard Frèche, Pierre de Varga, Simoné et Tessèdre. Selon la police, trois d'entre eux ont avoué leur participation au crime.

Ainsi, tout me semble s'éclaircir. Ce n'est malheureusement qu'une apparence, car on sent qu'on cherche déjà à réunir les ingrédients permettant d'en faire une « affaire » politique.

D'abord la déclaration de Michel Poniatowski est violemment prise à partie par l'opposition.

Les journaux du 29 et du 30 décembre l'accusent d'avoir failli à son devoir en annonçant qu'on avait arrêté les « coupables », avant que l'instruction n'ait commencé et que la Justice se soit mise en branle. Ce n'est pas à la police de désigner les coupables ! Elle peut les rechercher, et réunir des preuves. Seule la Justice a le droit de prononcer la culpabilité avec toutes les garanties nécessaires. On parle de « forfaiture » du ministre de l'Intérieur.

Sur le plan juridique, ces critiques sont fondées. Michel Poniatowski a voulu seulement rendre compte de l'action de la police. Il aurait dû veiller à ne pas employer de termes préjugeant les conclusions de la Justice, et ne respectant pas le secret de l'instruction, bien malmené il est vrai.

Ensuite la presse annonce que l'épouse de Jean de Broglie s'est portée partie civile, avec ses deux fils mineurs, et qu'elle a choisi pour avocat maître Robert Badinter, ami intime et conseiller du Premier secrétaire du Parti socialiste, François Mitterrand.

Michel Poniatowski me téléphone pour m'en prévenir : « Ils ont décidé, me dit-il, d'en faire une affaire politique. »

A quel titre ? Ce que l'on apprend des protagonistes du drame indique qu'ils appartiennent à des circuits d'affairistes et de policiers douteux, sans lien visible avec les partis politiques.

La télévision, dans ses journaux du soir, et la presse dans ses titres, parlent du « ministre de Broglie ». Mais chacun pourrait vérifier que Jean de Broglie n'était pas ministre au moment de son assassinat, et qu'il n'a détenu de poste ministériel qu'il y a neuf ans, au temps déjà lointain du général de Gaulle.

L'écheveau, loin de se simplifier, continue de s'embrouiller.

En plus du tueur, Gérard Frèche, et de celui qui l'a recruté, le policier Simoné, un autre personnage apparaît : Patrick Allenet de Ribemont. Partenaire de Varga, il était associé financièrement à Jean de Broglie dans l'exploitation d'un restaurant, *La Reine Pédauque*, situé près de la gare Saint-Lazare. Jean de Broglie restaurateur ? Quelle bizarrerie ! La presse explique qu'il voulait effectuer un placement pour un de ses fils. Mais en quoi cette association pouvait-elle conduire à son assassinat ? On fait allusion à des échéances non respectées, à l'espoir pour les auteurs du crime de toucher une prime d'assurance sur un prêt hypothécaire. On part à la dérive.

Le bruit court maintenant que le projet d'assassinat de Jean de Broglie était connu à l'avance « des plus hautes autorités », et qu'on l'aurait sciemment laissé abattre. Cela est odieux, mais d'où vient le feu de cette fumée malodorante ?

A ma demande, Michel Poniatowski me fait parvenir le 7 janvier la note que le directeur général de la police nationale, Robert Pandraud, a établie pour lui.

J'appelle le ministre de l'Intérieur pour qu'il me la commente au téléphone :

« Le directeur de la police judiciaire à la préfecture de police de Paris, Jean Ducret, me dit-il, a reçu au printemps dernier d'un de ses inspecteurs une information selon laquelle un trafic de faux bons du Trésor était en préparation. L'impression de ces faux bons devait être réalisée à Nice. On citait, comme commanditaires du projet, Pierre de Varga et Jean de Broglie. En septembre, la même source confirmait l'information, en ajoutant qu'à la suite d'une indélicatesse commise dans une autre affaire, l'homme politique devait être abattu par des hommes de main.

— Citait-il alors Jean de Broglie ? lui demandai-je.

— J'essaie de le faire vérifier, me répond-il. Il semble que sur une question insistante, l'indicateur de police aurait laissé entendre qu'il s'agissait de Jean de Broglie. »

Je lui pose alors la question :

« Les services de ton ministère t'avaient-ils signalé cette information ? Étais-tu au courant ? »

Il me répond :

« Non. Le renseignement n'est pas sorti de la préfecture de police. Personne ne m'en a parlé. Mais c'est naturel. Les services reçoivent quotidiennement cinquante dénonciations de cette nature. Ils ne suivent que les pistes qui leur paraissent sérieuses.

— Le directeur de la police judiciaire, lui dis-je, n'a pas jugé utile de te prévenir, même s'agissant d'un homme politique ?

— Non ! Il n'a pas pris cette information au sérieux. Il la jugeait invraisemblable et infamante pour Jean de Broglie. Les vérifications auxquelles il a fait procéder dans la région de Nice n'ont pas confirmé le trafic de faux bons du Trésor. Et il n'a pas jugé utile non plus d'en informer son supérieur, Robert Pandraud. »

Désormais, me dis-je, c'est la Justice qui est saisie du dossier et qui va conduire l'enquête.

Peu à peu, le champ de l'investigation se rétrécit, mais en même temps le mystère s'épaissit.

Les protagonistes sont maintenant bien identifiés, depuis le tueur, Gérard Frèche, qui reconnaît son crime, l'inspecteur de police Guy Simoné qui l'a recruté et l'a payé pour abattre Jean de Broglie, et Pierre de Varga qui a commandité l'opération. Tous les acteurs du drame se situent désormais dans ce cercle étroit. Aucun d'eux n'a de lien avec le milieu politique.

Dans une intrigue policière, on cherche avant tout à identifier les coupables. Pour y parvenir, on s'interroge sur les mobiles possibles du crime. Une fois trouvés les coupables, le livre s'achève. Dans la situation actuelle, c'est l'inverse : on connaît maintenant les coupables, ce qui constitue le résultat essentiel pour moi, mais on ne réussit pas à déterminer les motifs de leur action.

Aucune information vraisemblable n'est fournie par l'enquête sur le mobile de l'assassinat, c'est-à-dire sur les raisons pour lesquelles les commanditaires du tueur avaient décidé d'éliminer Jean de Broglie. Et pas davantage sur les motifs qui les ont conduits à faire commettre le meurtre devant leur domicile commun — car Pierre de Varga et Ribemont habitaient le même immeuble — ce qui entraînait inévitablement leur mise en cause.

Je n'en ai pas su davantage.

***

J'interrogeais périodiquement le nouveau ministre de la Justice, Alain Peyrefitte, sur les résultats de l'enquête judiciaire. Je m'en tenais strictement à cette source unique, car j'ai constamment respecté le principe de ne jamais entrer en rapport, pendant mon septennat, avec un magistrat pour obtenir une information ou, moins encore, pour chercher à influencer son jugement.

Bien que beaucoup d'affirmations aient été lancées, dans le tumulte qui a suivi l'élection de 1981, le recul du temps permet de vérifier qu'il ne s'est pas trouvé un seul magistrat pour apporter le témoignage du contraire.

Les questions que je posais à Alain Peyrefitte portaient sur deux points : dispose-t-on enfin de nouvelles indications permettant de connaître le mobile du crime ? A quel moment le procès va-t-il pouvoir venir devant les assises ?

Sur le premier point, sa réponse a été constamment négative. Il se contentait de me redire ce que l'on savait depuis l'origine : la réponse tenait à la nature exacte des relations financières entre Varga et Jean de Broglie, relations complexes et anciennes. Mais la Justice ne réussissait pas à identifier les motifs pour lesquels Pierre de Varga avait intérêt à faire assassiner Jean de Broglie. Vengeance, ou calcul financier ?

Quant à la deuxième question, il me répondait que certains avocats faisaient traîner l'affaire. Il existait un imbroglio juridique entre les accusés et leurs proches, notamment la fille de Varga, qui avait été arrêtée puis libérée. La défense multipliait les demandes d'expertise. Chacune d'elles faisait perdre six mois. Alain Peyrefitte s'interrogeait sur le point de savoir si ces manœuvres de retardement n'avaient pas pour objet de faire venir le procès peu de temps avant la prochaine élection présidentielle. Il me semblait surtout qu'il y avait, de la part des accusés, le désir d'enfoncer l'affaire dans la complication et dans l'obscurité, afin de minimiser leur propre rôle.

A l'automne de 1979, j'ai indiqué à Alain Peyrefitte que ces lenteurs me paraissaient injustifiables, d'autant plus qu'il ne s'était produit aucun événement nouveau.

Il m'assure qu'il va faire tout ce qui est en son pouvoir pour que le procès puisse avoir lieu au printemps de 1980. Il me le confirme en mars 1980. Mais en avril une nouvelle manœuvre de procédure de la défense, sur laquelle le Parquet est sans pouvoir, conduit à un nouveau délai.

Dans l'intervalle, l'Assemblée nationale avait pris l'initiative de créer une commission d'enquête, pour décider si Michel Poniatowski devait être traduit devant la Haute Cour pour avoir trahi le secret de l'instruction, et avoir eu connaissance de menaces pesant sur Jean de Broglie sans l'avoir fait protéger. Le Premier ministre, Raymond

Barre, est d'avis de ne pas s'opposer à cette décision. Je l'approuve.

Les auditions de la commission d'enquête débutent en mai 1980 et se poursuivent en juin. La commission recueille les témoignages de tous les fonctionnaires de police concernés, et reçoit communication de l'ensemble de leurs rapports. Elle entend notamment le préfet de police, Pierre Somveille, le directeur de la police, Robert Pandraud, et enfin Michel Poniatowski.

Son rapport, rendu public avec ses annexes, conclut au rejet de la demande d'envoi en Haute Cour.

***

Le procès devant la cour d'assises aura lieu en définitive en novembre et en décembre 1981.

D'une manière surprenante, le ministère de la Justice avait essayé, à la fin du mois de septembre 1981, de faire renvoyer à nouveau le procès, en invoquant la nécessité d'un supplément d'information. Il ne s'agissait pas cette fois-ci d'une initiative des avocats, mais d'une demande pressante du Parquet. Le président de la cour d'assises s'était opposé à cette manœuvre.

L'avocat de l'épouse de Jean de Broglie, maître Robert Badinter, était devenu dans l'intervalle ministre de la Justice. Il connaissait l'envers du dossier ; il va pouvoir en connaître l'endroit.

On retrouve dans le box des accusés exactement les quatre personnages que la police avait identifiés le soir du 27 décembre 1976.

Les débats, qui durent deux mois, ne font pas apparaître d'éléments nouveaux.

Les inculpés sont condamnés le mercredi 23 décembre 1981 à des peines modérées de réclusion criminelle.

LE SUICIDE DE ROBERT BOULIN

Robert Boulin était innocent.

Je n'utilise pas ce mot pour affirmer qu'il était innocent ou coupable au sens de la Justice. Je veux dire, comme quelqu'un qui l'a bien connu, que c'était un innocent.

Il y a des coquins retentissants qui ne se font jamais condamner. Il existe aussi des innocents qui se laissent prendre aux pièges que leur tend la vie.

Robert Boulin faisait partie de la famille gaulliste et de l'équipe girondine de Jacques Chaban-Delmas. Il passait facilement inaperçu. De petite taille, sa chevelure noire enveloppait son visage, dont l'expression était alternativement soucieuse et souriante. Quand il parlait, on remarquait son accent, un peu chantant et appuyé. Il laissait tomber les consonnes des fins de mot.

Cela lui jouait parfois des tours.

Quand il était ministre de la Santé du président Pompidou, il s'était attaqué avec bon sens à l'éternel problème de l'équilibre financier de l'assurance-maladie. Comment concilier cet équilibre avec le respect de nos principes libéraux ? D'un côté, le droit au remboursement automatique des consultations et des médicaments ; et de l'autre, la liberté de choisir son médecin et, pour ce dernier, la liberté de prescrire les produits pharmaceutiques. Pour limiter les excès, Robert Boulin avait imaginé une solution consistant à définir « un comportement type » du médecin — nombre de consultations, montant des prescriptions — qui aurait représenté une référence, qu'il appelait le « profil médical ». On lui aurait comparé le comportement individuel des médecins. Mais il s'obstinait à prononcer ce terme en Conseil des ministres sous la forme girondine de « profit médical », ce qui rendait sa démonstration incompréhensible.

Je l'avais connu secrétaire d'État au Budget, lorsque j'étais ministre des Finances. Il était alors le membre de l'UNR chargé de « marquer » ma gestion. Il a été l'un de mes meilleurs collaborateurs : loyal, disponible, travailleur, ne cherchant pas à se substituer aux autres, adroit et ferme dans ses rapports avec le Parlement.

On le sentait à l'aise à l'Assemblée nationale, qui le reconnaissait comme faisant partie du « milieu parlementaire ». Il en était même le prototype : élu local, maire de Libourne, il était issu d'un milieu familial modeste et était profondément honnête, et sans fortune. Après des études à Bordeaux, il s'était inscrit au barreau de Libourne.

Il avait été élu député avec la vague gaulliste de l'automne de 1958, et régulièrement réélu depuis. Quoique très attaché à son parti, son comportement avait une tonalité radicale : modéré dans ses propos, capable de rechercher un compromis. Il me disait souvent :

« Je fais partie de l'UNR parce que c'est là que je me suis présenté. Et puis il y a Chaban-Delmas ! Mais je me sens très proche de vous. »

Lorsque nous avons passé la soirée à Libourne et à Saint-Émilion, le 5 octobre 1979, dans le cadre du plan de développement du grand Sud-Ouest que j'avais proposé pour permettre à nos régions frontalières de se préparer à tirer parti de l'adhésion prévisible de l'Espagne à la Communauté européenne, c'est Robert Boulin qui nous a reçus avec Anne-Aymone, en sa qualité de maire.

Des rumeurs circulaient déjà dans le milieu politique

sur ses problèmes personnels. Il en était marqué physiquement. Je l'ai remercié de son accueil en soulignant que j'ai toujours trouvé auprès de lui « la coopération la plus efficace, la plus compétente et la plus loyale ».

Après la réception rituelle et chaleureuse dans un château voisin de Saint-Émilion, le château de Salles, nous sommes revenus passer la nuit à la préfecture de Bordeaux. Je devais en effet visiter le lendemain l'École nationale de la magistrature, où je ne m'étais pas encore rendu, déjeuner à l'hôtel de ville de Bordeaux, puis assister l'après-midi au congrès de la Fédération des associations de veuves.

Quand nous sommes rentrés le soir dans notre chambre de la préfecture, Anne-Aymone m'a fait part de l'impression que lui avait faite cette journée. On lui avait rapporté que Madame Boulin tenait sur son mari des propos désobligeants. « J'ai trouvé Boulin très abattu, m'a-t-elle dit. Il fait pitié. »

***

Les premières insinuations contre Robert Boulin avaient filtré dans la presse au mois de juillet. Elles faisaient allusion à des interventions qu'il aurait faites auprès de l'administration pour faciliter les opérations d'un promoteur, Henri Tournet. Celui-ci serait en faillite, plus ou moins frauduleuse et, en examinant ses activités, le juge d'instruction serait tombé sur les interventions de Robert Boulin.

A partir du 15 octobre 1979, des articles paraissent dans la presse hebdomadaire, mettant directement en cause les activités immobilières de Robert Boulin. Le vendredi 26, un quotidien publie une relation détaillée des faits : il mentionne l'intervention faite en 1973 par

Robert Boulin auprès du préfet du Var pour aider Henri Tournet à obtenir l'autorisation de construire vingt-six maisons sur un terrain de Ramatuelle. Cette intervention était restée lettre morte puisque, note le même journal, la préfecture avait refusé, en novembre 1973, d'accorder l'autorisation sollicitée : le programme de construction dépassait le coefficient d'occupation des sols admis dans cette zone.

A l'époque où se situe cette intervention, en 1973, sous le septennat du président Pompidou, Robert Boulin n'était plus ministre. Il avait quitté le gouvernement lors de la constitution de la nouvelle équipe réunir par Pierre Mesmer en avril 1973, après les élections législatives.

Robert Boulin, que je rencontre à chaque Conseil des ministres, n'avait fait allusion à rien, et n'avait pas demandé que je le reçoive. Le ministre de la Justice, Alain Peyrefitte, avait sollicité de son côté un rendez-vous dans la première semaine de septembre, en insistant pour me parler d'une affaire qu'il disait être importante.

Alain Peyrefitte vient donc me voir. Je le reçois le 3 septembre.

Il est préoccupé :

« J'ai demandé à vous voir, Monsieur le Président, pour vous parler du cas de Robert Boulin. C'est une mauvaise affaire. La connaissez-vous bien ?

— Je n'en sais, lui dis-je, que ce qu'en disent les journaux. Lui-même n'a jamais pris l'initiative de m'en parler. »

C'est un fait que, jusqu'à son dénouement, je n'aurai que deux sources d'information : Alain Peyrefitte et la presse.

« Cette affaire est plus compliquée, reprend Peyrefitte, que ce qu'en dit la presse. Et le juge chargé de l'instruction semble y mettre beaucoup de zèle. C'est un jeune magistrat.

— Pourquoi le juge y met-il ce zèle ?

— Il aurait dit, paraît-il, à des journalistes qu'il voulait "se faire un ministre".

— A-t-il commis, demandai-je à Alain Peyrefitte, des fautes professionnelles dans son instruction ?

— Non, jusqu'à présent. Il n'y a pas de reproche à lui faire. »

Je ne fais pas de commentaire. On peut en effet recouvrir ce zèle de noms divers : acharnement, sectarisme, mais aussi passion de la justice. Je n'en sais rien.

Je demande à Alain Peyrefitte :

« Pouvez-vous essayer de me résumer l'affaire. Mais je ne dispose pas de beaucoup de temps, car je dois recevoir après vous le ministre de la Défense de Bahreïn. »

J'ajoute cette précision car je sais combien Alain Peyrefitte est un esprit minutieux, presque méticuleux, qui a le goût et le souvenir de chaque détail.

« C'est le 18 juin dernier, me dit-il, que j'ai trouvé, en rentrant de Colombey-les-deux-Églises où vous m'aviez envoyé déposer une gerbe, plusieurs fiches d'appels téléphoniques urgents de Boulin, demandant à me voir. Je l'ai reçu le jour-même, d'abord en tête-à-tête, puis en présence d'un de mes collaborateurs et du directeur des Affaires criminelles. Il nous a raconté en détail son affaire, dans des termes tels que les participants lui ont dit n'avoir rien à craindre, car il était la victime d'un escroc. »

Et Alain Peyrefitte m'en fait le récit.

A la fin de son exposé, je lui demande :

« Ce que vous m'avez expliqué est compliqué, et représente évidemment le point de vue de Robert Boulin. Je souhaiterais que vous me fassiez parvenir rapidement une note précise sur le déroulement de la procédure judiciaire, depuis l'origine jusqu'à aujourd'hui. »

Alain Peyrefitte acquiesce :

« Je vais la faire préparer par les services. Dès qu'elle sera prête, je l'enverrai au secrétaire général. »

J'ai reçu cette note quatre jours plus tard.

Et je vais essayer à mon tour de résumer à la fois le récit d'Alain Peyrefitte et le contenu de la note.

***

Robert Boulin a fait connaissance, il y a plusieurs années, d'un homme d'affaires, Henri Tournet. Leurs épouses, qui s'étaient connues pendant leur jeunesse, se sont retrouvées dans le même immeuble à Paris, et les ont mis en rapport.

Tournet est un personnage important. Plus âgé que Robert Boulin, il a joué un rôle dans la Résistance et compte de nombreux amis dans le milieu gaulliste. Il aurait été collaborateur de Jean Monnet à Washington et est officier de la Légion d'honneur. C'est une forte personnalité, jouant habilement de ses relations, ce qui a dû impressionner Boulin.

Henri Tournet s'est lancé dans la promotion immobilière. Il avait acquis un terrain de trente-six hectares à Ramatuelle et avait obtenu en 1967 l'autorisation d'y aménager un lotissement. Faute de réalisation dans les six mois, le permis de lotir était devenu caduc. Plus tard, en 1973, Tournet a vendu la plus grande partie de son terrain à trois promoteurs normands, qui se proposaient d'y construire vingt-six villas.

Les règles d'urbanisme ayant changé, des dérogations étaient devenues nécessaires. Robert Boulin étaient intervenu auprès du préfet du Var pour les obtenir. Henri

Tournet lui aurait promis de lui donner, en rémunération de son rôle, un des lots du terrain.

Effectivement, Robert Boulin avait acquis l'année suivante un terrain de deux hectares, qu'il avait payé 40 000 F. Le permis d'y construire une villa lui avait été délivré dans des conditions régulières par la préfecture du Var, en novembre 1974.

Mais, quatre ans plus tard, on découvre que le terrain en question fait partie du lot qui a été acquis par les promoteurs normands, et qu'il a donc été vendu deux fois ! Robert Boulin ne pouvait pas être au courant de cette opération, réalisée de manière irrégulière, et qui n'avait fait l'objet d'aucune inscription hypothécaire.

D'autres cas semblables, et d'autres irrégularités s'étant produits, les promoteurs normands déposent plainte contre Tournet. L'instruction judiciaire est ouverte à Coutances, dans la Manche. Elle progresse lentement.

En mars 1979, l'affaire est confiée à un nouveau juge d'instruction, en poste à Caen. Trois mois plus tard, Henri Tournet est inculpé. En juillet 1979, il est libéré sous caution.

Tournet a réagi violemment contre son inculpation, d'autant plus qu'un décret du mois d'août, normal en un tel cas, lui retire le droit de porter la rosette de la Légion d'honneur. Il a mis en mouvement toutes ses relations.

En dernier ressort, il s'est adressé à Robert Boulin, devenu ministre du Travail et de la Participation. Il l'a menacé de faire des révélations s'il ne réussissait pas à obtenir l'interruption de l'instruction. Pour accentuer sa pression sur Boulin, il laisse filtrer dans le milieu politique et dans la presse le fait qu'il détient des secrets compromettants pour lui.

***

« Quand Robert Boulin est venu me voir, poursuit Alain Peyrefitte, il paraissait très anxieux. Il a reconnu être intervenu dans l'affaire des terrains de Ramatuelle pour obtenir les permis de construire, mais il l'a fait pour une opération qu'on lui présentait comme banale. Il s'agissait seulement d'accélérer les choses, face aux lenteurs de l'administration. C'est en tout cas ce que lui aurait dit Tournet.

Il m'a affirmé ne pas avoir reçu de rémunération, mais Tournet lui aurait indiqué que, s'il souhaitait acquérir un terrain, il lui donnerait la préférence. J'ai l'impression que Tournet s'est servi de lui, sans lui dire toute la vérité, et que maintenant il le menace. Boulin m'a demandé si l'instruction judiciaire contre Tournet pourrait être interrompue. Je lui ai indiqué, ce qu'il ne paraissait pas savoir, qu'elle portait sur une autre affaire, celle des promoteurs normands, que des plaintes avaient été déposées par plusieurs personnes et qu'il n'était évidemment pas question de l'interrompre. Il m'a quitté très abattu.

— Si l'instruction concerne une autre affaire, lui dis-je, pourquoi Boulin est-il aussi angoissé ?

— A cause de l'attitude du juge d'instruction, me répond Alain Peyrefitte. Normalement, dans l'affaire qu'il instruit, celle de la double vente des terrains, il ne semble pas qu'il y ait matière à inculper Boulin. Mais si Tournet le dénonce, cela ouvre une nouvelle possibilité d'instruction et je crois que, dans ce cas, selon les juristes, ces deux procédures peuvent être jointes. »

Tout cela me paraît bien compliqué, déplaisant, malodorant. On voit bien d'où vient l'initiative : de Tournet qui a réussi à embobiner Robert Boulin, à le faire dévier ou à le dévoyer, qui a obtenu de lui des interventions de complaisance, et qui se sert maintenant de la mauvaise conscience qu'il lui a donnée pour faire pression sur lui afin de se protéger lui-même.

Il faut définir une ligne claire pour notre conduite, et nous y tenir. Je la trace devant Alain Peyrefitte.

« Aussi longtemps qu'il s'agit d'une affaire de droit privé, je n'ai pas à intervenir. Je ne fais pas faire d'enquête sur les ministres ! Tant que Robert Boulin n'est pas inculpé, et qu'il ne prend pas lui-même l'initiative de m'en parler, je n'ai pas l'intention de l'entretenir de cette affaire. »

Et je conclus :

« Je respecte la règle anglo-saxonne : "présumé innocent". Si une instruction judiciaire concernant Robert Boulin devait être ouverte, je lui demanderais de démissionner aussitôt du gouvernement. Il sera libre alors de se défendre devant la justice. Bien entendu vous devez garder la même attitude, et ne pas intervenir dans la procédure.

— Merci, Monsieur le Président, me répond Alain Peyrefitte. Je ne crois pas qu'il y ait d'autre attitude possible. Mais nous pouvons nous trouver placés devant de nouveaux développements. S'ils se produisent, je demanderai que vous me receviez à nouveau. »

***

A la fin du Conseil des ministres du mercredi 24 octobre 1979, au moment où je fais le tour de la table pour serrer la main des ministres, Alain Peyrefitte me demande s'il peut me dire un mot personnel. Nous passons dans la pièce à côté, le salon des Aides de camp.

Peyrefitte est visiblement soucieux.

« Les choses ne tournent pas bien pour Boulin, me dit-il. Je crains qu'il ne faille s'attendre à son inculpation.

— Quels sont les éléments nouveaux ?

— Le juge d'instruction a demandé qu'on lui communique les comptes bancaires de Boulin. La succursale de la BNP de Libourne, où Robert Boulin a son compte, et qui avait opposé un refus jusqu'ici, vient d'être mise en demeure par le juge de le faire.

— En quoi cela menace-t-il Boulin ?

— Boulin a déclaré à la presse qu'il avait acheté et payé à Tournet son terrain de Ramatuelle. Il a même indiqué le prix, 40 000 F, et le mode de règlement : un chèque. Or le juge d'instruction a saisi chez Tournet des souches de carnets de chèques montrant qu'il avait décaissé la même somme à une date voisine. L'examen du compte bancaire de Boulin est destiné à vérifier si cette somme lui a été restituée. »

J'ai lu effectivement la déclaration que Boulin a faite à un journaliste concernant les modalités de règlement de son achat de terrain.

Ainsi l'innocence ou la culpabilité de Robert Boulin sont-elles concentrées dans l'affaire de Ramatuelle : a-t-il reçu ou non une contrepartie pour l'intervention qu'il avait accepté de faire ?

A la note administrative que m'avait fait parvenir Alain Peyrefitte étaient annexés un plan du lotissement et une photo de la villa construite par Robert Boulin en 1976. Je les ai regardés longuement. Une maison comme il en existe des dizaines de milliers dans les lotissements de la Côte d'Azur, sans grâce, sans charme. Parmi les catalogues de vente de maisons sur plan, elle ne doit pas être éloignée du tarif le plus bas. Ce n'est pas le type de maison que rêvent de se faire bâtir les affairistes !

« Prévenez-moi, lui dis-je, quand vous aurez du nouveau. S'il est inculpé, il devra évidemment démissionner. »

La presse est maintenant au courant de la question du compte bancaire. Elle laisse pressentir une révélation.

Robert Boulin réalise sans doute le caractère dramatique de la situation. Si l'examen de son compte bancaire fait apparaître que Tournet lui a restitué l'argent versé pour l'achat de son terrain, il peut être inculpé de faux en écriture, car le contrat de vente devient alors fictif.

Il essaie de se défendre. Aux questions qui le harcèlent, il répond qu'il a déposé à son compte une somme qui lui a été remise par sa mère. Un naufrage.

***

Le mardi 30 octobre, lorsque j'entre dans mon bureau, j'aperçois, posée sur la table, une note portant l'en-tête du secrétaire général de la présidence de la République.

Je la lis :

« Depuis le 29 octobre 1979 à 15 heures, M. Robert Boulin a disparu. Après avoir quitté le ministère du Travail, il s'est fait conduire chez lui, d'où il est parti seul, dans sa voiture personnelle.

A 4 heures ce matin, sa famille a alerté le ministère de l'Intérieur. Dans la corbeille à papier proche du bureau de M. Boulin, à son domicile, son gendre a trouvé des brouillons de lettres — il aurait écrit dimanche et lundi dernier une vingtaine de lettres — dans lesquels il annonçait son intention de mettre fin à ses jours, dans la forêt de Rambouillet, près d'un étang où il avait aimé monter à cheval.

Des recherches sont en cours. M. Bouvier les dirige. »

Ainsi le drame a eu lieu. J'ai la gorge nouée. J'imagine l'angoisse, et le désespoir solitaire de Robert Boulin errant la nuit dans la forêt de Rambouillet où l'ont rappelé ses souvenirs des jours heureux.

***

A 11 heures 30 du matin, Jacques Wahl vient me prévenir. Le ministre de l'Intérieur, Christian Bonnet, l'a appelé pour me faire savoir qu'on venait de retrouver le corps de Robert Boulin, noyé, dans les étangs de Hollande, près de Rambouillet. Toutes les apparences indiquent qu'il s'agit d'un suicide. Dès qu'il aura d'autres détails, il me rappellera.

Les étangs de Hollande... Une longue bande d'eau, en bordure de la forêt de Rambouillet, au milieu de grands arbres. Ils ont été aménagés jadis pour la pêche et pour la chasse. A leur extrémité, une levée de terre joue le rôle de barrage et retient l'eau. Sur le côté de l'étang, la pente est plus douce. On peut se promener le long du rivage. Les pique-niqueurs y viennent le dimanche, et laissent des papiers gras sous les arbres. Parfois, la chasse à courre y passe, à la poursuite d'un cerf.

En semaine, c'est un endroit silencieux, presque toujours désert. J'y suis allé autrefois promener mon chien et jouer avec lui pour le dresser. Il sautait dans l'eau, en faisant rejaillir des feux d'artifice formés de gouttelettes. J'avais remarqué que la pente était faible, car je le voyais courir assez loin sans s'enfoncer quand je lui lançais une balle. Comment peut-on s'y noyer ? Il faudrait s'étendre, se mettre la tête sous l'eau.

Je crois que je pense avec autant d'insistance à l'endroit pour éviter de penser à Robert Boulin. Mais maintenant voici que les deux se réunissent dans mon esprit : c'est lui qui est étendu inerte, les vêtements imbibés de boue et la bouche remplie d'eau, sous la surface qu'il aperçoit à l'envers.

D'heure en heure, on m'apporte des nouvelles. Robert

Boulin s'est effectivement noyé. Il avait absorbé des barbituriques et devait être à demi-conscient. On a retrouvé sa voiture, quelques dizaines de mètres plus loin. Pas de trace d'effraction ou de violence.

Christian Bonnet, que j'appelle moi-même au téléphone, me le confirme :

« D'après les enquêteurs de Versailles qui sont sur place, le suicide ne fait pas de doute. Ses collaborateurs l'avaient trouvé très déprimé la veille. Il les avait réunis pour voir comment se défendre contre les attaques. Quand son directeur de Cabinet l'a pris à part pour le questionner sur les 40 000 francs, il s'est retourné et ne lui a pas répondu. Mais celui-ci a remarqué des enveloppes manuscrites, timbrées, posées sur son bureau. Il est parti du ministère à 3 heures pour rentrer à son domicile. Et là, il a congédié son chauffeur. »

Et c'est Alain Peyrefitte qui m'appelle au téléphone à son tour.

« Monsieur le Président, me dit-il, il s'est produit ce que je craignais : l'examen de son compte bancaire l'a affolé. Il a dû penser que son inculpation était imminente. »

Le lendemain, on apprend qu'il a adressé des lettres à plusieurs membres de sa famille, et aussi à l'Agence française de presse, qu'il a postées pendant son trajet. Il y explique son geste, et met en cause à la fois la responsabilité du promoteur, qualifié d'escroc paranoïaque, l'absence de solidarité de ses « amis politiques », et le « dévoiement dans la révélation du secret de l'instruction ».

***

Le lendemain, mercredi 31 octobre, nous tenons à l'Élysée la réunion habituelle du Conseil des ministres.

J'ai donné pour instruction de laisser vide la place qu'occupait traditionnellement Robert Boulin, et d'y maintenir la chaise où il s'asseyait, ainsi que le buvard posé sur la table. C'est la deuxième place à ma droite, entre celle qu'occupe Alain Peyrefitte et celle du ministre de l'Éducation, Christian Beullac.

Le Premier ministre, Raymond Barre, me remet une note :

« Je dirai en sortant de l'Élysée, m'écrit-il, quelques mots en hommage à Robert Boulin. Puis je ferai une courte déclaration, après Jacques Chaban-Delmas, à l'Assemblée nationale. »

Avant que commencent les délibérations du Conseil, j'ai invité les ministres à observer une minute de silence « à la mémoire et en souvenir de leur collègue qui a connu une fin tragique ». Nous nous sommes levés ensemble.

Et pendant que les regards se tournaient vers la place vide, les uns appuyés, les autres furtifs, et que le silence rendait plus stridents les craquements des boiseries du salon Murat sous l'effet du premier chauffage, je me demandais pour quelle raison Robert Boulin m'apparaissait, dans cet horrible dénouement, comme une victime innocente.

Était-ce seulement parce que je le connaissais depuis longtemps et qu'ainsi les fils de nos vies s'étaient mêlés ? Était-ce parce que les documents dont j'avais eu connaissance suggéraient que ses défaillances n'étaient qu'un essai maladroit de sa part pour bénéficier de facilités dont il voyait les autres si naturellement pourvus ? L'image de la façade ingrate de la petite maison de Ramatuelle me repassait devant les yeux.

Ou était-ce surtout parce que j'avais ressenti depuis le début de ce drame que le mal, que la méchanceté, que le venin, comme dans les récits du Moyen Age, étaient venus d'ailleurs pour se jeter sur lui ?

Pour moi Robert Boulin était un innocent.

Sans doute aurais-je été un mauvais Juge.

VII

L'AFRIQUE

J'aime l'Afrique. Les Africains, je crois, le savent.

La première fois que j'ai exprimé ce sentiment, c'était au Zaïre.

A la fin de mon voyage officiel dans ce pays, du 7 au 9 août 1975, voyage marqué par un passage au stade du 20-Mai à Kinshasa, bourré jusqu'à la cime d'une foule aussi enthousiaste que pour une finale de la coupe du monde de football, et d'une visite à l'hôtel de ville, où je n'ai pas pu éviter, malgré toutes les ruses, d'être coiffé d'un calot en léopard — ce dont il ne subsiste, grâce au ciel, qu'une seule photo ! —, le président Mobutu m'a emmené visiter l'immense chantier du barrage d'Inga, près de l'embouchure du Congo.

C'est un site extraordinaire, sans doute unique dans le monde : un escalier gigantesque, taillé dans le rocher, et dont chaque marche aurait un kilomètre de long. Survolé en hélicoptère, on croirait voir une cascade en rocailles, aménagée pour orner le parc d'un Versailles qui serait à l'échelle d'un continent.

Après la visite des centrales électriques, une réception avait été organisée autour d'un buffet pour le déjeuner. Nous nous sommes retrouvés dans un jardin fermé de canisses de bambou, et protégé du soleil par de grands arbres, comme en Provence.

Il fallait remercier nos hôtes. Les journalistes attendaient nos propos, en tenant un micro dans une main, et, dans l'autre, un verre, sur lequel l'humidité déposait des gouttes de buée.

Je me suis tourné vers le ministre de la Coopération, Pierre Abelin, en lui demandant s'il pouvait prononcer une allocution, et je dirais ensuite quelques mots pour conclure.

Je crois qu'Abelin attendait ce moment, et souffrait en réalité d'un discours rentré. Il s'est lancé avec enthousiasme : la chaleur lui avait fait abandonner son veston, et il portait une chemise blanche. Sa silhouette de gentilhomme poitevin, ses grands gestes des bras ont commencé par surprendre. Il y avait du comice agricole dans l'air ! J'ai redouté la stupéfaction de son auditoire. Après quelques minutes d'hésitation, celui-ci s'est laissé séduire, car le ton, l'aisance, la facilité que donne le métier politique, en faisaient un morceau de choix.

La conclusion sur la coopération, « utile pour le Zaïre mais indispensable pour la France », a été saluée par une salve d'applaudissements aussi vigoureuse qu'elle l'aurait été à Chatellerault !

Il me restait à remercier le président Mobutu pour l'organisation de ce voyage, et les personnalités présentes pour leur accueil. Je n'avais pas préparé de texte. J'ai commencé par trois mots :

« J'aime l'Afrique. »

Les journalistes noirs ont levé leurs stylos, pour me regarder. Ils ont pris brusquement conscience que c'était mon cœur qui parlait.

C'est vrai que j'aime l'Afrique.

Cet amour a eu des conséquences sur le cours de ma présidence.

LE SAGE DE L'AFRIQUE

Pendant les conférences des chefs d'État franco-africains, lorsque le président Houphouët-Boigny rejoignait notre séance de l'après-midi à l'issue de sa courte sieste obligatoire, son entrée provoquait toujours le même mouvement de respect et de curiosité.

Il gagnait sa place à petits pas, s'asseyait, la tête légèrement rentrée dans les épaules, puis il jetait un long regard circulaire autour de la table, de ses yeux voilés et un peu saillants : nous avions parmi nous le sage de l'Afrique.

Quand les discussions s'enlisaient, et que les antagonismes d'intérêt faisaient monter les voix jusqu'à une tonalité aiguë, il attendait le bon moment pour intervenir. Comme tous les Africains, il avait l'instinct de la palabre. Il savait que la discussion sert à présenter des arguments, mais aussi à évacuer les non-dits, les blessures de considération à panser, le besoin d'être écouté, et qu'il faut la laisser se poursuivre jusqu'à ce que le sac ait été vidé.

Alors il prenait la parole, d'une voix presque confidentielle. Il évoquait tous les arguments avancés par les uns et les autres, en rappelant les motifs qui les justifiaient. Et il présentait une solution de synthèse, vers laquelle il avançait par touches prudentes. S'il s'agissait d'un problème économique, il proposait pour le résoudre une contribution financière de la Côte-d'Ivoire, tout en soulignant qu'il revenait à la France, en raison de l'ampleur de ses ressources, de prendre la part la plus large du fardeau. On imagine l'approbation unanime qu'il pouvait recueillir !

Dans ses relations avec les autres chefs d'États africains, on voyait se manifester successivement toutes les nuances du jeu des rapports humains : la bienveillance du père, la fermeté vis-à-vis de celui qui s'est égaré, la patience, l'appel discret au ralliement. Et aussi cette hiérarchie des relations entre les puissants et les faibles, les grands et les petits, qu'on utilise dans un jeu de balancier subtil, tantôt pour laisser apparaître sa propre force, tantôt pour feindre d'en minimiser l'importance.

A travers son attitude, j'apercevais un univers de comportements différents du nôtre. Il m'a aidé à en pénétrer les secrets.

***

Je lui ai rendu, du 11 au 15 janvier 1978, la visite officielle qu'il avait faite en France au printemps de 1976.

Ce voyage comportait deux étapes : l'une dans la capitale, Abidjan, où le président Houphouët-Boigny avait eu l'attention de baptiser de mon nom la grande avenue qui relie l'aéroport à la ville, et qui était bordée d'une foule frémissante et bariolée que je saluais avec lui les bras levés ; et l'autre dans ce qu'il appelle « mon village », son lieu de naissance, Yamoussoukro.

J'étais impatient de connaître cet endroit, pour essayer de remonter la filière de ses origines. L'évocation de « son village » me faisait imaginer des cases ancestrales, sous l'auvent desquelles sommeillent à demi des vieillards en boubou bleu, des ruelles de terre battues ravinées par la pluie où piaillent des poules naines, et quelques beaux arbres, des eucalyptus ou des baobabs, qui étendent leurs branches comme une protection sacrée sur le village.

Ce que j'ai trouvé était très différent. J'ai aperçu, par le hublot de l'avion, de larges avenues goudronnées et des bâtiments récents entourés de grilles. L'aérodrome a la dimension du terrain d'une de nos grandes villes, et l'appareil roule sur la piste avec le sifflement huileux que fait le contact des pneus avec un revêtement tout neuf.

Notre cortège a traversé le village : c'est une ville ultra-moderne. Ce qui reste de l'Afrique, ce sont les talus coupés par les bulldozers sur le côté des routes : des tranches de terre jaune, d'où jaillissent des racines qui viennent rappeler que, sous l'arrogance des bâtiments et des avenues, à quelques dizaines de centimètres de profondeur, on retrouve le continent africain qui déroule jusqu'à l'infini son sol immuable de sable et de latérite rouge.

Nous avons fait un premier arrêt à la mairie de Yamoussoukro, où j'ai été intronisé chef coutumier de Côte-d'Ivoire et où on m'a remis les objets en bois doré qui en symbolisent le pouvoir.

Puis nous sommes partis pour le palais des Hôtes. L'entrée s'effectue par une vaste grille de fer peinte en noir, avec des pointes dorées. Nous remontons une avenue plantée, il y a seulement quelques jours, d'arbres qui n'ont pas encore eu le temps d'enfoncer leurs racines dans la terre, et dont les troncs sont protégés par des faisceaux de paille. Notre cortège s'arrête enfin devant l'escalier du palais. Un immense bâtiment rectangulaire, où l'on retrouve l'influence de l'architecture américaine des années 60, réécrite dans un style arabo-africain. Un bel ensemble, disproportionné sans doute dans ce « village », mais équilibré et harmonieux.

En montant les marches avec le président, je songe aux campagnes de presse sur les « palais des rois-nègres » écrites d'une plume qui, même dans les journaux d'extrême-gauche, emprunte facilement le vocabulaire du racisme et du colonialisme. Quand le président Houphouët-Boigny m'a rendu visite à Paris pour la conférence franco-africaine, je l'ai reçu à déjeuner, avec les autres chefs d'État africains, au château de Versailles. Lorsqu'il a jeté un regard par la fenêtre, a-t-il su que les pièces d'eau et le Grand Canal ont été creusés par les hommes des régiments français réquisitionnés par Louis XIV, et détournés ainsi de leurs missions, et que les épidémies répandues par ces boues marécageuses ont fait parmi les soldats, au dire de Pierre Verlet, des milliers de victimes ?

Le bâtiment sent encore le plâtre frais et la peinture. Il vient tout juste d'être achevé. Les équipes d'artisans ont dû encore travailler la nuit dernière et jusqu'à ce matin.

L'architecte nous reçoit, accompagné de la décoratrice. Je reconnais la même jeune femme qui m'a embrassé au sortir de la rue de la Bienfaisance, le soir de mon élection, en étalant sur ma joue le rouge de ses lèvres. Aujourd'hui, son maintien est plus réservé : Afrique oblige ! Je félicite l'architecte pour la qualité et l'équilibre de son ouvrage. Les matériaux sont beaux : tout le rez-de-chaussée est dallé de marbre. Je l'interroge sur sa provenance. Il vient d'Italie.

Le décor est composé de tapisseries et de beaux meubles français, des commodes Louis XV aux tiroirs épanouis derrière leurs poignées de bronze. Je prie le ciel que ces meubles soient des copies, car leur marqueterie va s'écailler rapidement sous la morsure du soleil africain !

Je salue le président, qui regagne sa résidence. Il prend ma main dans les siennes. Il est visiblement heureux de me faire plaisir en me recevant ainsi. Et, puisque telle est son intention, je partage son bien-être, même si l'ironie du décalage des siècles me fait ressentir un embarras républicain devant ce palais du Roi Soleil.

***

Le lendemain, nous avons parlé de l'Afrique.

« Vous appelez Yamoussoukro votre village, Monsieur le Président, lui dis-je. Vous avez beaucoup vécu ici ?

— C'est ici que je suis né, me répond-il. Tout à côté de cette maison, près de l'endroit où habitent mes tantes. Si vous le voulez, nous irons leur rendre visite tout à l'heure. Elles nous attendent.

— Vous y avez passé votre enfance ?

— Toute mon enfance, depuis ma naissance, mais mon enfance n'a pas été longue. J'ai été fait chef traditionnel lorsque j'avais cinq ans.

— Vous gardez des souvenirs de cette époque ?

— Oui, un souvenir très précis. »

Il me fixe de ses yeux au cristallin très blanc. Nous sommes installés dans son bureau. Des boiseries de chêne couvrent les murs ; devant nous une table basse en acajou, cerclée d'un filet de cuivre. Le tapis a une trame laineuse qui indique sa provenance de la Savonnerie. Les odeurs qui en montent me transportent dans un autre endroit : un grand hôtel de Paris, ou de Rome. Nous sommes assis côte-à-côte sur un canapé. Je change de place, et m'installe dans un fauteuil, pour être plus confortable et pouvoir lui parler en le regardant de face. Il porte un costume sombre, la Grand Croix de la Légion d'honneur à la boutonnière, et des boutons de manchettes en or aux poignets de sa chemise blanche. Le voici parti dans son passé, soixante-dix ans en arrière.

« La cérémonie où j'ai été consacré chef traditionnel a été très longue. Elle a duré plusieurs heures, et s'est passée sur la place que vous avez traversée pour entrer ici. »

Il y a en effet devant sa résidence une grande place

carrée, fermée de murs et plantée de grands arbres. Pas de revêtement au sol, la terre est restée nue, comme elle devait apparaître, piétinée pendant la cérémonie.

« Pourquoi, lui dis-je, vous avait-on désigné pour être chef ?

— Parce que mon oncle, qui était le chef du village, était mort, et que j'étais l'aîné de la famille.

— Votre oncle n'avait pas d'enfant ? »

Le président Houphouët-Boigny s'anime. Il sonne pour qu'on nous apporte du café. Il va me faire entrer dans son cercle intime.

« Ce n'est pas cela. Dans notre famille, et généralement dans notre tribu, les successions se font entre oncle et neveu. Plus exactement entre le frère de votre mère et vous : d'oncle maternel à neveu. Parce que c'est le seul cas où le lien du sang soit certain. »

Et il rit à cette évocation, celle des mille intrigues du sérail africain, la tête rejetée en arrière par les secousses hoquetantes de son rire :

« C'est pour cela que j'ai été désigné comme chef traditionnel.

— Vous étiez le chef de votre tribu ? » lui demandai-je.

Je sais que ma question est indélicate car, bien que président de la Côte-d'Ivoire, et chef traditionnel, il n'est pas l'héritier direct des souverains de sa tribu. Mais j'aimerais qu'il continue d'avancer dans ses confidences.

« Non, ce n'est pas moi le chef de la tribu, me dit-il, c'est ma nièce. Vous l'avez vue au dîner hier soir. Elle est l'épouse de notre ambassadeur au Maroc. J'en ai fait ma fille adoptive. C'est elle qui est l'héritière de la tribu des Baoulés, ce qui signifie l'Enfant-mort.

Notre tribu est venu du Ghana, à l'est de la Côte-d'Ivoire, au XVIIe siècle. Il s'y était posé un problème difficile de succession. »

Et il se lance dans une explication généalogique dont je retiens que le pouvoir devait revenir à une femme, mais qu'un membre influent de la famille dirigeante, régent jusque-là, avait décidé de l'éliminer, et de s'emparer du trône à sa place.

La reine s'est enfuie, entraînant avec elle les fidèles de sa tribu. Le prétendant abusif s'est lancé à sa poursuite, et a réussi à les rejoindre. A la veille d'être capturée, la reine est arrivée au bord du fleuve qui forme aujourd'hui la frontière entre le Ghana et la Côte-d'Ivoire. Il était impossible de le franchir, car il était rempli de crocodiles, et les fuyards ne disposaient que de petites pirogues. La reine a fait venir son sorcier. Elle lui a demandé ce qu'il fallait faire pour échapper au massacre, car on entendait déjà les rumeurs et les cris des poursuivants qui se rapprochaient, et qu'elle avait réussi à égarer jusque-là par des changements de route.

Le sorcier a interrogé le dieu du fleuve. Il a rapporté sa réponse à la reine :

« Le dieu du fleuve sera apaisé, et les crocodiles vous laisseront passer, si vous lui offrez un enfant en sacrifice. »

La reine a interrogé ses compagnons :

« Quelqu'un d'entre vous accepte-t-il de donner son enfant en sacrifice au dieu du fleuve pour que nous puissions le traverser ? »

Aucune voix ne s'est élevée.

Alors la reine, qui avait emmené son enfant, un petit garçon, avec elle, leur a dit :

« Si personne d'entre vous n'accepte de donner son enfant, j'offrirai le mien. »

Et elle l'a installé dans une pirogue, qui est partie à la dérive sur le fleuve.

« Que lui est-il arrivé ? demandai-je.

— Il a été dévoré par les crocodiles, et la tribu a pu traverser le fleuve. C'est pourquoi elle s'appelle depuis “la tribu de l'Enfant-mort”, la tribu Baoulé. Elle s'est ensuite installée près d'ici. Et, comme je vous l'ai dit, c'est ma fille adoptive qui est l'héritière de la reine. »

***

L'air conditionné ronronne autour de nous. Par la fenêtre, j'aperçois les branches des grands arbres de la place, qui frémissent à peine sous la montée des vagues d'air chaud.

« Monsieur le Président, lui dis-je, puisque nous parlons du passé, votre tribu pratiquait-elle les sacrifices humains ?

— Oui, elle les pratiquait encore quand j'étais enfant, me répond-il. J'y ai assisté moi-même. Je vais vous expliquer comment cela se passait.

Les hommes qu'on sacrifiait étaient des esclaves, des serviteurs. A cette époque, les familles de notre tribu disposaient d'esclaves. Ils étaient capturés à l'occasion des luttes avec les tribus voisines, ou étaient eux-mêmes descendants d'esclaves. Parmi les maîtres, il y en avait qui étaient bons, et d'autres exigeants et cruels. Quand le maître mourait, se posait la question du sort de ses esclaves. Allaient-ils suivre leur ancien maître, ou être donnés à un nouveau ?

Il faut savoir que pour nous, les Baoulés, les morts vivent juste au-dessous de la surface du sol. »

Une question stupide, d'inspiration polytechnicienne,

me vient à l'esprit. Mais elle m'aidera à rendre plus concrète la vision qu'il me décrit :

« A quelle profondeur sous la terre, Monsieur le Président ?

— Oh ! quelques mètres à peine, me répond le président Houphouët-Boigny. Comme je vous l'ai dit, tout près du sol. Ils mènent exactement la même vie que nous, c'est pourquoi nous leur donnons des ustensiles et de la nourriture. Et ils ont besoin des services de leurs esclaves. Alors on demandait aux esclaves s'ils voulaient accompagner leur maître. Les esclaves hésitaient. S'il s'agissait d'un bon maître, ils préféraient rester avec lui plutôt que prendre le risque d'être donnés à un maître méchant. D'autres refusaient. Quand ils avaient décidé de le suivre, on commençait les cérémonies rituelles. On leur faisait boire de l'alcool de palme, jusqu'à ce qu'ils soient enivrés, et on les sacrifiait — il dit "sacrifiait", et je pense "égorgeait" — pendant les funérailles de leur maître. »

En écoutant ce récit, j'imagine que le déroulement des choses ne devait pas être aussi limpide. Des pressions s'exerçaient sur les esclaves terrorisés. L'orgueil de la famille du mort jouait sans doute un rôle : le défunt partirait-il seul, ou bien avec une escorte d'esclaves ? Et puis il y avait aussi les cas douteux, les esclaves sans maître, ceux dont on souhaitait se débarrasser ou se venger.

« Où avaient lieu ces sacrifices ? lui demandai-je.

— Sur la place, devant ce palais. Au pied d'un arbre. Je vous le montrerai tout à l'heure. »

Et le président Houphouët-Boigny, comme immergé par ce récit dans l'univers africain, cet univers qui n'est que la moitié de sa vie, lui qui a été député et ministre du gouvernement français, sous la IVe et la Ve République, qui possède un hôtel particulier à Paris, et qui a participé à des rencontres internationales, mais la moitié de sa vie du dessous, celle qui rejoint les racines des talus éventrés par les bulldozers, et aussi celle qui reste à l'écoute de l'activité affairée des morts qui se poursuit juste au-dessous de la surface du sol, le président Houphouët-Boigny reprend :

« Il y a une grande différence entre vous, les Européens, et nous, les Africains, à propos de la mort. Pour nous, la mort n'est jamais naturelle. C'est une sanction. Pour vous, quand quelqu'un meurt, on évoque sa maladie ou sa vieillesse. Chez nous, on se pose la question : quelle est la cause de sa mort ? Quelle faute a-t-il commise ? Je vous le répète : il n'existe pas pour nous de mort naturelle. Toute mort peut être expliquée si l'on trouve la faute commise, ou la sanction qui l'a provoquée. »

Je l'interroge encore :

« La sorcellerie continue-t-elle à jouer un rôle important en Afrique ?

— Oui, me dit-il, elle est toujours présente, et reste très influente.

— Dans les villages ?

— Surtout dans les villages, mais encore aussi dans les villes.

— Les sorciers ont-ils recours aux poisons ?

— La connaissance des poisons est très importante pour les sorciers, mais encore plus celle des contre-poisons ! C'est des contre-poisons qu'ils tirent surtout leur pouvoir. Il faut savoir qu'en Afrique tout poison a son contre-poison. Le poison sert à appliquer la sanction, et alors la personne sait qu'elle va mourir. Elle a grand peur, mais elle ne peut pas se protéger, car elle ne connaît pas le poison qu'on lui a donné. Le sorcier peut la guérir, car lui connaît le poison, en lui administrant le contre-poison. Sa vie dépend alors du sorcier. »

Le temps passe. Je vois à la pendule qu'il est déjà près de cinq heures et demie. J'ai scrupule à prolonger la discussion sur ce sujet, car j'ai apporté avec moi un dossier pour lui parler de nos relations bilatérales. Il est posé sur la table basse et attend toujours d'être ouvert. Mais je reverrai le président demain, et je ne peux pas m'arracher au désir d'avancer plus loin dans cette explication, cette initiation à l'Afrique.

Je n'ai pas besoin de lui poser de question pour cela. Le président Houphouët-Boigny reprend de lui-même :

« L'usage du poison n'est pas limité aux sorciers. Beaucoup de gens connaissent les poisons. Et il est facile de les utiliser.

— Comment les donne-t-on ?

— Il y a deux manières, me répond-il, de les administrer : dans la nourriture, ou dans le souffle. La nourriture, c'est le plus facile. On dissimule le poison quelque part, par exemple sous un ongle, et on le fait tomber dans l'écuelle de la personne. Mais les gens se méfient. Aussi on peut utiliser à la place des poisons volatils. On les met dans la bouche, contre une dent, dans un petit sachet, et on les souffle dans le visage de l'homme qu'on veut empoisonner. Ce sont des poisons très dangereux. Et cela vous explique pourquoi, dans les villages, lorsqu'il y a deux hommes assis l'un en face de l'autre, en train de discuter, vous les voyez changer brusquement de place. »

J'avais remarqué ces longues palabres entre des hommes accroupis, ou assis sur de petits tabourets, souvent près des cendres d'un feu, dans l'espace laissé vide entre les cases.

« Pourquoi changent-ils de place ? lui demandai-je.

— Parce que le vent a tourné, répond-il, et que l'un d'eux ne veut pas se trouver sous le vent par rapport à l'autre ! »

Le téléphone sonne. C'est un appareil blanc, posé sur une table d'appui, à gauche du président Houphouët-Boigny. Il le décroche. A ses réponses, je comprends que c'est son chef de protocole, Georges Ouegnin, qui lui rappelle les exigences de l'horaire. Le président lui donne des instructions.

« Excusez-moi, me dit-il, on me rappelle que je dois maintenant vous reconduire chez vous, pour vous permettre de revenir à temps pour le dîner. Demain matin, si vous le voulez, je vous accompagnerai à la messe de l'église de Yamoussoukro, et nous pourrons nous revoir au retour parce que nous avons encore beaucoup de sujets à traiter. Mais auparavant, si vous le voulez, nous allons rendre visite à mes tantes. »

Il se lève pour partir, en s'appuyant à l'accoudoir du canapé. Nous gagnons l'entrée, et nous montons dans une Mercedes noire, où il me laisse, à droite, la place d'honneur. L'auto démarre, elle commence à traverser l'esplanade. Le président Houphouët-Boigny prend ma main dans la sienne. Il demande au chauffeur de ralentir, et cherche un bouton pour baisser la vitre. Il ne réussit pas à le trouver, et demande en riant au chauffeur de le faire pour lui. Puis il se tourne vers la fenêtre sur sa gauche, et de sa main libre, m'indique un arbre près duquel nous allons passer.

« Voici, me dit-il, l'arbre dont je vous ai parlé, celui au pied duquel on faisait les sacrifices humains. »

J'imagine le petit garçon qu'était alors Houphouët-Boigny, ployant sous ses vêtements chamarrés, portant la coiffure du chef, et tenant avec effort le bâton de commandement dont l'extrémité est décorée de trois lions recouverts d'une feuille d'or — le même dont on m'a remis une reproduction tout à l'heure à l'hôtel de ville de Yamoussoukro —, le petit garçon aux yeux écarquillés devant le spectacle des esclaves ivres et du sorcier qui attend la fin de la cérémonie, le sabre au fil tranchant posé sur les genoux.

Je sens la main sans âge du président Houphouët-Boigny serrer la mienne.

***

La voiture suit maintenant un long mur, bordé de maisons aveugles. Le chemin n'est pas goudronné. Nous sommes revenus en Afrique. Nous franchissons un porche et entrons dans une cour. Ce n'est pas l'habitat traditionnel, mais ce compromis qu'on trouve dans les villages, pour bâtir les écoles et les bâtiments administratifs, entre le style africain et les matériaux modernes : des portes peintes en vert, des murs de plâtre blanc, des grillages aux fenêtres pour lutter contre les moustiques.

Le président me précède. Ses tantes sont assises sur trois côtés le long des murs. Ce sont de vieilles femmes, arrivées à ce point de la vie où la dureté des conditions d'existence en Afrique fait disparaître l'âge. Il doit y avoir une douzaine de personnes présentes. Sont-elles toutes ses tantes ? J'imagine plutôt qu'elles doivent être accompagnées de suivantes. Le président Houphouët-Boigny me présente à elles en français, puis en langue baoulé. A son attitude, je devine l'importance de trois de ces femmes, surtout l'une d'elles. Ce doit être la sœur de sa mère, ou peut-être la grand-mère de sa fille adoptive, la reine des Baoulés.

On me fait asseoir, et la femme qui paraît exercer

l'autorité dit quelques mots de bienvenue, d'une voix grave et saccadée, tournée vers le président. Celui-ci m'explique qu'elles sont contentes de me recevoir. Et la conversation, commencée comme une traduction, se poursuit entre eux. On me sert du thé et des biscuits. Je vois le président de dos, avec sa silhouette étonnamment mince. A une remarque de l'une d'elles, il rit, d'un rire heureux qui lui secoue les épaules. Il se penche pour serrer des mains. La conversation se généralise : elles doivent lui raconter une histoire, car les unes interrompent, pour les reprendre, les propos des autres. C'est ainsi qu'il a dû grandir, recevoir des conseils ou des ordres, autrefois.

En repartant dans la voiture, je lui pose une question pour introduire, en réalité, une demande :

« Où est enterrée la reine des Baoulés, Monsieur le Président, et les membres de sa famille ? »

Ma question le dérange. A un pli supplémentaire sur son front, je vois qu'il n'a pas envie de me répondre. Mais son sens de l'hospitalité, qui lui tient lieu de courtoisie infinie, force sa répartie :

« Dans son village, là où elle habitait. C'est là que sont aussi enterrés ses descendants.

— Est-ce loin d'ici ?

— Non, ce n'est pas loin. »

Je remarque chez lui le même réflexe que chez d'autres Africains. Lorsqu'ils n'aiment pas répondre, ils parlent plus lentement, d'une voix plate, en détaillant les syllabes.

Et je présente ma demande :

« Pourrai-je un jour aller les voir ?

— Oui, si vous le souhaitez, me répond-il, mais ce n'est pas prévu dans ce voyage. Il faudrait y aller une autre fois. »

De sa part, c'est à la fois une manière de m'éconduire, et de m'inviter à revenir.

Je le lui demanderai à nouveau, mais plus tard. J'aimerais découvrir cet endroit, où il ne doit y avoir ni tombes, ni mausolée, mais seulement quelques boursouflures dans le sol, peu à peu déformées par la poussée des racines des arbres.

Je comprends que je n'ai pas le droit, moi qui viens à peine d'être introduit dans la famille, d'aller déranger celle et ceux qui continuent de mener, entourés de leurs esclaves les plus fidèles, la vie inchangée d'autrefois, à quelques mètres sous la terre.

LA CHUTE DE BOKASSA

J'ai rencontré Jean Bedel Bokassa pour la première fois en novembre 1970, à l'occasion des obsèques du général de Gaulle.

Le protocole avait assigné à chacun des membres du gouvernement le soin d'accueillir un des nombreux chefs d'État venus pour la cérémonie. On m'avait chargé de recevoir le président de la République malgache, Tsiranana. Je me suis rendu à Orly. Comme l'avion d'Air Madagascar était légèrement en retard, je suis allé assister à l'arrivée du Président Nixon. Malgré l'heure tardive — il était près de 11 heures du soir — celui-ci est apparu au haut de la passerelle de son avion, dans l'éclair des lampes et des caméras de télévision, maquillé pour la circonstance. Il était couleur saumon ! J'ai admiré son professionnalisme.

C'est au cours de la réception donnée le lendemain à l'Élysée par le président Pompidou en l'honneur de tous ceux qui avaient participé à la cérémonie de Notre-Dame, que j'ai fait la connaissance de Bokassa. Il portait une tenue de parachutiste français, et circulait de groupe en groupe, en déplorant la mort de son père. Il voulait dire le général de Gaulle.

Le ministre des Affaires étrangères, Maurice Schumann, m'avait signalé sa présence :

« Je suis inquiet, m'avait-il dit, du comportement du président Bokassa. D'après certaines informations, il se préparerait à faire venir des experts militaires soviétiques et à rompre avec nous. Si vous en avez l'occasion, il serait utile que vous lui disiez un mot. »

Je n'étais jamais allé en République centrafricaine, mais je connaissais des membres de son gouvernement pour avoir présidé, périodiquement, les réunions des ministres des Finances de la zone franc.

Je m'approche de lui pour le saluer. Inutile d'entamer la conversation : il s'en charge, et reprend le même thème :

« Je suis très abattu, me dit-il. Il n'y a pas de plus grande tristesse que la perte de son père. J'avais déjà perdu, étant enfant, mon père naturel. Et maintenant c'est le tour de mon vrai père, le général de Gaulle. Je suis officier français, vous le savez. C'est pourquoi j'ai interrompu mon programme pour venir d'urgence à Paris. Tous les Centrafricains se sentent aujourd'hui orphelins. »

Je le regarde, pendant qu'il se lamente ainsi. Un homme de taille moyenne, trapu, et sans doute extrêmement vigoureux. Un grain de peau serré qui donne à son visage, très noir, et sillonné de rides épaisses, un aspect de cuir souple. Ruisselant de santé, des cheveux plantés drus, et des dents éclatantes, nettes et tranchantes. Des yeux très vifs, dont le regard précis vous guette, comme à l'affût, puis s'anime pour imposer son impression du moment : la tristesse, la bienveillance, le rire truculent. Son visage est rond, plein, entouré d'un collier de barbe continu, mais clairsemé, mêlé de poils gris : un masque africain. Il me semble qu'il porte sur les joues, devant les oreilles, les incisions dans la peau, traditionnelles chez les membres de son ethnie. Un magnétisme, fait de force physique et de présence intense, derrière lequel transperce une impression ambiguë de ruse et de cruauté.

J'aborde ma mission : ses relations avec la France. C'est inutile : « Rien ne lui tient plus à cœur ! Il est officier français, comme il me l'a déjà rappelé. Et aujourd'hui, plus que jamais, la mémoire du père disparu fait que tous ses fils doivent se rapprocher ! »

Il y a un véritable talent d'acteur dans son jeu : il passe d'une expression à une autre avec une rapidité extraordinaire, qui lui façonne un visage chaque fois différent.

Ce n'est pas la peine d'insister davantage. J'aperçois Maurice Schumann dans le groupe qui entoure le Président Nixon, en discussion avec le président Pompidou. Je guette un temps mort de la conversation pour lui faire un rapide compte rendu : « Rien à craindre pour le moment, me semble-t-il, lui dis-je. Il est absorbé à étaler ses sentiments filiaux vis-à-vis du général. »

« Tant mieux, me répond Schumann, mais je ne suis pas sûr que cela durera longtemps. Je me méfie de ses changements d'attitude. »

***

Jusqu'à mon élection à la présidence de la République, je n'ai revu Bokassa qu'à l'occasion des expéditions de chasse que j'ai faites en République centrafricaine. J'y suis allé trois fois : en décembre 1970, en mars 1971 et, pour la dernière fois, à Pâques 1973.

Il s'agissait de voyages privés, comme en organisent encore des agences de tourisme. Je me rendais dans une concession, située dans le nord du pays et aménagée par un guide de chasse français. J'y étais invité par un cousin d'Anne-Aymone, Henry de La Tour d'Auvergne, qui pratiquait depuis plusieurs années la chasse aux grands animaux d'Afrique.

C'était pour moi une découverte relativement récente. Nous étions allés avec Henry au Mozambique, en 1969, et je me souviens encore de l'impression que m'avait faite la rencontre des antilopes — c'était des waterbucks — au poil bourru, dont j'apercevais pour la première fois de ma vie les yeux brillants puis la silhouette, dans le pinceau des phares, en liberté tout près de nous, le long de la piste en sable fin que nous suivions pour rejoindre notre camp.

Henry m'avait parlé de la République centrafricaine, de ses troupeaux de buffles, et de ses beaux élans de Derby. Il s'était chargé de monter notre expédition, et nous y sommes partis à Noël 1970. J'avais signalé mon passage à notre ambassadeur, en lui indiquant qu'il s'agissait d'un voyage privé, mais qu'à mon retour à Bangui je serais à la disposition du président Bokassa pour le saluer avant de reprendre l'avion de Paris.

J'étais alors à la recherche d'un élan de Derby. C'est la plus grande des antilopes africaines, haute et puissante comme un cheval. Elle porte un pelage fauve clair, rayé de blanc. On chasse l'élan en recherchant sa trace au lever du jour, près des buissons dont il aime manger les feuilles, et qu'il est venu visiter pendant la nuit, et on le suit indéfiniment à pied, avec l'aide de pisteurs, jusqu'à ce qu'il ralentisse sa marche en raison de la chaleur étouffante de la mi-journée.

S'il évente votre odeur, il s'enfuit au trot et on ne réussit presque jamais à le rattraper, car il avance trois fois plus vite que vous ! J'en ai aperçu beaucoup, suivi quelques-uns, mais je n'en ai tiré aucun en République centrafricaine. Le seul que je possède, je l'ai trouvé au Tchad, en compagnie d'un ami célèbre pour tous ceux qui ont fréquenté l'Afrique, François Sommer, et avec l'aide d'un pisteur de l'ethnie sara, qui s'était joint à la colonne du général Leclerc lorsqu'elle avait traversé son village, et qui l'avait suivie jusqu'à Berchtesgaden !

De retour à Bangui, on m'informe que le président Bokassa est parti pour Kinshasa, au Zaïre voisin, s'entretenir avec le président Mobutu. Il insiste pour que je vienne me joindre à leur discussion, et me propose d'utiliser son avion qui fera l'aller et retour, et me ramènera à Bangui en temps utile pour prendre l'avion de Paris.

Je ne connais pas non plus le président Mobutu. Je m'interroge : une heure de trajet dans chaque sens ; trois heures à passer à Kinshasa. J'accepte.

A l'arrivée au Zaïre, le président Bokassa m'introduit auprès du général Mobutu, en me présentant comme son frère. Il me serre dans ses bras. Et nous avons déjeuné à trois, dans la résidence de Mobutu, en face du fleuve Congo.

Chacun des deux présidents s'appuyait sur une canne, signe de sa puissance de chef. Celle de Bokassa était en ébène, avec un pommeau et des cercles d'ivoire. J'ai participé à leur discussion, avec un sentiment d'étrangeté, car je n'étais pas chef d'État, et n'avais pas de compétence particulière sur les sujets régionaux dont ils débattaient. Ils m'ont interrogé sur l'aide de la France. Mon compagnon de voyage était resté à part, déjeunant de son côté, et portant encore sa tenue de brousse. Il m'a rejoint au moment du départ, pour reprendre l'avion avec moi.

***

Deux ans et demi plus tard, en avril 1973, Bokassa, devenu, dans l'intervalle, président à vie, m'a reçu à nouveau à la fin de mon séjour. Il a donné un dîner en mon honneur à l'hôtel Safari, où nous siégions en haut d'une estrade, pendant que se produisaient au-dessous de nous les danseurs d'un ballet africain.

Il a exprimé le souhait de me recevoir chez lui, le lendemain matin, avant mon départ.

Je me suis rendu à sa résidence, où il m'a présenté les

membres de sa famille, une troupe d'enfants gais et vifs comme tous les enfants africains, les yeux écarquillés par la timidité, qu'il avait fait aligner le long du chemin d'entrée. Vu leur nombre, il s'embrouillait dans leurs prénoms. Eux-mêmes intervenaient, pour rectifier ses erreurs ! Il a interrogé une de ses filles, qui portait des nœuds blancs dans les cheveux :

« C'est la plus forte pour les études », m'a-t-il dit. Et il lui demande :

« Qu'est-ce que tu veux faire quand tu seras grande ? »

La gamine n'hésite pas. Lui a-t-on appris sa leçon ?

« L'École Polytechnique », répond-elle.

Gaieté générale !

Puis il m'a fait visiter son palais. C'était l'ancienne résidence du gouverneur, au temps de la colonisation : de grandes salles aux murs blancs, comme dans tous les bâtiments coloniaux, décorées d'un mobilier de bois marron et de cuir.

Au moment du départ, il prend sur son bureau une petite boîte, et des objets enveloppés dans du papier.

« Ce sont des souvenirs de ce pays, me dit-il. Dans la boîte, il y a deux plaquettes de carton où sont fixés des brillants taillés. J'ai créé une école à Bangui pour apprendre à tailler les pierres. Vous verrez ce que nos élèves sont déjà capables de faire ! Et dans le paquet, ce sont des fruits en ébène. C'est un Français qui les fabrique ici. Ils ont beaucoup de succès ! »

Je le remercie pour ses cadeaux, et je les confie au chauffeur qui m'accompagne pour les apporter à l'avion. Arrivé à Paris, j'ai remis les fruits à Anne-Aymone pour décorer notre maison de campagne, et j'ai rangé les plaquettes de diamants dans un tiroir au ministère.

J'ai quitté Bokassa, et ne l'ai plus revu jusqu'à mon élection.

***

En juin 1974, j'ai nommé René Journiac conseiller aux Affaires africaines. C'était un magistrat, qui avait été le collaborateur direct de Jacques Foccart. Je ne pouvais pas faire un choix plus heureux : Journiac était compétent, connaissait le détail et les antécédents de chaque dossier. Il avait un jugement sûr et rapide. Les difficultés ne le rebutaient pas : c'est lui que j'avais envoyé auprès du président Sadate, à la demande de celui-ci, pour une rencontre secrète, et qui avait fini par arriver à Ismaïlia à bord d'un camion qui l'avait pris en auto-stop, tous les pneus de la voiture envoyée par le président Sadate ayant successivement éclaté dans le désert !

Il jouissait de la confiance absolue des chefs d'État, et maintenait entre eux et moi une liaison étroite. Enfin, il aimait et comprenait l'Afrique. C'était de plus un ami, chaleureux, discret, et délicat. J'ai ressenti sa perte, survenue dans un accident d'avion au Nord-Cameroun, en février 1980, dû sans doute à un vent de sable, comme inguérissable.

Il était doué d'une grande qualité d'humour, faite de finesse et d'observation, telle qu'on la trouve dans les reparties qui s'échangent dans les repas du Sud-Ouest de la France. Il faut reconnaître qu'il avait ample matière à l'exercer !

Aussitôt nommé, il vient me voir :

« Monsieur le Président, nous avons un problème. Bokassa est en Sologne.

— Tant mieux pour lui, dis-je, mais où est le problème ?

— Il s'impatiente, et veut repartir.

— Quoi de plus naturel !

— C'est vrai, mais il annonce qu'il nous fera payer cher son humiliation ! »

J'ai de la peine à suivre son raisonnement.

« Quelle humiliation ?

— Bokassa est venu dans sa propriété en Sologne, ou plutôt ses propriétés, car il en a acheté une deuxième, dans l'espoir d'être reçu par le président Pompidou. Et il attend toujours.

— Le président Pompidou s'était-il engagé à le recevoir ?

— Oui, je crois. Mais je peux le faire confirmer par Foccart. »

J'hésite un instant. Il n'y a pas de raison d'en faire un adversaire pour la France, d'autant plus que la République centrafricaine est voisine du Tchad, où la rebellion contre le président Tombalbaye s'étend vers le sud. Cela veut dire pour moi une demi-journée de prise, à un moment où j'ai beaucoup à faire. Mais c'est sans doute nécessaire.

« Vous pouvez lui dire que je le recevrai. Mais il faudra trouver un jour. Voyez cela avec Pierre-Brossolette.

— Mais, Monsieur le Président, il ne veut pas venir.

— Comment, il ne veut pas venir ?

— Il estime qu'après l'affront de l'avoir fait attendre pendant deux mois, c'est à vous d'aller le voir. Sinon il préfère repartir directement. »

Longue discussion avec Journiac. Faut-il céder à ce demi-chantage ? Il est vrai que Bokassa a quelques arguments de son côté. Finalement, nous décidons que j'irai voir le président Bokassa dans sa résidence de Sologne en hélicoptère. Je ferai l'aller et retour entre 11 heures 30 du matin et 16 heures. René Journiac m'accompagnera.

Ainsi décidé, ainsi fait.

***

Nous sommes partis en hélicoptère Puma, un matin de septembre, du terrain militaire de Villacoublay. Après avoir traversé la Loire, à l'ouest d'Orléans, nous nous sommes dirigés vers Romorantin. Je reconnaissais certains des villages : Villeny, La Marolle-en-Sologne. A partir de là, l'hélicoptère a commencé sa descente.

En sortant de la forêt solognote, nous avons retrouvé une campagne cultivée, des champs de maïs et des bâtiments de ferme. C'est dans la cour d'une de ces fermes que nous nous sommes posés. Des Mercedes noires nous y attendaient, avec des chauffeurs et des agents de sécurité centrafricains. Cette ferme constituait le second domaine acquis par Bokassa. Nous en sommes partis en direction du « château ».

Traversée surréaliste de la campagne dans ce cortège aux couleurs funèbres. Nous remontons une allée bordée de beaux sapins. Dans l'axe, une grande maison bourgeoise de la fin du XIXe siècle. Bokassa nous y attend sur la terrasse, entouré de plusieurs ministres.

Tous sont habillés de la même manière : un costume noir, et une chemise blanche. Nous entrons, et le chef du protocole me présente les personnalités centrafricaines. L'accueil est minutieux, et l'on sent que règne dans cette petite Cour une discipline stricte. Je découvre les qualités d'organisateur de Bokassa, capable de se préoccuper dans son détail du déroulement d'une fête ou d'une cérémonie.

Premier entretien dans son bureau. Il m'explique qu'il souhaite avant tout travailler avec la France, mais qu'il est déçu par notre attitude. L'aide que nous lui apportons est réduite — ce qui est exact — et paraît peu de chose à côté des promesses que lui font miroiter d'autres pays. Son vœu est de continuer la coopération avec la France, et même de lui donner l'exclusivité, mais il compte sur un comportement différent de notre part, et sur une aide massive.

Puis il me propose d'aller déjeuner. Il fait signe au chef du protocole qui nous conduit dans le salon. Ses collaborateurs y sont réunis.

Il a fait déposer sur une table les cadeaux qu'il me destine, sans doute ceux qu'il avait préparés en vue de sa visite à Paris : un panneau décoratif en mosaïque d'ivoire, des lampes montées avec des œufs d'autruche, et trois petites boîtes de carton bleu. Il m'exprime sa reconnaissance d'être venu le voir dans un discours ramassé et expressif. Je le remercie à mon tour. Le champagne est servi aux personnes présentes, et nous passons à table dans une pièce voisine, le président Bokassa, René Journiac, et moi.

La conversation est détendue et libre. Il porte un jugement bien informé sur la situation des pays voisins, et reprend son thème : une coopération privilégiée avec la France, mais à une tout autre échelle. J'évoque le sort de la base militaire que nous conservons à Bouar, et qui a besoin d'être aménagée, car ses équipements remontent à plus de vingt ans.

Il me donne son accord pour moderniser cette base, et ajoute : « Mais vous n'avez pas besoin de ma permission, car vous êtes chez vous en Centrafrique ! » Toujours cette pointe d'exagération, qui affaiblit la portée de ses propos au lieu, comme il l'imagine, de la renforcer.

Nous prenons une tasse de café avant de repartir, et il me dit soudain :

« Je veux que votre première visite officielle en Afrique

soit en République centrafricaine. Vous y êtes venu autrefois, comme une personne privée. Nous souhaitons vous recevoir maintenant comme chef d'État. C'est à Bangui que doit se tenir l'hiver prochain la conférence des Chefs d'État franco-africains. Je vous propose d'arriver quelques jours plus tôt pour votre visite officielle. »

J'interroge René Journiac du regard. Il me fait un signe d'acquiescement.

« J'accepte votre invitation, Monsieur le Président, lui dis-je. Je serai heureux de revoir la République centrafricaine. »

Il me raccompagne en auto jusqu'à l'hélicoptère qui nous attend près de la ferme. Il est 3 heures moins le quart. Je serai à mon bureau à 4 heures. Les cadeaux seront acheminés en voiture à l'Élysée.

***

Du voyage officiel à Bangui, les 5 et 6 mars 1975, il n'y a rien d'autre à mentionner que la parfaite organisation de la cérémonie d'accueil à l'aéroport.

Nous sommes passés, le président Bokassa, appuyé sur sa canne d'ébène et d'ivoire, et moi, devant les unités militaires, puis les groupes représentant les différentes ethnies. A côté des parachutistes, une délégation représentait l'école des enfants de troupe : de jeunes garçons âgés de dix à quinze ans, sagement alignés, qui nous suivaient avidement des yeux. J'ai annoncé à Bokassa que nous les inviterions à Paris, pour assister à la fête nationale du 14-Juillet. Ils sont effectivement venus en juillet 1975, et ont participé au défilé militaire, qui a eu lieu cette année-là le long du cours de Vincennes, à la suite de nos propres écoles. La foule les a applaudis.

Chacune des ethnies portait ses vêtements traditionnels, ou son absence de vêtements ! Nous étions loin du folklore commercial. Les pailles tressées, les coiffures, les colliers de petits coquillages, les peaux d'animaux, respiraient, transpiraient l'authenticité africaine. Chaque groupe dansait, parfois, m'a-t-on dit, depuis des heures. Les femmes aux seins nus, et les enfants aux chevilles cerclées de paille, frappaient le sol de leurs pieds, en se déhanchant, sur un rythme binaire, minuté au dixième de seconde près.

Je me suis arrêté plus longtemps devant les groupes de Pygmées.

« Ils viennent du sud, des bords du fleuve », m'indique Bokassa.

Il y avait longtemps que je rêvais de voir des Pygmées. Ceux-ci étaient transplantés sur l'asphalte d'une piste, loin des arceaux de liane de la forêt primaire. Ils étaient petits, mais bien proportionnés : des réductions d'homme qu'on aurait regardées à distance. Leur danse était plus compliquée, sans grâce, reproduisant sans doute une cérémonie rituelle. Je me suis souvenu d'eux lorsque j'ai rencontré dix ans plus tard d'autres Pygmées dans la forêt tropicale, à la frontière du Cameroun et du Congo, et que l'un d'eux m'a dit, en employant les quelques mots qu'il avait appris d'un missionnaire :

« Les hommes (il voulait dire les populations voisines) sont méchants avec nous. Ils nous battent et nous chassent, parce qu'ils ne veulent pas nous laisser habiter près de chez eux. Ils nous disent que nous sommes des animaux ! »

J'ai félicité le président pour la qualité de la manifestation. Il en a paru reconnaissant. Mes collaborateurs m'ont informé que les groupes ethniques avaient été convoqués huit ou neuf heures avant le moment prévu pour l'arrivée de notre avion, qu'ils avaient attendu sous le plomb du soleil.

Pendant les années suivantes, j'ai reçu deux visites du président Bokassa à Paris, l'une pour un rendez-vous à l'Élysée, l'autre à l'occasion de la réunion franco-africaine, à un rythme calqué sur celui des autres chefs d'État africains, car ceux-ci surveillaient attentivement leurs déplacements respectifs, et les égards dont ils étaient l'objet. René Journiac veillait à maintenir un strict équilibre, bien que la comparaison fasse apparaître un net avantage pour les présidents Houphouët-Boigny et Bongo.

Ce déroulement des rencontres a été perturbé par l'initiative prise par Jean Bedel Bokassa de se faire couronner empereur bien qu'il fût déjà, depuis 1972, président à vie. Il a rendu publique cette intention en 1977 et a fixé au 4 décembre la date de son couronnement. Ce geste inattendu a gêné ses collègues africains, qui en ressentaient le ridicule. Aucun d'eux n'a accepté d'assister à la cérémonie.

J'ai décidé que la France y serait représentée par le ministre de la Coopération, Robert Galley. Quant au présent à lui offrir à cette occasion, René Journiac a suggéré un sabre d'officier — du second Empire ! — qui a été acheté dans un magasin spécialisé de la rue de Miromesnil.

Les cérémonies du couronnement ont été retransmises à la télévision. Je les ai regardées dans le journal du soir, pendant que je préparais mon dossier pour le Conseil européen du lendemain, à Bruxelles. Je comptais y proposer la création d'un « espace judiciaire européen unique », suggestion violemment combattue par l'opposition de l'époque, et je cherchais à rassembler les arguments en sa faveur.

Les images retransmises de Bangui étaient belles. Elles avaient même une certaine dignité. En dépit du caractère carnavalesque des costumes et du carrosse du couronnement, quelque chose perçait de l'instinct rituel de l'Afrique. La nouvelle impératrice, en particulier, ancienne élève des écoles missionnaires de la brousse, faisait montre, dans un rôle semblable à celui de Joséphine, de beaucoup de retenue et d'allure. L'outil nouveau qu'était encore la télévision, à la perception directe, intuitive, et parfois surprenante, a même fait passer, m'a-t-il semblé, une émotion fugitive au moment où elle a reçu sa couronne.

Bokassa avait proclamé à l'envi que sa première visite officielle serait pour la France. Mais il était exclu pour moi de le recevoir ainsi couronné à Paris, car nous ne pouvions pas sombrer dans des extravagances protocolaires. Le programme très chargé de l'année 1978, avec les élections législatives prévues en mars et le changement probable de gouvernement qui s'ensuivrait, me permettait d'invoquer les contraintes du calendrier.

Aussi la visite officielle de l'empereur, indéfiniment reportée, n'a jamais eu lieu.

Je me suis contenté de le recevoir à déjeuner en septembre 1978.

***

Pendant mon septennat, je suis allé deux fois, à l'occasion des vacances d'été, chasser en terre centrafricaine. C'était en août 1976 et en août 1978.

Je souhaitais prolonger mes habitudes et mes goûts d'autrefois. Ces séjours duraient une semaine. Ils faisaient suite à des déplacements officiels, l'un au Gabon, l'autre au Zaïre, où j'avais répondu à une invitation insistante du président Mobutu de venir visiter sa province d'origine dans le nord du pays. Grâce à ces déplacements, je me trouvais déjà sur place. A la fin de chacun de ces deux séjours, je suis rentré en France dans la semaine qui suit le 15 août et, après quelques jours passés au fort de Brégançon, j'ai regagné Paris la veille du jour prévu pour le Conseil des ministres de la rentrée.

Je ne ferai pas ici le récit de ces chasses, qui n'éclairent pas les rapports entre le pouvoir et la vie ! Mais un jour, un peu plus tard, je publierai un livre illustré par les photos que j'en ai rapportées, pour raconter, depuis l'origine, mes expéditions et les rencontres que j'ai faites avec la nature et les animaux, dans cet immense continent que j'aimais contempler, maternel et immuable, exactement semblable à ce qu'il était avant l'apparition de l'homme. Ces images sont plus belles dans mon souvenir qu'aucune autre !

Ces deux séjours ont eu lieu au même endroit, à l'extrémité est de la République centrafricaine, là où elle s'enfonce en triangle entre le Soudan et le Zaïre. La concession de chasse avait été attribuée à un Français, Marc Péchenart, qui m'y avait invité. La région est peuplée d'une des ethnies les plus intéressantes de l'Afrique : les Zandés. Intensément noirs, conservant les croyances et les rites anciens, redoutant la sorcellerie et connaissant à la perfection les plantes médicinales, ils vivent dans un dénuement presque complet. Leur nourriture est déséquilibrée par une carence totale en protéines, aussi se jettent-ils sur tout gibier abattu pour le dépecer et le manger. Un missionnaire hollandais, le père Van Horn, vit seul parmi eux et leur apporte un soutien fait d'un peu de spiritualité et de beaucoup de médicaments. Nous lui avons donné une cloche pour couronner la petite chapelle construite de ses mains, avec l'aide de ses fidèles, à Sangaribou. Elle a sonné pour la première fois le 15 août 1978.

L'imagination et la rumeur se sont donné libre cours pour prêter à ces expéditions un caractère de luxe, ou de débauche ! La réalité était plus modeste, et singulièrement plus attirante.

L'organisation était conçue pour respecter, autant que possible, la manière que nous avions d'agir avant que je ne sois élu. Un avion de tourisme à hélice nous déposait sur un terrain de brousse. Un seul agent de sécurité m'accompagnait, et il s'installait assez loin de nous dans le dernier village habité. Nous vivions sous des tentes, à quatre : Marc Péchenart, qui me recevait ; mon guide de chasse et ami, Maurice Patry ; son épouse, Anne-Marie ; et moi-même. Pour nous accompagner, une équipe africaine exclusivement composée de pisteurs zandés. Anne-Marie surveillait l'intendance, et c'est elle qui nous accueillait, pour un dîner fait de conserves et de poissons africains, quand nous revenions tard dans la soirée, au camp que nous avions quitté à 4 heures du matin.

Elle passait la journée seule avec ceux des Africains qui entretenaient les feux, et l'aidaient pour la cuisine. Elle nous a raconté un soir qu'elle les avait interrogés pour tenter de percer leurs sentiments politiques :

« Si vous aviez à voter pour le président de la République centrafricaine, est-ce que vous voteriez pour Bokassa, ou pour Giscard ? »

Ils l'avaient regardée interloqués.

« Tu te moques de nous ! Pourquoi tu nous poses cette question ?

— Non ! je ne me moque pas ! J'aimerais bien savoir.

— Évidemment pour le président Giscard, avaient-ils

répondu, avec un haussement d'épaule. C'est le père ! C'est lui qui donne l'aide à la Centrafrique. »

Compte rendu abrégé de la politique de coopération !

La région que nous parcourions est à l'abandon. Les pistes héritées de la période coloniale sont de plus en plus mal entretenues et vite reconquises par la brousse. Celle que nous suivions avait une histoire célèbre : elle a été ouverte par la colonne du commandant Marchand, lorsque celui-ci a cherché à établir la liaison avec le Soudan.

Le village, ou plutôt l'émiettement de cases abandonnées, près duquel nous campions, tire encore son nom de cette aventure : Khartoum. Il est mentionné sur la carte Michelin à grande échelle de l'Afrique ! Pourtant sa population est réduite : un seul habitant, qui fait mijoter sa soupe dans une écuelle de terre, accroupi devant le feu. Tous les autres sont partis.

Pour connaître le vrai repos, celui des nerfs, je ne veux avoir aucun contact avec les événements extérieurs : il n'y a pas de radio dans le camp. Nous sommes coupés du monde et de son agitation. L'agent de sécurité, Jacques Gence, intelligent et sûr, et qui fera par la suite une brillante carrière, est installé à Derbissaka, à une vingtaine de kilomètres. Il a reçu des consignes précises : il ne devra nous rejoindre qu'au cas où des nouvelles importantes justifieraient mon retour. Il ne l'a jamais fait. Il dispose de moyens de liaison radio, qui le tiennent en contact avec René Journiac qui passe la semaine à Bangui, mille cinq cents kilomètres plus loin. Il est prêt à organiser, en cas d'urgence, ma rentrée immédiate en France.

Ces voyages sont privés. Je n'ai pas de raison de

rencontrer Bokassa. Mais celui-ci a une vision possessive de son pays. Il n'admet pas qu'une personnalité le visite sans que, d'une manière ou d'une autre, il y soit associé.

En août 1978, après avoir quitté le président Mobutu dans sa résidence de N'Gbadolité, nous nous envolons directement pour Rafaï, en pleine brousse. C'est là que nous attendent les deux Land-Rover de Marc Péchenart, et leurs conducteurs zandés.

A l'arrivée sur le terrain de latérite rouge, autour duquel nous avons tourné pour vérifier si la piste était praticable, un petit groupe nous accueille. Il est composé du seul européen du village, le RP Martin, hollandais en dépit de la sonorité de son nom, entouré de quelques-uns de ses fidèles, du représentant du parti politique centrafricain, et du « sous-préfet ».

Le père Martin nous emmène dans sa case pour nous restaurer avant de prendre la « route » : limonade et poisson, sous la rotation des ailes d'un ventilateur. On entend soudain un ronronnement dans le ciel. Étonnement, car il n'y a évidemment aucun trafic aérien dans le voisinage. Un quart d'heure après, le sous-préfet, parti se renseigner, débarque de sa camionnette Peugeot. Il amène avec lui un passager : Bokassa ! Celui-ci est habillé de vêtements civils chiffonnés. Il souffre d'une forte grippe. On voit qu'il a des frissons de fièvre.

« Je sais que vous venez pour vos vacances, et que vous ne souhaitez pas être dérangé, me dit-il, mais je ne voulais pas vous laisser arriver dans notre pays sans vous saluer. »

Il fait une chaleur étouffante et moite. C'est la saison des pluies. Des orages, qui s'abattent brusquement, ravinent les pistes, et font retentir la forêt du clapotis métallique des gouttes sur les larges feuilles. Comme la piste ne peut accueillir que de petits avions, il lui a fallu voler plus de trois heures pour venir de Bangui.

Je redoute qu'il ne veuille nous accompagner ! Pas du tout. Au bout d'un quart d'heure, il se lève :

« Je ne veux pas vous retarder, dit-il, parce que vous devez arriver avant la nuit. Je rentre à Bangui de mon côté. J'ai demandé au président Malloum et au général Mobutu de venir à Bangui quand vous repartirez. Vous nous rencontrerez tous les trois pour faire le point de la situation au Tchad. »

Quatre mois plus tôt, en effet, Goukouni a lancé l'offensive des nomades toubous, descendus du Tibesti en direction du Sud. Et le Tchad est bordé au sud par sa longue frontière commune avec l'État centrafricain. Nous utilisons largement, pour la logistique de nos renforts, les facilités de la base centrafricaine de Bouar. A aucun moment, Bokassa ne nous cause de difficultés.

Le 17 août, comme convenu, je rencontre à Bangui les présidents Malloum et Mobutu, accompagnés de Bokassa. Et le 18 au soir, après sept heures d'avion, et une escale à Orléans, je retrouve Anne-Aymone au fort de Brégançon.

Je n'ai jamais revu depuis la terre centrafricaine.

*
* *

Je faisais cependant le projet d'y retourner.

J'étais à ce point séduit, ensorcelé peut-être, par le mystérieux pays des Zandés, que parfois, le soir avant de m'endormir dans ma chambre de l'Élysée, je m'imaginais y revenir pour un long séjour de plusieurs mois, lorsque j'aurai quitté ma fonction.

Je ne serais pas le premier à le faire ! Près de la zone que nous parcourions, on m'avait cité la présence, dans une case construite au-dessus du fleuve M'Bomou, d'un ancien rédacteur en chef du journal *L'Humanité* d'avant-guerre, venu visiter la région, qui y avait pris femme, et n'en était jamais reparti.

Et plus loin, près de la roche des Zandés, une météorite fichée dans la terre, utilisée sans doute pour les sacrifices — nos pisteurs se dérobaient quand nous leur demandions de nous en indiquer le chemin — subsistaient encore les grands arbres de l'allée qu'avait plantés un original britannique. A la suite d'une déception sentimentale en Grande-Bretagne, il était venu s'installer dans le haut M'Bomou, suivi d'une colonne de porteurs dont certains transportaient un piano. Il en jouait entre deux chasses. Il n'avait quitté sa case africaine que pour aller rejoindre l'armée britannique pendant la dernière guerre, mais il était tombé malade et était mort sur le paquebot qui le ramenait chez lui. Toutes ces histoires arrachées par bribes, racontées à mi-voix, mêlant les fantasmes de l'imagination et les approximations du vocabulaire...

J'y viendrai à mon tour, me disais-je, pendant la belle saison de l'hiver, quand le ciel est immuablement bleu, et je parcourrai pendant de longues semaines l'immense plateau qui s'étend le long du Soudan, et où les pisteurs Zandés, toujours désireux de vous dire, comme tous les Africains, ce qu'ils imaginent vous faire plaisir — sans craindre au besoin de l'inventer — me racontaient qu'habitaient des animaux inconnus, et d'une taille fantastique.

Mais les événements qui se sont déroulés dans le pays, et leurs prolongements en France, devaient m'interdire de donner une suite à ce rêve.

***

En janvier 1979, le ministre de la Coopération, Robert Galley, m'apprend que des désordres se sont produits à Bangui.

Robert Galley est un ancien de la France libre. Il a épousé la fille aînée du maréchal Leclerc. Il connaît depuis longtemps les dirigeants africains, et a établi avec eux des relations directes, d'un ton qui mélange les usages politiques et, pour détendre parfois l'atmosphère, la gouaille des cantines militaires.

Les informations sur les événements sont encore confuses. Bokassa aurait donné l'ordre d'obliger les écoliers centrafricains à porter des uniformes. Des lycéens auraient refusé. Ils auraient été arrêtés et battus. Il semble même qu'il y aurait des enfants parmi les victimes.

Je lui demande d'obtenir le plus vite possible des précisions sur la réalité des faits.

Il me fait savoir que des désordres se sont effectivement produits, sans qu'on arrive à en démêler exactement les circonstances, car Bokassa garde dans sa main tous les fils de l'information. Une chose est certaine : des violences ont eu lieu ; des femmes et des enfants en ont été les victimes ; l'armée a été appelée à intervenir.

Dans ces conditions, lui dis-je, nous devons prendre des sanctions. Et je l'invite à me faire des propositions.

Le choix de ces sanctions pose un problème difficile : si nous réduisons nos crédits de coopération, c'est à la population que nous infligerons des souffrances. Et si nous mettons en question notre aide militaire, Bokassa prendra sans doute des mesures de rétorsion, en fermant nos bases, ou en interdisant à nos avions le survol de son pays.

Galley me propose de suspendre notre aide militaire. Elle est en fait déjà très réduite, car nos conseillers militaires ont quitté la République centrafricaine en 1976, mais nous continuons à fournir une certaine quantité d'armes légères. Je m'entretiens de cette décision avec le Premier ministre lors de notre rencontre hebdomadaire du lundi soir. Il l'approuve. Et j'indique à Robert Galley qu'il peut appliquer la suspension de l'aide militaire française à la Centrafrique.

Bokassa, sans doute en position de faiblesse, ne réagit pas. Et il semble que le calme revienne progressivement dans les écoles et dans la rue.

En avril, nouvel incident, cette fois-ci plus grave. L'ambassade de France à Bangui nous informe que, le 18 avril, des arrestations auraient eu lieu parmi les lycéens et les écoliers, et que certains d'entre eux auraient été exécutés à la prison centrale Ngarangba de Bangui, sur l'ordre personnel de Bokassa. Amnesty International publie un communiqué qui reprend cette accusation.

Or, quelques semaines plus tard doit se réunir à Kigali, au Rwanda, le sommet franco-africain auquel il est prévu que participe Bokassa, parmi les autres chefs d'État africains.

Après une visite officielle de trois jours au Rwanda, un des pays les plus déshérités mais aussi les plus beaux du monde, où la coopération française, en particulier médicale, accomplit un travail remarquable, j'assiste le 21 mai à l'ouverture de la conférence franco-africaine.

Bokassa est présent, avec son épouse. Sa présence embarrasse visiblement ses collègues, et notamment les présidents Houphouët-Boigny et Senghor. J'évite toute rencontre avec lui, mais j'estime que nous ne devons pas feindre d'ignorer les événements qui ont eu lieu dans son pays. Aussi, une séance que je préside est-elle appelée à examiner la suite à donner aux troubles qui se sont produits en Centrafrique, et à la répression qui a suivi.

La discussion est difficile, car les Africains répugnent à s'attaquer à l'un d'entre eux, et plusieurs, parmi les chefs d'État, attachent peu d'importance à cette affaire, qu'ils estiment très grossie par les journalistes. De mon côté, je juge indispensable que la réalité des faits soit établie par les Africains eux-mêmes, puisque Bokassa les conteste, et qu'il les attribue à l'affabulation de la presse française et internationale.

Les présidents Houphouët-Boigny, Senghor et Eyadema m'aident à aboutir à une conclusion. Nous décidons qu'une commission d'enquête sera créée. Elle sera strictement africaine, sans participation de la France et composée, à ma demande formelle, exclusivement de magistrats. Le président Senghor accepte que ce soit un haut magistrat sénégalais, le président du tribunal de première instance de Dakar, qui la préside. On lui fixe un délai de trois mois pour conduire ses travaux. Elle devra remettre ses conclusions, destinées uniquement aux chefs d'État, au mois d'août. Les autorités centrafricaines devront donner toutes les facilités nécessaires à sa complète information.

Bokassa, sentant son isolement, ne s'oppose pas à cette proposition. Il donne son accord pour que la commission puisse recueillir des témoignages sur place, et ajoute qu'il attend avec confiance ses conclusions.

Au cours de la conférence de presse qui suit, dans une petite salle rectangulaire où sont entassés les journalistes et les caméras, le jeune journaliste qui « couvre » la conférence pour le journal *Le Monde* me pose la question, ou plutôt affirme :

« Mais si cette commission conclut à la culpabilité de Bokassa, alors vous ne ferez rien ! »

Je lui réponds :

« La France tirera toutes les conclusions que ce rapport appellera ! »

En disant cette phrase, je détaille intentionnellement sa prononciation. Elle me paraît suffisamment claire. Dans mon esprit, en effet, comme dans celui des présidents africains, la conviction existe désormais que si la culpabilité de Bokassa est prouvée, il ne pourra pas rester au pouvoir.

***

La commission mène son enquête.

Le 20 juin, je reçois à déjeuner à l'Élysée le président Senghor, de passage à Paris. Il est informé de ce que la commission est au travail, mais n'a pas encore connaissance de ses premières conclusions. Son impression personnelle est que Bokassa a certainement une part de responsabilités dans les événements, mais qu'elle risque d'être difficile à prouver. Nous tombons d'accord sur la nécessité, pour la commission, de conduire minutieusement son enquête et d'aboutir à des conclusions irréfutables.

Avant de partir, en juillet, pour un voyage officiel en Nouvelle-Calédonie et à Tahiti, je demande à René Journiac de me faire le point. Il m'indique que la commission africaine sera bientôt prête à conclure, et que son rapport sera rédigé dans la deuxième quinzaine du mois d'août. Elle semble s'orienter vers la mise en cause directe de Bokassa.

« Il faut commencer à nous y préparer, lui dis-je. Il est évident que si Bokassa est reconnu coupable, il devra quitter le pouvoir. Y a-t-il des hommes prêts à le remplacer ?

— Il y en a plusieurs, répond Journiac, mais ils ne

sont pas d'accord entre eux, et ils ont une frousse terrible de Bokassa. Aucun d'eux n'est prêt à prendre le risque.

— Ce sera peut-être différent après la publication du rapport, lui dis-je. Ils auront alors un document, et une condamnation internationale sur lesquels ils pourront s'appuyer. »

René Journiac éclate de rire :

« Le premier lecteur du rapport sera Bokassa ! Il prendra ses précautions. Il faut s'attendre à tout avec ce gaillard-là ! Il est capable de se retourner contre nous. Kadhafi vient d'envoyer de nouveaux émissaires à Bangui.

— En tout cas, lui dis-je, nous ne devons pas être pris au dépourvu. Nous connaissons à l'avance le calendrier. Il faut savoir ce que nous ferons au début septembre. »

***

Je reste en contact avec l'Élysée, depuis le fort de Brégançon, où nous sommes arrivés le 8 août au soir, à l'issue du Conseil des ministres.

Je ne serai absent que pendant deux semaines réparties entre Brégançon et Authon, car j'ai invité le Conseil des ministres à prendre des « vacances studieuses ». Il leur faut mettre au point les mesures qui permettront d'atténuer le choc, sur la situation des personnes les plus défavorisées, des décisions prises pour rétablir l'équilibre financier de la Sécurité sociale. Raymond Barre s'y consacre activement.

Le rapport de la commission africaine nous est transmis le 16 août. René Journiac l'analyse. Ce rapport conclut à l'existence de victimes — entre cinquante et deux cents morts. Les massacres d'une centaine d'enfants ont été perpétrés sous les ordres de l'empereur Bokassa, et avec sa participation « quasi certaine ».

Le ministère de la Coopération réagit en publiant, le 17 août, un communiqué qui annonce la cessation de toute aide française à l'État centrafricain, à l'exception de celle qui concerne la santé, l'éducation et l'alimentation de la population. La machine est désormais lancée.

Je veux néanmoins avoir le cœur net sur le sentiment des Africains. Aussi je propose au président Senghor, qui prend ses vacances dans la maison de campagne que son épouse possède en Normandie, au sud-ouest de Caen, de venir lui rendre visite. Il m'invite à déjeuner le 31 août. Je prends l'avion pour Caen, puis, après un trajet en auto d'une vingtaine de minutes, j'arrive à Verson chez le président Senghor : une jolie maison du XIXe siècle, avec son mobilier de l'époque. L'accueil est amical et agréable, comme il le serait entre des voisins.

Le président Senghor est un des rares chefs d'État africains qui ait su échapper à la tentation de l'opulence ou de la solennité : une simplicité de professeur, avec le savoir-vivre raffiné de la province française. Nous déjeunons en tête-à-tête, car Madame Senghor sait que nous avons un sujet difficile à traiter.

Le Président commence par analyser le rapport. Il le fait avec beaucoup d'objectivité. La commission, qui a vérifié l'exactitude des violences et conclu à l'existence de victimes, n'a pas établi formellement la culpabilité de Bokassa, en particulier sa présence, qui avait été affirmée, sur le lieu même des exécutions. Elle n'a trouvé aucun témoin pour la confirmer, mais il est vrai que les témoins éventuels étaient tous terrorisés. Il semble acquis que Bokassa ait donné des ordres de répression, et ait été tenu au courant du déroulement des événements.

« Après la publication du rapport, lui demandai-je, pensez-vous qu'aux yeux de l'opinion publique africaine, la culpabilité de Bokassa sera clairement établie ?

— Sans aucun doute, me répond-il, et je ne crois pas qu'il puisse rester au pouvoir. Mais cela, c'est votre affaire ! »

Et il rit à son tour, d'un rire très différent de celui du président Houphouët-Boigny : une sorte de grelottement amusé, comme un étudiant devant un canular. Son rire est conforme à son extraordinaire jeunesse, jeunesse de silhouette, de visage, d'esprit.

« C'est peut-être notre affaire, lui dis-je, mais nous n'avons pas de moyens d'action directs.

— Vous avez beaucoup de moyens d'action ! C'est vous qui faites vivre les Centrafricains. Et puis le peuple a peur de Bokassa, et il ne l'aime pas.

— Il faut aussi trouver quelqu'un pour jouer le jeu.

— Vous en avez un, me dit-il, c'est l'ancien président David Dacko. Il a une sorte de légitimité, puisque Bokassa l'a chassé du pouvoir. Et il appartient à la même ethnie que l'abbé Barthélémy Boganda, le premier président de la République centrafricaine. Pour les Centrafricains, cela constitue une référence ! »

Nous changeons alors de sujet. Il me parle de sa succession, et de son départ. Cet homme d'esprit vif et physiquement encore jeune a la sagesse de comprendre qu'il doit organiser lui-même sa succession. Il a choisi celui qui devra le remplacer. C'est le Premier ministre Abdou Diouf. Il souhaite que nous le recevions à Paris, et que nous l'aidions à acquérir, aux yeux de l'opinion sénégalaise, une dimension internationale.

Je lui donne bien volontiers mon accord pour sa venue prochaine.

De tous les chefs d'État africains, le président Léopold Sédar Senghor sera le seul à savoir quitter le pouvoir, et résoudre le difficile problème de la succession.

***

Il faut maintenant agir.

René Journiac en est lui-même persuadé. Il vient me voir dans la première semaine de septembre. Il est indispensable, me dit-il, que Bokassa s'en aille avant qu'il n'ait eu le temps de mener à son terme le « renversement des alliances » qu'il prépare, sans doute avec les Libyens avec lesquels il est en contact constant. Les chefs d'État d'Afrique centrale qui se sont réunis à Libreville sous l'impulsion du président Bongo, ont essayé de le persuader de quitter le pouvoir. Après leur avoir donné un semblant d'accord, il s'est récusé dès qu'il a été de retour chez lui.

Beaucoup de Centrafricains sont convaincus qu'il doit s'en aller, et se disent prêts à soutenir une nouvelle équipe. Mais qui peut la conduire ?

Je mentionne le nom de l'ancien président Dacko. Journiac le juge indécis et craintif. Il fera défaillance au dernier moment. Aussi Journiac est-il entré en rapport avec l'ancien Premier ministre Maïdou. Celui-ci semble décidé à agir.

Je me souviens de l'avoir reçu quand il était Premier ministre, et qu'il cherchait à remettre de l'ordre dans les finances centrafricaines. Il m'avait fait une impression favorable. Un homme jeune et calme, aux idées précises, et s'exprimant dans un français parfait. Bokassa, qui s'en méfiait, n'avait pas tardé à l'écarter.

Mais Journiac m'indique que Maïdou a peur de Bokassa. Il serait prêt à constituer un gouvernement provisoire, à condition que la France assure sa protection.

« Avons-nous les moyens de le faire ? lui dis-je.

— Pas pour le moment, me répond Journiac. Il faudra envoyer des forces sur place.

— Nous ne pouvons pas envoyer de forces militaires si elles ne sont pas demandées par le pouvoir local. C'est pour moi une règle absolue, que nous avons respectée partout, au Tchad, en Mauritanie et au Zaïre.

— Maïdou le reconnaît, reprend Journiac, mais il demande que le délai soit très court, car la réaction de Bokassa sera très violente, et il n'aura aucun moyen de se protéger. Il faudrait que nos forces soient déjà dans le voisinage.

— Les militaires peuvent-ils monter une telle opération ?

— Oui, me répond Journiac ; je suis en rapport avec eux, et le 11e régiment de parachutistes d'infanterie de marine, rattaché à la 11e division parachutiste, me paraît le plus qualifié pour conduire l'opération. »

Je découvre que la réflexion a déjà bien avancé ! Je donne alors des instructions précises à René Journiac :

« Il faut monter cette opération dans le plus grand secret. Seuls Galley et Bourges doivent être au courant, car si elle était éventée, Bokassa éliminerait aussitôt ses rivaux possibles. Je crois qu'il vaudrait mieux opérer à un moment où Bokassa serait absent de son pays... »

Au regard de René Journiac, je vois qu'il y a déjà pensé. Il m'interrompt :

« Oui, cela vaudrait mieux. Mais Bokassa, qui flaire le danger, se terre et ne bouge pas de Bangui. Nous cherchons à nous informer sur ses déplacements à l'étranger. Pour l'instant, il n'y en a pas de prévu. »

Et j'ajoute pour conclure :

« Il faut enfin monter l'opération de telle manière que l'intervention de nos forces soit effectivement demandée par le nouveau gouvernement avant qu'elles n'arrivent sur le terrain. C'est une condition fondamentale. Je vous demande d'y veiller. »

Journiac soupire :

« Je comprends que ce soit nécessaire. Mais nous avons affaire à de drôles d'interlocuteurs. Aucun d'eux n'accepte de prendre de risques. »

***

Le mois de septembre est absorbé par des visites : celle d'Edward Gierek, Premier secrétaire du Parti communiste de Pologne, du roi Hussein de Jordanie, et du président Bongo le 14 septembre.

A ce dernier, je fais part de notre analyse, sans entrer dans le détail du projet. Le président Bongo estime lui aussi que Bokassa doit quitter le pouvoir, et que cet avis est partagé par l'ensemble des chefs d'État africains. Il a cherché, me confirme-t-il, à le persuader de se retirer. Il était même prêt à lui offrir certaines garanties pour sa vie future. Mais en vain. Comme successeur possible, il mentionne à son tour le nom de David Dacko.

Le 17 au matin, René Journiac vient me voir en toute hâte.

« Nous avons appris, me dit-il, que Bokassa va quitter Bangui après-demain pour se rendre à Tripoli, en Libye, pour rencontrer Kadhafi. C'est le moment d'agir. Tout est prêt. Les militaires ont bien monté leur opération, de manière à arriver très peu de temps après qu'on aura demandé leur intervention. En tous cas avant que Bokassa ait eu le temps de revenir.

— Où seront-ils ?

— Ils seront en l'air, au nord-ouest du territoire centrafricain, en liaison radio avec notre ambassade à Bangui. »

Nous avons eu la chance d'avoir pendant cette période, comme ambassadeur de France à Bangui, un homme d'une qualité exceptionnelle, Robert Picquet. Homme de courage et de décision, ancien combattant de la France libre, il a contribué à ce que le changement de régime s'effectue sans désordre, sans violence, et sans rupture avec la France.

« Maïdou est déjà sur place ? lui demandai-je.

— Malheureusement, Maïdou a fini par se dérober. Mais Dacko nous a donné son accord. C'est lui qui lancera l'appel au renversement de Bokassa. Et finalement cela vaut mieux : il a sa légitimité d'ancien président et, pour essayer de le neutraliser, Bokassa l'a nommé son conseiller personnel, ce qui est une manière de reconnaître son autorité. »

Je réfléchis. Je vois bien le risque : l'accusation de néo-colonialisme, l'échec possible sur le terrain. Mais nous n'avons pas le choix : nous ne pouvons ni poursuivre notre coopération avec un homme condamné par les dirigeants africains et par l'opinion publique, ni laisser les Libyens venir s'installer au sud du Tchad, et au centre du continent africain.

« Quel jour prévoyez-vous pour l'opération ?

— La soirée du 20 septembre, me répond-il.

— Bien ! lui dis-je. Vous pouvez indiquer aux militaires que vous avez mon accord pour le 20. Tenez-moi au courant. »

Et puis, comme il va sortir de mon bureau, je le rappelle :

« Merci de ce que vous avez fait. »

René Journiac n'est pas un homme qui s'embarrasse de formules maniérées :

« Pourvu que ça marche ! »

***

Le 19 septembre, je reçois le président de Mauritanie pour le déjeuner. Yvon Bourges, Jean François-Poncet et René Journiac sont présents. Et, au début de l'après-midi, le président Mobutu vient me rendre visite. Il est le chef de l'État voisin et l'ami de Bokassa. Je lui laisse pressentir le changement prochain, car il serait blessé s'il devait l'apprendre de l'extérieur le surlendemain. Sa réaction me surprend, dans le bon sens :

« Bokassa doit partir, le plus vite possible, me dit-il. Il devrait le comprendre de lui-même, et s'effacer. Depuis qu'il s'est fait couronner empereur, il a perdu toute mesure. C'est malheureux, parce qu'il avait bien commencé. Son « opération Bokassa » pour les paysans, c'était une bonne chose ! Mais maintenant, il a recours à la violence, et il a ruiné son pays. Il n'y a plus de marchandises à Bangui. Il faut qu'il s'en aille. »

La journée du 20 septembre est consacrée à l'inauguration du SICOB, qui célèbre son trentième anniversaire au palais de la Défense. Je m'y rends en compagnie du ministre de l'Industrie, André Giraud. Belle réalisation, d'allure moderne. Les présentateurs sont jeunes, les discours brefs. Il y a du professionnalisme dans l'air !

Au matin du 21 septembre, Journiac m'appelle dans mon bureau de l'Élysée.

« Tout s'est bien passé, me dit-il. Dacko a lancé son appel. Au dernier moment, il ne voulait plus partir. On l'avait emmené à N'Djamena d'où on pouvait le transporter en hélicoptère à Bangui. Il a fallu presque l'embarquer de force ! Mais après, il s'est très bien conduit. Il doit maintenant être arrivé en ville. Il n'y a eu jusqu'à présent aucun incident. Nos parachutistes contrôlent l'aéroport de Bangui. »

Mon Dieu, ce n'est évidemment pas à la même échelle que l'opération de Kolwezi ! me dis-je. Quel soulagement que cela se soit aussi bien passé ! Fini l'absurde empire centrafricain... Nous allons retrouver la République centrafricaine. Il faudra l'aider.

***

En fin de matinée, René Journiac vient me faire un rapide compte rendu de l'opération, entre deux rendez-vous.

« David Dacko n'a accepté qu'un intervalle de quelques minutes entre le moment où un hélicoptère l'a déposé sur le terrain, et celui où il a fait sa déclaration. Cette déclaration a été faite au micro, mais il est vraisemblable qu'elle n'a pas été relayée à Bangui. Ensuite tout s'est déroulé rapidement. Nos avions ont atterri. Les militaires ont été parfaits. Ils ont évité tout incident : il n'y a ni mort, ni blessé. Ils gardent notre ambassade et le palais présidentiel.

Dacko paraît avoir retrouvé confiance dans ses moyens. Il s'est installé au palais comme s'il revenait chez lui. Il va parler à la radio.

Un détachement militaire est parti en avion pour Berengo, l'autre résidence de Bokassa, afin d'occuper la piste d'aviation où il pouvait être tenté de revenir.

Notre ambassadeur suit le déroulement des opérations sur le terrain. S'il y avait un événement important, je vous tiendrais au courant. »

Le ministère de la Coopération vient à l'instant de publier un communiqué pour dire que « nous avons répondu à la demande d'aide du président Dacko, compte tenu des graves atteintes aux droits de l'homme qui ont été constatées dans le pays, et qu'un détachement militaire français a été envoyé à Bangui. »

« C'est bien, dis-je à René Journiac, parce que tout

s'est déroulé sans victime, et que nous avons pu agir avec l'accord des chefs d'État africains, et sans heurter l'opinion publique africaine. Mais il aurait quand même mieux valu que Dacko ait eu le courage d'assumer davantage le risque politique ! Au moins maintenant qu'il essaye de se conduire en président ! »

Journiac me répond :

« Cela aurait évidemment mieux valu. Mais on ne peut pas changer la nature des hommes !

— Vous pensez que si on ne peut pas changer la nature des hommes, il vaut mieux changer les hommes de fonction. »

René Journiac sourit :

« Nous avons eu raison d'agir vite. Si nous avions attendu davantage, il est probable que Bokassa aurait ramené des militaires libyens avec lui. Ils étaient en train d'en discuter à Tripoli. Dans ce cas, notre opération devenait impossible. »

Il est vrai, me dis-je, que nous avons eu raison d'agir vite. Autrement, nous laissions s'installer au centre de l'Afrique un chantage politique et militaire, qui risquait de mettre en danger la stabilité de l'ensemble.

LES PRÉSENTS EMPOISONNÉS DE BOKASSA

Le mardi 9 octobre 1979, le général Ramalho Eanes, président du Portugal, est en visite officielle à Paris depuis deux jours.

Nous avons eu la veille des entretiens dans le salon Murat avec le président Eanes et les ministres qui l'accompagnent. La délégation française, qui occupe un côté de la table est imposante : dix-neuf ministres. Je suis assis entre le Premier ministre, Raymond Barre, et le ministre des Affaires étrangères. J'ai tenu à ce que nous marquions notre désir de resserrer nos relations avec un Portugal dont, peu à peu, la situation se normalise sous l'influence de ses grands dirigeants politiques, le Premier ministre Mario Soares pour les socialistes, et le brillant challenger Sá Carneiro, pour le centre-droit.

Le président Eanes est un militaire de caractère sombre et d'allure renfermée. Anne-Aymone, qui a vécu enfant près de deux ans à Lisbonne, où son père était attaché militaire, et qui en connaît la langue, me dit que le président Eanes parle le portugais avec un accent si particulier qu'il le rend difficile à comprendre. Notre interprète peine visiblement.

Dans nos entretiens, je découvre un homme timide, austère, mais qui s'ouvre peu à peu, et qui souhaite voir mieux reconnus la place et le rôle du Portugal en Europe.

Le soir, suivant l'usage, c'est le dîner de retour qu'il offre à l'ambassade du Portugal. Celle-ci est située à cent cinquante mètres de notre appartement de la rue Bénouville. J'aimerais m'y rendre à pied. Impossible, m'objecte-t-on, pour des raisons de sécurité ! La voiture qui nous conduit se contente d'emprunter le sens interdit.

L'antichambre où nous reçoit le président Eanes est obscure, mal éclairée. On dirait que la tristesse du président imprègne le bâtiment. Nous passons dans un salon voisin pour la présentation des invités. Une quarantaine de personnes, dont plusieurs ministres, des membres de la délégation portugaise, et des personnalités parisiennes, parmi lesquelles le directeur du *Monde*, Jacques Fauvet. Je ne l'ai pas revu depuis qu'il m'a rendu visite à l'Élysée, pour une question personnelle le concernant, en juillet 1978.

Atmosphère amicale et détendue pendant le dîner. Puis, lorsque je prends le café avec le président, des invités se rapprochent de nous. Jacques Fauvet se joint à la conversation.

La journée du lendemain est chargée, car c'est celle du Conseil des ministres. Comme chaque mardi soir, je passerai la nuit à l'Élysée, pour être sur place dès le matin. Aussi nous quittons l'ambassade vers 11 heures, après avoir pris congé de chacun des invités.

Notre voiture dépose au passage Anne-Aymone rue Bénouville, en roulant, cette fois, dans le bon sens de la rue !

***

Le mercredi matin, à 9 heures 10, alors que j'attends l'arrivée du Premier ministre, le secrétaire général de la présidence, Jacques Wahl, pénètre dans mon bureau. Il me paraît soucieux et agité :

« Monsieur le Président, *Le Canard enchaîné* vous attaque ce matin. Il y consacre une page entière.

— Il m'attaque à quel propos ? lui demandai-je.

— A propos de Bokassa ! »

C'est bien normal, pensai-je. Bokassa, qui a fini par

trouver refuge en Côte-d'Ivoire, où le président Houphouët-Boigny lui a donné asile politique, a annoncé qu'il se vengerait. Il se venge.

Depuis qu'il a été déposé, Bokassa, décrit jusque-là comme un tyran honni, qu'il faudrait écarter du pouvoir à tout prix, trouve de surprenants appuis : le Premier secrétaire du Parti socialiste, François Mitterrand, a exigé dans le journal télévisé de la première chaîne que les ministres qui ont été mêlés à l'intervention française, qualifiée « d'affreuse affaire », démissionnent. Il ajoute que « la France doit éviter d'intervenir militairement dans les affaires internes des pays d'Afrique, comme des autres. »

En même temps l'opposition a trouvé un candidat au remplacement de Bokassa : c'est l'ancien Premier ministre Ange Patassé, installé dans un hôtel de la Seine Saint-Denis. Elle oublie qu'il a été l'organisateur et l'ordonnateur financier des fastes du couronnement !

« Que dit le journal ? dis-je à Wahl.

— Il affirme que vous avez donné l'ordre d'organiser le casse des archives de Bokassa.

— Je n'ai jamais donné le moindre ordre à ce sujet, répliquai-je. Mes seuls ordres sont ceux qui ont été transmis par René Journiac. Je voudrais bien savoir qui aurait pu prendre cette décision absurde ! Certainement pas notre ambassadeur !

— Il publie aussi une lettre de Bokassa, disant qu'il vous a fait remettre une plaquette de diamants de trente carats, valant un million de nouveaux francs quand vous étiez ministre des Finances.

— C'est grotesque ! »

Je me souviens en effet des cadeaux que Bokassa m'avait offerts lors de mon passage à Bangui en 1973 et notamment de deux étoiles de petites pierres, fines et

«Pendant mon septennat, je suis allé deux fois, à l'occasion des vacances d'été, chasser en terre centrafricaine.»
Ci-dessus, notre campement à Daradou.
Ci-dessous, la pénible cérémonie qui ponctue nos soirées : l'arrachage des sangsues. Maurice Patry essaie de m'aider, sous le regard complice de Marc Péchenart.

«J'aime l'Afrique. Les Africains, je crois, le savent.»
Visite officielle en Côte d'Ivoire (11-15 janvier 1978). Ci-dessus, traversée d'Abidjan avec le président Houphouët-Boigny. À droite en haut, visite de son village natal.

«J'étais impatient de me rendre dans ce qu'il appelle "mon village", son lieu de naissance, Yamoussoukro, pour essayer de remonter la filière de ses origines.»

Voyage au Zaïre (août 1975) «Je n'ai pas pu éviter, malgré toutes les ruses, d'être coiffé d'un calot en léopard – ce dont il ne subsiste, grâce au ciel, qu'une seule photo !» (À l'hôtel de ville de Kinshasa avec le président et Madame Mobutu.)

« Le Canard enchaîné » met en cause M. Valéry Giscard d'Estaing

Sous un titre qui couvre toute la largeur de sa page une et dit : « Quand Giscard empochait les diamants de Bokassa », « le Canard enchaîné » daté 10 octobre publie le fac-similé d'un bon de commande adressé par l'ex-empereur de Centrafrique au Comptoir national du diamant, dans lequel on peut lire : « Veuillez remettre à Mme Dimitri, secrétaire à la présidence de la République, une plaquette de trente (30) carats environ destinée à M. Giscard d'Estaing, ministre des finances de la République française. » Ce document comporte les chiffres 6/73, ce qui, selon l'hebdomadaire, signifie qu'il s'agit de la sixième commande effectuée durant l'année 1973, mais rien n'indique que cette plaquette ait été effectivement remise ni reçue.

L'hebdomadaire affirme néanmoins : « Giscard et ses deux cousins ont vraiment trop joué en Centrafrique, ils ont reçu trop de diamants. »

Le chef de l'Etat centrafricain aurait en effet, selon le « Canard enchaîné », fait présent de diamants à MM. François, Jacques et Olivier Giscard d'Estaing. Auraient également bénéficié de ces libéralités MM. Robert Galley (ministre de la coopération), Yvon Bourges (ministre de la défense) et René Journiac (conseiller technique à la présidence).

Pour éviter que des archives centrafricaines « trop bavardes » ne soient « dispersées », poursuit « le Canard enchaîné », M. Journiac aurait donné des « ordres très précis » aux parachutistes français dépêchés à Bangui, le mois dernier. « Tout le monde a bien travaillé : archives mises en caisses au palais de Bokassa et dans quelques ministères ; transport par hélicoptère Puma jusqu'au quartier résidentiel ; enfin, livraison, par camion Dodge, du précieux chargement non loin de là, à l'ambassade de France », écrit l'hebdomadaire.

De fait, comme nous le rapportions lors du renversement de l'ex-empereur, les forces fran-

La pratique des cadeaux n'est régie par aucune réglementation en France

Les cadeaux — petits ou grands — dont bénéficient les personnalités officielles — petites ou grandes — ne font l'objet, en France, d'aucune règle, et leur sort est très variable.

Deux sortes de cadeaux doivent être distinguées : les cadeaux officiels publiquement échangés, notamment lors des visites de chefs d'Etat. L'usage s'est, dit-on, établi, sans qu'il soit codifié, qu'à la fin de son septennat le président de la République remette la plupart des cadeaux reçus à l'Etat et ne conserve que ce qu'il a reçu de très personnel. Quant aux cadeaux privés, qu'il est difficile de refuser, les donateurs peuvent considérer ce refus comme une offense, beaucoup de ceux qui les reçoivent en font don à des organisations charitables. De nombreux fonctionnaires, mais rien ne les y oblige, considèrent qu'ils ne doivent accepter aucun présent de valeur.

Dans d'autres pays, ces échanges de cadeaux font l'objet de réglementations strictes. Les personnalités américaines officielles doivent refuser des cadeaux d'une valeur de plus de 100 dollars (420 francs, somme périodiquement actualisée) et toute décoration étrangère. Ceux qui jugent ne pouvoir refuser doivent remettre ces cadeaux à l'Etat dans les soixante jours. En Grande-Bretagne, les personnalités officielles doivent aussi refuser tous cadeaux de l'étranger, sauf des cadeaux de peu de valeur. S'ils ne peuvent refuser, ils doivent soit remettre ces cadeaux à l'Etat, soit en verser la valeur au Trésor public. Les cadeaux reçus par la reine ont cependant un sort différent. Elle peut soit les redonner soit les garder, mais ils ne sont pas sa propriété personnelle mais celle de la couronne.

En Allemagne fédérale, aucune règle n'est fixée pour le président, le chancellier et les ministres, mais la tradition tend à s'établir de ne rien conserver pour soi. Le président Scheel a laissé à la présidence tout ce qu'il avait reçu pendant son mandat.

Les fonctionnaires et notamment les diplomates doivent déclarer ce qu'ils reçoivent à leurs supérieurs hiérarchiques. Ils peuvent être alors autorisés à conserver les cadeaux si la valeur n'en est pas trop forte, sinon ils deviennent propriété du ministère.

La pépite du général

Les ambassadeurs successifs de la République française à Brazzaville montrent volontiers à leurs visiteurs, soigneusement encadrée et exposée dans le grand salon de la « case de Gaulle » où ils ont leur résidence, la « pépite du général ». Il s'agit, en fait, d'un aggloméral d'or massif ayant la forme du continent africain et offert par les Français libres à leur chef en témoignage de fidélité. Bien que ne s'adressant pas au titulaire d'une fonction officielle, ce cadeau a été laissé sur place par l'homme de Brazzaville, exceptionnellement pointilleux sur le sujet.

Un patrimoine étroitement lié

La famille de M. Valéry Giscard d'Estaing est étroitement liée depuis plusieurs décennies, à des sociétés qui opèrent en Afrique et ont opéré en Indochine. Tel est le cas, notamment, de :

● M. FRANÇOIS GISCARD D'ESTAING

Cousin germain du président de la République et issu de la même promotion de l'ENA, M. François Giscard d'Estaing (né en 1926) a été, de 1958 à 1968, directeur de la Banque centrale des Etats de l'Afrique équatoriale et du Cameroun. Cette banque, véritable institut d'émission, offrait une position de premier plan pour l'attribution de crédits aux pays de l'ex-A.E.F.

En 1969, M. François Giscard d'Estaing quitte la banque pour être, pendant un an, conseiller financier auprès du président de la République du Tchad, M. Tombalbaye. Il devient, l'année suivante, directeur de la Banque française du commerce extérieur, puis en est nommé directeur général en 1974 et P.-D.G. en septembre 1977.

M. François Giscard d'Estaing a été administrateur de multiples sociétés au titre de ses fonctions à la B.F.C.E., mais aussi, semble-t-il, à titre personnel. C'est ainsi qu'il est, depuis 1978, administrateur de la SAFA Cameroun. Celle-ci est une filiale de la SAFA (Société africaine forestière et agricole), société du groupe Rivaud, qui dispose d'importants intérêts en Afrique. La SAFA Cameroun » cède, il y a quatre ans, son exploitation en République Centrafricaine à une société de droit local : la Société d'exploitation d'hévéas et de caféiers.

La SAFA Cameroun exploite à Dizangué, au Cameroun, 3 000 hectares de palmiers. La Caisse centrale de coopération économique a versé 550 000 000 de francs C.F.A. sous forme de prêt à longue durée avec différé d'amortissement pour cette plantation.

La SAFA avait, dans les années 60, des plantations de café, de caoutchouc : 225 000 hectares au total au Cameroun et en R.C.A., plus quelques dizaines de milliers d'hectares de concessions forestières (30 500 hectares).

La Compagnie du Cambodge détient 21 % de la SAFA.

M. François Giscard d'Estaing est également administrateur de France-Câble, de la Société des étains de Kinta (affaire de la Banque Vernes).

A noter que M. François Giscard d'Estaing est en outre administrateur, depuis 1975, de la Société centrale du groupe Assurances générales de France, qui détient, entre autres, un peu plus de 3 % de la SOFFO.

● M. JACQUES GISCARD D'ESTAING

Cousin germain du président de la République, frère de François et ancien élève de l'ENA (1953), M. Jacques Giscard d'Estaing (né en 1929) est placé de 1962 à 1969 en service détaché pour exercer les fonctions de chef de service des départements et territoires d'outre-mer à la Caisse centrale de coopération économique, à l'époque où son frère est directeur de la Banque centrale de l'Afrique équatoriale et du Cameroun.

Il est également, de 1964 à 1969, directeur général adjoint de l'Institut d'émission des départements d'outre-mer. En 1971, il entre comme directeur financier au C.E.A. A ce titre, il négocie des accords avec l'Empire Centrafricain, le Niger, l'Iran et d'autres Etats.

● M. EDMOND GISCARD D'ESTAING

M. Edmond Giscard d'Estaing (né en 1894), père du président de la République, qui avait épousé en 1923 Mlle May Bardoux, appartenant à une famille ayant d'importants intérêts en Indochine et au Maroc, entre, en 1930, à la Société financière française et coloniale, spécialisée dans les investissements outre-mer, notamment en Indochine. La S.F.F.C. connaît alors de sérieuses difficultés consécutives à la crise de 1929. Elle devra procéder à plusieurs réductions de son capital suivies d'augmentations. Il semble que la famille Giscard d'Estaing ait pris des intérêts directs dans l'affaire à cette occasion. En 1935, M. Ed-

à propos des largesses de M. Bokassa

çaises intervenues en Centrafrique en septembre avaient pris un certain nombre de précautions concernant des archives retrouvées à Bangui, la capitale de l'Empire, et à Berengo, la résidence impériale (« le Monde » daté 23-24 septembre).

Enfin, l'hebdomadaire satirique publie également deux fac-similés de télex adressés, l'un à M. Giscard d'Estaing et l'autre à M. Raymond Barre, par Bokassa Ier, pour les féliciter de leur victoire aux élections législatives de mars 1978.

Mercredi matin, la présidence de la République s'est refusé à tout commentaire sur cette affaire.

L'agence France-Presse ne l'a signalée qu'en fin de matinée, en disant que « trois quotidiens d'opposition » (« l'Humanité », « Le Matin » et « Libération ») faisaient état de la « révélation du « Canard enchaîné ». Quant au journal de 13 heures de TF 1, il n'a rien dit sur le sujet.

QUELQUES MISES EN CAUSE DE CHEFS D'ÉTAT

Il n'existe pas, semble-t-il, dans l'histoire politique de la France, d'affaire absolument équivalente ou analogue à celle qui vient d'être soulevée. Mais le chef de l'Etat a déjà été mis en cause en raison des activités exercées par ses proches.

Le cas le plus fameux est celui de M. Jules Grévy, président de la République de 1879 à 1887. Son gendre, Daniel Wilson, avait été sous-secrétaire d'Etat aux finances dans un cabinet Jules-Ferry en 1880. En 1886, il poussa M. Jules Grévy à se représenter aux élections présidentielles. A peine celui-ci eut-il entamé un second mandat qu'en septembre 1887 éclata le scandale d'un trafic sur la Légion d'honneur, où était compromis le général Caffarel, sous-chef d'état-major de l'armée. Ce dernier mit en cause Daniel Wilson, dont l'implication ne fit pas de doute. Il finit cependant par être acquitté en appel de l'accusation d'escroquerie et redevint député en 1893.

Mais l'affaire souleva une émotion extrême, déclencha une vague d'antiparlementarisme et favorisa la montée du général Boulanger. Elle prépara le climat de l'affaire de Panama, provoquée par la corruption exercée dans le monde politique par la Compagnie du canal désireuse d'obtenir l'autorisation d'émettre un emprunt.

D'autres cas ont été récemment observables à l'étranger. Les compromissions du prince Bernhard des Pays-Bas dans l'affaire Lockheed l'ont contraint, en 1977, à cesser de jouer tout rôle même protocolaire. En Italie, les accusations de trafic d'influence et de fraude fiscale contre son fils Mauro ont joué un rôle majeur dans l'obligation, où s'est trouvé M. Leone, président de la République, de donner sa démission le 15 juin 1978.

aux sociétés opérant outre-mer

mond Giscard d'Estaing est nommé président de la Financière française et coloniale, poste qu'il n'abandonnera qu'en 1973, année où il prend sa retraite et est porté à la présidence d'honneur.

La Financière française et coloniale, qui transformera son nom par la suite en Société financière pour la France et les pays d'outre-mer (SOFFO), gère un ensemble de participations dans des entreprises ayant leurs activités dans les anciennes colonies françaises. Jusque dans les années 50, l'essentiel des intérêts de la SOFFO se trouvait en Indochine, surtout dans les plantations d'hévéas. Le caoutchouc était transporté en France et revendu aux grandes sociétés manufacturières, notamment Bergougnan. M. Edmond Giscard d'Estaing a été administrateur de Bergougnan, cette société étant actionnaire de la SOFFO. Michelin a repris récemment Bergougnan.

Deux investissements de la SOFFO sont à signaler : elle détenait 52 820 actions de la Banque des intérêts français qui ont été vendues en 1965 à la Société centrale de banque, opération qui a suscité un petit scandale vite étouffé (l'« affaire Meleux ») (1).

Depuis de nombreuses années, la SOFFO détient une participation importante (9 %) dans la société de transports aériens U.T.A. Après la fin de la première guerre d'Indochine, la SOFFO a réinvesti en Afrique, notamment dans l'ancienne A.E.F où elle avait déjà des intérêts.

A notre connaissance, les principaux intérêts de la SOFFO en Afrique seraient aujourd'hui les suivants :

Une société dominant le Centrafrique

● 38,04 % de la Compagnie forestière de Sanga-Oubangui. La C.F.S.O. est l'une des cinq anciennes sociétés concessionnaires de l'Oubangui-Chari — qui devait devenir la République Centrafricaine — et régna sans partage sur ce territoire pendant des décennies. Jusqu'en 1925, où un scandale défraya la chronique, la C.F.S.O. avait un véritable droit de vie et de mort à l'intérieur de ses concessions. Les populations indigènes y étaient pratiquement réduites en esclavage. Après 1925, cette situation se modifia quelque peu. L'indépendance de la R.C.A. (13 août 1960) vit seulement la C.F.S.O. associer à l'exploitation du pays quelques notables africains. Elle a cessé toute activité en Centrafrique en 197ʺ 1976 et possède encore d'importantes plantations de café au Cameroun.

● 99 % des caoutchoucs d'Extrême-Orient.

● 71 % de la Société des palmerales de la Ferme suisse. Cette dernière, de création récente, possède 1 000 hectares au Cameroun, plantés grâce à un crédit de 300 millions de francs C.F.A. (1 F C.F.A. = 0,02 FF) accordé par la Caisse centrale de coopération économique.

● 36,48 % de la société Le bois du Cameroun, qui possède, entre autres, 150 000 hectares de concessions au Cameroun.

La SOFFO détient également des intérêts dans les « structures lamellées de l'Afrique centrale », société créée en 1971.

Un des plus beaux fleurons de la SOFFO est constitué par sa participation de 44,7 % dans la Société internationale de plantation d'hévéas (SIPH). Celle-ci détient elle-même des participations dans plusieurs sociétés, notamment dans la Société africaine de plantation d'hévéas. La SAPH possède plusieurs dizaines de milliers d'hectares en Côte-d'Ivoire et au Cameroun. M. Guy de Lasteyrie du Saillant, qui a épousé la sœur de M. Valéry Giscard d'Estaing, a été nommé administrateur de la SIPH, société qui doit procéder à l'absorption de trois filiales du groupe SOFFO (dont la Société d'études et d'exploitations minières de l'Indochine (SEEMI) dont il est actuellement administrateur).

La SOFFO s'inscrivait, en fait, dans la mouvance de la Banque de l'Indochine avec qui les liens financiers avaient été établis au fil des ans, à la suite de multiples fusions, absorptions, réorganisations de filiales communes. Ce qui explique qu'aujourd'hui le seul actionnaire important connu de la SOFFO soit le groupe Suez-Indochine, avec 42 % des actions. Au cours de sa longue carrière, M. Edmond Giscard d'Estaing a été, soit directement, soit au titre de la SOFFO, administrateur de plus de vingt entreprises différentes. On peut citer parmi celles-ci Thomson-Houston, dont la SOFFO a détenu plus de 2 000 actions, le Crédit foncier de l'Ouest africain. A cela s'ajoutent des sociétés à Madagascar, en Nouvelle-Calédonie, au Maroc, et 12 500 actions de la Société de gestion de la Compagnie française du Gabon. Enfin, la Compagnie du Cambodge est administrateur de la SOFFO à travers la Société financière calédonienne. C'est le vicomte de Ribes qui la représente au conseil d'administration. La Compagnie du Cambodge est une société du groupe Rivaud, qui a d'importants intérêts en Afrique francophone et faisait figure de rival de la Banque de l'Indochine dans la France d'outre-mer. M. François Giscard d'Estaing est administrateur d'une des filiales du groupe Rivaud.

(1) A la suite du suicide, le 25 mars 1965, de son président-directeur général, M. Louis Meleux, cette société avait déposé son bilan (*le Monde* du 21 avril 1965).

Le régime douanier

Le régime douanier des cadeaux offerts par des chefs d'Etat étrangers à des ressortissants français relève de l'article 159 du Code des douanes et de l'arrêté d'application du 14 novembre 1959.

Dans ce régime assez complexe, doivent être distingués deux cas : d'une part les dons effectués en France, d'autre part les dons effectués à l'étranger.

● Dons effectués à l'étranger. — Si le cadeau a été offert au président de la République, il bénéficie de la *franchise douanière*. En revanche, pour toutes les autres personnes, c'est le régime de droit commun qui s'applique.

(En avril 1973, lorsqu'il effectua à Bangui un voyage privé, M. Giscard était ministre de l'économie et des finances.)

● Dons effectués en France. — Les objets importés pour leur usage personnel et celui de leur famille par les chefs d'Etat étrangers séjournant en France bénéficient de la franchise des droits et taxes (article 8 II de l'arrêté du 18 novembre 1959).

Les dons faits en France par un chef d'Etat étranger au président de la République sont admis en franchise de droit et de taxe (article 8 a du même arrêté). Les dons faits en France par les chefs d'Etat étrangers à toutes les autres personnes sont imposables dans les conditions de droit commun.

LES INVESTISSEMENTS IMMOBILIERS DE M. BARRE

« Minute » estime que le premier ministre « n'a pas tout dit »

« M. Barre ! Vous n'avez pas tout dit », titre l'hebdomadaire *Minute*, dans son numéro daté du 10 au 16 octobre, en réponse à la mise au point diffusée, mercredi 3 octobre, par l'hôtel Matignon, à la suite des informations publiées la semaine dernière, par la même publication, sur les investissements immobiliers du premier ministre (*le Monde* du 4 octobre).

Minute souligne notamment que M. Barre paraît avoir obtenu « *un régime de faveur* », puisque le permis de construire, demandé le 9 avril, lui a été accordé le 11 mai, « *un mois à peine* » après qu'il eut acquis le terrain de 3 000 m2 sur lequel il se propose de faire édifier une résidence secondaire à Saint-Jean-Cap-Ferrat (Alpes-Maritimes).

L'hebdomadaire ajoute que « *cette précipitation devient suspecte lorsqu'on sait que les travaux ont commencé aussitôt et que le même Barre signait trois mois plus tard, en tant que premier ministre, un décret interdisant à quiconque de l'imiter* ». *Minute* cite le décret du 25 août 1979 « *approuvant la directive d'aménagement national relative à la protection et à l'aménagement du littoral* », paru au *Journal officiel* du 26 août, en vertu duquel les constructions nouvelles sur le littoral (la commune de Saint-Jean-Cap-Ferrat figure parmi les communes précisément mentionnées) sont soumises désormais à des contraintes draconiennes.

Selon l'hebdomadaire, le coût de l'opération représenterait, en outre, pour le premier ministre, qui affirme bénéficier d'un prêt bancaire, un remboursement de 25.000 francs par mois jusqu'à l'âge de soixante-dix ans. Pour *Minute* les explications présentées par M. Barre sont trop insuffisantes et laissent « *planer sur la démarche de cet acquéreur* « respectueux des lois » *une désagréable odeur de dissimulation* ». « *M. Barre, bouffi de vanité, a méprisé ces humbles vertus qui faisaient les grands hommes d'Etat*, ajoute l'hebdomadaire. *Mais en réalisant une bonne affaire il a perdu son crédit. Les Français sont toujours disposés à suivre un Poincaré. Pas un Basile.* »

Le Canard enchaîné consacre lui aussi une large place aux « *affaires* » du premier ministre, affirmant notamment : « *M. Barre aime décidément le secret et ne saurait mener à bien une affaire personnelle un peu délicate sans faire appel à un prête-nom. Un excès de modestie sans doute ? Il a agi ainsi pour sa maison de Saint-Jean-Cap-Ferrat. De même il avait utilisé une femme de paille pour ses actions au Liechtenstein.* »

L'hôtel Matignon ne faisait, mercredi matin 10 octobre, aucun commentaire sur ces nouvelles accusations.

LA SITUATION EN RÉPUBLIQUE CENTRAFRICAINE

A Bangui, un porte-parole du M.P.L.C. (Mouvement de libération du peuple centrafricain) a déclaré, mardi 9 octobre, que le président Dacko aurait accepté de réunir la « table ronde » préconisée par M. Patasse, chef du M.P.L.C. Le gouvernement n'a pas commenté cette déclaration faite à la suite de la rencontre Dacko-Patasse de lundi.

Aux Nations unies, M. Ali Triki, ministre libyen des affaires étrangères, a fustigé « *l'invasion française de la République Centrafricaine* » dans un discours prononcé, mardi soir 9 octobre, devant l'Assemblée générale. « *La politique d'assassinat, d'utilisation de mercenaires et d'intervention colonialiste directe de Paris ne sert pas les intérêts du peuple français* », a-t-il ajouté. M. Jacques Leprette, représentant de la France a répliqué en dénonçant « *les distorsions et les falsifications grossières* » du ministre libyen. M. Leprette a rappelé que, au moment de la chute de Bokassa Ier, une trentaine d'instructeurs libyens se trouvaient en Centrafrique et que plusieurs milliers d'armes provenant de Tripoli avaient été découvertes.

Sommet de la Guadeloupe (4-6 janvier 1979) : «Le dernier matin, j'ai eu envie de prendre des photos de mes partenaires. Je me suis levé tôt et je suis sorti sur la plage. Au moment où je me tourne vers la mer, je crois être saisi d'une vision. L'eau bouillonne légèrement [...]. Et soudain, au milieu du remous jaillit non pas une divinité de la mer, mais un être qui lui ressemble, gris et humide.» C'est Jimmy Carter.

Rencontre avec Leonid Brejnev, Varsovie, 19 mai 1980.
« En sortant de la salle de conférence, Brejnev demande à me parler en tête-à-tête. "Je voulais vous dire que j'étais d'accord avec vous. L'affaire d'Afghanistan est une affaire politique, et non militaire. On m'a dit que nous devions intervenir pour rétablir l'ordre. Mais nous ne devons pas rester. Je sais que tout le monde (en URSS) n'est pas d'accord là-dessus. [...] Il faut une solution politique. Je ferai mon affaire personnelle de l'imposer. Vous pouvez compter sur moi". [...] Il m'a dit au revoir, en se retournant. Techniquement, c'était un adieu.»

«Commentant le soir même la nomination de Raymond Barre à la télévision, j'ai expliqué que j'avais fait appel à un des meilleurs économistes de France. Les journalistes ont simplifié ce jugement sous la forme du "meilleur économiste de France". D'autres économistes, dont moi-même, ont souffert de ce raccourci dans leur immodestie.»

Un conseil restreint à l'Élysée (5 août 1975). De gauche à droite, Christian Poncelet, Michel Poniatowski, VGE, René Haby, Jean-Pierre Ruault, Simone Veil, Jacques Chirac, Robert Galley et Yves Cannac.

Sommet de Venise (juin 1980) : « On nous a demandé de nous rassembler sur le quai, afin de poser pour les photographes. [...] Nous sommes placés sur le rebord de la lagune, juste devant l'abrupt du quai. Quelques pas en arrière, et nous disparaissons ! Nous allons disparaître, Cossiga en septembre, Jimmy Carter dans cinq mois, moi dans dix mois, Helmut Schmidt dans deux ans. Mais ce n'est pas notre départ qui m'oppresse. C'est le sentiment que nous allons entraîner avec nous, dans notre disparition, un pan entier de notre vie, celui des années 1970.»

brillantes. Il m'avait expliqué, comme je l'ai dit plus haut, qu'il avait créé à Bangui une école de taille de pierres, et que c'était un échantillon de sa production. Au retour, je m'étais renseigné pour savoir quel en était l'usage. On m'avait répondu que leur taille était trop grossière pour pouvoir les utiliser en joaillerie, et que leur valeur approximative se situait entre 4 000 et 7 000 F. Ils étaient restés dans un tiroir, et avaient suivi mon déménagement.

Jacques Wahl attend, et m'interroge :

« Que faut-il faire ?

— Que voulez-vous dire ?

— Faut-il faire saisir *Le Canard enchaîné* ? me dit-il. Le code pénal vous en donne le droit. Il n'y a pas de contestation possible. Mais il faudrait le décider tout de suite, car le journal est déjà distribué dans les kiosques. »

Je pense à ma promesse du printemps de 1974 de ne jamais faire saisir de journaux. Il est loin, ce printemps, qui me paraît soudain joyeux et ensoleillé. J'ai fait cette promesse par libéralisme, par idéalisme, et avec, sans doute, un peu de naïveté. Mais je l'ai faite. Ce n'est pas parce que Bokassa cherche à se venger que je ne devrai pas la tenir.

« Ne faites rien.

— Vous êtes décidé, monsieur le Président ? me demande Jacques Wahl, car après le Conseil ce sera trop tard.

— Oui, ne faites rien. Et pouvez-vous faire entrer, s'il vous plaît, le Premier ministre ? »

***

Pendant le Conseil des ministres, vers 10 heures 30, un garde républicain apporte une enveloppe blanche au secrétaire général, assis derrière sa petite table, dans l'angle près de la fenêtre. Il ouvre l'enveloppe, en retire une note qu'il lit, le front plissé. Puis il écrit à son tour quelques lignes sur un feuillet, qu'il vient m'apporter :

« *Le Monde* reprend les attaques du *Canard* contre vous. Cela remplit une double page complète. Il attaque aussi des membres de votre famille. Jacques Fauvet signe un éditorial sur le même thème. Combret et le service de presse demandent ce qu'ils doivent faire. Si l'on doit saisir *Le Monde*, l'heure limite, pour que cela soit efficace, est 11 heures. »

Ma règle est de ne jamais faire d'aparté pendant la durée du Conseil. Si j'ai une consigne à donner, je la mets par écrit :

« Demandez à Combret, à Hunt et à Sérisé de venir dans mon bureau à 12 heures 30. Nous ferons le point. D'ici là, qu'ils ne fassent rien. »

Une morsure douloureuse dans le cœur. Je n'arrive pas à le croire ! J'ai dîné la veille au soir avec le directeur du *Monde*. S'il s'agit d'une double page et d'un éditorial, ils devaient déjà être composés. Il ne m'en a pas dit un mot, ne m'a pas fait une allusion. Qu'il attaque le président de la République, c'est son droit. Mais qu'il ne prenne même pas la peine de lui dire qu'il a reçu des informations, qu'il va les publier, et surtout qu'il reste devant vous, le visage souriant, sachant ce qu'il s'apprête à faire...

Je sens mon esprit glisser vers l'amertume, la réplique, la vengeance. Je m'arrête sur cette pente détestable. Il me faut revenir au Conseil des ministres, et concentrer mon attention. Je m'y efforce, mais avec peine, comme s'agissant d'un cheval, qu'on monte, et qui cherche à tout instant à se dérober.

Avant de sortir du salon Murat, je fais le tour de la

table pour prendre congé des ministres. Aucun d'entre eux n'est encore informé de cette campagne, sauf sans doute le ministre de l'Intérieur, Christian Bonnet. Je fais signe à Jacques Wahl de me suivre.

Nous retrouvons dans mon bureau ceux qui y ont été convoqués. Pierre Hunt, chef du service de presse, me tend un exemplaire du *Monde*. Je m'assieds derrière mon bureau, pas trop vite pour ne pas paraître marquer de précipitation, mais j'ai le cœur qui bat, lourdement, irrégulièrement. Je ne suis pas encore habitué aux attaques...

Je pose le journal à plat devant moi. D'abord la première page : un éditorial vertueux et perfide sous le titre : « La Vérité et l'Honneur ». On m'y reproche de ne pas avoir démenti l'information du *Canard enchaîné* portant sur une plaquette de diamants de 30 carats, estimée à un million de francs. Mais ce journal vient seulement de sortir !

Puis je cherche la double page intérieure. Je vois d'un seul coup, comme si j'avais acquis la technique de la lecture rapide, l'ensemble de la composition, les masses de texte réparties sur les deux pages, les unes évoquant les informations du *Canard enchaîné*, les autres analysant l'histoire de mes relations avec Bokassa, un texte mettant en cause mes cousins François et Jacques et, à mi-hauteur de la page de droite, une colonne consacrée à mon père. Tout ceci présenté sous un titre barrant la page : « Un patrimoine étroitement lié aux sociétés opérant outre-mer. » Et, pour faire bonne mesure, un article de deux colonnes est consacré aux « investissements immobiliers de M. Barre ». Mon regard s'est brouillé. Quel soin avait-il fallu apporter à la préparation de ces pages ! Quel instinct du mal, comme celui des animaux qui vont chercher sous la peau de leur ennemi les artères pour en vider le sang, peut conduire à rassembler et à présenter une telle « documentation » ?

Un sous-titre mentionne : « une société dominant la Centrafrique ». J'en parcours le texte : il fait allusion à des événements remontant à 1925. Et je n'en possède pas une seule action !

Mon cousin François, qui était en 1979 président de la Banque française du commerce extérieur, appartient au corps de l'inspection des finances. Il a conseillé le redressement financier du Tchad, qui s'est effectué avec le succès limité qu'on pouvait imaginer ! Il aime l'Afrique, comme moi, et il a rencontré Bokassa dans ses fonctions. Mais il ne m'a jamais accompagné dans mes voyages, il n'a jamais assisté à aucun de mes entretiens avec Bokassa. Il ne dispose d'aucun « patrimoine » en Afrique. Qu'a-t-il à voir avec cette affaire de cadeaux ?

Quant à Jacques, qui est la minutie et le scrupule incarnés, et qui a été détaché de la Cour des comptes, dont il est conseiller référendaire, pour devenir directeur financier du commissariat à l'énergie atomique, le décrire comme un trafiquant d'uranium, c'est abject et ridicule ! Il y a de quoi en rire et en pleurer !

Et mon père ! Tous ceux qui portent en eux un minimum de décence, qui se souviennent du respect instinctif que l'on porte à ses parents, comment acceptent-ils de se prêter à une telle bassesse ? Mon père est alors âgé de quatre-vingt-six ans ! Il est allé en Afrique centrale une seule fois, au début des années trente, pour une mission que lui avait confiée le ministère des Finances. Il nous en a rapporté des petits animaux en cuivre, qui nous émerveillaient. Il n'a évidemment jamais rencontré Bokassa, qui représenterait pour lui l'antipode de ses conceptions jansénistes de la vie.

Pierre Hunt interrompt cette rêverie :

« Monsieur le Président, que devons-nous répondre ? Les journalistes nous assaillent évidemment, que faut-il leur dire ?

— Il faut leur dire la vérité. »

C'est mon instinct qui parle. Je ne suis plus capable de conduire une réflexion organisée. J'ai maintenant le cerveau rempli d'une sorte de brouillard empoisonné, qui ne le quittera que le soir.

Je reprends :

« Dites-leur la vérité : que Bokassa m'a remis des cadeaux, comme il le faisait à ses visiteurs. Que je n'y ai pas attaché d'importance. Et que cela n'a pas pesé sur mes décisions. D'ailleurs on l'a bien vu ! »

Discussion rapide entre mes collaborateurs sur la question de la saisie des journaux. Ils se partagent sur l'opportunité de cette décision. Mais débat désormais inutile, car les délais sont passés, et, de toute façon, ma position ne changera pas.

Quand, avec le recul du temps, je pense à nouveau à cette affaire, j'estime que ma décision a été erronée. Il n'y avait pas lieu de saisir *Le Canard enchaîné*, qui publiait une information, vraie ou fausse. Mais *Le Monde*, lui, ne publiait pas une information : il reprenait, sans la vérifier, une affirmation lancée par un autre organe de presse, et il en saisissait l'occasion pour lancer une campagne perfide, diffamatoire, contre la personne et la famille du président de la République. Cette campagne rentrait exactement dans le champ des attaques dont le législateur a voulu protéger l'institution présidentielle, depuis le début de la IIIe République. La saisie était légitime.

La question de mes collaborateurs revient : « Que devons-nous dire ? »

Je vois qu'ils sont embarrassés. Ce sont des fonctionnaires. Ils ne sont pas habitués aux attaques, et ils redoutent d'être impliqués dans ces « affaires », même si leur rôle est réduit à me défendre. Et puis le sujet les gêne. Ils savent que je ne suis pas une personne intéressée, ils le vérifient tous les jours, mais pourquoi ces cadeaux de Bokassa, étalés dans *Le Monde*, qui est pour eux une sorte de « journal officiel » ? Et *Le Canard enchaîné* annonce, pour la semaine suivante, la publication d'autres documents. Je vois qu'ils les redoutent, et qu'ils ont l'impression de marcher sur des sables mouvants.

« Je n'ai pas le temps d'en parler davantage, leur dis-je. Je reçois le président Eanes à déjeuner, et je dois descendre dans l'entrée pour l'accueillir dans quelques minutes. Préparez un communiqué très court, et venez me le montrer dès que Eanes sera parti. »

***

Après le déjeuner, je raccompagne le président Eanes dans la cour de l'Élysée. Il pleut. Un jeune appelé, qui fait son service comme huissier, abrite Eanes jusqu'à sa voiture, sous un grand parapluie bleu. Il m'invite à venir lui rendre visite au Portugal. Je crois qu'il juge sincère ma volonté d'aider son pays à entrer dans la Communauté.

Je remonte dans mon bureau. Les mêmes collaborateurs m'attendent. Le chef du service de presse a préparé un communiqué que Jean Sérisé me tend. Il confirme que le président Bokassa m'a offert des cadeaux, comme c'est l'usage entre chefs d'État, mais qu'ils n'ont ni le caractère ni la valeur qu'affirment certains organes de presse.

Ce communiqué ne répond pas exactement à la question posée, puisqu'il ne fait pas référence au cadeau antérieur qui est l'objet de l'attaque.

J'ai tort de ne pas regarder le texte de plus près. Mais j'éprouve une répugnance — néfaste — à m'impliquer davantage dans cette affaire. Il aurait d'abord fallu démentir le chiffre grotesque publié par *Le Canard enchaîné* et repris en première page par *Le Monde* : « Une plaquette de diamants de trente carats dont la valeur actuelle serait proche de un million de francs. » Et il fallait préciser que tous les présents que j'ai reçus, y compris ceux antérieurs à mon mandat présidentiel, seraient donnés à des institutions caritatives ou vendus à la fin de mon mandat.

Je leur donne mon accord sur ce texte, sans le modifier. Ils repartent le diffuser.

Je pressens que dans l'état d'excitation des médias sur ce sujet, ce communiqué sera reçu davantage comme une confirmation que comme une mise au point. Secoué par la violence de l'attaque, je n'ai même pas pu lire en détail les pages des journaux. Que me reprochent-ils exactement ? Et dans l'attente de mon visiteur suivant, je recherche dans ma mémoire.

***

Depuis que je suis président de la République, Bokassa m'a remis des cadeaux deux fois.

La première fois, c'était en septembre 1974, comme je l'ai raconté, lorsque je suis allé le voir en Sologne. Ces présents ne m'étaient pas destinés personnellement, puisque Bokassa est arrivé en France avant mon élection. Quand il me les a présentés, posés sur une table dans mon salon, il y avait des défenses d'éléphants, des objets en ivoire, trois carrés de feutre noir avec des dessins composés de brillants, et bizarrement, un stylo Waterman. Ces cadeaux ont été transportés le lendemain à l'Élysée.

La seconde fois, c'était en mars 1975, lors de ma visite officielle à Bangui. Avant le dîner il y a eu, selon le programme imprimé du voyage, « échange de cadeaux et de décorations ». Les présents de Bokassa étaient disposés dans son bureau. Ils avaient la même composition : les défenses d'éléphant avaient été remplacées par deux compositions en bois, l'une supportant des pointes de javelot, et l'autre reproduisant un jeu d'échecs. Des lampes et des fruits en ivoire. Et à nouveau trois carrés portant des compositions en brillants, disposés en rosace. Elles ressemblent aux précédentes, mais paraissent un peu plus grandes. J'ai remercié le président Bokassa, comme je le fais à chaque visite officielle, sans toucher aux présents. Ceux-ci sont emballés et transportés dans l'avion de retour. Je ne les ai pas revus depuis.

C'était en 1975, il y a maintenant quatre ans. Depuis, Bokassa a interrompu ses présents. Lorsqu'il est venu à Paris, lorsque je suis passé en République centrafricaine, « l'échange de cadeaux et de décorations » ne s'est plus jamais reproduit.

Pour quel motif ? Sans doute parce que je ne lui en avais manifesté, ni exprimé, aucune reconnaissance ? Parce qu'ils n'avaient eu évidemment aucune incidence sur mon comportement à son égard ? Parce qu'il était absorbé désormais par les fastes de son couronnement ? Je n'en savais rien, et je m'aperçois que je ne m'étais jamais intéressé à cette question.

***

Je suis rentré dîner à mon domicile de la rue Bénouville. J'ai craint d'avoir du mal à m'endormir. Puis j'ai commencé à réfléchir. Je me suis dit que les journalistes allaient mener leur enquête, et que certaines évidences allaient leur apparaître. Si j'avais été concerné par de tels présents, comment expliquer que je n'aie pas répondu au désir intense de Bokassa d'être invité à Paris après son couronnement ? C'est au cours de ces visites solennelles que s'échangent les cadeaux les plus importants.

Et pourquoi avoir pris la décision, et le risque, de soutenir un changement de pouvoir en République centrafricaine ? Enfin, si j'avais été sensible aux cadeaux personnels, il y avait parmi mes visiteurs des personnalités qui disposaient de ressources beaucoup plus importantes, et qui auraient eu certainement un sens du faste bien supérieur à celui de Bokassa !

Je n'ai pas de trouble de conscience, ce qui empêche de dormir, mais un doute sur mon jugement : sans doute aurais-je dû refuser ses présents, mais quelle explication lui donner ? Et je ne pouvais en tout cas pas choisir entre eux !

Cet usage des cadeaux existe depuis toujours. Il n'a jamais été codifié en France, et personne n'a jamais prêté attention à ceux remis à mes prédécesseurs. On a toujours laissé aux bénéficiaires multiples de ces cadeaux le soin d'en déterminer, le moment venu, l'usage. Cette pratique n'a jamais fait l'objet d'aucune critique, y compris lorsque les destinataires ont reçu des objets d'une valeur très largement supérieure à celle des présents de Bokassa. Je me dis qu'il faudra codifier cette pratique, et établir une règle. Tant pis, car la liberté de jugement me paraissait préférable ! Mais puisqu'on en fait un objet de polémique, mieux vaudrait encore une règle. Je la ferai préparer pour le début de mon futur septennat, au cas où je serai réélu, car si je le faisais tout de suite, je paraîtrais plaider coupable.

Je m'endors profondément.

La semaine suivante est occupée par la visite de M. Hua Guo-Feng, le successeur de Mao. Je suis curieux de le connaître et d'évaluer la mesure dans laquelle il comble le vide laissé par la disparition du « Grand Timonier ». Je vais l'accueillir à Orly, et l'accompagne jusqu'à la résidence de Marigny.

Premier entretien, précédé, selon l'usage, ce jour-là plein d'ironie, d'un échange de cadeaux ! Je lui remets une pendule de bureau « éternelle » dont le mouvement est remonté automatiquement par les différences de température, et un service en porcelaine de Limoges. Il m'offre une peinture sur soie, qui représente une chaîne de montagnes enchevêtrée de brume, et un écran décoré avec un dessin de chat.

Le lendemain, mardi, nous allons ensemble dévoiler une plaque sur la façade de l'hôtel Godefroy, dans le quatorzième arrondissement, où Chou En-lai a habité pendant qu'il travaillait chez Renault, à l'usine de Billancourt.

Nous étions installés à même la rue, sur une petite estrade. Le maire de Paris, Jacques Chirac, était assis derrière nous. Après les discours d'usage, traduits par le remarquable professeur de chinois de l'université d'Aix, M. Destrême, qui nous a accompagnés l'année suivante en Chine, je suggère à M. Hua Guo-Feng que nous allions visiter ensemble la chambre de Chou En-lai. Embarras des organisateurs, car cette visite n'est pas prévue. J'entraîne Hua Guo-Feng dans l'escalier. L'hôtelier nous accompagne.

Au deuxième étage, sur la porte d'une chambre, une plaque de cuivre rappelle le séjour de Chou En-lai. Sans faire attention, je pousse la porte. Hurlements de protestation à l'intérieur, poussés par une voix d'homme et une voix de femme, réunis dans la même indignation, et sans doute la même intimité. Je me tourne vers l'hôtelier :

« Cette chambre est louée ?

— Évidemment, me répond-il.

— Mais c'est celle qu'occupait Chou En-lai. Vous ne l'avez pas laissée libre aujourd'hui ?

— Je ne suis pas sûr, me dit-il, que ce soit vraiment la sienne ! »

L'interprète, plein de tact, s'abstient de traduire.

***

Le mardi soir, Hua Guo-Feng offre le dîner traditionnel de retour à l'ambassade de Chine, dans le bas de l'avenue George-V. Nous sommes assis autour d'une grande table ronde. Selon l'usage chinois, je suis placé à la droite de Hua, et Anne-Aymone à sa gauche. En face de nous, l'ambassadeur et le Premier ministre, Raymond Barre. Cuisine chinoise, avec des quantités de petits plats posés sur un plateau de bois qui tourne devant nous. Pendant que nous nous servons, des maîtres d'hôtel nous versent sans relâche du vin et de l'alcool de riz chaud dans de petites coupes de porcelaine blanche et bleue. Je me méfie de cet alcool réchauffé, qui se « laisse boire » comme du thé. Raymond Barre est plus insouciant. A la fin du repas, il est pris d'un brusque malaise. Il perd un instant connaissance. On doit le reconduire chez lui.

Mercredi ont lieu les entretiens élargis traditionnels à l'Élysée, que je préside avec Hua Guo-Feng. Raymond Barre a fait l'effort de venir y participer. Je remarque ses traits tirés. Il est visiblement fatigué par l'effort de travail qu'il accomplit depuis l'été, et peut-être meurtri par les attaques dont il est l'objet. A l'issue des entretiens, le ministre des Affaires étrangères, Jean François-Poncet, signe des accords de coopération avec son homologue chinois.

La soirée se termine par une représentation de danse à l'Opéra (Garnier !). Anne-Aymone porte une robe époustouflante de taffetas de soie vert, due à notre ami Jean-Louis Scherrer. L'assistance est brillante, et applaudit chaleureusement le successeur de Mao, l'apôtre de la lutte des classes à l'échelle de la Chine. Paris en a vu d'autres ! A l'issue du spectacle, on présente quelques artistes. Un petit rat, au sens propre du terme, les jambes filiformes sous le collant rose, fait devant Anne-Aymone une révérence de danseuse, les bras écartés et pendants. Degas n'aurait pas mieux dessiné !

Lorsque Hua Guo-Feng me quitte, le jeudi après-midi, après un dernier déjeuner restreint à l'Élysée, je m'interroge sur le choix qu'ont fait les Chinois pour succéder à Mao Zedong.

Huang Hua est un homme pondéré, affable, sans grand relief. Même dans la conversation directe, il n'apporte pas de vue personnelle sur les événements ou les perspectives mondiales. Il répète le catéchisme des dirigeants chinois, c'est-à-dire l'ensemble des affirmations dont ceux-ci jugent conforme à l'intérêt chinois que vous en soyez vous-même persuadé : la certitude d'un conflit mondial avant la fin du siècle ; le fait qu'il se déclenchera d'abord en Europe à la suite d'une agression soviétique, etc. Il est bon de nous le faire croire parce qu'il est utile pour la Chine que l'Europe maintienne un haut niveau d'armement, qui contraint l'URSS à consacrer l'essentiel de ses ressources au théâtre européen, et parce que la méfiance de l'Europe vis-à-vis de l'URSS freine la possibilité pour celle-ci d'avoir une diplomatie plus aggressive en Asie.

Rien de la vivacité d'esprit de Deng Xiaoping, ou, plus

tard, des analyses lucides du ministre des Affaires étrangères. (« Nous savons très bien, me dira-t-il dans l'avion qui nous transporte de Chengdu à Lhassa, que si l'Union soviétique nous attaque, l'Occident ne prendra aucun risque sérieux pour nous aider. »)

Hua Guo-Feng remplit visiblement une double fonction : calmer le jeu après les affrontements politiques violents des dernières années de Mao, et servir d'écran de bambou à l'abri duquel Deng Xiaoping peut consolider son emprise sur le pouvoir.

***

Le jour même du départ de Hua, Raymond Barre entre au Val-de-Grâce pour un examen général de santé. Il y restera huit jours, épuisé par l'effort de travail qu'il a fourni, et aussi par le harcèlement dont il est l'objet à l'Assemblée nationale.

La veille, un leader de notre majorité lui a reproché au cours de la séance « d'administrer le chômage » ! Je lui rends visite le lendemain. Il est souriant dans les draps blancs de son lit, mais le visage marqué par l'effort. L'Élysée publie un communiqué où je rends un hommage appuyé à son action.

Pendant cette semaine chinoise, *Le Canard enchaîné* a fait paraître son numéro suivant. Il contient, me rapporte-t-on — car je ne lirai plus jamais ni *Le Canard enchaîné* ni *Le Monde* dont j'ai demandé qu'on cesse de l'apporter sur mon bureau — de nouvelles informations concernant les cadeaux de Bokassa. Cinq pages du journal traitent ou évoquent le sujet. Leurs indications sont imprécises, et concernent cette fois la période présidentielle. L'attente par les médias de révélations sensationnelles provoque chez eux une légère déception : *Le Canard enchaîné*, disent-ils, se borne à répéter ses accusations.

***

René Journiac vient me voir :

« La note qui a été publiée la semaine dernière est un faux, me dit-il.

— Comment, c'est un faux ? Elle est tapée sur un papier à en-tête, et porte la signature de Bokassa.

— Oui, reprend-il, mais elle n'a pas été rédigée à l'époque, c'est-à-dire en 1973. C'est évident pour deux raisons : le titre dont se sert Bokassa, qui a été successivement président, maréchal-président, et président à vie n'est pas celui qu'il utilisait à ce moment-là. Et la signature a changé. J'ai pu retrouver, dans les archives du secrétariat à la Coopération, des documents signés par Bokassa. J'ai fait la comparaison, et je peux vous montrer le résultat. La signature n'est pas la même : il ne mettait pas les mêmes signes à la droite de son paraphe. La note qu'on a publiée a été écrite récemment. On a fait signer des feuilles de papier à lettres en blanc à Bokassa en allant le voir dans sa résidence de Côte-d'Ivoire, et on les a remplies ensuite. »

De son côté la presse hebdomadaire mène son enquête. Le journal *Le Point* réussit à trouver la personne qui avait la responsabilité de gérer et de préparer les cadeaux offerts à ses visiteurs par Bokassa. Elle a pris sa retraite, et vit maintenant dans la région niçoise. Le journaliste l'interroge dans le détail : elle répond avec précision. Non, aucune disposition particulière n'a été prise à l'occasion de ma visite. Non, les présents n'étaient pas différents de ceux qu'offrait Bokassa dans des circonstances semblables. Non, ils n'avaient ni l'importance, ni la valeur indiquées dans les documents publiés.

Ces réponses claires, et obtenues sans intermédiaire par un grand organe de presse, ferment le dossier à mes yeux.

J'avais décidé depuis mon accession à la présidence que les cadeaux reçus comme président, auxquels seraient joints ceux qui m'avaient été remis auparavant, seraient conservés à l'Élysée, et qu'à la fin de ma présidence ils seraient vendus ou donnés à des musées, à moins qu'ils aient un caractère de souvenir personnel et soient de peu de valeur.

Je demande au service de presse de le faire savoir. D'autres soucis m'assaillent, dans cette fin de mois d'octobre 1979. Le 24, je reçois à Paris la reine d'Angleterre ; le 29, je dois accompagner Helmut Schmidt à Berlin pour la première visite d'un président de la République française dans cette ville. Je pensais que l'affaire allait s'apaiser.

Je me trompais.

***

Je me trompais, en réalité, pour trois raisons.

La première était que cette affaire, comme René Journiac l'avait pressenti, était effectivement une affaire montée.

Le désir explicable de vengeance de Bokassa avait été utilisé et manipulé par d'autres. Le ministre de l'Intérieur, Christian Bonnet, m'a averti que la DST, dans l'exercice normal de sa fonction avait réussi à remonter la filière : les documents publiés dans *Le Canard enchaîné* étaient remis à un journaliste de ce journal dans un café-restaurant du quai Voltaire, par un personnage qu'elle avait identifié. Il s'agissait d'un nommé Roger Delpey. Celui-ci provenait des milieux nationalistes d'extrême-droite. Il s'était rendu effectivement à Abidjan (où s'était réfugié Bokassa), et était inspiré davantage par la haine politique, qui l'amenait à se prêter à la manipulation, que par son intérêt personnel.

A bout de ressources financières pour poursuivre son action, car celle-ci était évidemment coûteuse, il avait fini par se rendre à l'ambassade de Libye pour y rechercher des subsides. Le gouvernement de Khadafi avait en effet misé sur Bokassa. La DST l'avait interpellé à la sortie comme venant solliciter le concours financier d'une puissance étrangère, et l'avait accompagné dans sa maison de Meudon où elle avait ensuite perquisitionné. Aucun document dans le bâtiment principal. Mais lorsque les inspecteurs se sont approchés d'une cabane située au fond du jardin, Delpey s'est effondré. Ils y ont finalement découvert une liasse de feuillets en blanc, recouverts de la signature de Bokassa, et disponibles pour les besoins des futures utilisations. Delpey les remplissait au fur et à mesure des besoins de publication. René Journiac avait raison : c'était donc bien un faux.

Pendant son incarcération, Delpey a annoncé qu'il avait réussi à mettre à l'abri en Suisse des documents explosifs, qu'il publierait le jour de sa libération. Il a été libéré. L'attente a monté. Aucun document n'a été publié : ils n'avaient pas d'existence. Mais personne n'a souligné ce fait.

Après 1981, Delpey s'est plaint que son arrestation ait été arbitraire. Par une procédure exceptionnelle, il a saisi la Cour de cassation, en réclamant une indemnité pour détention arbitraire. Celle-ci lui a donné tort en juin 1985, et a confirmé la régularité de la procédure.

***

La seconde raison tenait à la force du mot : les diamants.

Le mot est magique. C'est un symbole de richesse. Il évoque des ressources illimitées, fabuleuses. On se souvient du titre de Fitzgerald : *Un diamant gros comme le Ritz !* Lorsque le 1er février 1980, je me suis rendu à Baume-les-Dames, dans le Doubs, en compagnie de Christian Beullac, pour prononcer un discours dans un lycée professionnel sur la formation en alternance, un petit groupe d'enseignants et de manifestants m'attendaient à l'entrée. Ils portaient des pancartes : « Des diamants pour l'enseignement ! » Tous les cadeaux de Bokassa n'auraient pas suffi à financer une seule classe, mais cela me faisait toucher du doigt l'étendue des dommages psychologiques.

***

La troisième raison était évidemment la proximité de l'élection présidentielle : celle-ci se situait dans seize mois. Les grandes manœuvres avaient commencé !

Un événement avait déjà attiré mon attention. Alors que la grande presse avait fait montre jusque-là de beaucoup de correction concernant mes enfants, ma famille et le respect de la vie privée, un quotidien du soir venait de publier, en juillet 1979, un article sur sa page de couverture accusant Anne-Aymone de spéculation boursière, pour un montant considérable. Cette accusation était invraisemblable et risible pour qui la connaît. Son portefeuille d'actions, hérité de son père, était géré par une banque, parfaitement connue, et à laquelle elle ne donnait jamais un ordre. Ceci pouvait être vérifié par un simple coup de téléphone.

Mais l'événement avait valeur de signal. Peu à peu, nos adversaires quittaient le terrain du débat politique, pour s'enfoncer dans les marécage des attaques personnelles.

Les présents de Bokassa ont été utilisés contre moi dans la campagne présidentielle soit directement, soit à mots couverts. Je n'en traiterai pas aujourd'hui, car ce livre n'aborde pas la période de la campagne présidentielle. Il s'arrête à l'été 1980. Je ne veux en effet rien écrire qui puisse nuire à ceux qui continuent de jouer un rôle dans notre vie publique. Mais, comme Tocqueville s'en était fixé la règle dans ses *Souvenirs*, j'entends en faire plus tard le récit détaillé, sans rancune et sans complaisance.

Et je remercie déjà celles et ceux qui sont venus, d'eux-mêmes, m'apporter les témoignages que je rendrai alors publics.

***

En janvier 1981, j'ai commencé à me préoccuper du sort des cadeaux que j'avais reçus comme président de la République. Certains étaient destinés à des musées, comme les présents du roi d'Arabie Saoudite, remis à l'Institut du monde arabe. D'autres devaient servir à décorer les résidences présidentielles, tel le superbe surtout de table, en cristal et en or, représentant des cerfs et des sangliers, offert par le roi du Maroc, le seul que j'aurais vraiment aimé conserver, et dont j'ai souhaité qu'il figurât sur la table de la salle à manger du château de Rambouillet, à la seule condition — que j'espère respectée — qu'il soit accompagné d'une mention indiquant sa provenance.

D'autres seront remis à des associations culturelles ou éducatives. D'autres enfin seront vendus, et le produit de leur vente versé à des œuvres humanitaires ou missionnaires. Ce sera le cas des brillants de Bokassa.

Le secrétaire général de la présidence de la République a entrepris les formalités nécessaires. Ces brillants ont été photographiés, expertisés, et vendus. L'expert, alors président de la Compagnie des experts près la Cour d'appel de Paris, s'est exclamé à leur vue : « C'est à cause de cela qu'on a fait tant de bruit ! »

Le montant de la vente globale a atteint 111 547 francs.

Une partie de cette somme, qui atteignait 44 522 francs, a été adressée au président David Dacko pour qu'il la remette à la Croix-Rouge de la Centrafrique. Le reste, soit 67 025 francs, a été versé à des œuvres missionnaires ou caritatives de ce pays.

C'est l'ambassadeur de France à Bangui, Jacques Humann, qui a été chargé de remettre le chèque au président Dacko. L'atmosphère était à ce point pervertie que la presse a publié une lettre mettant en doute la réalité du versement à la Croix-Rouge centrafricaine. Vérification faite, celle-ci l'avait bien reçu.

Le secrétaire général a consigné l'ensemble de ces démarches dans un petit rapport récapitulatif. Les documents ont été déposés aux Archives nationales. Il m'en a remis une copie.

***

En me souvenant de cette période, je suis frappé par la maladresse que j'ai mise à me défendre.

S'explique-t-elle par l'incapacité qui frappe quelqu'un lorsque la blessure l'atteint dans ce qu'il pense être sa bonne foi ? Est-ce parce que ces attaques savamment orchestrées visaient ma famille, qui est ce que j'ai de plus cher au monde ? Tient-elle également à un sentiment que j'ai ressenti comme une souffrance personnelle, celui de la délectation d'une partie de la presse internationale de pouvoir mettre en cause le président de la République française ! Entraîné par le courant, un hebdomadaire américain publiait froidement que je possédais le plus grand hôtel de la Centrafrique ! L'humiliation que j'éprouvais m'interdisait la réplique.

Je me refusais à entrer dans le jeu dégradant des démentis concernant le poids des diamants offerts par Bokassa !

Ou témoignait-elle d'une méconnaissance des règles du jeu de la société médiatique dans laquelle nous étions entrés, et dont je n'avais pas encore assimilé le fonctionnement ?

Aujourd'hui, je saurais quoi faire : à mes collaborateurs réunis dans mon bureau le mercredi 10 octobre 1979, à 15 heures 30, je dirais : « Convoquez tous les journalistes à 18 heures à l'Élysée. Conduisez-les dans la pièce du deuxième étage où sont déposés les cadeaux que j'ai reçus. Dites-leur qu'ils peuvent prendre toutes les photos et les images qu'ils veulent, et que l'affectation de ces cadeaux sera rendue publique par un communiqué de la présidence deux mois avant l'expiration de mon mandat, c'est-à-dire avant l'ouverture de la campagne officielle.

Peut-être aussi — et c'était là ma blessure secrète — avais-je fait instinctivement confiance au jugement de l'opinion. J'imaginais que les Français savaient que je me consacrais entièrement à ma tâche, et qu'ils écarteraient d'eux-mêmes l'hypothèse d'une telle médiocrité.

Mais l'explication de ma maladresse n'est-elle pas beaucoup plus simple, et conforme à ce que le sage de l'Afrique m'avait appris ? Bokassa connaissait l'usage des poisons ; je ne connaissais pas celui des contre-poisons.

***

Un de mes amis proches, qui habite à une demi-heure d'Authon, où il produit un excellent vin de Vouvray, est venu déposer une lettre chez moi le 25 février 1989.

Il s'agissait d'une page du courrier des lecteurs du journal britannique, l'*Economist*, parue dans son numéro du 18 février.

Il l'avait découpée, et voulait me la faire lire. En voici le texte :

« Monsieur, je voudrais que la vérité soit publiée sur l'histoire de l'ancien président Giscard d'Estaing, de l'ex-empereur Bokassa, et de ces diamants auxquels vous faites allusion (4 Février). Après toutes ces années, on écrit encore sur ce sujet, et il a peut-être coûté à M. Giscard d'Estaing sa réélection en 1981.

J'ai vécu en République centrafricaine de 1974 à 1975. J'y étais (outre ma position de consul honoraire britannique) directeur général d'une société américaine DDI, et à ce titre également administrateur du Comptoir national du diamant (CND), qui était possédé par moitié par la DDI et par le gouvernement centrafricain. Cette entreprise était le seul producteur de diamants taillés et polis en République centrafricaine, et à ce titre le seul (bien que réticent) fournisseur de diamants de Bokassa.

Il est d'usage d'échanger des cadeaux lorsque des chefs d'État se rendent visite. Par exemple, la reine est inondée d'objets d'or quand elle visite le Moyen-Orient. La rumeur concernant l'immense valeur du cadeau de Bokassa était basée sur la présomption, délibérément fausse, par *Le Canard enchaîné*, que ces diamants étaient de la meilleure qualité, et pesaient chacun un carat. Ni l'un, ni l'autre ne sont exacts, et certains des chiffres mentionnés (1 million de nouveaux francs) étaient supérieurs à la valeur totale du stock de diamants polis détenu par la CND ! La valeur des diamants de M. Giscard d'Estaing était de 10 000 $ tout au plus. Bokassa avait l'habitude d'en porter quelques-uns avec lui partout où il allait. La valeur moyenne de chaque présent était comprise entre 1 000 $ et 5 000 $.

La presse française, y compris *Le Canard enchaîné*, ont obstinément refusé de publier les faits. Peut-être que l'*Economist* le fera, et permettra à ce « canard » de dormir en paix.

F.L. Copperman
Great Baddow.
Essex »

J'ai remercié mon ami pour cette information. Il est venu dîner à la maison quelques jours plus tard. Nous avons parlé des mille sujets d'actualité dans cet automne de 1989 où nous sentions fermenter l'Allemagne à la recherche de son unité, et les pays de l'Europe de l'Est à la conquête de leur liberté.

Nous n'avons pas mentionné celui-là : nous l'avons laissé dormir en paix.

VIII

LE CHOC DU POUVOIR SUR LA VIE

C'est pendant que j'étais président de la République que j'ai commencé à enlaidir.

Cette évolution avait commencé plus tôt, mais insidieusement. Je n'ai jamais accepté complètement mon aspect physique : une taille trop élevée, empêchant la démarche d'être vraiment naturelle ; une ossature du bassin trop large, juste au-dessous de la ceinture ; et, pendant la période de l'adolescence, comme le montrent les photos du visage, quelque chose de douçâtre affaiblissant l'architecture des traits.

J'ai commencé à perdre mes cheveux très jeune. Je m'en suis aperçu pour la première fois dans la salle de bain de l'hôtel d'une petite ville d'eaux allemande, qui était éclairée par une verrière percée au milieu du plafond. La lumière en tombait verticalement, et j'ai vu, dans un miroir, qu'elle traversait le casque des cheveux, dont j'apercevais séparément chaque tige, et qu'elle éclairait directement la peau. J'en ai conçu une sorte de terreur.

Mais j'ai pris pleinement conscience de cette évolution un matin de l'été 1978, pendant les journées de vacances que je passais à Authon.

A quelques dizaines de mètres de la maison où j'écris

aujourd'hui, j'ai rencontré dans une allée de tilleuls une jeune femme qui a épousé un cousin d'Anne-Aymone. Ils louaient, pour leur séjour de vacances, qu'ils passaient avec leurs trois enfants, la maison voisine de la nôtre.

Elle est irlandaise, avec de grands yeux bleus sous ses cheveux acajou. Elle portait une jupe coupée dans un tissu de jean, et marchait les pieds légèrement ouverts, avec cette démarche particulière que lui donne le port de ses ballerines.

Elle parle avec une trace d'accent qui ne dénature pas les mots, mais leur donne le charme de la nouveauté :

« J'ai lu ce matin, me dit-elle, un article sur les chefs d'État. C'est extraordinaire ce qu'ils peuvent changer physiquement en quelques années ! On ne les reconnaît pas. Le magazine publiait deux photos de Carter, une prise avant son élection et l'autre aujourd'hui ! Ce n'est plus le même homme. »

Elle devine soudain ma réaction à une ombre qui doit me passer sur le visage. Comme elle est très sensible et qu'elle ne veut pas me faire de la peine, elle corrige aussitôt :

« Ce n'est pas vrai pour vous, Valéry, me dit-elle. Vous restez exactement le même ! »

Non, je change aussi, malgré mes efforts pour rester le même ! L'exercice de la présidence n'y est pour rien. Le temps suffit à s'en charger.

C'est ainsi que je suis l'objet, comme toute la nature, comme tous les animaux, d'une lente action de destruction qui ride, qui dégrade, qui entaille, qui ravine ce qui était jusque-là frais, jeune et neuf.

Mais même si j'en suis l'objet, je refuse d'en être le témoin, et je cherche à en éviter tous les signes.

Je ne me regarde jamais dans un miroir, sauf pour me raser, et encore je veille à ce que la lumière soit la plus faible possible. Quand je marche dans la rue, je prends la précaution de ne jamais regarder les vitrines qui pourraient me renvoyer mon image. J'ai trouvé dans cette maison-ci, une glace qui réussit, à cause du plafond très bas de la pièce, à me restituer mon visage avec une ombre sur le haut du front qui le rend semblable à ce qu'il était lorsque j'avais trente-cinq ans, et tel que j'imagine qu'il est toujours resté.

Pendant mon septennat, lorsque j'étais assis en face d'un journaliste, lorsque je prenais un enfant dans mes bras dans une foule, je ne réalisais pas une seule fois qu'ils me voyaient comme je suis devenu. J'étais persuadé qu'ils me regardaient toujours tel que je croyais être resté, ce demi-jeune homme de trente-cinq ans, aux cheveux cernant les tempes, aux muscles fermes et souples, à peine endurci et mûri par la vie, et tout juste débarrassé des tendresses physiques de l'adolescence.

Je conserve mes anciens costumes. Je les porte indéfiniment. Comme ils s'usent peu, ils contribuent à m'enfermer dans l'illusion où je vis : celle d'un corps que le passage du temps ignorerait, et laisserait vivre à son rythme antérieur, sans chercher à conduire sa lente démolition.

***

L'influence de la vie que j'ai menée comme président de la République est surtout sensible sur le système nerveux.

Dans l'ignorance où je suis des conditions de fonctionnement précis de notre organisme — mes connaissances s'étant arrêtées au point atteint à la fin de mes études secondaires ! — je ne sais pas si l'on peut mesurer directement le niveau de tension, d'irritabilité ou de souplesse du système nerveux. L'expérience que j'ai vécue m'a montré que l'accumulation des secousses qu'il subit lui fait connaître une sorte de dérive : il ne revient jamais plus exactement à son point de départ. Toute nouvelle agression déclenche un flux de réactions, qui devient chaque fois plus aigu et plus lent à se dissiper.

L'effet s'en fait particulièrement sentir dans le comportement vis-à-vis des autres et, dans le cas de ceux qui sont au pouvoir, de leurs collaborateurs.

Je n'ai pas, je crois, ce qu'on appelle un bon caractère, mais j'ai un caractère contrôlé, ce qui n'est pas tout à fait la même chose. Ayant souffert dans mon enfance de l'irritabilité de mes proches, j'en supporte difficilement les effets, et je cherche autant que possible à les éviter à ceux avec lesquels je vis ou je travaille. D'où un contrôle permanent de mes sautes d'humeur, et la recherche d'un climat d'harmonie dans les rapports humains.

Ce contrôle m'a été longtemps facile, au point de devenir presque naturel. Mais pendant que j'étais président, j'ai senti sa pratique se détériorer. Une irritation nerveuse, que je ne connaissais pas jusque-là, s'accumulait sous la surface. Je la contenais de plus en plus difficilement, et cet effort développait en lui-même une source supplémentaire de tension.

D'où mon goût pour le silence, les grands espaces, les amis sûrs, les animaux, l'Afrique ; pour un monde désénervé, où la sensibilité peut respirer sans avoir à combattre, et où l'être peut espérer s'insérer sans affrontement dans le courant paisible des choses.

Sous les coups de marteau du pouvoir, je n'avais pourtant pas à m'étonner que l'enclume de la vie se durcisse, et finisse par se fendre.

***

A partir de 1979, sous l'effet des critiques et des campagnes menées contre moi, une autre évolution s'est amorcée. Elle a été plus brutale, et a entraîné des conséquences dont j'ai mis plusieurs années à me défaire.

Des attaques personnelles, directes et répétées, dans certains journaux ou à la télévision, ont fini par déclencher chez moi une sorte de phénomène de rejet ou d'incompatibilité. A ce point qu'il m'était devenu physiquement impossible de lire un journal ou de regarder une émission télévisée dans lesquels je pensais qu'il serait question de moi. Pour écarter une interprétation malicieuse, je dois préciser que ce rejet n'était pas dû à la crainte qu'un article contînt des critiques ou des attaques que j'aurais du mal à supporter, mais au fait qu'il puisse simplement mentionner mon nom, ou évoquer une attitude de ma part.

Même la lectrice ou le lecteur le plus bienveillant de ce livre ne va pas croire ce que j'écris ici : pendant des années — jusqu'en 1988 —, je n'ai jamais jeté les yeux sur la page politique d'un journal quotidien, ou d'un hebdomadaire, je n'ai pas lu un seul article me concernant, je n'ai pas regardé une seule fois le journal télévisé du soir — par crainte que mon nom y soit mentionné.

Peut-être mes voisins de siège dans le train ou dans les avions de ligne auront-ils remarqué que je ne lis jamais que les journaux internationaux. Ce n'est pas par snobisme, mais en raison de la perception rassurante qu'ils n'évoqueront pas mon existence. Et les services postaux de Paris, d'Auvergne, ou d'Authon pourront vérifier que je ne suis abonné à aucun quotidien, ni aucun hebdomadaire politique. Même mes collaborateurs — qui sont en l'espèce mes collaboratrices — me soupçonnent de duplicité : lorsqu'ils me signalent au téléphone un article ou un commentaire favorable, et que j'exprime ma surprise, ils sont convaincus que je l'ai déjà lu, ou que je vais aussitôt me jeter sur lui !

***

Une conversation avec Anne-Aymone, en mars 1983, m'a livré une des clés psychologiques de cette excessive et surprenante réaction. J'avais entendu le matin une information sur un enfant atteint d'autisme. Je ne connaissais pas la nature de cette maladie. Pendant le déjeuner, j'ai demandé à Anne-Aymone si elle pouvait me renseigner.

« Oui, me dit-elle, l'autisme est une situation de maladie qui débute souvent dans la petite enfance. L'enfant se ferme à toute perception et perd notamment la capacité de s'exprimer.

— Ils ne peuvent plus parler ?

— Ils pourraient parler, car leurs organes vocaux sont intacts. Mais ils refusent totalement de parler, ou ils sont empêchés de le faire, ce qui revient d'ailleurs au même.

— Ils ne souffrent d'aucun trouble organique ? ai-je insisté. Ils auraient tous les moyens de parler, s'ils l'essayaient ?

— Oui, absolument. Ce qui est d'ailleurs souvent une cause d'incompréhension ou même d'exaspération chez leurs proches. Cela n'a pas de rapport avec les muets, qui souffrent d'une incapacité organique. »

Je suis de plus en plus surpris :

« Comment se fait-il que par des soins psychologiques, par de l'affection et de la patience, on ne puisse pas les conduire au moins à répondre ?

— On ne le sait pas. Les guérisons sont extrêmement

rares. Il est évident que c'est une maladie de nature psychologique, provoquée par un blocage. Qu'est-ce qui le détermine ? Est-ce un choc très brutal de la sensibilité ? Est-ce une répétition d'événements dont l'accumulation est insupportable ? Le plus mystérieux, évidemment, c'est que les soins restent inefficaces. »

En l'écoutant, je sentais se développer une affinité, une sorte de lointaine parenté entre ces enfants et moi. Pas question de comparer leurs souffrances insupportables avec les difficultés que j'éprouvais. Mais ils me faisaient toucher du doigt une réalité que j'ignorais jusque-là : la possibilité pour notre système psychologique de se bloquer, au-delà de toute tentative rationnelle d'agir sur lui.

Comme le décrit Bettelheim, mon énergie s'appliquait d'instinct au seul but de protéger ma vie, en négligeant la réalité extérieure.

Lorsque quelqu'un me passait une feuille de journal, et que je m'arrangeais pour fermer les yeux — même si apparemment je ne fermais pas les paupières — afin de ne pas le voir, ou lorsque je me levais de mon siège au moment où paraissait à l'écran l'annonce des nouvelles télévisées, il me semblait qu'au prix d'un effort supplémentaire sur moi-même, j'aurais pu le lire ou le regarder. En réalité je ne l'aurais pas pu. Ou plutôt je ne le pouvais pas encore, car je me suis lentement guéri.

Cette évolution m'a appris une chose sur le traitement de l'autisme, même si je souffrais évidemment d'une variété mineure de blocage psychologique : l'approche frontale et rationnelle de ce blocage n'a aucune chance de réussir ; elle ne peut qu'empirer le mal.

Je veux dire par là que l'approche graduelle, celle dont l'idée vient naturellement à votre entourage, telle que par exemple : « Vous devriez commencer à lire progressivement les journaux, ou à regarder un peu ce qui vous concerne » —, de même que l'essai d'explication rationnelle : « Ne croyez pas que telle ou telle analyse soit faite pour vous blesser » — est très difficile à supporter. Et surtout, elle comporte le risque, dès qu'un élément vient vous heurter, un mot rouvrir une cicatrice, de vous faire repartir loin en arrière, plus loin encore que votre point de départ.

Ce qui m'a personnellement libéré, c'est d'avoir utilisé « la même fonction pour un autre usage », un usage qui ne comportait, lui, aucun risque d'aviver l'ancienne plaie. Par exemple, j'ai commencé à lire la presse étrangère, dont je savais qu'elle ne s'occupait pas de moi ; j'ai repris intérêt aux événements du monde extérieur. A la télévision, j'ai suivi les séries de « soap opera » telles que *Bonanza* ou *Santa Barbara*, en fermant chaque fois mon poste avant les nouvelles, et en ne regardant jamais une seule émission politique, fût-elle aussi spirituelle et drôle que le Bébête Show.

Un intérêt nouveau s'est peu à peu développé, différent et éloigné de l'ancien. Il a pris définitivement corps à l'occasion des élections européennes. Je pouvais parler d'un « autre » sujet, m'intéresser à une « autre » cause. Cette démarche a eu un effet cicatrisant, accéléré par l'aspect tonifiant et le contact direct de la vie en Auvergne.

Les choses sont ainsi redevenues normales pour moi, comme je souhaiterais qu'elles le fussent pour ceux qui souffrent d'une maladie plus grave. Il est impossible, je crois, d'espérer guérir une sensibilité lorsqu'elle a été atteinte jusqu'à la fibre centrale du nerf, mais il doit être possible d'en laisser se développer une autre, qui vient progressivement la remplacer, et exercer à sa place les fonctions qu'elle ne pouvait plus remplir.

La guérison est maintenant achevée, mais je me souviens toujours de la phrase que Madame Louise dessinait à la peinture grise sur le mur du couloir du carmel de Saint-Denis : « Souffrir passe, avoir souffert ne passe pas. »

IX

LA MARCHE SUR LES SOMMETS

J'ignore à quelle époque remonte l'usage de l'expression : « réunion au sommet ». Lorsque Napoléon avait réuni à Erfurt un « parterre de roi », on se contentait de qualifier sa rencontre avec le tsar Alexandre Ier de Russie d'« entrevue d'Erfurt ».

Aujourd'hui, nous marchons constamment sur les sommets ! Les médias et l'opinion publique ont adopté cette expression, au point d'avoir du mal à l'abandonner : depuis que les sommets européens ont été remplacés par la réunion d'une institution — le Conseil européen — chaque réunion de ce Conseil donne l'occasion de voir refleurir, ici et là, le recours au mot « sommet ».

Pour l'opinion publique, cette formule évoque une rencontre exceptionnelle, entre des personnalités situées tout en haut de la hiérarchie du pouvoir, pour discuter des grands problèmes du moment. Par leur nature même, ces sommets sont déshumanisés, puisqu'ils se situent dans l'air raréfié de la stratosphère.

On pourrait aussi les considérer plus simplement : ils se déroulent généralement dans des lieux que beaucoup d'autres personnes connaissent ou peuvent venir visiter ; ils réunissent des dirigeants qui possèdent des degrés de préparation très divers, ou qui sont placées dans des situations de fragilité électorale ; ils sont consacrés à examiner de grands problèmes avec le désir de les résoudre, mais parfois, pendant qu'on en discute, le cours des événements s'accélère et échappe aux interlocuteurs.

Enfin, et surtout, ils réunissent des êtres humains. Quel que soit l'éclat de leur personnalité ou de leur fonction, ceux-ci participent aux données permanentes de la condition humaine : la santé, l'âge, la mémoire, la vanité, la volonté.

Trois rencontres au sommet ont marqué pour moi les années 1979 et 1980 : le sommet de la Guadeloupe, la rencontre de Varsovie, et la conférence des sept pays industrialisés à Venise.

Trois réunions dans des lieux éloignés les uns des autres, rassemblant chaque fois un groupe de personnalités différentes, pour traiter des sujets qui avaient peu de traits communs. Et pourtant, il me semble qu'un fil discret les relie entre elles : la perception que nous avions de vivre la fin d'une époque et d'en entrevoir une autre, sur le point de naître, qu'il nous fallait commencer de préparer. A la Guadeloupe, l'Allemagne venait siéger pour la première fois à égalité avec les trois puissances occidentales victorieuses de la dernière guerre mondiale ; à Varsovie, nous devions sonner le glas de l'interventionnisme soviétique ; et à Venise, on commençait à apercevoir la redistribution de la puissance économique internationale entre les États-Unis, le Japon et leurs partenaires de la Communauté européenne.

1.

LE SOMMET DE LA GUADELOUPE

La réunion de la Guadeloupe répondait à une initiative française. Mais elle avait été précédée, comme c'était ma règle constante, par une concertation directe franco-allemande.

L'idée m'en était venue pendant l'automne de 1978, en constatant les divergences croissantes qui apparaissaient entre les points de vue des principaux pays occidentaux concernés — États-Unis en tête — sur l'avenir des relations stratégiques avec l'Union soviétique.

L'Union soviétique était installée dans la pesante ère brejnevienne. La hausse des prix du pétrole, dont elle exportait des quantités importantes, lui assurait des revenus qui masquaient les défaillances de son économie. Au prix d'un effort énorme, elle s'était assuré la supériorité sur les États-Unis dans le domaine des missiles lourds intercontinentaux, porteurs de têtes nucléaires. Elle négociait pied à pied avec les États-Unis l'accord de limitation des armements stratégiques SALT 2, qui n'était pas encore signé. Elle acceptait une parité « quantitative », mais refusait la parité « qualitative », là où elle avait l'avantage.

La négociation de SALT 2 allait maintenant aborder, à la demande des Soviétiques, un domaine nouveau, pour lequel on avait inventé le mot de « zone grise ». Le débat portait en fait sur les missiles nucléaires soviétiques et américains installés en Europe : d'un côté les lanceurs américains capables d'atteindre le sol soviétique ; de l'autre les fusées soviétiques pouvant frapper l'Europe de l'Ouest.

Cette négociation concernait directement l'Europe. En effet, les forces nucléaires françaises et britanniques entraient dans la définition de cette « zone grise » ; et la réduction du dispositif américain en Europe pouvait affaiblir la crédibilité de l'engagement des États-Unis aux côtés de leurs alliés européens. Or, en dépit de sa dimension européenne, la discussion sur la « zone grise » semblait devoir être abordée en tête-à-tête par les États-Unis et l'Union soviétique.

Lorsque le Premier ministre britannique, James Callaghan, m'avait rendu visite à Paris, le 24 novembre 1978, nous étions tombés d'accord pour refuser toute prise en compte des forces nucléaires britanniques et françaises dans la négociation de SALT 2.

En même temps, Helmut Schmidt venait de tirer la sonnette d'alarme à propos du déploiement en cours de nouvelles fusées soviétiques, les SS 20, pointées sur des objectifs situés en Allemagne de l'Ouest.

L'importance de ce déploiement nous avait échappé. Nous y avions vu une modernisation du dispositif soviétique, sans apercevoir la nouveauté de ses conséquences stratégiques. Helmut Schmidt les avait décrites dans un discours prononcé à Londres. Il me les avait répétées lors du dernier sommet franco-allemand que nous avions tenu à Aix-la-Chapelle, à l'ombre du tombeau de Charlemagne :

« Les SS 20 représentent pour les Soviétiques l'arme absolue pour exercer un chantage sur l'Allemagne fédérale. Ce sont des armes très précises, impossibles à intercepter à cause de la brièveté de leur parcours. Elles peuvent atteindre n'importe quelle ville allemande à partir du territoire de l'Union soviétique. Or, les Américains ne disposent d'aucune arme susceptible de leur répliquer, en dehors du fait de déclencher le tir de leurs fusées basées aux États-Unis, c'est-à-dire la "destruction mutuelle assurée".

Imaginez une situation de crise pendant laquelle les Soviétiques nous menacent, et où nous sentirions les Américains hésiter devant la "destruction mutuelle assurée" : nous serions obligés de capituler !

Cette situation est totalement inacceptable pour nous : il faut obtenir que les Soviétiques arrêtent immédiatement le déploiement de leurs SS 20 !

— L'autre solution, lui avais-je répondu, serait que les Américains disposent en Europe de fusées capables d'atteindre les villes soviétiques, pour constituer une réponse appropriée.

— Oui, ce serait l'autre solution, m'avait répliqué Helmut Schmidt, mais je n'y crois pas. L'installation de ces fusées n'est pas prévue par les Américains, et elle rencontrerait de grandes difficultés dans l'opinion publique allemande. La seule solution pratique, c'est l'arrêt de l'installation des SS 20 par les Soviétiques. »

***

Visiblement, les points de vue restaient divergents entre les Américains et leurs alliés européens. Cette situation me paraissait dangereuse à un moment où les Soviétiques poursuivaient sans désemparer l'accroissement de leur puissance militaire et avaient entrepris un effort très important pour développer leur marine. En même temps, des craquements se faisaient entendre en Iran, au bord de la déstabilisation politique.

Pour essayer de rapprocher nos points de vue, j'eus

l'idée de proposer une rencontre à quatre, dénuée de formalisme. Comme chaque fois, le choix du nombre des participants soulève une montagne de difficultés ! Si l'on est trop nombreux, les discussions s'éternisent et le ton se rapproche de celui d'une conférence internationale.

A l'inverse, la restriction du nombre excite la susceptibilité des exclus. Lors de l'invitation à la première conférence des pays industrialisés à Rambouillet, j'avais omis l'Italie dans la liste des participants. Réaction indignée du président Pertini. C'est moi qui étais dans mon tort, et j'ai aussitôt corrigé mon péché par omission : Aldo Moro est venu y représenter l'Italie.

Le sujet que nous devions traiter par priorité — l'équilibre stratégique Est-Ouest — concernait directement les puissances nucléaires : États-Unis, France, Grande-Bretagne. Il était légitime de les inviter. Mais comment justifier la présence de l'Allemagne vis-à-vis de ses partenaires de l'OTAN, alors qu'elle ne dispose pas de l'arme nucléaire ? La présentation utilisée a consisté à dire que nous discuterions de la situation de la ville de Berlin : la réunion des trois puissances occupantes et de l'Allemagne pouvait alors paraître justifiée.

La réaction de nos partenaires européens a été discrète, et modérément désapprobatrice. Mais les Soviétiques ne s'y sont pas trompés : ils ont dénoncé l'invitation de l'Allemagne de l'Ouest comme une provocation, la faisant siéger au même rang que les anciens alliés de la guerre et, ce qui aggravait encore le cas, en l'absence de l'Union soviétique ! C'était bien mon intention : la longue démarche de la réhabilitation de l'Allemagne démocratique devait maintenant franchir une nouvelle étape. Il était évident que l'Allemagne fédérale était devenue pour nous, mais aussi pour nos alliés, un partenaire d'un poids considérable. Et l'exceptionnelle personnalité d'Helmut Schmidt facilitait, par sa dignité, son courage et sa loyauté, l'arrivée de l'Allemagne à la table des grands Occidentaux.

Restait le choix du lieu. Je poursuivais depuis mon élection un objectif précis : amener les Présidents des États-Unis à visiter nos deux départements des Antilles pendant mon septennat. Pour quel motif ? Pour les faire connaître comme « les départements français d'Amérique ». J'y avais réussi une première fois, en invitant le Président Ford à la Martinique en décembre 1974. Henry Kissinger, alors secrétaire d'État, avait manifesté sa surprise après un survol de l'île en hélicoptère, en direction de la piscine où la température nous rendait impatients de plonger :

« Je ne savais pas, s'était-il exclamé, qu'il existait dans les Caraïbes des territoires français aussi modernes et aussi bien équipés ! »

Il restait à renouveler l'expérience avec Jimmy Carter. Je lui propose de tenir notre réunion à la Guadeloupe. Il accepte. Helmut Schmidt m'a donné tout de suite son accord, suivi par James Callaghan.

Le nouveau ministre des Affaires étrangères, Jean François-Poncet, s'occupe d'organiser la venue des Américains.

Je suis heureux de le savoir à mes côtés. Il vient de prendre ses nouvelles fonctions. Il est jeune, capable de discrétion, et extraordinairement compétent sur les sujets diplomatiques. Son intelligence est rapide et précise, mais aussi, ce qui ne gâte rien, remplie d'humour. Cela nous permet de parler librement de la cocasserie des situations, ou de la bizarrerie de certains de nos interlocuteurs. Les hasards de la vie font que sa femme, Marie-Thérèse, est une camarade de classe et une amie intime d'Anne-Aymone.

Les dates de la réunion sont fixées aux 4, 5 et 6 janvier 1979. Je suggère à nos collègues que nous venions seuls, sans une délégation pour nous entourer : il ne s'agit pas de débats techniques, mais d'un échange de vues aussi direct et intime que possible. Helmut Schmidt, qui souffre toujours de l'encombrement bureaucratique, approuve d'enthousiasme ma proposition. Je serai accompagné, en ce qui me concerne, du secrétaire général de la présidence, Jacques Wahl, du porte-parole de l'Élysée Pierre Hunt, de René Journiac et de mon nouvel aide de camp, le lieutenant-colonel Renard. Afin de donner un caractère plus détendu à cette rencontre, j'ai suggéré à mes trois collègues qu'ils amènent leurs épouses.

L'organisation matérielle est assurée par l'Élysée.

Pour conserver le caractère informel de la réunion, il faut éviter un trop grand hôtel. Je suggère de consulter le sénateur Bernier, qui m'avait reçu lors de ma visite officielle aux Antilles, et dont j'appréciais la loyauté et la bienveillance souriante. Il recommande un ensemble de bungalows situés au bord de la plage, le *Hamak*. La cuisine y est excellente : le propriétaire promet de faire des merveilles avec les poissons et les crustacés des Caraïbes. Chaque participant disposera de son bungalow. Les quelques accompagnateurs résideront à l'hôtel *Méridien*, tout proche.

***

Nous arrivons les premiers, Anne-Aymone et moi, par un vol direct de Paris, en début d'après-midi.

Un hélicoptère Puma nous transporte depuis l'aéroport

de Pointe-à-Pitre jusqu'au terrain de golf, en face de l'hôtel *Hamak*. Le ciel est bleu, avec quelques nuages qui dérivent. Une brise assez forte fait incliner les palmiers, et couvre la mer de longues rides d'écume. Une température parfaite, grâce à laquelle toute fatigue du voyage est effacée. Le sénateur Bernier porte son écharpe d'élu. Il me présente les personnalités de son conseil municipal. Puis je demande à Mme Lépine de me montrer les bungalows. C'est elle qui est chargée à l'Élysée de choisir et de préparer les présents que j'offre à mes visiteurs. Elle y réussit à merveille, en faisant travailler l'artisanat d'art parisien. Je lui ai demandé d'organiser l'accueil.

Elle a bien fait les choses ! Les bungalows ont été repeints récemment. Tout est net à l'intérieur. On y a déposé, pour le bain, de grandes serviettes décorées de coquillages. Sur les tables, des fleurs à profusion, aux couleurs mauves et roses, et des fruits frais, tout juste détachés des arbres ! A l'intention de chacun des participants, on a fait préparer, en souvenir, un plateau de métal argenté avec l'inscription gravée :

« Rencontre en Guadeloupe
Les cinq, six et sept janvier 1979 »

Ce plateau est chargé de verres, et d'une carafe de jus de fruit. Les stores vénitiens sont abaissés devant les fenêtres pour empêcher la chaleur d'entrer. Je fais rapidement le tour du propriétaire. Ce que je vois me fait penser que nos invités seront confortablement traités. Rien ne fera obstacle à ce que nous parlions de manière détendue.

Les premiers à nous rejoindre sont James et Audrey

Callaghan. Le vent les ébouriffe, mais comme tous les dirigeants britanniques, on sent qu'ils sont à l'aise dans toutes les parties du monde où ils se souviennent, par une sorte de mémoire collective, qu'ont flotté les couleurs de l'Empire ! Nous les accompagnons vers leur bungalow, situé au-delà du nôtre.

Puis voici le Président Carter, ou plutôt la famille Carter.

Malgré la proximité des États-Unis, et la puissance de leurs moyens, le Président Carter a tenu à faire une arrivée aussi discrète que ses collègues. Il descend d'une limousine blindée qui l'a amené depuis l'aéroport, car les services de sécurité américains s'étaient opposés à son transport par un hélicoptère français.

Un cordon d'agents de sécurité se tient à distance. Il se comporte comme s'il voulait montrer qu'il s'agit pour lui d'une excursion dans le voisinage de la Géorgie, d'un simple bras de mer à traverser. Il porte un complet à carreaux en tissu léger, et une chemise blanche. A côté de lui Rosalynn, très à l'aise et souriante. Jimmy Carter passe le bras autour des épaules d'une petite fille, en robe de plage blanche retenue par de minces rubans sur les épaules, avec des cheveux roux soulevés par le vent. De profil, on reconnaît le visage de sa mère : le nez retroussé, les pommettes un peu accentuées, une bouche entrouverte. C'est leur fille Amy, âgée, me semble-t-il, d'une dizaine d'années.

Enfin, en dernier, voici le chancelier Helmut Schmidt, suivi de Locki, revêtue d'une robe à longues rayures. J'aperçois au-dessus d'eux le drapeau de la République fédérale, noir, rouge et or, qui flotte, sans doute pour la première fois, dans le ciel de la Guadeloupe.

Helmut est au mieux de sa forme. Habillé d'un blazer noir et d'un pantalon gris, il a la démarche assurée d'un grand sourire traverse son visage, et il est visiblement heureux de venir à la Guadeloupe, qu'il considère comme un endroit exotique, uniquement fait pour les vacances.

A son arrivée, il m'embrasse, et me salue d'un joyeux « Happy New Year, Valéry ! »

Je sais qu'au fond de lui-même, il ironise sur l'attachement des Britanniques et des Français pour leurs lointaines possessions d'outre-mer.

« Je suis soulagé, m'a-t-il confié un jour, que l'Allemagne soit débarrassée de ses anciennes colonies d'Afrique, ou plutôt que la Première Guerre nous en ait débarrassés ! Cela vous cause beaucoup de complications, et vous coûte très cher.

— Peut-être, lui ai-je répondu, mais, en contre-partie, ces départements d'outre-mer nous assurent une présence dans le monde, au moment où le globe tend à se rapetisser ; et puis certaines de ces populations sont françaises depuis le XVIIe siècle, et souhaitent le demeurer.

— Depuis le XVIIe siècle ? s'étonne-t-il. Je ne le savais pas. »

***

Chacun s'installe dans son bungalow. Nous nous donnons rendez-vous pour un dîner rapide, et nous convenons de commencer nos entretiens le lendemain matin.

Le petit déjeuner est servi sur une terrasse qui surplombe directement la plage. Helmut Schmidt est le premier levé. Je le rejoins. Il n'y a ni toit, ni parasol au-dessus de nos têtes. Nous avons la sensation d'être posés entre deux coupoles, séparées par un filet de sable : celle du ciel, lavée par la nuit, et celle de la mer qui commence à s'agiter de légers frémissements. Tant d'espace autour entre deux coupoles, séparées par un filet de sable : celle du ciel, lavée par la nuit, et celle de la mer qui commence à s'agiter de légers frémissements. Tant d'espace autour de soi me donnerait le vertige, s'il n'y avait sur la table les tasses de café et les assiettes en porcelaine. Nous commençons à nous servir. Nos partenaires arrivent à leur tour. Puis nous nous mettons au travail dans la paillotte, comme convenu, à 9 heures 30.

On a préparé pour notre réunion une grande table ronde de bois laqué blanc, sous un toit de paille tressée, à l'intérieur d'une enceinte bordée de tatamis. Quatre fauteuils avec des coussins de plage. Au milieu de la table, des cendriers bleu de Sèvres apportés de Paris, et une coupe remplie de bougainvillées.

Nous sommes en manches courtes. Je porte une chemise Lacoste. Jimmy Carter s'assied en face de moi, Helmut sur ma droite, et James Callaghan à gauche. Manches de chemises, peut-être, mais protocole oblige !

Callaghan suggère qu'en tant qu'hôte, je préside les débats.

« Nous n'avons pas besoin de présidence, lui dis-je, mais si vous le voulez, je proposerai l'ordre du jour. »

Une première série de photographies est prise. Je demande que les agents de sécurité s'écartent. On aperçoit leurs silhouettes dessinées en ombre chinoise sur les tatamis. Le vent est tombé, et la lumière de la matinée est encore douce. La mer apparaît, dans l'ouverture de la clôture, d'un bleu calme. On nous sert du jus de pamplemousse dans de grands verres, et je sens sur ma langue les écailles légères de la pulpe des fruits fraîchement pressés.

L'avant-veille, le shah d'Iran a nommé un nouveau Premier ministre, Chapour Bakhtiar. La situation politique semble désormais lui échapper, mais il conserve son autorité sur l'armée. Notre ambassadeur à Téhéran nous informe que les Américains paraissent à la recherche d'une solution de remplacement, notamment du côté des militaires, et n'excluent plus le départ du shah.

La rapidité des événements justifie, me semble-t-il, que nous comparions nos analyses. Je suggère donc que nous réservions nos entretiens de l'après-midi et du lendemain pour notre discussion stratégique — sujet même de notre rencontre — et que nous commencions ce matin par l'examen de la situation en Iran. Approbation générale. Je propose à Jim Callaghan d'introduire le débat.

Il nous présente une analyse minutieuse et objective de la situation. Il est pessimiste, mais estime que tout n'est pas joué, aussi longtemps que l'armée restera loyale au shah.

J'ai raconté dans le tome I du *Pouvoir et la Vie*, la suite de notre conversation, et l'intervention surprenante de Jimmy Carter.

Celui-ci considère que les chefs de l'armée sont prêts à prendre le pouvoir en cas de besoin, et que leurs conceptions politiques sont proches des nôtres.

« Ils connaissent très bien les chefs de notre armée, conclut-il. Ils les appellent par leurs prénoms. »

Helmut Schmidt écrase son petit cigare dans le cendrier, en signe de réprobation, avant de prendre la parole. C'est un homme qui pratique la loyauté personnelle et ne varie pas dans ses jugements. Il exècre, par exemple, l'ancien Premier ministre britannique Harold Wilson et le Premier ministre socialiste néerlandais, et vitupère volontiers contre la bureaucratie bruxelloise. Il montre une certaine inclination à préférer les dirigeants en place, auxquels il s'est habitué.

Il nous met en garde contre les conséquences du départ du shah, et annonce une période d'instabilité et de désordres en Iran, créant le risque d'une intervention soviétique. J'abonde dans le même sens que lui. Aucun de nous n'entrevoit, à vrai dire, la perspective d'un régime religieux s'installant durablement à la tête de l'Iran.

Mais nos arguments n'ébranlent pas Jimmy Carter. Nous pressentons que sa résolution est prise : les États-Unis ne chercheront pas à soutenir le shah. Ils ont acquis la conviction que la partie est perdue pour lui.

Nous terminons notre conversation dans cette ambiance oppressante. Pendant que nous voyons se refermer toutes les issues possibles sur un homme avec lequel nous avons travaillé, les uns comme les autres, on dirait que descendent lentement sur nous les ombres qui vont s'abattre bientôt sur l'Iran.

***

Le déjeuner a été organisé dans une maison voisine, le Mauduit, qui appartient à une famille de planteurs, les Huyghes-Despointes. C'est une belle résidence, qui réunit les traits de l'architecture du sud des États-Unis, car elle a été transportée de la Nouvelle-Orléans, — les vérandas, les toits posés sur des colonnades, les cloisons peintes en blanc, — et la décoration française traditionnelle, qui paraît s'être adaptée sans effort à cet environnement surprenant pour elle, fait de buissons tropicaux, et de portes-fenêtres largement ouvertes.

Nos épouses nous ont rejoints. Les propriétaires nous accueillent avec beaucoup d'amabilité et de discrétion. Ils s'éclipsent pour le repas. Atmosphère de vacances heureuses. Je souhaite que nos invités apprécient la qualité de l'hospitalité française. Je n'en suis pas sûr. Comme plus tard à Venise, j'ai l'impression qu'ils n'observent pas les détails, et qu'ils vivent confortablement dans un monde rendu uniforme — et pour moi insipide — par l'internationalisation des grands hôtels et des lieux de conférence.

Cette touche de qualité et de raffinement français, qui a réussi à survivre et à reprendre racine de l'autre côté de l'océan, représente pourtant un élément rare, surprenant, que je suis heureux de goûter dans ce bref interlude.

***

Au début de la réunion de l'après-midi, c'est à Helmut Schmidt que je demande d'introduire notre discussion stratégique.

Il le fait longuement, par une exposé impressionnant de compétence et d'esprit de synthèse. L'administration de la Chancellerie lui a préparé des notes, présentées dans une reliure de moleskine noire. Les feuillets sont attachés par des anneaux. Il tourne lentement les pages, mais les regarde à peine, tant il connaît intensément son sujet. Il nous décrit d'abord l'état des forces armées allemandes. Leur puissance est sous-estimée, nous dit-il. La qualité de leur matériel, et le niveau de leur entraînement sont nettement supérieurs à ceux des forces soviétiques. En cas de conflit, la résistance de l'armée allemande à l'agression sera beaucoup plus efficace que ne le croit l'état-major de l'OTAN.

Puis il en vient à la négociation de l'accord SALT 2. Il prend un plaisir visible à entrer dans tous les détails, et à émettre des jugements critiques sur la manière dont ils sont traités, ce qui irrite visiblement Jimmy Carter. Au total, malgré ses réserves, il pourrait adopter une position favorable, s'il n'y avait l'affaire du déploiement des SS 20 soviétiques.

Il reprend alors le raisonnement qu'il a déjà fait devant moi : ces missiles, précis et pointés sur les villes de l'Allemagne de l'Ouest, constituent un instrument de chantage insupportable, car les alliés n'ont rien d'équivalent à leur opposer, c'est-à-dire pas de fusées américaines à moyenne portée basées en Europe. En cas d'utilisation par les Soviétiques de leurs SS 20, les dirigeants américains n'auront qu'une seule option de riposte ouverte : déclencher la « destruction mutuelle assurée » par le tir de leurs engins basés aux États-Unis. Est-ce une option crédible ? Et les Américains y auront-ils recours pour protéger l'Allemagne ? Il est donc indispensable d'arrêter immédiatement le déploiement des SS 20, et même d'obtenir le retrait des lanceurs déjà installés.

Helmut a parlé plus de trois quarts d'heure. On sent à la fois sa préoccupation et sa détermination : il ne soutiendra pas l'accord SALT 2 si une solution satisfaisante n'est pas apportée au problème des SS 20.

Pour éviter que ne se développe une confrontation directe avec Jimmy Carter, je suggère que nous écoutions le point de vue d'une puissance nucléaire européenne, et je donne la parole à James Callaghan.

Celui-ci modère le jeu. Il connaît bien le dossier, mais, ainsi que le font chaque fois les Britanniques lorsqu'on aborde les questions nucléaires, je sens que son objectif est double : tenir la force nucléaire britannique à l'écart du débat, tout en évitant d'entrer en conflit avec leurs partenaires américains dont la contribution leur reste indispensable. Il s'interroge sur la capacité de riposte des lanceurs américains actuellement déployés en Europe.

Helmut Schmidt l'interrompt :

« Ils sont vieillis, dit-il, trop peu nombreux, imprécis, et ne peuvent transporter qu'une seule tête nucléaire. Une première salve de tir des SS 20 les mettrait immédiatement hors d'usage. »

Après l'intervention de Callaghan, je suggère que nous interrompions quelques instants notre discussion pour reprendre notre souffle.

***

A la reprise de nos travaux, c'est au tour de Jimmy Carter de prendre la parole.

Je l'écoute parler avec attention. Il est parfois difficile à suivre, à cause de son accent géorgien. Il s'exprime d'une manière précise, avec un goût des références chiffrées : à propos de chacune des catégories d'armes concernées par la négociation SALT, il cite les quantités dont disposent les Américains et les Soviétiques. Chacun de ses chiffres semble exact. Il développe un raisonnement bien argumenté et cohérent.

D'où vient le fait que l'impression qu'il exerce sur nous paraît moins convaincante que celle d'Helmut Schmidt ?

Le souvenir du général de Gaulle me fournit les éléments de réponse : lorsque de Gaulle analysait devant vous un problème, on sentait le poids des expériences qu'il avait accumulées pendant les années de guerre, à l'occasion de la dure compétition qu'il avait conduite pour faire reconnaître les droits de la France.

Quand Jimmy Carter parlait à notre table de réunion, nous sentions intuitivement qu'il était arrivé directement de Géorgie à Washington, par un voyage sans détour, réalisé presque sans étapes. Et je me disais qu'au total, si l'expérience n'est pas nécessaire pour acquérir les connaissances, elle est indispensable pour vous fournir la perspective d'ensemble. Avec le recul, je me rendais compte du poids de l'expérience que j'avais acquise, depuis ma première rencontre avec Kissinger dans le jardin de l'Élysée, au printemps de 1974.

Jimmy Carter poursuit son analyse. Il ne croit pas à la possibilité d'obtenir des Soviétiques le renoncement au déploiement des SS 20. Ils sont trop engagés dans ce programme. Et nous voyons aussi que Jimmy Carter n'est pas prêt à prendre le risque de faire capoter le traité SALT 2 sur un sujet qui ne lui est pas directement lié.

Aussi, dans la ligne des réflexions de James Callaghan, il nous indique qu'il pourrait envisager de renforcer la sécurité de l'Europe en modernisant les lanceurs américains qui s'y trouvent et, au besoin, en en installant de nouveaux. Il mentionne l'existence des fusées Pershing et des missiles de croisière, qui répondraient bien à l'objectif recherché.

Nouvelle protestation d'Helmut Schmidt. L'installation de ces nouveaux missiles serait très difficile. Elle rencontrerait une opposition déterminée d'une grande partie de l'opinion allemande, et ne pourrait pas être réalisée, en tout état de cause, avant plusieurs années. Or la menace que font peser les SS 20 est immédiate. C'est tout de suite qu'il faut traiter le problème avec les Soviétiques.

Voici venu mon tour de parole. En suivant les interventions de chacun des participants, j'ai vu progressivement surgir les traits essentiels : les Allemands concentrent leurs préoccupations sur les SS 20 ; ils voudraient que les Américains fassent de leur démantèlement une condition pour signer l'accord SALT 2 ; Jimmy Carter est décidé, de son côté, à mener à son terme la négociation

SALT, et il serait prêt, pour rassurer les Allemands, à leur donner des garanties supplémentaires, que ceux-ci ne jugent pas satisfaisantes. Quant aux Britanniques et à nous, nous sommes favorables à la conclusion du traité SALT 2 dans lequel nous voyons une marche, modeste mais utile, sur l'escalier de la désescalade nucléaire, et nous comprenons également la préoccupation des Allemands devant le déploiement des SS 20 soviétiques. Nous sommes disponibles pour rechercher avec eux une solution. Mais cette solution existe-t-elle ?

Je ne prétends pas l'avoir proposée. Elle a pris forme lentement au cours de notre discussion. Il nous est apparu que nous devions placer les Soviétiques devant une alternative : ou bien arrêter l'installation des SS 20 ; ou bien s'exposer à voir se déployer en face d'eux des missiles équivalents, composés, comme le suggère Jimmy Carter, de fusées Pershing et de missiles de croisière.

Notre échange de vues a mis progressivement en lumière une double alliance : franco-américaine d'un côté, et germano-britannique de l'autre. Convaincu de la nécessité de répondre aux préoccupations allemandes, je ne vois pas d'autre moyen de pression à exercer sur les Soviétiques que de les menacer de la mise en place de fusées américaines à moyenne portée en Europe de l'Ouest. Mais Helmut Schmidt et James Callaghan répugnent encore à s'engager, car ces fusées devront être principalement installées dans leurs deux pays.

C'est un trait de caractère que j'ai observé souvent chez Helmut Schmidt : même lorsque c'est lui qui a soulevé un problème, et insisté sur l'urgence de lui apporter une solution, il esquisse, au moment de conclure, un mouvement de recul.

Son réalisme et son expérience politique lui font

apercevoir, et peut-être exagérer alors, les difficultés de sa mise en œuvre.

L'ajustement de nos points de vue permet de donner progressivement forme à la proposition que nous devons faire aux Soviétiques et, simultanément, à la décision à prendre entre alliés : il serait demandé aux Soviétiques d'arrêter immédiatement l'installation de nouveaux SS 20, et de procéder au retrait graduel de ceux déjà mis en place. Au même moment, les alliés atlantiques décideraient le déploiement en Europe de l'Ouest des fusées Pershing et de missiles de croisière américains, déploiement qui ne deviendrait effectif qu'au cas où les Soviétiques rejetteraient notre demande concernant les SS 20.

Nous avons passé la matinée du 6 janvier à mettre au point et à élaborer cette formule. Sous le nom de « double voie » (double track), elle allait être adoptée quelques mois plus tard par l'OTAN, qui en a repris purement et simplement la formulation. Et elle est devenue la règle de référence concernant la sécurité en Europe des années 80.

C'est devant les conséquences de ce principe, et l'échec de la campagne soviétique pour mobiliser l'opinion européenne contre le déploiement des Pershing, que Gorbatchev a dû finalement s'incliner en proposant, en 1987, le démantèlement simultané des SS 20 et des Pershing.

La manœuvre occidentale avait réussi, et constituait un éclatant succès pour l'Alliance Atlantique, même si l'oubli de l'origine de l'initiative, et le refus entêté de certains milieux de se dégager des concepts qu'ils s'étaient forgés dans l'intervalle, en ont porté le crédit à l'habileté diplomatique de Mikhaïl Gorbatchev !

Je me souviens bien de l'ambiance de cette soirée. A partir de points de vue éloignés, nous avions réussi à trouver un terrain d'entente, en nous conduisant en vrais partenaires. Nous nous sommes retrouvés pour dîner, soulagés d'avoir effacé les divergences entre nous. Des bougies étaient allumées sur la table dans des photophores de verre. Un orchestre de percussions, de style jamaïcain, rythmait la musique en frappant sur des fûts métalliques. On nous a servi des langoustes qui sentaient encore l'humidité marine. Chacun racontait une histoire à son tour. Oui, comme lors d'heureuses vacances...

A la fin du dîner, Jimmy Carter m'a pris à part :

« Valéry, est-ce que l'on pratique ici le "scuba diving". Je n'en ai jamais fait. Cela me ferait plaisir d'essayer. »

Je n'ai jamais compris d'où venait l'expression « scuba diving » mais je sais qu'elle désigne la pêche sous-marine. Je lui promets de me renseigner et, si possible, d'organiser l'expédition.

Mon aide de camp revient me rapporter la réponse. L'hôtel *Méridien* voisin dispose du matériel nécessaire, et mettra un moniteur à la disposition du Président Carter. Le rendez-vous est fixé sur la plage, au lever du jour, à 6 heures 30.

***

Le lendemain, je me suis réveillé à 7 heures, reposé comme lorsqu'on a bien dormi. Je me sentais soulagé du résultat auquel nous avions abouti, et il ne nous restait plus désormais qu'à mettre au point nos conclusions et à accomplir les formalités du départ. Elles n'appelaient ni effort particulier, ni tension : une journée facile en perspective.

Helmut et James avaient pris de nombreuses photos la veille, avec leurs caméras personnelles. J'ai eu envie de les imiter. J'avais apporté à cette intention l'appareil qui m'accompagne dans mes voyages : un Leica de couleur vert-brousse avec lequel j'ai pris toutes mes photos d'Afrique. Je suis sorti sur la plage. Les bungalows paraissaient encore endormis. Le soleil commençait à monter dans le ciel, sur ma gauche.

Je me suis assis devant la table prévue pour le petit déjeuner. Celui-ci n'était pas encore servi. J'entendais du côté des cuisines le cliquetis des préparatifs.

J'ai préparé mon appareil de photo. Il y avait déjà un film à l'intérieur. J'ai commencé à réfléchir aux angles des images que je prendrai lorsque mes partenaires m'auront rejoint.

Pour passer le temps, et régler l'objectif, j'essaie de faire quelques clichés de l'hôtel et du paysage.

Au moment où je me tourne vers la mer, je crois être saisi d'une vision ! L'eau bouillonne légèrement, en grands cercles concentriques, semblables à ceux que crée une pierre jetée dans un étang. Et soudain, du milieu du remous, jaillit non pas une divinité de la mer, mais un être qui lui ressemble, gris et humide. Il me faut quelques secondes pour ajuster ma pensée avant de reconnaître qu'il s'agit d'un pêcheur sous-marin et, par voie de raisonnement, sans doute de Jimmy Carter.

C'est bien lui, en effet, et j'aperçois quelques mètres plus loin, surgissant d'un autre remous, un second triton qui doit être son moniteur de plongée.

Jimmy Carter se rapproche. Je tiens mon appareil à la main. Je mets au point la distance, et je regarde dans le viseur cette image, qui est un défi à la vraisemblance : le Président des États-Unis, qu'on reconnaît à son visage, car il vient de relever la grosse lunette de son masque, et dont l'anatomie est enrobée dans une chemise et des bermudas en tissu éponge bleu clair collés à la peau. Il porte sur le dos les bouteilles de plongée, et lève maintenant le bras en signe de reconnaissance. Nouvelle photo.

Mon film sera développé par l'excellent atelier de Montrouge qui exécute tous mes tirages. Je ne sais pas si les opérateurs auront reconnu dans cet accoutrement le Président Jimmy Carter. La photo est unique ! Pas question, évidemment, que je la donne à la presse : cette photo n'est ni cruelle ni perverse, mais totalement inattendue. Or qui est prêt à accepter l'inattendu de la part d'un président, fût-il celui des États-Unis ?

La mi-journée du 6 janvier a été consacrée à la presse, et aux Guadeloupéens. En fin de matinée, nous nous sommes rendus tous les quatre à l'hôtel *Méridien* pour une rencontre avec les journalistes.

Nous avons marché ensemble sur la pelouse de l'hôtel en direction des caméras, afin que les images fussent plus vivantes. Nous avions remis pour la circonstance l'uniforme obligatoire des hommes publics : veston, chemise claire et cravate. Seules les tonalités présentaient un peu de fantaisie : un veston de coton rayé bleu et blanc porté par Helmut Schmidt ; James Callaghan arborait une pochette de cachemire.

Puis nous avons fait de courtes déclarations devant les caméras. Chacun de nous avait griffonné des notes sur un feuillet de papier. Mes collaborateurs ont retrouvé le mien aux Archives nationales, encore chiffonné comme si je venais de le tirer de ma poche.

Nos déclarations ont été — heureusement — convergentes : chacun des trois dirigeants européens a indiqué qu'il pourrait approuver le projet de traité SALT 2, et qu'il soutiendrait l'accord auquel nous étions parvenus sur le choix de la « double voie » pour parvenir au démantèlement des SS 20 soviétiques.

Locki, Audrey, Rosalynn et Anne-Aymone nous ont rejoints, et nous sommes partis en groupe déjeuner dans la salle à manger de l'hôtel au milieu des touristes surpris et sympathiques, hésitant entre la discrétion, et leur envie de manifester un étonnement joyeux de notre présence au milieu d'eux comme si elle parachevait la réussite de leurs vacances...

La journée s'est terminée à la résidence du Gosier, où le Conseil général avait invité les personnalités représentatives de la Guadeloupe.

J'ai prononcé un toast pour présenter l'île à nos invités Carter et Callaghan. Helmut Schmidt nous avait déjà quittés. Je ressentais le bonheur de m'adresser à ces grands dirigeants au milieu d'une communauté fraternelle française — qu'ils ne s'attendaient visiblement pas à rencontrer et qui se sentait parfaitement à l'aise devant eux.

Et pour moi, qui avais fait de l'intégration économique et sociale des départements d'outre-mer, un des objectifs de mon septennat, je touchais la récompense de mes efforts.

Je me suis souvenu, soudain, de cette page d'Albert Camus où il raconte comment il voit danser en contre-jour, dans un café qui surplombe la mer aux environs d'Alger, une superbe jeune femme qui porte une fleur rouge dans ses cheveux. En tournant lentement avec son partenaire, elle symbolise un instant pour lui l'entente intime de cette communauté méditerranéenne où il espère vivre.

C'est la sensation que je recevais de la Guadeloupe, pendant que j'allais reconduire mes invités, dont les uns restaient pour un séjour privé, tandis que les autres regagnaient leurs pays, et que nous passions, Anne-

Aymone et moi, une dernière soirée dans cette résidence désertée, où je n'entendais plus que les pas furtifs de ceux qui desservaient encore les tables, avec, au-dessous de nous, dans son immense coquille, le lent balancement de la mer.

2.

LA RENCONTRE DE VARSOVIE

De mes cinq rencontres avec Leonid Brejnev pendant mon septennat, celle qui s'est tenue à Varsovie les 18 et 19 mai 1980 a été la seule à soulever une polémique, et à être utilisée par la suite contre moi.

Ces rencontres s'inscrivaient dans la série des conversations périodiques — théoriquement annuelles — entre dirigeants soviétiques et français, dont le principe avait été posé pendant le septennat du président Pompidou.

Elles avaient lieu alternativement en France et en Union soviétique. C'est ainsi que j'avais reçu Leonid Brejnev au château de Rambouillet l'année de mon élection, en décembre 1974, et qu'il était revenu pour une visite en France en juin 1977.

De mon côté, je m'étais rendu deux fois à Moscou : en octobre 1975 pour un voyage officiel, et en avril 1979 pour une visite de travail.

Ces voyages me permettaient d'apprécier l'état des relations franco-soviétiques, et aussi de recueillir des informations et des impressions personnelles sur plusieurs points importants : le jugement que portaient les Soviétiques sur leurs rapports avec les États-Unis, qui se sont détériorés lors du changement de Président américain en 1976 ; ou encore la situation réelle de l'équipe dirigeante soviétique, du point de vue de son autorité sur le pays, de sa capacité à le faire évoluer, et du rôle personnel que pouvait encore jouer Leonid Brejnev.

***

La visite de Brejnev à Paris et à Rambouillet, en juin 1977, avait permis de consolider nos relations, qui passaient alors par une phase favorable.

J'avais bien compris l'intérêt que les Soviétiques portaient à la position de la France. Son indépendance, depuis les initiatives diplomatiques du général de Gaulle, notamment son discours de Phnom Penh, où il prenait ses distances par rapport à l'action militaire américaine au Vietnam, et la décision qu'il avait prise de faire sortir la France de la structure intégrée de l'OTAN, leur paraissaient constituer une fissure dans le « bloc » adverse, qu'ils souhaitaient élargir et exploiter à leur avantage.

Ils avaient même cru pouvoir détecter, ici et là, dans certaines attitudes des milieux dirigeants français, par exemple chez les tenants de la théorie de la « dissuasion tous azimuts », certains relents de neutralisme. Ils pensaient enfin trouver en nous des alliés objectifs pour atteindre un de leurs buts essentiels : le maintien de la division de l'Allemagne, dont ils redoutaient par-dessus tout la réunification.

Je leur avais fait comprendre clairement, dès 1974, que, pour moi, l'indépendance de la France ne signifiait nullement son neutralisme. Les États-Unis étaient nos alliés et, en cas de conflit, nous nous trouverions aussitôt à leurs côtés, comme de Gaulle l'avait montré lors de la crise des missiles de Cuba. Cette levée de toute ambiguïté les avait irrités, en particulier Andreï Gromyko. Ils avaient réagi en faisant répandre par leurs partenaires communistes la rumeur d'une « prochaine rentrée de la France dans le dispositif de l'OTAN ». Cela n'était nullement mon intention, et cette perfidie avait fait long feu.

Autant les Soviétiques se réjouissaient de notre indépendance à l'égard des États-Unis, autant ils se montraient irritables dès que nous opposions un refus à leurs demandes. Les discussions sur les conditions favorables de crédit qu'ils cherchaient à nous imposer tournaient régulièrement à l'aigre.

Par contre, dans cet immense pays, et dans cette équipe dirigeante que l'âge commençait à rigidifier, on appréciait, je crois, le fait de trouver en France des interlocuteurs responsables, et prévisibles dans leurs réactions.

Brejnev se montrait sévère pour ceux de ses alliés qui ne conformaient pas leur attitude à la grisaille monotone et moralisatrice dont il empâtait l'Union soviétique.

Me parlant de la visite d'un responsable soviétique au Portugal, en 1975, pendant la période où ce malheureux pays subissait la pression du Parti communiste et de l'extrême-gauche, il s'est exclamé :

« Le ministre de la Défense m'a raconté, à son retour, que les soldats qui lui rendaient les honneurs à l'aéroport portaient les cheveux longs ! Que voulez-vous attendre d'un pays dans lequel les soldats portent des cheveux longs ? »

Et lorsque je le mettais en garde contre le risque d'aventurisme de son partenaire Kadhafi, après qu'il eût évoqué de son côté « l'aventurisme » de notre intervention au Tchad, il m'avait répliqué :

« Pourquoi dites-vous cela ! Kadhafi n'est ni mon partenaire, ni mon ami. »

Il englobait dans la même méfiance le nouveau Président des États-Unis, Jimmy Carter, dont il n'arrivait pas à analyser les réactions. Comme je le raconte dans le premier volume de ce livre, cette méfiance avait tourné à l'exaspération en 1979.

Au moment où nous nous trouvons, au printemps de 1977, cette difficulté à établir sur un palier stable les relations américano-soviétiques, conduit Leonid Brejnev à se montrer conciliant vis-à-vis de la France.

Il est visiblement heureux d'inaugurer au cours de ce voyage son nouveau titre de chef d'État. Son état de santé détérioré, marqué par l'enflure de son visage, l'incite à réduire la part des manifestations publiques. Il résidera au château de Rambouillet, où nous nous rendons le jour même de son arrivée, le 20 juin 1977.

Nous avons obtenu des Soviétiques leur accord pour inclure dans notre déclaration commune, publiée à l'issue de nos entretiens le 22 juin 1977, une phrase affirmant que « le respect des droits de l'homme et des libertés fondamentales par tous les États constitue l'une des bases de l'amélioration des relations mutuelles », texte dont l'acceptation eût été impensable quelques années plus tôt ! Brejnev signe gravement le document. La graine semée à Helsinki continue de germer. Trop lentement. La récolte me paraît encore bien lointaine.

Au cours de ce voyage, Brejnev ne fera que deux incursions à Paris : la première pour assister au dîner officiel à l'Élysée, le 21 juin, après avoir reçu à la résidence de son ambassadeur des délégations de parlementaires communistes ; et la seconde pour participer à l'inauguration, le 22 juin 1977, de la nouvelle ambassade soviétique, boulevard Lannes, et au déjeuner qu'il offre à cette occasion, juste avant son départ.

Ce déjeuner a donné lieu à l'une des manifestations les plus cocasses de mon septennat. Si je le raconte, ce n'est pas pour exercer une ironie facile vis-à-vis de la mémoire de Leonid Brejnev, que je ne souhaite pas offenser, mais pour rester fidèle à la règle de ce livre : ne pas accepter que les contraintes du pouvoir imposent de dissimuler les bizarreries de la vie.

***

Je n'ai jamais compris l'importance que les ministres des Affaires étrangères attachent à régler les problèmes immobiliers des ambassades. Ils en font des affaires d'État, qui engagent au plus haut niveau la dignité des pays concernés, alors qu'il s'agit plutôt, me semble-t-il, de problèmes fonctionnels à régler au mieux de la commodité des services !

Toujours est-il que, dans la ligne de cette préoccupation, le ministre des Affaires étrangères du président Pompidou, Maurice Schumann, avait mis un soin particulier à traiter le problème de l'agrandissement de l'ambassade de France à Moscou.

Cette ambassade est installée dans la résidence qu'un riche marchand moscovite s'est fait construire au siècle dernier. Pour se consoler sans doute de son manque d'ancêtres, il a donné à sa demeure l'allure d'une résidence de boyard ! Une entrée voûtée, peinte comme les salles du Kremlin, et un escalier de pierre conçu pour un décor de *Boris Godounov* : une belle résidence, sans caractère historique, qu'habite notre ambassadeur. Ses services sont installés en retrait de la rue, dans des constructions plus récentes. Celles-ci étaient dégradées, et jugées trop étroites. Il fallait donc construire un nouveau bâtiment.

Pour donner l'autorisation nécessaire, les Soviétiques exigeaient qu'on mît à leur disposition un terrain à Paris, où ils puissent regrouper leurs services diplomatiques. Après avoir étudié plusieurs possibilités, ils avaient fini par jeter leur dévolu sur un terrain inconstructible, situé en bordure du bois de Boulogne, à l'emplacement des anciennes fortifications. Jamais ce terrain n'aurait dû être affecté à la construction.

Au terme d'une longue bataille diplomatique, comportant des escarmouches, des contre-manœuvres faites pour tromper l'adversaire, de fragiles armistices, un accord a pu être trouvé en 1973 : nous agrandirions notre ambassade de Moscou en supprimant une rue, et les Soviétiques bâtiraient la leur à Paris, sur un terrain inconstructible.

C'est ce bâtiment que Leonid Brejnev venait inaugurer, au cours d'une réception à la préparation de laquelle l'ambassadeur de l'Union soviétique, Ivan Tchervonenko, avait apporté tous ses soins : il avait voulu voir aussi grand que l'architecture monumentale qui s'étale avec emphase le long du boulevard Lannes.

***

Notre arrivée est prévue à 13 heures 15. Je regarde sur la note remise par le protocole le déroulement de la manifestation :

13 h 15 Arrivée à l'ambassade. Accueil par le président Leonid Brejnev. Visite rapide du nouveau bâtiment.

13 h 40 Présentation des invités.

14 h 00 Déjeuner, suivi d'un toast de M. Leonid Brejnev, et d'une réponse du président de la République.

15 h 30 Départ du président Brejnev pour l'aéroport d'Orly. Le Premier ministre, M. Raymond Barre l'accompagne.

Comme convenu, nous quittons avec Anne-Aymone

notre domicile de la rue Bénouville, situé à cinq minutes de l'ambassade, à 13 heures 10. Nous empruntons la rue de la Faisanderie, puis la rue de Longchamp, et nous tournons à gauche pour suivre le boulevard Lannes.

L'ambassadeur Tchervonenko est un homme chaleureux. Il s'est battu courageusement pendant la guerre mondiale, d'où il a rapporté une cruelle blessure. Il porte des lunettes cerclées d'acier, dans un visage où le menton s'étale, au point de devenir plus large que le front. De taille moyenne, corpulent, sa silhouette est épaisse. Lorsqu'il vient participer, une fois par an, à la chasse traditionnelle du corps diplomatique à Rambouillet, il se plante derrière son affût, les deux jambes écartées et raidies par l'attention. Il vise soigneusement, et à chaque coup, le recul du fusil le fait sursauter en arrière. Il me fait penser à un char soviétique qui tirerait sur des faisans affolés.

C'est un partisan convaincu de la coopération franco-soviétique, et nos relations personnelles sont très cordiales :

Il s'avance vers nous, d'un air embarrassé :

« Le président Brejnev s'excuse. Il n'a pas pu être ici pour vous accueillir. Ses rendez-vous à Paris ont été retardés. Il arrivera dans quelques minutes. Le ministre-conseiller va vous conduire dans le salon où vous pourrez l'attendre. »

Un diplomate soviétique nous pilote. Nous traversons l'antichambre, puis empruntons un ascenseur. Au premier étage, il nous conduit dans une pièce déserte, aux murs vides, dallée de marbre, et bordée sur un côté par un comptoir en bois, comme dans le vestiaire d'un théâtre. Posée sur ce comptoir, une grande coupe de fruits enveloppée de cellophane ; et, à côté d'elle, un rang de petites bouteilles de jus de fruit et d'eau minérale. Elles paraissent avoir été oubliées là. Notre groupe est réduit : le ministre-conseiller, Anne-Aymone et moi, Edgar Faure, en tant que président de l'Assemblée nationale, mon aide de camp, et un interprète. Des attachés d'ambassade font la navette pour apporter des nouvelles. Un peu plus tard, le Premier ministre, Raymond Barre, nous rejoindra.

Nous attendons debout. Une demi-heure passe. La conversation traîne. Edgar Faure, qui s'adresse au diplomate, s'efforce de parler russe. C'est du moins l'impression qu'il me donne, à en juger par l'accent profond de sa voix, enfoncée dans la gorge. Le ministre-conseiller prend l'initiative de nous faire apporter des chaises. On en déniche trois, frêles, en bois, recouvertes d'une galette cannée. Edgar Faure occupe l'une d'elles, Anne-Aymone l'autre, et moi la troisième. Encore un quart d'heure qui passe. La cellophane des fruits brille intacte sur le comptoir. Un collaborateur de l'ambassade arrive au pas de course : Leonid Brejnev est en train d'arriver !

Effectivement, l'ambassadeur entre dans la pièce accompagné de Leonid Brejnev. Celui-ci est essoufflé. Il porte sur la poitrine de son veston une barrette de décorations, à laquelle trois étoiles rouges sont suspendues. Comme son cou s'est encore épaissi, et que son torse est massif, il donne par contraste l'impression d'être porté par de petites jambes. Edgar Faure libère une des chaises. Brejnev s'y assied, et s'éponge le front avec un mouchoir. Il est suivi d'un militaire, du même âge que lui, la tête couronnée d'une immense casquette plate, cerclée de rouge.

Leonid Brejnev s'adresse à moi, d'une voix rauque. L'interprète reprend ses explications : « Ses entretiens ont été plus longs que prévus. Il s'est rendu à la Mairie de Paris. Il me demande de l'excuser. »

Puis Brejnev s'interrompt, et se tourne brusquement

vers l'ambassadeur pour l'interroger. L'interprète traduit pour moi :

« Qu'est-ce que nous faisons ici ? »

On peut effectivement se poser la question. Ce bocal-vestiaire est démuni de charme, et les chaises cannées ne sont visiblement pas à l'échelle de la surface de sustentation de Leonid.

L'ambassadeur se lance dans une longue explication. Mon interprète, Natacha Litvinova, me la susurre à l'oreille : « Nous avions prévu de visiter l'ambassade, mais en raison du retard, je vous propose de supprimer la visite. Et, aussitôt que les invités seront prêts, on pourrait commencer les présentations. »

Grognement réprobateur de Leonid Brejnev. Il change de côté sur sa chaise pour me demander :

« Ne croyez-vous pas qu'on pourrait supprimer ces présentations ? »

Désirant me montrer conciliant, et soulagé d'être débarrassé d'une corvée, je l'approuve solennellement de la tête.

L'ambassadeur prend aussitôt les dispositions d'application : les invités devront gagner directement leurs places. Dès qu'ils seront installés, nous entrerons dans la salle à manger. Cela va prendre un peu de temps, nous explique-t-il, car les invités sont très nombreux, plus de mille entre les Soviétiques et les Français.

Nous recommençons à attendre. J'en ai pris l'habitude, et ce décor à l'austérité kafkaïenne a au moins le mérite d'être un havre de tranquillité. La conversation s'étant épuisée, chacun s'absorbe dans un ruminement intérieur. On entend un brouhaha continu au-dehors. Leonid Brejnev s'impatiente. Il s'arrache de sa chaise avec effort, et me fait signe :

« On y va ! » me dit-il.

L'ambassadeur me conjure d'attendre, par des gestes muets et désespérés. La mise en place des invités ne doit pas être achevée. Mais je suis d'accord avec la suggestion de Brejnev :

« Allons-y ! »

Nous nous mettons en route. Nous suivons un couloir, franchissons une porte qu'on ouvre à double battant, et nous voici dans l'immense galerie, transformée pour l'occasion en salle de banquet.

Je comprends le désespoir de l'ambassadeur : le spectacle qui s'offre à nos yeux, comme l'aurait écrit Oscar Wilde, « rappelle les pires excès de la Révolution française ». Les invités gesticulent et s'interpellent, dans un immense brouhaha. Au fond de la salle, quelqu'un, juché sur une chaise, pointe le bras, et semble indiquer des directions. Que se passe-t-il ? On me fournit l'explication : les invités ont été pressés d'entrer dans la salle et de rejoindre leur place, sans attendre le défilé de présentation. Or les cartons qui portent leurs noms et qui sont posés devant leur place sont écrits en russe, en caractères cyrilliques. La plupart des Français penchés sur eux n'arrivent pas à les déchiffrer, et à repérer leur siège ! Un ordre provisoire finit par s'établir.

On nous conduit pour nous installer, avec Leonid Brejnev, à la table d'honneur, qui se prolonge sur chacune de ses extrémités par deux rangées interminables où les invités sont assis en vis-à-vis.

Le protocole, avec tact, a placé Madame Pompidou, invitée par courtoisie, à la gauche de Leonid Brejnev. Celui-ci se tourne vers moi, et m'interroge d'une voix forte, heureusement en langue russe :

« Qui est cette dame ? »

Je lui réponds :

« Mais c'est Madame Pompidou, l'épouse de mon prédécesseur, que vous avez souvent rencontrée ! »

On commence le service par des zakouskis. Pour des raisons tenant au régime qu'il suit, on apporte à Brejnev du bouillon fumant, servi dans un bol dont le verre synthétique, d'un modèle courant dans les hôpitaux, contraste avec la porcelaine de nos assiettes. L'atmosphère se détend. Les conversations s'animent le long des tables, les verres se remplissent de vodka, aux reflets d'eau bleutée. Le service est très lent. On nous sert maintenant des poissons. Ils sont excellents.

Leonid Brejnev, qui a fini son bouillon, me pose une question :

« Vous ne trouvez pas que c'est trop long, pourquoi sert-on tous ces plats ? »

Je lui réponds :

« Monsieur le Président, je suis ici votre invité. L'organisation est assurée par la partie soviétique.

— Oui, poursuit-il, mais il n'y a pas de raison de servir tous ces plats ! Vous ne pensez pas que nous pourrions partir ? »

Je regarde les deux rangées d'invités, maintenant absorbés dans leurs conversations. Je commence à m'amuser franchement.

« Nous ne pouvons pas partir, lui dis-je. Nous avons nos discours à prononcer ! »

Cet argument le perturbe. Il réfléchit. Puis il me propose :

« Nous pourrions prononcer nos discours tout de suite, et nous partirions après.

— Si vous le voulez », lui dis-je.

Il fait signe à ses collaborateurs. L'un d'entre eux

s'approche. Il porte à la main une chemise cartonnée, qu'il lui remet.

Leonid Brejnev se lève, repousse sa chaise et commence aussitôt à lire son texte. Les fourchettes des invités restent suspendues en l'air. L'ambassadeur fait des signes pour qu'on interrompe le service.

Brejnev poursuit imperturbablement sa lecture. Il marque à peine la ponctuation, et arrive à sa conclusion. Il se rassied. On l'applaudit longuement.

C'est à mon tour de prendre la parole. Un texte a été préparé par mon conseiller diplomatique. Rarement le contraste entre la pompe du discours, et le caractère extravagant des circonstances où il est prononcé, m'a paru aussi accusé.

Je le lis avec des intonations d'acteur, en enflant la voix pour attirer l'attention sur les passages importants. Chaque fois qu'il me semble qu'une phrase peut être supprimée, je l'enjambe. Les invités paraissent indifférents à mon éloquence, les yeux rivés sur la suite du menu, rédigé en russe, qu'ils s'efforcent de déchiffrer.

Ma conclusion peut rivaliser avec celle de Leonid Brejnev par la force des principes qu'elle énonce, et l'ampleur des perspectives qu'elle ouvre ! On m'applaudit bruyamment. Les Soviétiques se signalent par leur ardeur.

Pendant que le service reprend, Leonid Brejnev estime que le moment est enfin venu :

« On s'en va », me dit-il.

Et, sans plus attendre, il se lève.

Cette initiative hors programme jette la perturbation dans l'organisation. Je me lève à mon tour. L'ambassadeur se précipite vers nous. Brejnev cherche la direction de la porte d'un regard enfoncé sous la broussaille de ses sourcils. Je souris d'un air conventionnel, mielleux et niais. Les invités s'interrogent du regard sur les motifs de ce comportement étrange. J'aperçois dans le fond de la salle un fonctionnaire soviétique en conversation avec mes deux fils, Henri et Louis, que l'ambassadeur, par gentillesse, a invités au déjeuner. Ils se sont levés de leurs chaises, et le fonctionnaire les entraîne hors de la salle.

Nous repartons avec Leonid Brejnev, Anne-Aymone, l'ambassadeur, et une suite réduite de nos collaborateurs personnels et d'interprètes, par la porte que nous avions franchie pour entrer. Nous débouchons sur une deuxième galerie, également dallée de marbre, qui conduit au grand escalier.

L'ambassadeur se rapproche de moi pour m'informer sur un ton de bienveillance confidentielle : « Le Premier secrétaire Brejnev a souhaité que vos fils lui soient présentés. » Je le remercie de cette marque particulière d'attention.

Brejnev se détache soudain de notre groupe. Il progresse maintenant à pas rapides. Nous le voyons avancer d'une démarche non directionnelle, qui l'oblige à changer brusquement de cap, dans la direction générale où se situent nos deux fils. On aperçoit leurs silhouettes qui se détachent au loin, à l'extrémité de cette galerie, dont la dimension grandiose évoque un décor de *Citizen Kane* !

Brejnev a fini par les rejoindre. Il semble leur adresser la parole, et agite ses bras. Un interprète à réussi à rattraper Brejnev. Il se joint à la conversation. Brejnev repart seul de son côté. Nous nous rapprochons. Nos fils paraissent éberlués, semblables à deux oiseaux de nuit, posés côte à côte sur une branche, et pris dans la lumière d'un phare.

L'ambassadeur les interroge avec une affabilité souriante :

« Le Président Brejnev vous a parlé ?

— Oui, répond Henri interloqué. Nous ne comprenions pas ce qu'il voulait. L'interprète nous a dit qu'il cherchait la direction des toilettes. Nous n'avons pas pu le renseigner. »

Brejnev revient. Il descend l'escalier. Son aide de camp lui tend son pardessus, dont il enfile les manches. Il entre dans sa voiture, où Raymond Barre le rejoint et, sans même se retourner, il s'en va.

***

En fin d'après-midi, à 6 heures, le Premier ministre revient à l'Élysée, pour un de ses deux entretiens hebdomadaires.

« Le départ de Leonid Brejnev s'est-il bien passé ? lui demandai-je.

— Oui, tout s'est très bien passé, me répond-il, mais il m'a tenu pendant le trajet des propos surprenants.

— Que vous a-t-il dit ? »

Raymond Barre me raconte :

« Il s'est plaint de l'organisation du déjeuner. Il a trouvé que c'était trop long, et inutile l'abondance du menu. Je lui ai répondu que je partageais son avis. Et il m'a dit alors qu'il fallait que je cherche le responsable. Je lui ai fait observer que nous étions ses invités à l'ambassade soviétique, et que c'est à l'ambassadeur qu'il devrait demander de lui indiquer le responsable. Savez-vous ce qu'il m'a alors répondu ?

— Non ! J'ai du mal à l'imaginer !

— Eh bien, qu'il avait enfin compris que le responsable, c'était l'ambassadeur de l'Union soviétique ! Alors, a-t-il ajouté, il faudrait se servir de cette machine qu'on avait inventé pendant la Révolution française, et dont il cherchait à se rappeler le nom — la guillotine, lui ai-je murmuré. Oui, c'est cela, la guillotine, a-t-il repris, il faudrait la lui appliquer ! Et il a fait le geste de se passer le doigt sur la gorge. Il paraissait enchanté de sa plaisanterie. »

En écoutant ce récit, et en me souvenant des détails de cette journée, je suis pris d'un rire trop longtemps contenu et, devant le Premier ministre stupéfait, je ris un bon moment à gorge déployée, la tête en arrière, cette tête que je suis heureux de sentir si bien attachée à mes épaules.

***

Depuis le début de mon septennat, j'avais suivi de loin les événements qui se déroulaient en Afghanistan.

De trop loin sans doute, mais ils ressemblaient aux luttes de clan, et aux affrontements tribaux qui nourrissent depuis toujours l'histoire afghane.

L'ancien roi, Zahir Chah, avait été chassé du trône en 1973 par un de ses cousins, le prince Muhammad Daoud. Celui-ci, tel Philippe-Égalité, s'était prononcé pour un régime républicain. Cette innovation ne lui avait pas porté bonheur, car une révolution sanglante, où il avait été massacré, avait amené au pouvoir, en avril 1978, les communistes afghans, activement soutenus par l'URSS. Depuis, les dirigeants communistes se querellaient entre eux : les « légitimistes » soutenaient le président Taraki, familier de Leonid Brejnev, cependant qu'un autre responsable du Parti, Hafizullah Amin, devenu Premier ministre, contestait violemment son action.

Amin avait fini par débarquer le président Taraki, en septembre 1979, et l'avait fait assassiner. Puis il s'était lancé dans une répression sauvage des milieux musulmans traditionnels. Des centaines de milliers de réfugiés sont allés chercher un abri au Pakistan.

La tension était montée pendant l'automne. L'URSS, qui exerçait une influence déterminante dans ce pays à direction communiste, soutenait maintenant les adversaires d'Amin, et notamment les milieux militaires.

A la fin du mois de décembre, l'URSS prend parti, et intervient directement. Un pont aérien achemine des unités militaires soviétiques à Kaboul.

Le 27 décembre, le rival d'Amin, Babrak Karmal, leader d'une des factions du Parti communiste, s'empare du pouvoir, avec l'appui non dissimulé des Soviétiques. Amin est arrêté, « jugé » par un tribunal militaire, et exécuté le jour même.

L'affaire d'Afghanistan avait commencé.

***

Tous les pays occidentaux, dont la France, protestent violemment contre cette intervention soviétique. Jimmy Carter ouvre le feu dès le 28 décembre, par une déclaration où il dénonce « une ingérence aussi grossière dans les affaires intérieures de l'Afghanistan ».

Ces protestations restent lettre morte. Des affrontements se poursuivent dans le pays entre les partisans d'Amin et ceux de Babrak Karmal. L'armée soviétique envoie des unités dans les villes de province, où elles s'installent.

Au cours de la décennie précédente, l'URSS avait déjà conduit des interventions militaires : elle avait organisé un pont aérien en direction de l'Angola, transitant par le Mali. Elle avait alimenté en conseillers et en matériel le régime éthiopien, et celui du Yemen-Sud. Mais elle avait pris la précaution d'envelopper ses interventions dans un manteau d'aide et d'assistance, qui ne pouvait tromper personne, mais qui permettait à la communauté internationale, et notamment à l'administration américaine, de fermer hypocritement les yeux.

Ici l'intervention est brutale, massive, sans faux-semblant. Ce sont des unités de l'armée régulière soviétique qui ont franchi une frontière internationale pour entrer en Afghanistan, qui circulent dans le pays, qui tirent sur les « bandits », et dont l'aviation bombarde les réduits.

Elle appelle une réponse.

⁂

Nous avions échangé, en octobre et en décembre 1979, deux messages avec Leonid Brejnev. Ceux-ci portaient sur notre désaccord à propos de la position prise par la France au sommet de la Guadeloupe sur la limitation des armements nucléaires en Europe.

Le texte des messages soviétiques est moins conventionnel que ne le sont souvent ceux de notre diplomatie. Leur écriture est vive et précise. Ils sont rédigés, paraît-il, par deux collaborateurs proches de Brejnev, Alexandrov et Blatov, que j'ai aperçus auprès de lui pendant nos rencontres à Moscou. Au cours d'une suspension de séance, j'ai bavardé avec l'un d'eux :

« Il y a longtemps que vous êtes venu en France ? lui ai-je demandé, avec cette originalité d'esprit qui égaie les conversations internationales.

— J'en suis rentré il y a quelques semaines, me répond-il. Je suis allé y passer mes vacances avec ma famille.

— Où cela ? lui demandai-je.

— A Saint-Tropez », me répond-il.

Lueur pittoresque jetée sur les habitudes de vie de l'ère brejnevienne, mais aussi, m'étais-je dit, sur la capacité de nos services à connaître ce qui se passe sur notre territoire... Cet Alexandrov et sa famille devaient leur paraître des touristes bien sympathiques et inoffensifs, comme on souhaiterait en recevoir davantage...

***

Le 27 décembre 1979, le jour même de l'invasion soviétique, le secrétaire général de l'Élysée, Jacques Wahl, a reçu à 18 heures 45, à sa demande pressante, le ministre-conseiller de l'ambassade d'URSS, venu lui donner la teneur d'un message verbal que m'adressait Leonid Brejnev.

Il a lu un texte en russe, qu'il traduisait de façon approximative.

Sa teneur était, en résumé, la suivante :

« Des ingérences extérieures, y compris l'utilisation directe de la force armée, visent à renverser le régime démocratique que l'Afghanistan s'est donné en 1978.

La direction de l'État afghan a demandé aide et assistance à l'URSS, qui a pris la décision d'envoyer en Afghanistan des contingents militaires limités.

Le gouvernement soviétique a l'intention de retirer ces contingents du territoire afghan dès que les motifs qui ont suscité cette action auront disparu. »

Le ton de ce message verbal est embarrassé. Au lieu de procéder comme il le fait souvent par affirmations — ces « mensonges péremptoires » dont l'usage deviendra la règle d'or de la communication médiatique — on dirait qu'il cherche à se justifier. Pas un mot de l'arrestation et de l'exécution d'Amin, qui n'était pas précisément un adversaire du régime. Et pourquoi envoyer le gros des forces dans la capitale, si ce sont les frontières qui sont menacées ? Il explique enfin que la décision n'a été prise « qu'après de longs débats au sein du Bureau politique ». Enfin, il évoquait bizarrement l'article 51 de la charte des Nations Unies, qui prévoit le « droit » à l'autodéfense pour repousser une agression extérieure.

J'appelle Helmut Schmidt au téléphone. Il se trouve à la chancellerie. Chaque fois que je parle avec lui, j'imagine en pensée le décor où il se trouve : son bureau dont la large baie vitrée donne sur les arbres du parc et, au-delà, sur la lame grise du Rhin qui s'écoule lentement.

Oui, il a reçu le même message que moi. Son contenu le surprend également. Jimmy Carter cherche à nous joindre. Il faudrait prévoir une réaction concertée, car Brejnev doit comprendre que ce genre d'aventure n'est pas tolérable à l'époque de la détente.

***

Le 18 janvier 1980, nouveau message de Brejnev.

Cette fois, il commence par une longue diatribe contre la politique américaine, qui « fait des zigzags » et qui vient de prendre « le cap visant à une nouvelle spirale de la course aux armements ». C'est seulement à la fin qu'il répond à la lettre que je lui ai envoyée en disant « quelques mots concrets sur l'Afghanistan ». Il annonce « fermement », toujours sur le ton de la justification, que le contingent militaire soviétique sera retiré dès que les causes qui ont conduit les Afghans à demander leur aide seront éliminées.

Cet engagement ne le mène pas loin, mais un mot de son texte attire mon attention : celui où il parle de « cette décision, difficile à prendre pour nous ». Peut-on savoir comment se sont réparties les forces au sein du Bureau politique ? Qui a demandé l'intervention ? L'armée, le Parti, Brejnev lui-même ? Il faut essayer de le déterminer, car la suite des événements en sera sans doute affectée.

En relisant ses deux messages, l'oral et l'écrit, j'en retire l'impression que l'impulsion n'est sans doute pas venue de Brejnev lui-même, car il ne s'entourerait pas de telles justifications. Sa présentation est plutôt celle de quelqu'un qui s'est finalement laissé convaincre, et qui utilise à son tour, vis-à-vis des autres, les arguments qui ont réussi à le persuader.

J'essaierai, si c'est possible, de tirer ce point au clair.

Loin de s'améliorer, la situation se dégrade.

L'armée soviétique envoie des renforts en Afghanistan. Les effectifs avoisinent maintenant 100 000 hommes. Des émeutes antisoviétiques éclatent à Kaboul.

Nous tenons à Paris, le 4 et 5 février, la réunion régulière du sommet franco-allemand. L'intervention soviétique est au centre de nos débats. Pour souligner la gravité de la situation, j'ai convié les ministres de la Défense à y participer.

Nous rédigeons ensemble à la main, Helmut Schmidt et moi, la déclaration commune franco-allemande, à partir d'un texte préparé par Genscher et François-Poncet... Cette déclaration est tapée à la machine, après nos dernières corrections.

Nous souhaitons lui donner le maximum de force, et démontrer surtout qu'il s'agit d'une position commune à nos deux pays.

« Le président de la République française, et le chancelier de la République fédérale allemande sont parvenus aux conclusions suivantes, qui définissent la politique des deux pays dans les circonstances actuelles :

1. Ils jugent que l'intervention militaire soviétique en

Afghanistan est inacceptable et crée de graves dangers pour la stabilité de la région et pour la paix. Ils estiment indispensable qu'il y soit mis fin sans délai, comme l'a demandé à une large majorité l'assemblée générale des Nations Unies. C'est le seul moyen de restaurer une situation conforme aux droits du peuple afghan et aux exigences de la paix internationale.

2. Ils considèrent que la crise actuelle est de nature à déclencher un processus qui, de proche en proche, et quelles que soient les intentions, pourrait avoir pour le monde les plus graves conséquences. Ils tiennent à réaffirmer dans ces circonstances la fidélité de leurs deux pays à l'Alliance Atlantique et leur détermination d'en honorer les engagements.

3. Ils prennent acte du fait qu'en raison des événements d'Afghanistan, la détente est devenue plus difficile et plus incertaine et que, en conséquence, le retrait des troupes étrangères d'Afghanistan est nécessaire. Ils déclarent que la détente ne résisterait pas à un nouveau choc du même ordre. Dans ce cas, la France et la République fédérale d'Allemagne prendraient, en liaison avec leurs alliés, les mesures qui s'imposeraient dans cette circonstance pour garantir leur sécurité et défendre la stabilité internationale. »

Je transmets le document à Leonid Brejnev.

La publication de notre déclaration déclenche une vague de protestations en Union soviétique. Nous y sommes accusés d'avoir cédé aux pressions des milieux bellicistes des États-Unis.

***

Pendant ce temps, le Président Jimmy Carter cherche à faire adopter des sanctions frappant l'Union soviétique.

Il a décidé, le 4 janvier, un embargo sur les livraisons de céréales, à un moment où la récolte soviétique est très déficitaire. Et il suggère d'interrompre la livraison de produits sensibles et les transferts de technologie en direction de l'Union soviétique. Il nous bombarde de messages, et m'écrit des petits mots personnels pour nous inviter à l'action.

Sur le fond, je lui donne raison. Nos services administratifs sont très réticents, car ils y voient une « manœuvre » des Américains pour mettre en péril les succès que certaines de nos industries de pointe sont en train d'enregistrer sur le marché soviétique. Mais je demande au Premier ministre de passer outre, et de préparer l'application de l'embargo.

Une question se révèle difficile : celle du boycott des Jeux olympiques. Ceux-ci doivent avoir lieu à Moscou, en juillet prochain. Les Soviétiques y attachent une grande importance, et consacrent des moyens énormes à leur préparation. Un boycott international les atteindrait au vif. Jimmy Carter le propose. La Grande-Bretagne et les Pays-Bas soutiennent aussitôt cette mesure. L'Allemagne est hésitante. En France et dans les pays latins, un débat s'ouvre sur les rapports du sport et de la politique. On doit respecter, nous affirme-t-on, l'autonomie de décision des comités olympiques nationaux, vis-à-vis des oukases gouvernementaux.

Je laisse le débat se développer, sans chercher à intervenir. Ma position est simple : si nos grands partenaires décident le boycott, il est évident que nos athlètes ne pourront pas se rendre aux Jeux. Si l'on choisit finalement de décider au cas par cas, les fédérations sportives prendront leurs responsabilités.

Jimmy Carter m'annonce l'arrivée de son conseiller

spécial pour les problèmes de sécurité, Zbigniev Brzezinski, pour mettre au point notre position commune sur l'embargo des matériels technologiques. Après son étape à Paris, il poursuivra son voyage en direction de Bonn, où il sera reçu par Helmut Schmidt.

Je le reçois un mercredi après-midi. C'est un homme brillant, intelligent, à l'esprit ouvert. Son visage est long, si mince qu'il paraît aplati, sous un front en rectangle. De son origine polonaise, il garde une méfiance de franc-tireur vis-à-vis de l'Union soviétique. Je sens qu'il a du mal à se dégager de l'écrasante ombre portée que laisse encore derrière lui son prédécesseur dans cette fonction, Henry Kissinger. Il est précis dans ses propositions, mais celles-ci n'atteignent jamais de dimension dramatique : du Shakespeare aseptisé par la science des relations internationales.

Il m'énumère les propositions de boycott technologique de l'URSS qu'envisage Jimmy Carter. Elles me paraissent judicieuses, et je lui donne mon accord de principe, sous réserve d'un examen plus détaillé par les services compétents.

Mais pas un mot sur les Jeux olympiques de Moscou. Il n'effleure pas le sujet. Sans doute ne voudra-t-il m'en parler qu'après avoir obtenu l'accord des Allemands, pour se sentir sur un terrain plus solide.

Le lendemain, jeudi, Helmut Schmidt m'appelle au téléphone. Il a reçu, lui aussi, la visite de Brzezinski, et souhaite concerter nos réactions.

Sur l'embargo technologique, nos positions sont semblables. Nous pourrons donner tous les deux notre accord. Je ressens seulement chez Helmut la nuance de réserve du responsable d'un grand pays industriel, qui n'aime pas interférer avec l'action de ses entreprises.

« Et à propos du boycott des Jeux olympiques, que vous a-t-il dit ? demandai-je à Helmut.

— Il ne m'en a pas parlé, me répond-il. »

Puis un silence.

« C'est moi qui lui en ai parlé. Il a écarté la question d'un revers de main, comme on chasse une mouche. Nous ne le proposons plus, m'a-t-il répondu. Ce n'est pas une mesure adaptée aux événements. Chacun décidera ce qu'il a à faire. Et à vous, poursuit Helmut Schmidt, qu'a-t-il demandé ?

— Il n'a pas évoqué la question. Nous avons parlé de l'embargo technologique. Je lui ai donné mon accord pour le renforcer. J'ai été surpris de son silence sur les Jeux olympiques après les déclarations de Carter.

— Moi encore plus que vous, reprend Helmut. D'autant plus que nous avions déjà pris position. C'est toujours la même chose, conclut-il philosophiquement. »

***

Depuis plusieurs mois déjà, la situation en Pologne éveillait mon inquiétude. Profitant de son ascendance polonaise, j'avais envoyé Michel Poniatowski effectuer une mission personnelle auprès d'Edward Gierek, deux ans plus tôt, en janvier 1978.

Le compte rendu qu'il m'en avait rapporté me montrait un homme assez insouciant et sûr de lui. Il pensait que la situation économique de la Pologne allait s'améliorer, et qu'il conservait des liens d'amitié solides avec Brejnev, qui lui gardait sa confiance.

Les nouvelles que nous recevions de Varsovie, au début de 1980, étaient devenues alarmantes. Les pénuries alimentaires s'aggravaient. Les prix étaient en hausse. Les autorités soviétiques ne dissimulaient pas leur irritation devant l'orientation de la politique étrangère polonaise, jugée trop indépendante. Des rumeurs circulaient dans le pays, faisant état de l'éventualité d'une intervention soviétique.

J'ai voulu en savoir davantage. J'ai demandé à Michel Poniatowski de retourner à Varsovie, pour y voir Gierek. Il a accepté, et s'y est rendu au début de mars 1980.

Le récit qu'il m'a fait par écrit de son entretien était terrifiant. Gierek l'avait reçu au palais du Gouvernement, d'abord en présence de collaborateurs et d'interprètes puis, pour un entretien personnel, sans interprète.

J'en retenais les conclusions :

« M. Gierek vous remercie vivement de l'avoir alerté en 1978 et à la fin de l'année dernière sur les réticences de plus en plus nettes du gouvernement soviétique à son égard [...] Il a bien reçu le nouveau message que vous m'aviez chargé de lui faire parvenir en décembre dernier.

Dans la logique du durcissement adopté par l'URSS (tension avec l'Ouest à propos des euromissiles et envahissement de l'Afghanistan), la Pologne court le risque d'une « occupation » soviétique renforcée, et de la mise en place d'un gouvernement soumis, comme en Tchécoslovaquie.

La situation intérieure du pays est de plus en plus difficile. L'agitation peut brusquement se transformer en émeutes : comme en 1970 à Gdansk, lorsque j'ai remplacé M. Gomulka. Mais cette fois-ci ce pourrait être beaucoup plus grave... »

Et ici, Gierek me propose de prendre une initiative :

Il suggère que je rencontre Brejnev, « pour l'alerter sur l'orientation des relations Est-Ouest en Europe qui s'engagent dans une bien mauvaise voie : dangereuse avec cet arsenal de missiles qui s'entassent de part et d'autre ;

dangereuse également avec l'invasion de l'Afghanistan qui est une aventure incertaine, où les politiques se sont laissés entraîner par les militaires. »

Ainsi les informations d'Edward Gierek confirment mon intuition sur ce point.

Gierek développe alors l'utilité possible de cette rencontre. « Il faut faire comprendre aux Soviétiques que l'occupation de l'Afghanistan aura des conséquences durables et profondes sur leurs relations avec l'Occident, et qu'elle leur interdira toute ouverture politique et économique vers l'Ouest.

C'est le point suivant, le non-dit de l'intervention soviétique en Pologne, qui sera le plus délicat à aborder. Il faut faire comprendre aux Soviétiques qu'une telle action provoquerait des réactions dont on ne peut prévoir les limites, ni le degré de gravité... La population polonaise se battrait avec ses mains, mais l'armée polonaise avec ses fusils. Ce serait un drame affreux pour nous, et pour l'Europe. Il faut à tout prix éviter une intervention extérieure. »

Et Michel Poniatowski concluait :

« Il a été convenu que Gierek vous ferait part des réactions de M. Brejnev à sa proposition d'une rencontre à Varsovie, par l'intermédiaire de l'ambassadeur de Pologne à Paris. »

***

Trois jours plus tard, Arthur Conte m'appelle au téléphone :

« J'ai besoin de te voir, me dit-il. J'ai une proposition à te faire : tu dois être l'homme de la paix ! »

Sa notoriété a encore grandi avec le succès de ses

derniers livres. C'est toujours un ami chaleureux, avec lequel j'aime discuter. Je lui donne rendez-vous.

Une fois assis devant moi, dans son fauteuil, les jambes croisées, il développe son raisonnement. Il lève les yeux au plafond, comme pour retrouver les perspectives d'ensemble, et puis il les plante directement dans les miens, pour tenter d'y faire pénétrer son message.

C'est un historien : il aime développer son raisonnement en partant de lointaines prémices. Mais aujourd'hui, il est direct :

« Nous allons vers la guerre. Il faut l'empêcher. Tu dois être l'homme de la paix ! »

L'homme de la paix, c'est vite dit ! Et puis un mouvement intérieur, fait d'un reste de timidité ou du sens de la proportion des choses, m'amène à me rétracter chaque fois que mon interlocuteur paraît vouloir me réserver le rôle principal.

« Oui, lui dis-je. La situation est très sérieuse. Mais pourquoi penses-tu que nous allions vers la guerre ?

— Les Soviétiques ont fait un choix, me répond-il. L'entrée de leurs forces en Afghanistan n'est pas un effet du hasard. Ils préparent les positions stratégiques du prochain conflit mondial. Si tu considères le déploiement de leurs missiles stratégiques SS 20, qui exerceront un chantage nucléaire sur l'Allemagne pour l'empêcher de réagir, et maintenant l'installation de leurs forces en Afghanistan, tu vois qu'ils préparent leur mainmise sur les réserves de pétrole du Golfe persique. Or cela, les États-Unis ne pourront jamais l'accepter. Ni nous d'ailleurs. Nous sommes placés sur ce que les Américains appellent une "collision course". Elle nous conduit à la guerre. Il faut agir pour l'empêcher. Tu es le seul à pouvoir le faire !

— Arrête ! lui dis-je. Je ne m'exagère pas mon importance, ni les moyens d'influence dont je peux disposer.

— Tu as tort, reprend Arthur Conte. La clé du problème est en Union soviétique. Or, qui peut leur parler ? Ils n'ont aucune confiance en Jimmy Carter, qu'ils jugent brouillon et changeant. Ils se méfient toujours des Allemands. Margaret Thatcher vient d'arriver, et ils la trouvent trop dépendante des États-Unis. Qui reste-t-il ?

— Même si je suis ton raisonnement, lui ai-je répliqué, rien ne prouve que les Soviétiques soient disposés à écouter une mise en garde. Si leurs plans sont ceux que tu imagines, pourquoi veux-tu qu'ils les modifient à la suite d'une rencontre ?

— Tu dois essayer, insiste Arthur Conte. Tu dois être l'homme de la paix. Tu ne dois pas te laisser décourager par les critiques. La cause de la paix a un impact formidable. Si tu réussis, ton destin change. Tu auras une image comme celle de Briand ! »

Je ne suis pas sûr que ce soit mon modèle. Il me manque l'aspect léonin, et ma chevelure, hélas, n'est pas une crinière ! Mais il y a un point très juste dans ce que me dit Arthur Conte : la cause de la paix transcende toutes les autres.

« Sais-tu, lui dis-je, que Gierek a eu la même idée que toi ? Il me propose d'organiser une rencontre avec Brejnev à Varsovie.

— Il faut accepter ! réplique Arthur Conte d'un ton enflammé. N'écoute personne. Prépare soigneusement ta mise en garde, et mets-y toute la conviction possible !

— Je vais y réfléchir, lui dis-je. Cela soulève beaucoup de questions. Comme les Américains ont suspendu leurs contacts directs avec les Soviétiques, je ne veux pas donner l'impression que la France est le maillon faible de la chaîne. Rappelle-moi dans quelques jours. Je te dirai ce que j'ai décidé. »

***

La décision à prendre est trop grave pour que je ne l'entoure pas de consultations.

Je vais interroger naturellement le ministre des Affaires étrangères, le Premier ministre et le chancelier Schmidt.

Le premier auquel je demande son avis est Jean François-Poncet. Il vient me voir régulièrement chaque vendredi matin, pour me faire le point de la situation internationale. C'est un plaisir de l'écouter.

Le cheveu blond plaqué sur le crâne, le visage vif éclairé par des yeux bleu pâle, il est toujours très soigné. Je remarque ses chaussettes fines, tirées sans plis dans les chaussures noires à boucle.

Il connaît parfaitement les dossiers internationaux, et les nombreux déplacements auxquels il est soumis n'entament ni sa disponibilité d'esprit, ni son exactitude.

Je lui présente le problème tel qu'il se pose : l'éventualité d'un déplacement à Varsovie, pour y rencontrer Brejnev.

Je n'ai pas besoin d'attendre longtemps pour connaître sa réaction. A vrai dire, je m'y attendais. Bien qu'aimant à se situer au centre-gauche de la politique française, il appartient au groupe de ceux qui voient dans une alliance étroite avec les États-Unis le seul moyen d'assurer notre sécurité vis-à-vis d'une URSS, pour laquelle il éprouve une méfiance vigilante.

Et il rejette au fond de lui, sans doute par fidélité familiale, le contenu de la diplomatie gaulliste : jeune diplomate, il a participé à la rédaction du traité de Rome, condamné par les parlementaires gaullistes. Il voit dans la politique de détente vis-à-vis de l'URSS une imprudence sans consistance, qui affaiblit notre influence à l'Ouest, sans nous offrir de garantie à l'Est. Je me demande s'il ne la juge pas parfois semblable à l'alliance étrange que François Ier avait nouée avec les Turcs, au moment où l'Europe se coalisait pour stopper l'avancée finale des Infidèles ! En tout cas l'idée ne lui plaît pas.

Il me met tout de suite en garde :

« Les réactions de nos partenaires, et surtout celles des États-Unis, vont être très négatives, et la presse va se déchaîner contre vous. Au moment où on cherche à faire sentir son isolement à l'Union soviétique pour la punir d'avoir envahi l'Afghanistan, votre visite apparaîtra comme un gage donné à Brejnev, et une rupture du front des alliés.

— Ce n'est pas ainsi que la question se pose, répliqué-je. Normalement, la rencontre annuelle franco-soviétique doit avoir lieu cette année à Moscou. Si l'on choisit cette formule, c'est Brejnev qui se déplacera pour venir me voir à Varsovie.

— Cette subtilité ne convaincra personne, et surtout pas les médias, reprend Jean François-Poncet. Le seul fait qui sera noté sera celui de la rencontre, et je crains qu'on ne l'exploite contre vous. »

Il paraît réellement soucieux.

« Je vous demande d'y réfléchir encore, lui dis-je. Ma décision n'est pas prise, et vos arguments sont très sérieux. Je vous en reparlerai. »

Je lui en reparlerai en effet, deux fois. Il maintiendra son point de vue.

La consultation du Premier ministre est plus politique que technique. Je lui soumets le pour et le contre. Il n'hésite pas :

« Monsieur le Président, vous devez y aller. Il faut rencontrer Brejnev. J'y réfléchissais moi-même, et je songeais à vous le proposer. »

Il aime bien le mot « songer » qui revient souvent dans sa conversation.

Le soleil d'hiver envahit mon bureau, ou est-ce seulement celui de mes souvenirs ? Raymond Barre est carré dans son fauteuil, les jambes ouvertes. Pendant qu'il me regarde avec insistance, je remarque qu'en haut de son visage, large et amplifié par les joues, les tempes amorcent un rétrécissement.

Raymond Barre poursuit :

« Les indications que nous envoie notre ambassadeur montrent que Brejnev ne réalise pas complètement la situation. On a dû le convaincre qu'une fois le fait accompli, les alliés se résigneraient, et les choses reprendraient leur cours. Il faut le détromper. Vous êtes seul à pouvoir le faire. »

Je me fais l'avocat du diable en reprenant devant lui les arguments de Jean François-Poncet.

« Cette rencontre ne sera-t-elle pas considérée comme une rupture de la solidarité occidentale ? »

Le ton de Raymond Barre devient vif :

« Si on devait s'arrêter à ce genre d'arguments, il n'y aurait plus de politique étrangère possible pour la France. D'ailleurs, si les États-Unis pensaient que c'est leur intérêt de faire une telle démarche, ils ne s'embarrasseraient pas de nous pour l'entreprendre ! »

Je souhaite entendre à nouveau son avis, pour lui donner la force d'une confirmation :

« Vous pensez donc que si Brejnev donne son accord, il est souhaitable que je me rende à Varsovie pour le rencontrer ?

— Tout à fait, Monsieur le Président, me répond-il.

C'est à vous de prendre la décision, mais c'est l'avis que je vous donne. »

Vis-à-vis d'Helmut Schmidt, l'interrogation se fait au téléphone.

Le standardiste me passe la communication. A l'autre bout, la chancellerie est en ligne. Un grésillement léger dans l'écouteur. On me passe le chancelier.

« Allô, Helmut ! Je vous appelle pour vous demander votre avis sur une question qui doit rester entre nous.

— Avec plaisir, Valéry. J'ai moi aussi besoin de vous parler à propos des questions budgétaires. La préparation du prochain Conseil européen est toujours en panne.

— Ma question, Helmut, porte sur l'éventualité d'une rencontre avec Brejnev. »

Et je lui expose la suggestion de Gierek. Helmut Schmidt prend son temps pour réfléchir :

« Vous savez, me dit-il, que le même problème se pose pour moi, car je dois, en principe, aller rencontrer Brejnev à Moscou à la fin du printemps.

— En tout cas, lui dis-je, il faudrait que nous adoptions la même attitude.

— Certainement, me répond-il. »

Puis, comme il aime à le faire, il se met à penser tout haut.

« Je ne comprends pas l'attitude de Brejnev dans cette affaire. Il avait tout investi dans son image d'homme de la paix. Peut-être que pour lui c'est seulement une expédition militaire, comme les Russes en ont toujours fait à leur frontière sud. Notre réaction doit lui paraître exagérée. Les Américains l'ont laissé faire en Afrique. Il se demande certainement pourquoi ils réagissent si violemment à une intervention dans un pays qui touche leur frontière, et qui a déjà un régime communiste. »

Je lui réponds :

« Il évalue mal, lui dis-je, les conséquences internationales de son intervention. Dans les notes qu'il m'envoie, il continue de parler de la détente comme si rien n'était changé. Et si on le laisse faire, je redoute qu'il en tire la conclusion qu'il peut agir ailleurs, notamment en Pologne. »

Silence d'Helmut. Il reprend :

« Ce serait très grave. On ne pourrait pas le laisser faire. J'ai reçu des nouvelles de Gierek. Il est très inquiet sur la situation intérieure. »

Nouveau silence d'Helmut. La ligne téléphonique grésille dans le vide. Sa voix revient.

« Je crois qu'il faut dire tout cela à Brejnev. Je ne sais pas s'il nous écoutera, et d'ailleurs est-il encore capable d'imposer son point de vue ? Il faut essayer. Dans tous les cas, il n'y a rien à perdre. »

Et il conclut :

« Merci de m'avoir appelé. On va continuer à réfléchir. Je suis d'accord pour que nous prenions la même décision. Cela limitera les critiques. Mais de toutes façons — sa voix enfle — les Américains seront contre nous. Ils ne comprennent rien. Carter croit qu'il fera reculer Brejnev avec des mesures commerciales, qui seront tournées par tout le monde ! Il vaut mieux le placer devant sa responsabilité personnelle : celle de tuer la politique de détente. »

Je le remercie. Nous convenons de nous rappeler.

Au Conseil européen de Luxembourg, le 26 avril, où l'ordre alphabétique nous place côte à côte, pendant que nous recherchons laborieusement un compromis avec Mme Thatcher sur la contribution budgétaire britannique, Helmut Schmidt me glisse à l'oreille :

« J'ai répondu à Brejnev que je me rendrai à Moscou à la fin du mois de juin. »

Ses doigts courts et cylindriques, jaunis par la fumée, jouent sur la table avec la pochette de cuir noir où il enferme son tabac à priser. En face de nous, Margaret Thatcher, la bouche ouverte en raison du mode de prononciation britannique, développe inlassablement sa théorie — vraie et fausse — sur l'excès des charges budgétaires que la Communauté impose à la Grande-Bretagne.

C'est décidé. J'irai à Varsovie.

***

La rencontre est fixée au lundi 19 mai.

Pour éviter de déclencher une ruée médiatique, qui en déformerait la signification, nous convenons de garder secrets les préparatifs. Gierek est informé de nos intentions : il s'agit d'une rencontre à quatre : Brejnev et moi, Gromyko et François-Poncet, accompagnés de nos interprètes, et de nos preneurs de notes. Il n'y aura pas de manifestation extérieure. Nous repartirons le soir même. Les Soviétiques insistent à deux reprises auprès des Polonais pour qu'un communiqué soit publié à l'issue de la rencontre. Je refuse catégoriquement. Ce serait dénaturer, leur fais-je objecter, le caractère de la réunion.

Deux jours avant la date prévue, j'écris une lettre à Jimmy Carter pour l'informer des circonstances et de l'objet de cette rencontre. Il me répond sur l'heure.

« Cher Valéry, merci de votre message m'informant de votre rencontre à Varsovie avec le président Brejnev. Je serai heureux de savoir si vous avez décelé quelque changement significatif dans la position jusqu'ici intransigeante de l'Union soviétique concernant son occupation de l'Afghanistan. Il est évidemment important que nous restions en contact étroit pour empêcher Moscou d'enfoncer des coins entre les Occidentaux. »

La même lettre a été adressée à Mme Thatcher, et à Francesco Cossiga.

Je suis arrivé à Varsovie, à 18 heures, la veille de la rencontre. Gierek m'attendait à l'aéroport. Il enferme ma main dans l'immense palette de la sienne. Pendant le trajet, dans une de ces fausses Cadillac soviétiques garnies de tapis persans, il me dit avec chaleur :

« Je vous remercie d'être venu. Je crois que cela peut être très utile. »

Il me conduit dans le palais Myslewicki, près du centre de la ville. Il me quitte pour aller saluer Brejnev, qui arrive de son côté à 19 heures, puis il reviendra dîner en tête-à-tête avec moi.

Comme il fait encore clair, en raison de la saison, je propose à Jean François-Poncet de faire une promenade dans le jardin qui borde notre résidence. C'est un parc public, aux pelouses soignées, avec des allées goudronnées. Le terrain ondule, et de temps en temps, la pente ralentit notre marche. Nous croisons de rares visiteurs, plutôt des personnes âgées. Aucun ne nous regarde, ou ne nous fait un signe de reconnaissance. Sans doute nous englobent-ils dans la réprobation qu'ils portent à tous ceux qui habitent un palais officiel...

Le lendemain, nous quittons à 9 heures 30 la maison où nous avons passé la nuit pour nous rendre au palais de Wilanow, où je dois rencontrer Leonid Brejnev.

Ce palais est situé au sud de la ville. Pour l'atteindre, nous traversons des quartiers résidentiels, puis un reste de campagne plate, maintenant rongé par des HLM d'allure stalinienne.

On tourne à gauche pour rejoindre le portail d'entrée. Je connais bien l'endroit, car c'est là que nous avions résidé avec Anne-Aymone pendant notre visite officielle en Pologne, en 1975.

***

Je suis revenu à Wilanow en septembre 1990.

Profitant d'un séjour dans la Pologne libérée, j'ai souhaité revoir l'endroit et m'y rendre seul, avant de commencer à le décrire.

Le ciel était très bleu, avec cette lumière particulière aux pays continentaux, qui rend l'automne léger et pur.

L'auto qui me transportait a fait le tour de la cour, pour s'arrêter devant les marches. Le bâtiment est bien conservé, en dépit des dévastations de la guerre. La pierre n'est pas belle, mais les enduits ont été refaits avec soin.

D'un petit bassin, semblable à ceux des châteaux d'Auvergne, jaillit un jet d'eau sans vigueur.

Le conservateur m'attend. Comme il ne parle pas français, il est accompagné d'une spécialiste, qui pratique notre langue.

Il me rappelle l'histoire du château, son origine lointaine, la construction effectuée par le roi Jean Sobieski, les embellissements apportés par les propriétaires successifs, Czartoryski, Lubomirska et Potocki, et la polonisation du nom italien de Villanova en Wilanow.

Il reprend l'inévitable comparaison avec Versailles, que j'ai déjà entendue lors de ma dernière visite : analogie des emplacements, loin de la capitale, assurément. Mais la similitude s'arrête là ! Je pense à l'inégalable équilibre de la façade de Versailles sur les jardins, l'étirement parfait des rangées de hautes fenêtres, que l'on croirait tiré sur l'infini, la disposition harmonieuse des parterres et des grandes pièces d'eau...

Pendant que ces descriptions me sont données dans l'entrée, je commence à retrouver mes impressions du sommet de Varsovie.

C'est par ce corridor de l'aile gauche que Brejnev est arrivé. Il marchait en se balançant, comme un ours fatigué. Il y a une petite marche, au débouché sur l'entrée, qui l'a fait trébucher. Son aide de camp, ou plutôt, selon les règles de déroulement de nos carrières militaires, celui qui aurait pu être le grand-père de son aide de camp, s'est précipité et l'a retenu par le bras. Je regarde cette petite marche. Et quand je la gravirai tout à l'heure, aucun de ceux qui m'entoure ne réalisera ce qu'elle représente pour moi : une ligne de crête entre le passé et l'instant présent, dans ce palais presque vide. Et aussi une interrogation sur ce qu'a pu devenir ce moment où l'un des hommes les plus importants du monde occupait précisément cet espace. S'est-il dissous sans laisser la moindre trace, ou survit-il encore, quelque part derrière nous ?

Je demande au conservateur s'il peut me montrer la salle où s'est tenue notre réunion.

Il m'y conduit, par un passage qui longe le parc, sur l'arrière du bâtiment. J'y entre. Je me la rappelais plus petite.

C'est une très grande pièce, destinée sans doute à la danse ou aux concerts. Ses murs, peints en ocre clair, sont décorés à deux niveaux. En bas, des portes-fenêtres qui donnent sur le jardin et, placés en vis-à-vis, des arceaux de pierre creusés dans le mur et décorés de glace. En haut, au-dessus de chaque arceau, un œil-de-bœuf ovale. Aux extrémités de la pièce, deux balcons faits pour accueillir les musiciens. Des banquettes, recouvertes d'un tissu couleur cerise, sont alignées le long des murs.

Sur une colonne de faïence blanche trône un buste du roi Sobieski, dont le nez d'une longueur infinie exprime une tristesse résignée. Je ne m'en souvenais pas, et j'interroge le conservateur. Au moment de notre rencontre, le buste n'y figurait pas encore. A sa place, il y avait un vase.

Maintenant que je la parcours, la salle retrouve ses proportions. On y avait installé, sur le grand tapis, une table ronde autour de laquelle nous siégions.

Nous entendons soudain le bruit fait par des groupes de visiteurs qui se rapprochent et vont entrer par le couloir. Je demande s'il est possible de les faire attendre quelques minutes. Je souhaiterais pouvoir m'attarder encore, regarder les portraits, le lustre, écouter les craquements du parquet, identifier la porte par laquelle on nous a apporté du café.

Les visiteurs ont fini par pénétrer dans la pièce, précédés de leur guide. Le conservateur m'entraîne pour parcourir les appartements privés.

Je n'écoute guère ce qu'il me dit. Ma pensée revient sans cesse vers cette grande salle que j'ai traversée, et vers laquelle je me suis retourné avant d'en sortir, cette salle où nous étions assis face à face, Brejnev tassé et soucieux, Gromyko plus alerte avec ses sourcils en accent circonflexe, pour essayer de voir si nous avions quelque chose à nous dire, entre eux qui avaient décidé d'envahir l'Afghanistan, et nous qui ne pouvions pas l'accepter.

***

Edward Gierek nous attendait dans l'antichambre.

Étant arrivé le premier, j'ai échangé avec lui quelques

souvenirs sur mon dernier séjour à Wilanow. Brejnev, accompagné de sa suite, a débouché du couloir et trébuché sur la petite marche. Nous étions réunis.

Gierek nous a conduit dans la salle prévue pour la conférence. Nous marchions lentement, pour ne pas distancer Brejnev. Celui-ci se tenait raidi, le buste gonflé, et avançait à petits pas saccadés. Le vieillard en uniforme soviétique se tenait tout près de lui, à une longueur de bras.

Nous nous sommes assis des deux côtés de la table, Gierek s'installant entre nous. Puis il a pris la parole pour prononcer quelques mots de bienvenue. Il avait suggéré, a-t-il dit, cette rencontre pour rechercher les moyens d'améliorer les rapports Est-Ouest à un moment où la situation internationale est lourde de dangers. Il savait qu'il avait peu de rôle à y jouer, et il nous souhaitait de réussir.

Brejnev avait pris Gromyko à sa droite, et son interprète à sa gauche. J'ai fait de même avec Jean François-Poncet, et notre interprète.

Le groupe des collaborateurs de Brejnev est sorti de la pièce, et s'est installé dans une antichambre voisine, dont on a refermé la double porte.

Une seule séance est prévue. En fait les entretiens dureront trois heures. La durée sera réduite de moitié par la traduction. Il faut éviter de perdre trop de temps en formalités. Je redoute que Brejnev nous inflige la lecture de la déclaration préparée par ses collaborateurs. L'unique intérêt de cette rencontre est de déterminer ce qu'il pense vraiment, et, si possible, de lui faire prendre conscience de la réalité de notre attitude.

Mais ma crainte était justifiée. Gierek a déjà donné la parole à Leonid Brejnev, qui entame son interminable lecture, entrecoupée par les traductions.

Il passera en revue, pendant plus d'une demi-heure, l'ensemble des problèmes internationaux. Il reconnaît la détérioration de la situation, mais il en attribue la totale responsabilité à la politique américaine. La démission du secrétaire d'État Cyrus Vance est un mauvais signal. Il s'inquiète des tendances « revanchardes » qui se développent à l'occasion de la campagne électorale allemande.

Puis il en vient à l'Afghanistan. Parmi les nombreuses redites de son texte, deux éléments me frappent :

La justification donnée de l'intervention soviétique n'est plus la même : « si le contingent militaire soviétique n'était pas intervenu, dit-il, l'Afghanistan serait devenu au mois de janvier une place d'armes hostile à l'Union soviétique ». Je vois percer ici l'argumentation des militaires !

Et les informations qu'il énonce — et donc qu'il reçoit — sur la situation réelle sont grossièrement inexactes : « La situation commence à devenir normale, m'affirme-t-il. Dire le contraire, c'est de la propagande, un faux éhonté ! »

Il annonce enfin que le programme de règlement politique proposé par le gouvernement afghan — et auquel celui-ci est seul à croire ! — constitue un nouvel élément de la vie internationale.

Son exposé s'achève. C'est mon tour d'intervenir. J'essaierai d'être moins long que lui. Puisqu'il a parlé de plusieurs sujets, je dois lui répondre sur chacun. Mais mon intérêt est concentré sur l'intervention en Afghanistan, et ses conséquences. C'est à son propos que j'ai accepté la rencontre.

Pour être sûr d'aborder l'essentiel, j'ai noté à la main, sur la chemise de mon dossier parfaitement préparé par Patrick Leclerq, les points sur lesquels je veux insister.

J'ai retrouvé cette chemise, conservée aux Archives nationales. Je déchiffre mon écriture de l'époque :

1. Afghanistan :

— toute action massive militaire exclue ;

— annoncer un calendrier de retrait ;

— faire appel à une personnalité d'union nationale du passé ;

— un État non aligné, sans ingérence extérieure.

2. Iran :

— demander aux Soviétiques d'entreprendre des démarches pressantes pour obtenir la libération des otages américains.

3. Limitation des armements :

— un sommet des quatre puissances nucléaires ?

— participation de l'Allemagne ?

— Quand ?

Et je prends alors la parole :

Je commence par répondre successivement aux questions qu'il m'a posées, puis j'aborde la situation en Afghanistan.

« Monsieur le Président, lui dis-je, vous m'avez adressé deux messages au début de l'année pour m'expliquer les motifs de l'intervention soviétique en Afghanistan. Il est clair que les dirigeants soviétiques n'ont pas perçu la nature des réactions de l'opinion publique occidentale. Vous avez dit que vous recherchiez un règlement politique. Mais jusqu'à ces dernières semaines, vous n'avez pas donné suite à cette volonté !

Si vous étiez amené à accentuer votre intervention militaire, cela déclencherait dans l'opinion occidentale des réactions telles que la poursuite de la détente deviendrait impossible.

Vous m'avez annoncé "fermement" votre intention de retirer les forces soviétiques dès que le retour à des conditions normales le rendrait possible. Vous me dites que la situation s'améliore. Comptez-vous pouvoir commencer ce retrait prochainement ? »

Andreï Gromiko lève un crayon pour demander la parole. Brejnev lui fait signe de se taire et se lance dans une longue explication, où il reprend pêle-mêle les arguments déjà utilisés dans ses messages :

Pourquoi manifestons-nous autant d'émotion, s'étonne-t-il, alors qu'il s'agit de problèmes intérieurs au monde communiste. C'est lorsque le prince Daoud a été renversé en 1978 que nous aurions dû réagir, car c'est à ce moment-là que l'Afghanistan a changé de camp ! Et pourquoi défendons-nous Amin, qui était un tueur, et un tortionnaire ?

Leonid Brejnev laisse alors apparaître une émotion réelle, à la manière russe :

« Le président Taraki était mon ami. Il est venu me voir au mois de septembre. Et c'est juste à son retour qu'Amin l'a fait assassiner. C'est de la provocation. Je ne pouvais pas le lui pardonner. »

Il s'essuie le front, les yeux, et cherche du regard son aide de camp. Mais celui-ci est absent de la pièce.

Et il reprend le fil de ses justifications.

« Nous n'avons pas l'intention de laisser nos forces en Afghanistan. D'ailleurs, elles y sont très bien reçues. La population commence à manifester son soutien à Babrak Karmal. Elle le reconnaît comme le gouvernement légitime. La situation devrait pouvoir s'améliorer rapidement... »

Brejnev n'a pas réussi à retrouver son aide de camp. Il se lève soudain, et sort de la pièce. Il revient au bout de quelques minutes et s'assied lourdement. Sans doute a-t-il besoin d'absorber des médicaments car, toutes les demi-heures environ, nous le verrons refaire le même manège.

Gierek nous propose de suspendre un moment la séance.

Une porte s'ouvre dans un des arceaux du mur. Nous voyons entrer une file de jeunes serveurs et de serveuses, en tenues noires avec des tabliers blancs, comme dans un café des boulevards, mais avec des visages roses et des cheveux blonds. Ils nous apportent du thé, du café, et des assiettes de biscuits.

***

Gromyko profite de la reprise de nos travaux pour prendre la parole. Son ton est aggressif. Il contraste avec celui de Brejnev : Gromyko ne justifie pas l'entrée des forces soviétiques en Afghanistan, il accuse !

« Si les États-Unis, dit-il, souhaitent aggraver la tension, s'ils misent sur cette carte, c'est un jeu très facile, mais dangereux !

Les Américains ont déclaré que le Pakistan, le golfe Persique, l'Extrême-Orient, la Corée, la Norvège, constituaient pour eux des régions d'intérêt vital ! En d'autres termes, ils ont déclaré d'intérêt vital toutes les portes ouvrant sur l'URSS !

Et nous, lorsque nous protégeons ces accès, cela dérange les États-Unis !

Je voudrais maintenant, poursuit-il, aborder la question de l'Afghanistan.

On nous parle d'une insurrection nationale contre les dirigeants actuels. C'est faux ! Chaque jour la situation en Afghanistan s'améliore et se consolide. La direction du pays tient la situation bien en main.

Au moment de l'arrivée des nouveaux dirigeants en septembre dernier, et de l'élimination brutale du président Taraki, les pays occidentaux n'ont pas réagi en parlant d'ingérence. Et puis, tout à coup, une mouche les a piqués, et ils se sont mis à parler d'intervention ! »

Je l'interromps, en m'adressant directement à Leonid Brejnev :

« Mais c'est vous, Monsieur le Président, qui avez pris l'initiative de m'envoyer un message personnel pour me donner les motifs de l'intervention soviétique ! »

Brejnev approuve de la tête.

Gromyko, que rien ne décourage, continue :

« Les interventions, c'est du côté du Pakistan qu'elles existent. De nombreux petits groupes armés pénètrent sur le territoire afghan. Personne ne contredit cette réalité.

Le Président Carter vient de dire qu'il va continuer à aider ces “rebelles”. Et le président du Pakistan, le maréchal Zia, a confirmé l'existence de ces ingérences, faites à partir de son pays. Il a ajouté qu'il n'était pas en mesure de les arrêter.

Si un État n'est pas capable d'arrêter les ingérences à partir de son territoire, qui d'autre peut le faire à sa place ?

Nous sommes prêts à retirer nos troupes dès que cesseront les ingérences du côté du Pakistan et de l'Iran, et que sera rétablie la sécurité des frontières par un accord direct entre l'Afghanistan et le Pakistan.

C'est clair ! Vous pourriez tout de même le comprendre, au lieu d'inverser le problème en nous demandant de retirer nos troupes d'abord, et d'examiner la situation ensuite ! »

Je profite du moment où Gromyko interrompt sa péroraison pour m'adresser à Brejnev :

« Monsieur le Président, vous m'avez dit, et M. Gromyko vient de le confirmer, que nous nous basions sur des faits erronés, et que la population afghane soutient de plus en plus le régime de Babrak Karmal.

Nos informations ne vont pas du tout dans ce sens, et je me demande si on cherche à vous informer correctement.

Je vous suggère de poser à ceux qui vous renseignent deux questions :

Puisqu'on vous dit que la population se rallie à Babrak Karmal, comment se fait-il qu'on vous demande d'envoyer de nouveaux renforts à Kaboul ? S'il s'agit de protéger la frontière contre des ingérences, c'est là qu'on a besoin de forces. Mais à Kaboul, pour quoi faire ?

Et vous racontent-ils comment les choses se passent à Kaboul, quand un journaliste étranger y arrive ? Ce sont deux journalistes français qui, à leur retour, nous ont donné ces renseignements. Le soir même de leur arrivée, ils sont contactés dans leur chambre d'hôtel par la résistance afghane. Et dès le lendemain, s'ils le souhaitent, ils sont conduits dans tout le pays pour rencontrer des groupes de résistants !

Je pense que ce n'est pas un problème militaire, mais un problème politique. La population afghane n'acceptera jamais l'occupation militaire de son pays par les Soviétiques, pas plus qu'elle ne l'a tolérée de la part des Britanniques. La décision de faire entrer vos forces armées a été une erreur. Il faut avoir la sagesse de les faire partir. »

La traduction est achevée. Brejnev reste silencieux. A-t-il enregistré mon message ? Il a l'air troublé et ne me répond pas. Gromyko intervient pour répéter ses arguments concernant la reconnaissance internationale « croissante » du régime de Babrak Karmal. Jean François-Poncet le conteste, et souligne la cohésion des réactions occidentales. La conversation traîne et s'envenime.

Gromyko fait dériver l'entretien sur les armes nucléaires tactiques et la prochaine conférence de Madrid, puis sur l'éventualité d'une réunion au sommet pour débloquer les négociations sur le désarmement.

Nous entrons dans le cycle des répétitions, approximatives et inutiles.

La porte s'ouvre. Un diplomate polonais vient nous prévenir que le déjeuner va être servi. Si nous le souhaitons, nous pourrions interrompre notre entretien, et le poursuivre à table. Nous donnons notre accord.

Chacun se lève, dans un brouhaha de pieds de chaise, rassemble ses notes éparses sur la table. Nous avançons en direction de l'antichambre. Je marche à côté de Brejnev.

A quelques mètres de la porte, Brejnev s'adresse à son interprète. Celui-ci me relaie le message :

« Le Premier secrétaire souhaiterait vous parler en tête-à-tête. Il vous demande s'il peut rester seul avec vous. »

Je lui fais un signe d'acquiescement. Andreï Gromyko et Jean François-Poncet passent devant nous. L'interprète les suit pour fermer la porte. Puis il revient vers nous.

***

Nous restons trois, debout. Leonid Brejnev porte un costume croisé gris. Son visage est à quelques dizaines de centimètres du mien, boursouflé, la peau tendue sans doute sous l'effet des médicaments, mais le regard étrangement vif, un peu dansant, comme une lueur dans une forêt.

Il s'adresse à moi, et je suis ses propos au rythme saccadé de la traduction :

« Je voulais vous dire que j'étais d'accord avec vous. L'affaire d'Afghanistan est une affaire politique, et non militaire. On m'a dit que nous devions intervenir pour rétablir l'ordre. Et c'est vrai qu'Amin conduisait le pays aux pires violences. Mais nous ne devons pas rester. Nous devons trouver une solution politique. Je sais que tout le monde n'est pas d'accord là-dessus ! »

Il rit, comme s'il s'agissait d'une bonne plaisanterie. Nous sommes à quelque distance de la porte, et sa voix ne doit pas s'entendre au-delà.

Je lui réponds :

« Monsieur le Président, si je suis venu vous rencontrer à Varsovie, c'est parce que j'ai eu le sentiment que vous n'étiez pas exactement informé de nos réactions.

L'entrée des forces soviétiques en Afghanistan a créé un choc très profond à l'Ouest, beaucoup plus fort que vous ne le croyez. Ce choc empêche la poursuite de la politique de détente. Ceux qui vous disent que nous finirons par nous résigner vous trompent.

Depuis plusieurs années, vous avez joué votre réputation en voulant devenir l'homme de la paix. Vous allez détruire tout cela ! »

Je m'interromps pour laisser à l'interprète le temps de traduire. Je compte les phrases. Quand il en vient aux deux dernières, que je repère au mot « mir » (paix), je vois Brejnev réagir. Il est touché.

Je reprends :

« Il peut se produire des situations difficiles dans les pays de l'Est. Si par malheur vous décidiez d'y intervenir, vous ne trouverez plus un seul partenaire à l'Ouest, plus un seul ni en France, ni en Allemagne, pour accepter de continuer avec vous la politique de détente.

Je suis venu vous le dire directement, d'homme à homme, pour être sûr que ce message vous parvienne sans être déformé. »

Brejnev écoute à nouveau la traduction de mes propos. Comme chaque fois, lorsqu'il est embarrassé, il fait rouler lentement sa tête autour du pivot de son cou. Peut-être est-ce seulement la conséquence de l'effort qu'il accomplit pour rester debout. Il marque quelques signes d'approbation.

Puis il saisit les revers de mon veston à deux mains. Son visage se rapproche encore. J'ai du mal à le regarder en focalisant de si près, et son image est brouillée.

« Il faut une solution politique, reprend-il. Moi aussi, j'ai voulu vous le dire en tête-à-tête. Tout le monde n'est pas d'accord ! Je ferai mon affaire personnelle de l'imposer. Vous pouvez compter sur moi ! »

Je n'entends, me dis-je, que la traduction. Les mots sont-ils aussi nets en russe ? L'expression : « vous pouvez compter sur moi » peut-elle être prise à la lettre ? Il me secoue légèrement, comme dans un dialogue entre ivrognes, pour me faire partager sa conviction.

Brejnev lâche alors les revers de mon veston, et repart vers la porte. Celle-ci s'ouvre. Il rejoint son aide de camp, dont je découvre qu'il est en réalité son médecin, car il tient à la main un verre d'eau, et lui tend une pilule.

***

Nous reprenons ensemble l'enfilade des galeries où sont rassemblées les collections de sculptures antiques et de portraits. Nous traversons à nouveau l'antichambre pour entrer dans l'autre aile. En face de nous, la chapelle. Et en tournant sur la gauche, une longue salle à manger

Empire, avec une table et des chaises d'acajou, où notre déjeuner est servi.

Nous nous asseyons pour un repas qui sera abrégé par l'impatience de Brejnev. Malgré les tentatives de Gierek, il ne se prête pas à la conversation. Gromyko et François-Poncet ont repris le rythme de croisière des conférences internationales, et échangent leurs impressions.

La table est trop large pour que je puisse questionner utilement Brejnev. Je l'aperçois en face de moi, à demi dissimulé par des pièces d'orfèvrerie de Thomire.

En septembre 1990, lorsque je parcourais à nouveau cette salle à manger, elle était visitée par un groupe de touristes de l'Orléanais. J'ai bavardé avec eux. Des cordons rouges délimitaient les passages autorisés au public. La même garniture d'orfèvrerie était posée sur la table. Les parquets en marquetterie, fraîchement cirés, étaient glissants. J'avais la gorge serrée : j'étais à la recherche d'ombres.

On nous a servi le café à table. Aussitôt celui-ci avalé, nous nous sommes levés pour repartir. On aurait dit que chaque minute gagnée comptait pour la lassitude de Brejnev. Dans l'antichambre, il a enfilé son pardessus et coiffé un chapeau gris cerclé d'un ruban de soie. Il m'a dit au revoir, en se retournant.

Techniquement, c'était un adieu.

Gierek m'a accompagné directement à l'aéroport, sans repasser par la ville.

Il m'a interrogé sur les résultats de la rencontre.

Je lui ai répondu que j'avais essayé de faire passer les messages pour lesquels j'étais venu, notamment au cours de notre tête-à-tête.

Il m'avait semblé que Brejnev était mal renseigné sur la situation réelle en Afghanistan. Il a été très surpris quand je lui ai dit que les journalistes français rencontraient à Kaboul les responsables de la résistance, et circulaient ensuite dans tout le pays.

Je n'ai pas fait allusion vis-à-vis de Gierek à la confidence, ou à l'engagement ultime de Brejnev. Je le garderai pour moi.

Edward Gierek me relance :

« Lui avez-vous parlé de la Pologne ?

— Oui, lui dis-je. Je lui ai fait une mise en garde solennelle en lui disant que s'il intervenait militairement dans un pays de l'Est, ce serait l'enterrement définitif de la politique de détente, et qu'il ne trouverait plus personne à l'Ouest pour la poursuivre.

— Qu'est-ce qu'il vous a répondu ?

— Il ne m'a pas répondu, indiquai-je à Gierek. Il m'a semblé qu'il m'écoutait avec attention. J'ai répété les choses deux fois. J'espère qu'il en a mesuré la portée.

— En tout cas, je vous remercie, me dit Edward Gierek. Ce que vous avez fait là peut se révéler très important pour nous. Je vous en serai toujours reconnaissant. »

***

Trois mois plus tard, le 14 août, les 17 000 travailleurs des chantiers navals de Gdansk se mettent en grève. Le mouvement gagne les usines sidérurgiques, notamment les aciéries de Nowa Huta, symbole du régime.

Le 5 septembre, Edward Gierek est démis de ses fonctions, et cesse d'appartenir au Bureau politique.

Les autorités soviétiques, dont l'Agence officielle Tass, multiplient les mises en garde vis-à-vis « d'éléments antisocialistes en Pologne », évaluant le pour et le contre d'une intervention.

Comme pour l'Afghanistan, ce sera à Brejnev de se prononcer en dernier ressort. Quels arguments, quels souvenirs de conversations entendues, quelles mises en garde, ont finalement pesé sur sa décision ?

L'intervention en Pologne n'aura pas lieu.

***

Le trajet de retour comporte une étape près de Nancy.

Nous sommes le 19 mai, jour anniversaire de l'élection présidentielle et, comme chaque année depuis 1974, j'ai souhaité inviter pour un repas les habitantes et les habitants d'une commune qui m'avait manifesté largement son soutien au moment de cette élection : une manière de leur dire merci, à eux, et aux autres.

Nous nous sommes ainsi rendus à Ringeldorf, dans le Bas-Rhin, à Arhansus au pays Basque, à l'île d'Houat, à La Rabatelière en Vendée. Cette année, j'ai choisi Sion, en Meurthe-et-Moselle, d'où l'on aperçoit la colline inspirée, chère à Maurice Barrès.

Anne-Aymone est venue me rejoindre. Nous bavardons avec les personnes réunies, le maire, et le responsable syndicaliste agricole François Guillaume, venu de son exploitation voisine. Je me sens soulagé d'être ici, en France, au milieu d'amis, après ces heures de tension et d'angoisse crépusculaire passées à Varsovie. Nous échangeons des plaisanteries. La réalité politique française se charge de nous rappeler son existence : le courant électrique qui alimente la commune est coupé par un sabotage. Un groupe électrogène nous rendra la lumière.

Les médias sont présents au rendez-vous. J'essaie de les intéresser à la manifestation sur place, à l'ambiance si sympathique de l'accueil. Mais les journalistes s'intéressent surtout à la rencontre de Varsovie. L'un d'eux me tend un journal. Celui-ci publie les résultats d'un sondage rapide : une nette majorité de Français — 63 % — approuvent mon voyage. Je m'en sens réconforté.

Je leur donne quelques explications.

Au journaliste de l'*Est Républicain*, je rappelle le but de mon déplacement :

« Les dirigeants soviétiques n'avaient pas évalué la réaction occidentale à sa juste valeur. J'ai voulu exposer à M. Brejnev lui-même les données de la situation. Je crois pouvoir dire qu'il m'a écouté avec beaucoup d'attention, et qu'il sera amené à en tenir compte. De quelle manière ? La suite des événements nous le dira. »

A Patrice Duhamel, qui m'interrogera pour TF1, je précise :

« Ces conversations ont fait apparaître sur certains sujets des points de vue éloignés, notamment sur l'Afghanistan. Nous nous sommes exprimés de part et d'autre avec la plus grande netteté. Les entretiens ont confirmé le fait qu'il existe une volonté de rechercher une solution pratique à ce problème, permettant l'évacuation des forces soviétiques d'Afghanistan. Je dis que c'est seulement une indication. Les mois à venir nous permettront de porter un jugement sur cette indication. »

Il va falloir poursuivre notre effort d'information, me dis-je. Dès le lendemain Jean François-Poncet, qui est rentré directement à Paris, fera une communication devant l'Assemblée nationale, et j'adresserai à Jimmy Carter, Helmut Schmidt et Margaret Thatcher les messages convenus sur le contenu de mes entretiens.

Mais à la tonalité des questions posées par certains journalistes, émaillées de : « Ne craignez-vous pas que ? », « Ne pensez-vous pas qu'on va vous reprocher de... », je vois que le terrain politique est déjà miné. Le procès d'intention se prépare. On cherche à en convoquer les premiers témoins : la complaisance vis-à-vis de l'Union soviétique ; le manque de solidarité vis-à-vis de nos partenaires atlantiques. Mais il faut penser aussi aux juges du tribunal de ce procès : l'indépendance de la politique de la France, la nécessité pour notre pays de maintenir un dialogue dont les autres ne se privent pas !

Et surtout, dans ce cas précis, le message que je tenais à faire passer à un homme, Brejnev, qui n'avait aucune confiance dans la parole de son interlocuteur américain, mais qui avait montré que, s'il me tenait pour un « adversaire bourgeois », il me considérait, du moins, comme un partenaire fiable.

Puisse-t-il l'avoir reçu ! Le sort futur de la Pologne, plus important pour moi que tous les procès d'intention, m'apportera la réponse.

Les participants au dîner sont maintenant assis sous la tente.

Je les ai fait beaucoup attendre. Il est temps que j'y entre à mon tour, en me penchant pour éviter le choc des montants métalliques qui soutiennent la toile. Il fait chaud à l'intérieur. Une petite ovation. De jeunes serveurs, comme à Varsovie, se tiennent debout à l'extrémité de la tente, une serviette blanche posée sur le bras. Bon appétit à tous, et merci pour votre soutien !

***

En septembre 1986, j'ai fait halte à Moscou, au retour d'un voyage en Mongolie.

Les autorités soviétiques, prévenues de mon passage par notre ambassadeur, avaient décidé de me recevoir comme « invité du Présidium du Soviet suprême de l'URSS ».

Elles m'avaient logé dans une villa officielle sur le

mont Lénine, au-dessus de la Moskowa, et avaient prévu dans mon programme la visite au président du Présidium — l'équivalent honorifique de président de la République — qui était précisément Andreï Gromyko. Mikhaïl Gorbatchev l'avait installé dans cette prébende, après l'avoir écarté du ministère des Affaires étrangères.

On m'a conduit dans la partie du Kremlin qui abrite le Présidium. C'est le bâtiment le plus proche de la place Rouge, celui dont on aperçoit les fenêtres au-dessus de la muraille lorsqu'on se promène sur la place.

Un militaire m'attendait à l'entrée. Il m'a conduit le long d'un interminable couloir. A cause de leurs revêtements de bois clair, de leur moquette vert acide, de leurs parquets bien astiqués, ces corridors ont une allure Art déco. On a l'impression que les femmes de ménage y passent plus de temps que les secrétaires. Tout semble désert.

Mon guide m'introduit dans une antichambre. Quelques secondes d'attente, et me voici dans le bureau du président Andreï Gromyko.

Je ne l'avais pas revu depuis Wilanow.

Il se tient debout pour m'accueillir. Un photographe attend pour prendre un cliché.

Gromyko porte un costume noir, avec un gilet du même tissu. Il me paraît amaigri. Son visage est devenu plus blanc. Sa tête est déjetée de côté, comme autrefois, mais l'âge donne à cette attitude un effet de caricature.

Le photographe opère. Pendant la pose, Gromyko me sourit. Dans ce visage volontairement figé dans l'austérité, le sourire a un effet de soudaine douceur. Un masque de plâtre qu'on retire.

Gromyko m'invite à m'asseoir. Sur la table, l'inévitable thé, les chocolats enrobés de papiers métallisés aux couleurs stridentes, les paquets de cigarettes que je ne fume pas.

Le bureau est pratiquement vide. Pas de classeurs, ni de dossiers empilés sur une table. Ou bien ses compétences sont réduites, ou il fait montre d'une méticulosité extraordinaire...

Andreï Gromyko noue la conversation dans un anglais qu'il parle facilement, mais avec un fort accent. Il m'interroge sur la Mongolie, sur la politique française, qui inaugure la politique de la cohabitation. Et il fait un soudain retour en arrière sur la rencontre de Varsovie.

« La dernière fois que je vous ai rencontré, me dit-il, c'était pendant nos entretiens à Varsovie. J'ai vu qu'on vous les avait reprochés en France. Je n'ai jamais compris pourquoi ! »

Il marque un temps d'arrêt :

« J'avais trouvé, au contraire, que votre attitude était très difficile pour nous, même désagréable. Vous ne vouliez pas reconnaître notre point de vue ! »

Et il rit :

« Je ne vois pas bien ce que l'on cherchait à vous reprocher. C'est plutôt nous qui aurions eu des reproches à vous faire ! »

Malgré son exceptionnelle expérience diplomatique, malgré sa bonne connaissance de la France, où vivait alors sa fille, je m'aperçois qu'Andreï Gromyko n'a pas encore pénétré les arcanes de la politique intérieure de notre pays. Et qu'il n'a pas jeté, quand nous étions à Varsovie, un regard sur le calendrier.

Il y aurait vu, en effet, qu'il ne restait plus que dix mois avant la prochaine campagne présidentielle française...

3.

NOUS NOUS QUITTERONS A VENISE

C'est sans doute à Venise, en juin 1980, que la décennie soixante-dix a basculé dans la décennie quatre-vingts.

Les coïncidences du calendrier international faisaient que l'Italie présidait le Conseil européen pendant le premier semestre de 1980, et que c'était également à son tour de convoquer le sommet annuel des pays industrialisés, tenu pour la première fois à Rambouillet en novembre 1975.

Le gouvernement italien, présidé par Francesco Cossiga, avait eu l'idée de réunir ces deux conférences au même endroit, et avait choisi pour cela le somptueux décor de Venise. Les dates avaient été fixées à dix jours d'intervalle : les 12 et 13 juin 1980 pour le Conseil européen, et les 22 et 23 juin pour le sommet des pays industrialisés.

Ainsi nous préparions-nous à vivre un printemps vénitien, coupé, il est vrai, par d'innombrables occupations.

***

En dépit de la sérénité de l'endroit choisi, la gravité, et je dirai même l'angoisse des événements, allait peser sur nous de manière perceptible.

La situation internationale était sombre. Les forces soviétiques avaient envahi l'Afghanistan, et des combats s'y poursuivaient. Les révolutionnaires religieux de l'Iran détenaient en otage les diplomates de l'ambassade américaine. Enfin, l'Arabie saoudite avait décidé d'augmenter le prix de son pétrole, entraînant dans son sillage une cascade de hausses des pays de l'OPEP. Le cours du baril atteignait 37 dollars pour le pétrole de la mer du Nord.

Et l'avenir était barré par un nombre impressionnant d'échéances électorales : élections générales en Allemagne en octobre, élection présidentielle aux États-Unis en novembre, élection présidentielle en France dans moins d'un an. Margaret Thatcher avait renversé l'année précédente la majorité travailliste en place. Quant au Premier ministre japonais, M. Ohira Masayoshi, il venait de décéder quelques jours plus tôt, et devait être remplacé à Venise par un Premier ministre intérimaire.

D'où le sentiment étrange de vivre entre deux mondes, sous la menace du présent et l'incertitude du futur, dans cette ville indifférente au temps, posée sur sa lagune clapotante.

En raison des deux séjours successifs que nous devions faire à Venise, il fallait prévoir pour l'installation des arrangements particuliers.

Mon chef de Cabinet m'apprend que les pays participants ont déjà retenu tous les grands hôtels : Madame Thatcher occupera l'hôtel *Cipriani*, Jimmy Carter l'hôtel *Danieli*. Il faut nous dépêcher de choisir.

Sans hésiter, je lui demande de retenir pour moi l'*Auberge de Torcello*, une ravissante maison rurale située dans une île où Hemingway venait achever ses livres. Nous y sommes déjà venus pour une excursion avec nos quatre enfants, pendant le séjour, resté mémorable, que nous avons fait tous ensemble à Venise pendant l'été 1970, et où nous logions à l'hôtel *Cipriani*.

L'arrivée de leur petite bande agitée, et quelque peu dépenaillée, transportant dans des sacs en plastique marqués au sigle de grandes surfaces leurs palmes en caoutchouc, avait perturbé la dignité du concierge en livrée de l'hôtel, et la tranquillité ombrageuse des vieilles Américaines, à la tête couronnée de cheveux clairsemés et teints de couleur pastel, et dont un voile de gaze protégeait les bigoudis. Étendues, au bord de la piscine, sur des chaises longues capitonnées d'épaisses serviettes éponges, elles tentaient de faire brunir la peau de leurs cuisses flétries, et maugréaient contre les gouttes d'eau que faisait retomber sur elles chaque plongeon désordonné de nos enfants.

L'écrivain Truman Capote papillonnait de l'une à l'autre, un chapeau de Panama ceinturé d'un large ruban rouge posé sur sa tête, une tête démesurée par rapport à la taille de ses jambes épaisses et pâles, qui avaient de la peine à jaillir de son bermuda trop long. Un maître d'hôtel, dont la veste blanche était piquetée de boutons dorés, venait périodiquement regarnir son verre, où une rondelle de citron vert flottait sur des cubes de glace.

Serge Lifar faisait un séjour en même temps que nous, et nos enfants professaient pour lui une admiration confinant au culte, devant une célébrité dont la télévision leur avait apporté les échos imprécis, mais surtout à cause des conseils qu'il leur prodiguait pour adapter à leurs plongeons la technique des jetés-battus.

Nous nous échappions tous les jours de l'hôtel pour des escapades en ville, ou dans les îles voisines. C'est ainsi que nous avions découvert Torcello.

***

Je suis arrivé à Venise une première fois, pour la réunion du Conseil européen, les 12 et 13 juin 1980. L'accueil était parfaitement organisé par les autorités italiennes, mais celles-ci réservaient visiblement leur grand jeu pour le sommet de Venise quinze jours plus tard.

Durant ce Conseil, nous résidions tous dans la ville, car notre séjour était bref : le jeudi 12 et le vendredi 13 juin dans la matinée.

Nos séances de travail avaient lieu dans les locaux de la fondation Cini, située dans l'île de San Giorgio Maggiore, en face de la célèbre place Saint-Marc. Nous nous y rendions en canot à moteur. Nous siégions dans la bibliothèque, une belle pièce en longueur décorée de boiseries sombres, où nous nous retrouvions dans notre formation habituelle : les chefs d'État et de gouvernement des neuf États membres de la Communauté européenne — car les Grecs ne siégeaient pas encore —, les ministres des Affaires étrangères, et le président de la Commission, le Britannique Roy Jenkins.

Après la réunion du jeudi, consacrée à la situation économique dans la Communauté, dans laquelle nous voyions déjà poindre les signes avant-coureurs de la profonde récession qui allait secouer l'économie mondiale en 1981-1982, j'ai fait demander si je pourrais visiter l'église de San Giorgio.

Le clergé m'attendait à l'entrée, heureux de constater que quelqu'un s'intéressait à l'édifice, et peut-être même au culte ! J'ai admiré l'architecture élégante et simple de la voûte, due, je crois, à Palladio, et les superbes toiles du Tintoret. Mais cette beauté n'était qu'un avant-goût de celle qui nous attendait pour le dîner.

Le gouvernement italien avait organisé notre soirée dans un palais situé sur le Grand Canal, le palais Pisani-Moretta. Nous y avons débarqué d'un canot. Le ponton était un peu vermoulu et faisait entendre des craquements juste au niveau de l'eau, lisse et verte. Nous avons traversé une antichambre obscure pour monter jusqu'au premier étage par un large escalier baroque. Là, tout était éclairé aux bougies. La grande salle où nous allions dîner donnait directement sur le Grand Canal. Nous apercevions en face les façades pâles et les fenêtres encadrées de colonnades des palais qui nous faisaient vis-à-vis.

La table était entièrement décorée d'objets de porcelaine. Je me suis renseigné pour savoir ce qu'ils représentaient. Il s'agissait, m'a-t-on dit, d'un ensemble célèbre reproduisant chacune des fontaines de Rome, les unes baroques, les autres classiques, avec les statues qui les couronnent, et leurs frontons sculptés.

Dans la nuit qui s'épaississait, cette nuit de juin qui a de la peine à venir après un jour trop long, et qui finit par s'appesantir comme si ses forces étaient épuisées, nous avons discuté, selon notre habitude, sans ordre du jour : l'Afghanistan, la prochaine conférence des Nations Unies sur le développement... Helmut Schmidt a tenté de relancer le débat sur la réforme, toujours urgente selon lui, de la politique agricole commune.

Et je regardais le décor de la table, la porcelaine qui blanchissait encore par contraste avec la nuit. On y avait mélangé des fleurs et du feuillage. Les visages illuminés par les bougies formaient un cercle qu'on eût dit éclairé par-dessous, avec des traits plus doux, et des arcades sourcilières accentuées. J'ai voulu faire un compliment pour remercier notre hôte italien. Il est tombé à plat.

J'ai pris conscience soudain que j'étais seul avec cette beauté du spectacle, non qu'elle me fût réservée, mais parce qu'elle semblait indifférente aux autres. Ignorée, plutôt que rejetée. Et je me suis dit qu'il en allait souvent ainsi de la beauté, des toiles accrochées aux murs des musées fermés, des églises désertes, de l'orfèvrerie prudemment enfermée dans les coffres, et j'ai aimé la nuit à venir, cette nuit que ces objets allaient prolonger, débarrassés de notre présence bruyante, dans cette salle qui ne recevrait plus sa lumière que du seul miroitement du canal.

Quand nous sommes repartis, on a débarqué notre groupe sur le quai de la place Saint-Marc. Il y avait encore, çà et là, quelques touristes éparpillés. Un cortège d'autos officielles nous attendait pour nous ramener vers nos hôtels. Nous avons décidé de rentrer à pied.

Et nous nous sommes dirigés vers le fond de la place, les uns précédant les autres, nous égrenant par trois ou par quatre. Comme je marchais à l'arrière, j'apercevais devant moi Margaret Thatcher qui portait une robe jusqu'aux chevilles avec un boléro court, Helmut Schmidt avec sa magnifique chevelure argentée et, à côté de lui, Gaston Thorn dont la démarche esquissait des entrechats, tout à la joie, sans doute, de sa nomination de président de la Commission européenne que nous venions de décider. Ils avançaient le long de la rue du Vingt-deux-mars, aux façades étroitement rapprochées, en direction de la place de la Fenice.

En voyant leur silhouette de dos, et leurs ombres qui se déformaient du cercle lumineux d'un lampadaire à l'autre, il me semblait que Venise était en train de fabriquer ses personnages, et que Goldoni s'amusait à dessiner ces trois-là pour moi. Il leur manquait des losanges de couleur sur leurs vêtements, et des chapeaux noirs sur la tête. Mais à force de les regarder, pendant qu'ils s'éloignaient, en faisant claquer le dallage sous leurs semelles, ils devenaient plus vénitiens qu'eux-mêmes. Margaret Thatcher s'est arrêtée pour ajuster sa chaussure dont le talon s'était coincé entre deux pierres.

Helmut Schmidt a amorcé un geste pour la secourir... Des ombres fines, à contre-nuit. Venise avait gagné !

Nous aurions dû porter des masques. Depuis lors, chaque fois qu'une hôtesse me remet, dans un avion qui effectue un vol de nuit, une pochette contenant une visière de soie noire pour m'aider à dormir, je l'applique sur mon visage en pensant à sa ressemblance avec le masque que portaient, de l'arcade du nez jusqu'à la racine des cheveux, les belles Vénitiennes et les galants personnages qui leur faisaient la cour. Aussi, au lieu de m'endormir, je pars pour Venise...

***

Le lendemain matin, nous sommes retournés à San Giorgio. Les ministres des Affaires étrangères, après nous avoir quittés, avaient travaillé une partie de la nuit. Ils avaient mis au point et rédigé la déclaration que nous leur avions demandé de préparer à propos de la solution du conflit — déjà ! — du Moyen-Orient.

C'est le ministre des Affaires étrangères italien, Emilio Colombo, qui nous l'a lue dans la bibliothèque. Nous reconnaissions dans les écouteurs les voix de nos interprètes habituels lors des réunions de Bruxelles.

Lord Carrington, Jean François-Poncet et Hans-Dietrich Genscher sont intervenus pour en commenter le contenu. Nous avons adopté cette résolution sans en changer un mot.

On ne peut nous en attribuer ni l'éloge ni le blâme, car le texte était soigneusement préparé par les ministres, bien que nous en acceptions, comme cela est naturel, la pleine responsabilité politique.

Quelles que soient les critiques qu'elle ait appelées, cette déclaration avait le mérite de réaliser, pour la première fois — et sur un sujet ô combien sensible ! — l'accord unanime des États membres de la Communauté.

Elle venait à un moment important : le 8 mai précédent, le président Sadate avait suspendu les pourparlers sur l'autonomie palestinienne prévus par les accords de Camp David, à la suite d'incidents survenus dans les territoires occupés ; et le mois suivant, en juillet, une session spéciale de l'Assemblée générale des Nations Unies était convoquée à New York pour débattre de la question palestinienne. Il était important que l'Europe, jusque-là divisée sur le sujet, puisse s'y exprimer d'une seule voix.

En France, cette déclaration a donné lieu à une exploitation politique à des fins électorales. J'ai ressenti cette manœuvre comme une grave injustice, car ce texte n'était dirigé contre personne, mais constituait une tentative pour ouvrir un chemin vers la paix, dans la broussaille des intérêts et des antagonismes enchevêtrés au Moyen-Orient.

La preuve nous en a été apportée par la suite, lorsque nous avons vu ceux qui l'avaient le plus violemment dénoncée s'en rapprocher pas à pas, puis la reprendre mot à mot, jusqu'au moment où ils ont assumé le risque d'aller trop loin, et de la dépasser.

***

La séance inaugurale du sommet des sept pays industrialisés devait avoir lieu le dimanche 22 juin, à 10 heures, dans la bibliothèque du couvent de San Giorgio. Comme l'aurait écrit Céline, l'été, c'était nous...

J'ai souhaité pouvoir profiter du court séjour dans l'île de Torcello. Aussi avons-nous quitté Paris dès le vendredi après-midi.

A l'arrivée à l'aéroport de Mestre, on avait prévu notre transport par hélicoptère, au lieu du canot habituel. Hélas ! Impossible de s'y soustraire. Nous avons tourné autour du campanile de Torcello. On apercevait en haut de sa tour, à travers les fenêtres romanes, une sorte de tache sombre. En nous rapprochant, j'ai vu que c'était un militaire en uniforme, assis à côté d'une mitrailleuse appuyée sur le rebord de pierre. Premier signe des innombrables précautions de sécurité !

L'hélicoptère s'est posé sur l'herbe folle, et nous avons marché le long des murs de la cathédrale pour gagner la « locanda ». Elle était intacte, inchangée, telle que nous l'avions connue, avec son quai étroit au bord d'un petit canal d'accès ouvert sur la lagune.

Anne-Aymone m'accompagnait pour ce séjour, ainsi que nos deux filles. Nous avons dîné dehors, sous la treille d'une vigne, si épaisse qu'à midi elle devait suffire à arrêter le soleil. On nous a servi une soupe de pois et un gratin de lasagnes comme je n'en avais encore jamais goûtés. Si savoureux que nous avons repris le même menu chaque soir !

Puis nous sommes montés dans nos chambres. J'ai demandé si je pouvais occuper celle de Hemingway. La direction avait eu l'attention de le prévoir. Elle est petite, meublée dans le style des années d'après-guerre, avec un lavabo blanc appliqué contre le mur, et des livres anglais posés sur une étagère. La fenêtre donne au-dessus de la tonnelle. On aperçoit la campagne, à demi cultivée et, en se penchant, la silhouette verticale du campanile à peine lisible sur le ciel bleu nuit.

Nous y avons passé le lendemain une journée délicieuse. On nous a présenté dans la cathédrale la mosaïque du Jugement dernier, faite de tout petits cubes coloriés, qu'une spécialiste s'efforçait de restaurer. J'ai relu mes dossiers pendant l'après-midi, dans le studio de Hemingway, avec le sentiment de disposer pour une fois de tout le temps nécessaire, et de pouvoir me préparer avec la satisfaction trop rare du travail bien fait.

Et le soir, sous la tonnelle, retour des mêmes lasagnes au gratin et du vin de Chianti, soutenant la gaieté de notre petite troupe, pendant que le vent rabattait sur nous l'odeur légèrement acide d'un mélange de mauvaises herbes et d'orties achevant de brûler, et celle, douceâtre, de l'eau dormante de la lagune.

***

Le dimanche, je suis parti à 8 heures de l'hôtel. Le canot à moteur qui me transportait était suivi de deux canots d'escorte, garnis de carabiniers. Ils se tenaient sur le qui-vive, leurs armes à la main.

L'air est encore frais. En raison de l'heure matinale, et de la mollesse confortable qui se dégageait du glissement du canot sur l'eau calme, j'étais plongé dans une vague torpeur, où les idées passaient les unes sur les autres sans se rejoindre.

J'en ai été tiré par un spectacle stupéfiant : la lagune était surpeuplée ! Partout où se portait mon regard, j'apercevais des hommes-grenouilles et des scaphandriers. Un pullulement aquatique ! Les uns, tout près de nous, observant notre passage à travers la vitre de leurs lunettes ; les autres plus loin, se tenant dans des postures variées, tantôt nageant, tantôt dressés sur le fond de la lagune. Je n'en ai jamais vu une pareille concentration, et je n'aurais pas imaginé que l'Italie disposât de tels effectifs amphibies, à faire pâlir d'envie la démographie chinoise !

Pour traverser la ville, nous avons emprunté le canal

de l'Arsenal. Le bâtiment est grandiose et rappelle la puissance navale de Venise. Deux superbes lions de pierre saluent votre passage. En regagnant la lagune, de l'autre côté, nous nous sommes retrouvés juste en face de l'île de San Giorgio. J'y ai débarqué pendant que le canot se balançait au bord du quai, dans une extrême agitation de carabiniers et de journalistes.

Un membre du protocole italien m'attendait pour me conduire jusqu'au lieu de la réunion. Je traverse la place de l'Église, suivi du lieutenant-colonel Renard qui porte mes papiers. La porte d'entrée de la fondation Cini, où se tient la conférence, se trouve juste devant moi. Elle est encadrée d'un essaim de photographes, comme une ruche bourdonnant d'abeilles.

Le diplomate italien m'explique que le président du Conseil Francesco Cossiga m'attend de l'autre côté du seuil.

Je réussis avec peine à franchir la porte dans la bousculade, et je le vois en effet à quelques mètres devant moi, vêtu de noir, qui s'avance en souriant d'un air affable.

Mais au même moment j'aperçois sur ma gauche, repoussée par le service d'ordre dans l'angle du mur, une nièce italienne d'Anne-Aymone, Oliva Salviati. Elle porte une robe rouge vif, comme les jeunes femmes que le protocole italien a recrutées pour organiser notre accueil. Son sourire est radieux, sans doute en raison du plaisir de participer d'aussi près à un événement qui suscite la curiosité de toute l'Italie !

Je me détourne du trajet prévu, en plantant là le geste d'accueil largement ouvert de Cossiga, pour aller l'embrasser. Léger étonnement des agents du protocole, qu'ils refoulent vite avec le savoir-faire italien. Je présente

Oliva Salviati à Cossiga. Celui-ci nage visiblement dans le bonheur : cette conférence au sommet, rassemblant les grands dirigeants du monde, est le couronnement de sa vie politique ! Et mon arrivée, émaillée par cet incident d'allure romanesque, lui paraît annoncer, comme les augures de la Rome antique le devinaient à l'observation du vol des oiseaux, que le sommet se présente sous les plus favorables auspices...

Un grand bruit se fait entendre de l'autre côté de la porte. Les journalistes se précipitent. C'est le Président Carter qui arrive. Cossiga m'abandonne pour aller le saluer. Je longe le cloître, précédé d'une autre hôtesse, pour gagner la petite salle affectée à la délégation française.

***

La conférence commence une demi-heure plus tard dans la bibliothèque du couvent, dont je retrouve les longs murs et les boiseries chargées de livres. J'occupe pratiquement la même place qu'au Conseil européen, deux semaines auparavant, le dos tourné à la fenêtre.

Chacun de nous gagne sa place : Jimmy Carter en face, Helmut Schmidt à côté de moi, Margaret Thatcher qui vient de faire son entrée suivie de Lord Carrington, son ministre des Affaires étrangères, Pierre Elliott Trudeau, ainsi que le Premier ministre par intérim du Japon, et bien entendu Cossiga.

Les caméras et les photographes font leur tour de table rituel. On s'efforce de sourire niaisement, et d'échanger quelques paroles insipides avec ses voisins pour éviter de paraître isolé. Cet océan de pellicules, qu'on ne verra jamais, et qui ira s'engloutir dans quelque fosse obscure...

Nous abordons enfin notre ordre du jour.

Le premier sujet inscrit est celui de l'examen de la situation énergétique. Celle-ci s'est encore détériorée à la suite des hausses des prix du pétrole qui viennent d'être annoncées par l'Arabie saoudite et par l'Algérie. L'année précédente, au cours du sommet de Tokyo, nous avions fixé des plafonds pour les importations de pétrole de chacun de nos pays. La discussion avait été difficile : nous avions dû faire front commun, avec Jimmy Carter, pour aboutir à des plafonds restrictifs, en nous heurtant à la résistance obstinée des Allemands et surtout des Japonais. Nous avions fini par obtenir des chiffres satisfaisants.

Les informations dont nous disposons nous apprennent que ces plafonds sont effectivement respectés, ou en voie de l'être, grâce à un freinage énergique de la consommation, dû en partie aux hausses de prix elles-mêmes, mais aussi aux programmes d'économie d'énergie qui commencent à faire sentir leurs effets. Ainsi nous acheminons-nous progressivement vers un retour à l'équilibre du marché pétrolier.

Nous échangeons nos vues sur le développement des énergies de substitution : peu de résultats immédiats à en attendre. Et nous convenons d'examiner pendant l'après-midi la situation financière internationale, et le problème du recyclage des pétro-dollars, dont l'abondance excessive conduit à engager des politiques de prêt déraisonnables en direction de pays peu solvables.

C'est à la conversation que nous aurons le soir, pendant le dîner, que nous décidons de réserver les questions politiques : examen de la situation internationale, d'abord en Afghanistan mais aussi en Pologne, où l'annonce de prochaines hausses de prix à la consommation crée une situation explosive. Et nous comptons également, Helmut Schmidt et moi, interroger Jimmy Carter sur la prochaine convention républicaine qui se réunit dans deux semaines à Detroit, et où les chances de Ronald Reagan d'être désigné comme candidat paraissent s'accroître...

Nous suspendons la séance pour le déjeuner. Nous le prendrons sur place, car le délai est trop court pour nous permettre de regagner Venise. Après une courte visite à nos délégations, nous nous retrouvons dans une salle du rez-de-chaussée où une table a été préparée. Nous nous y asseyons tous les sept.

La conversation appartient au genre stérile et soporifique, propre à de telles circonstances : ni assez précise pour être utile, ni assez libre pour être distrayante ! Nous dégustons le repas tiède servi par un traiteur vénitien, dont les fourneaux sont manifestement situés à distance.

Mon aide de camp, le colonel Renard, débouche soudain d'un couloir voûté dans la pièce. Il cherche à me parler. Je lui fais signe de se rapprocher. Il me dit à voix basse :

« L'Élysée a reçu un message de Brejnev pour vous. Wahl demande s'il peut vous parler. Il est à l'appareil. »

Je m'excuse auprès de mes collègues, et je me lève. Jacques Wahl est effectivement au téléphone. On me passe la communication dans une cabine vitrée. Je l'entends assez mal, car la ligne est chargée de grésillements.

« Nous venons de recevoir, me dit-il, un message urgent de Brejnev pour vous. Il vous fait part de son intention de retirer prochainement certaines unités soviétiques d'Afghanistan. Il vous laisse le soin d'en informer vos partenaires. »

Je réfléchis en l'écoutant. L'importance de cette nouvelle ne doit pas être surestimée : il ne parle pas de retrait complet ni, semble-t-il, de calendrier. Ce message signifie seulement que le débat se poursuit à Moscou entre les partisans de l'intervention — les militaires et Andreï Gromyko, d'après ce que j'ai pu juger — et ceux qui s'interrogent sur ses inconvénients, et cherchent à préserver les acquis de la détente.

« Pouvez-vous, lui dis-je, dicter le texte exact du message à Renard. Je souhaite pouvoir le communiquer tel quel à mes collègues. »

Je rejoins ma place à table, et je m'excuse pour mon absence :

« On m'informait que Brejnev m'avait fait parvenir un message où il évoquait la possibilité de retirer certaines unités soviétiques d'Afghanistan. »

Frémissement d'intérêt, mesuré toutefois, autour de la table. Personne ne s'attend, semble-t-il, à un bouleversement immédiat de la situation.

« Dès que j'aurai le texte exact, ai-je repris, je me permettrai de vous en donner lecture. »

Une dizaine de minutes plus tard, le lieutenant-colonel Renard revient avec une feuille de papier où il a transcrit le message à la main. Je le lis à haute voix. Et chacun fait son commentaire.

Jimmy Carter et Helmut Schmidt l'interprètent de la même manière. Jimmy Carter cherche à se montrer plus précis, pour nous faire sentir qu'il dispose, grâce à ses services, de davantage de renseignements que nous sur la situation militaire réelle. Il ne s'agit pas d'un désengagement, estiment-ils tous les deux, mais d'une tentative des Soviétiques pour limiter les inconvénients diplomatiques de leur intervention. Ils fixent une sorte de plafond d'effectifs aux militaires, afin de démontrer leur refus de s'engager dans une opération massive.

Helmut Schmidt souligne l'existence d'un débat interne sur l'opportunité de cette intervention parmi les hauts dirigeants soviétiques. Il nous confirme qu'il se rend lui-même à Moscou dans une semaine. La perspective de ce voyage irrite visiblement Jimmy Carter.

Nous décidons de reparler de cette communication pendant le dîner. Mais notre opinion commune s'oriente déjà vers le fait que cette annonce ne paraît pas de nature à modifier notre attitude : celle d'une condamnation sévère de l'intervention de l'Union soviétique, et de l'exigence d'un retrait total de ses forces du pays.

Les ministres des Affaires étrangères prépareront un texte à ce sujet, confirmant notre point de vue. Nous l'adopterons le lendemain matin.

***

C'est cet événement mineur qui a donné lieu — certains s'en souviennent sans doute, d'autres, les plus jeunes, le découvriront avec surprise — à une exploitation politique intense contre moi.

Le Premier secrétaire du Parti socialiste, s'exprimant quelques jours plus tard, me qualifiait avec dédain de « petit télégraphiste », choisi par Leonid Brejnev pour acheminer ses messages.

Une interprétation plus élaborée cherchait à sous-entendre que j'étais le maillon faible de la chaîne de la cohésion occidentale vis-à-vis de l'intervention soviétique en Afghanistan, et que Brejnev m'avait choisi — on disait presque distingué — pour semer le doute parmi mes collègues en leur faisant croire à l'éventualité d'un retrait de ses troupes.

Le fait que cette analyse n'ait nullement été retenue par les participants au sommet, et que nous ayons renouvelé, en termes inchangés, notre condamnation de l'intervention soviétique et notre demande du retrait global de ses forces, n'était pas pris en considération ! L'occasion était trop bonne de préfacer la campagne électorale en accréditant l'idée d'une complaisance de ma part destinée à me gagner la faveur des dirigeants soviétiques, qui manifesteraient leur reconnaissance en agissant à leur tour, en temps opportun, sur l'électorat communiste !

Je n'avais nullement sollicité ce message. Était-il convenable de le garder pour moi ?

Le plus blessant à mes yeux n'était pas cette manœuvre — assez conforme après tout à la règle du jeu, dès lors qu'on est engagé dans une lutte sans merci — mais c'était le dénigrement, l'affaiblissement et même, par le choix des mots, l'humiliation du président de la République française. Je participais à une réunion internationale. J'y tenais, je crois, le rang de notre pays. Était-ce grandir celui-ci, était-ce le respecter que de vouloir m'y coiffer, pour les besoins de la cause, d'une casquette de télégraphiste ?

***

A la fin de la réunion de l'après-midi, nous avons traversé la lagune et regagné la terre ferme de Venise.

Sur le quai de la place Saint-Marc, la foule attendait notre débarquement, curieuse, bienveillante. Selon qu'elle reconnaissait l'un ou l'autre d'entre nous, elle poussait des exclamations dans toutes les langues d'Europe, à la manière de Raymond Devos.

Nous avions rendez-vous à 20 heures 30 pour dîner au palais des Doges. Le maire de Venise nous attendait au bas de l'escalier des Géants. Comme j'étais un peu en avance, j'en ai profité pour faire un détour jusqu'à la salle du Grand Conseil.

La vue, par les hautes fenêtres, dans cette fin de la première journée de l'été, était d'une beauté indescriptible. L'architecture des églises à l'entrée du Grand Canal, posées sur l'eau, dessinées avec raffinement sur le ciel pâle, éclipsait la splendeur de la salle dont je sentais l'ombre appuyée contre mon dos. Les canots à moteur traînaient derrière eux des sillages d'écume triangulaires qui allaient mourir sur les marches. Une rumeur montait de la ville, légère comme un bourdonnement. De partout, de l'eau, de l'air, des cris lointains, une sorte de frémissement contrastait avec l'immobilité parfaite des façades et de la lumière. On aurait dit celles-ci heureuses de faire triompher, sur la petite foule des mouvements de la vie, leur beauté sérénissime.

Je me suis retourné. La salle du Grand Conseil était vide, en-dehors du guide qui m'attendait. Le soleil traçait encore sur le dallage de longues traînées rectangulaires. Sur le mur de gauche, l'immense toile du Tintoret, baptisée, je crois, *Le Paradis*. Mais pourquoi chercher son nom ? Il me vient de lui-même aux lèvres : le paradis.

***

J'ai rejoint le groupe des invités dans une des salles de l'appartement du doge. Et là, nous avons attendu le dîner. Une demi-heure, une heure, une heure et quart. Même en faisant sa place légitime à l'indolence latine, c'était beaucoup solliciter notre patience !

Le président Cossiga cherchait à se renseigner sur les causes du retard. Nous assistions à un ballet affairé et confidentiel de messagers.

Je n'ai pas connu le motif véritable de ce long délai. Un collaborateur du président du Conseil italien m'en a fourni une explication. Je la reproduis telle quelle.

« Les services américains de sécurité, m'a-t-il dit, ont reçu une information selon laquelle vous risquiez d'être empoisonnés pendant le dîner. Ils ont exigé qu'on remplace tous les plats. Or comme viande, nous avions prévu du mouton. Il a fallu aller en chercher d'autres ! »

Je comprends mieux le retard : une chasse au mouton dans Venise ! Sans doute, dans l'avion qui l'amenait des États-Unis, un agent de sécurité s'était-il endormi en lisant une biographie des Borgia. Et au réveil, il a confondu sa lecture avec celle du rapport d'un informateur !

Nous passons enfin à table.

Pour cela nous avons gagné une autre pièce, où le dîner est servi.

Je ne voudrais pas laisser croire que je suis obsédé par l'agrément des dîners ! Il se trouve simplement qu'à quinze jours d'intervalle, j'ai assisté à deux d'entre eux, qui bénéficiaient de privilèges exceptionnels : la splendeur unique du cadre, le raffinement de la présentation, l'intérêt des invités.

La salle où nous sommes entrés est de dimension moyenne, avec un plafond plutôt bas. Elle est entièrement éclairée aux bougies. En dépit de leur nombre, la pièce est plongée dans une semi-obscurité. Seul le décor de la table dessine au centre un cercle lumineux. Accrochés aux murs, des tableaux disposés dans leurs cadres Renaissance. Je crois reconnaître la manière de Véronèse, et surtout celle de mon peintre vénitien préféré, Bellini.

Nous nous asseyons autour de la table. Des fleurs en garnissent le milieu. Elles sont si compactes que je vois en face de moi les visages comme s'ils étaient posés sur des bouquets ! Le service commence, affairé et élégant, à la manière italienne. Et j'aperçois, placée devant moi, une curieuse assiette de faïence, à grands motifs bleus et verts. Je regarde mes voisins : ils ont devant eux les mêmes assiettes. C'est un service complet. Il me paraît dater de la Renaissance. J'ai du mal à le croire. Peut-être s'agit-il de copies ? Non, le grain de la pâte est trop épais, la manière dont est traité le décor témoigne de l'application et de l'imperfection de la main humaine. Tout à l'heure, le conservateur me le confirmera : il s'agit bien d'un service du début du XVIIe siècle, qu'il a trouvé dans la ville et qu'on a mis à sa disposition.

La longueur de l'attente que nous avons subie m'avait retiré l'envie de discussions prolongées. C'est mal connaître certains de nos partenaires ! Helmut Schmidt se lance dans une explication de sa proposition de geler pour trois ans les armes nucléaires à moyenne et courte portée en Europe. Jimmy Carter lui répond longuement. Et il nous reste encore à traiter de l'Afghanistan !

La soirée s'avance. Je participe de mon côté à la discussion. Sur les sujets nucléaires, ma position est voisine de celle de Carter : pas de « gel », qui consoliderait l'avantage actuel de l'Union soviétique. Quant à l'Afghanistan, nous sommes tous d'accord, me semble-t-il, pour exiger le retrait total des forces soviétiques. La discussion devient plus confuse lorsque nous débattons de l'aide à apporter aux combattants afghans. L'attitude américaine combine un curieux mélange de détermination et de prudence. Nous restons sur notre faim, sans conclusion précise. Il faudra réexaminer ce point.

Pendant que j'écoute parler mes collègues, je passe le doigt sur le bord de mon assiette : légèrement rugueux, recouvert d'un émail vernissé. Quelle est son histoire ? Pour quel repas a-t-elle d'abord servi ? Un mariage dans une famille vénitienne, une fête pour célébrer le retour d'un voyage ou l'élection d'un doge ?

On évoque souvent dans la presse la « scène internationale ». Il me semble que nous sommes ce soir placés sur une scène, mais une scène devant laquelle il n'y a ni public, ni salle de théâtre.

Nous jouons sur une scène fermée. Fermée par l'épaisseur des murailles du palais ducal, et aussi par la sorte de tapisserie que forment les tableaux accrochés les uns contre les autres. En apercevant leurs personnages dans la demi-pénombre, ils me paraissent singulièrement plus vigoureux que nous, avec les gestes musculeux de leurs épaules, et aussi plus fortement trempés dans leur caractère dont on voit les passions — l'orgueil, la haine ou la foi — déformer les traits. J'ai soudain l'impression bizarre que nous ressemblons à de mauvaises copies...

Oui, c'est une scène fermée, comme le serait une capsule spatiale. Mais autour de nous, cette ombre qui s'étend sans limite, ce n'est pas l'espace mais le temps. Un temps qui nous conduit jusqu'à la Renaissance, foisonnant d'événements, de vengeances, d'affrontements politiques, de massacres, de découvertes, de bonheur et de plaisirs exquis.

L'immense bulle noire du temps s'étend ainsi autour de nous, ce temps dont je découvre chaque jour davantage combien il reste immobile, pendant que nous nous appliquons à tracer sur lui les courbes fermées de nos vies.

Alors que nos discussions se poursuivent, et que les bougies se consument en devenant plus courtes que les fleurs, la seule manière pour moi de me raccorder au monde réel, c'est de sentir sous ma main le contact âpre et frais de ce mince filet de terre vernissée, qui borde mon assiette.

***

Madame Thatcher a demandé à me rencontrer.

Comme je réside loin de la ville, je réponds que c'est moi qui irai lui rendre visite à son hôtel. Elle me propose de venir prendre le petit déjeuner avec elle le lendemain.

Avant de participer à la réunion de clôture, je fais donc un détour par l'hôtel *Cipriani*, qu'elle a retenu pour y résider. Cet hôtel est situé dans l'île de la Giudecca, tout près de San Giorgio.

C'est précisément là que nous avions séjourné à Venise, pendant notre voyage, resté fameux, avec nos enfants.

On y accède par un débarcadère qui donne directement dans le jardin de l'hôtel.

Un collaborateur de Madame Thatcher m'attend et m'accompagne. Lorsqu'il frappe à la porte de son appartement pour m'annoncer, je découvre avec surprise qu'il s'agit du même que nous avions habité, ou plutôt de celui où nous avions commencé notre séjour, car ce choix somptueux, dû à la prévenance de la direction de l'hôtel, excédait largement les limites de mon budget. Nous avions dû nous rabattre par la suite sur des chambres moins prestigieuses !

J'évoque d'une phrase ce souvenir. Margaret Thatcher hoche la tête :

« How amusing ! » dit-elle.

Mais je vois bien qu'elle n'y prête qu'une attention de convention. Elle n'est nullement concernée par mes souvenirs, toute absorbée qu'elle est par sa passion professionnelle.

Nous nous asseyons des deux côtés d'une table préparée pour le petit déjeuner, comme nous le faisions autrefois, avec Anne-Aymone, sauf que j'étais alors en pyjama.

J'aperçois le lit à travers la baie arrondie qui communique avec la chambre, et je me souviens de l'irruption des enfants le matin, touchant à tout, tripotant tout pour passer le temps, et impatients de nous entraîner jusqu'à la piscine. Nous discutions, au milieu de leurs soupirs accablés, des visites « culturelles » à effectuer dans l'après-midi.

Je n'ai qu'une demi-heure à passer avec Margaret Thatcher. C'est elle qui conduit la conversation, et qui choisit les sujets. Je la laisse faire, ce qui me permet de mieux analyser sa démarche.

Elle a visiblement un objectif prioritaire en tête : celui d'ébranler la solidarité franco-allemande et pour cela de tenter, au moins en apparence, un rapprochement avec la France. Au Conseil européen tenu en avril au Luxembourg, elle a pu mesurer en effet combien l'intimité franco-allemande réduisait sa marge de manœuvre.

A sa demande de voir alléger la contribution budgétaire britannique, et après des discussions qui se sont enlisées pendant des heures, nous avions fini par répondre, Helmut Schmidt et moi, en présentant une contre-proposition commune. Margaret Thatcher l'a rejetée, la déclarant notoirement insuffisante. Mais un mois plus tard, elle a été contrainte de l'accepter telle quelle, avec seulement, pour sauver la face, un allongement du délai prévu.

Elle ne veut plus se retrouver dans une telle position : l'isolement face à l'entente de ses grands partenaires. Peut-être juge-t-elle aussi, de manière clairvoyante, que la marche vers l'union de l'Europe repose sur l'entente étroite entre l'Allemagne et la France, et que le jour où cette entente se relâcherait, il y a une bonne chance que la marche se ralentisse...

Elle me propose de resserrer la coopération franco-britannique, et de donner davantage d'importance à nos rencontres. Je l'assure bien volontiers de mon accord, car une présence rétive de la Grande-Bretagne dans le dispositif européen est un obstacle évident à son progrès. Et je pense aussi que l'action de la Grande-Bretagne, jointe à celle de la France, peut être très utile pour donner à la Communauté européenne une vision mondiale des problèmes, à l'encontre de partenaires qui se contentent souvent d'une approche trop étroitement régionale.

En buvant mon « expresso » au lait, pendant que Madame Thatcher sirote sa tasse de thé, je cherche à pénétrer plus avant dans sa manière d'analyser et de raisonner, à mieux connaître ses réflexes et ses inhibitions, en un mot, à l'évaluer.

Elle porte un ensemble coupé dans une étoffe damassée, de couleur bleu foncé, avec des motifs de cachemire. Ses cheveux sont parfaitement coiffés, sans une mèche qui dépasse. Elle ne paraît pas pressée, et domine avec aisance l'instant qui passe. Je réalise son immense fierté de diriger le Royaume-Uni — je devrais dire l'Empire britannique. Elle regarde les autres pays avec une condescendance qui n'apparaît pas dans son attitude, d'une courtoisie appliquée, mais qui perce dans les jugements brusques et catégoriques qu'elle émet parfois sur eux.

Cette condescendance comporte deux exceptions : les États-Unis, qu'elle considère visiblement comme la nation-sœur, issue de la Grande-Bretagne comme une fille émancipée, avec laquelle il lui paraît évident d'affronter en commun les grandes échéances internationales ; et l'Allemagne, dans laquelle elle voit encore l'adversaire vaincu de la dernière guerre, certes repentant, mais dont le rétablissement paraît trop rapide et quelque peu encombrant aux yeux de son ancien vainqueur.

En l'écoutant parler, et en me souvenant de son attitude au Conseil européen de Luxembourg, je crois apercevoir le trait central de son caractère, celui qui, selon Eschyle, déterminera sa destinée : pour elle, son interlocuteur n'a pas d'existence dialectique.

Elle est prête à s'entendre avec lui, à condition qu'il accepte la totalité de son point de vue. S'il émet seulement une réserve, elle le combattra jusqu'à ce qu'il cède.

L'idée qu'il puisse y avoir dans l'argumentation de son interlocuteur un élément à prendre en considération ne l'effleure même pas. Elle est déjà allée jusqu'au bout de son propre raisonnement, et ceux qui ne partagent pas ses conclusions s'en écartent soit par incompétence, soit par complaisance pour les demi-mesures, soit — *last but not least* — par manque de courage. Cette complaisance et cette lâcheté qu'elle a repérées comme constituant les traits communs de tous ceux — en particulier les hommes — qui s'agitent vainement dans le monde politique.

Ce refus, ou cette impossibilité, de prendre en compte la réalité de son interlocuteur, est renforcé par ce trait du tempérament britannique qui se refuse à envisager qu'il puisse exister d'autres valeurs ou d'autres manières de faire que les siennes. Dans son très remarquable ouvrage sur le voyage de l'ambassadeur britannique qui s'est rendu à Pékin en 1793, pour essayer d'y nouer des relations diplomatiques, Alain Peyrefitte insiste sur la difficulté pour les hauts dirigeants chinois de percer les intentions véritables de leurs visiteurs. J'ai été frappé par l'inverse : l'impossibilité pour l'ambassadeur britannique, Lord Macartney, d'admettre que les Chinois puissent agir, raisonner, communiquer d'une manière différente de la sienne. J'aurais suggéré à Peyrefitte un autre titre : *Le Mal anglais* !

Margaret Thatcher est sûrement capable de réalisme. Face à un obstacle infranchissable, elle cherchera un itinéraire pour le contourner. Mais elle n'est pas intéressée par le compromis, dans lequel elle voit l'instrument de la décadence démocratique.

Aujourd'hui, à Venise, son caractère, fait de certitude et d'intransigeance, lui procure un évident bonheur de vivre. Peut-être un jour, comme tout ce qui refuse d'accepter les diversités, les ambiguïtés, les contradictions dont se repaît la vie, peut-être son caractère s'acharnera-t-il à la faire souffrir ?

Son collaborateur lui fait un signe depuis la porte : il est temps pour nous de partir. Elle se lève pour me raccompagner. Normalement, en prenant ainsi congé, ce serait à moi de franchir la porte le premier. Elle insiste pour que je le fasse. Mais avec une détermination de fer, devant laquelle la dame finit par céder, je m'efface pour qu'elle me précède dans le couloir.

Hommage rendu, à la manière française, à cette femme exceptionnelle, qui porte l'habit d'un homme d'État.

***

J'ai fait savoir à Jimmy Carter que je souhaitais avoir une conversation en tête-à-tête avec lui. Son conseiller, Zbigniew Brzezinski, se renseigne pour connaître le sujet de l'entretien.

« Je désire lui parler de questions stratégiques, lui fais-je savoir. J'insiste pour le voir seul. »

En fin de matinée, pendant que nos collaborateurs mettent la dernière main au texte du communiqué, on m'informe que Jimmy Carter m'attend dans le bureau de la délégation américaine. Je m'y rends aussitôt. Il y règne un aimable désordre. J'entre dans la pièce où se trouve

Carter. Une secrétaire est assise à côté d'une table, sur laquelle est posée sa machine à écrire. Il y a des cartons par terre, remplis de dossiers. Jimmy Carter est prêt pour la conférence de presse, et le départ. Il porte un costume classique de coton bleu marine, et ses longs souliers, dont les extrémités se relèvent.

« Je préfèrerais vous parler seul », lui dis-je en anglais.

Il se tourne vers la secrétaire, et lui fait gentiment signe de sortir. Puis il m'interroge du regard :

« Vous avez souhaité me rencontrer, dit-il. Y a-t-il une question urgente entre nous ?

— Ce n'est pas exactement une question urgente, mais une information dont j'ai besoin.

— A quel sujet ? reprend-il.

— A propos de vos décisions en cas de conflit Est-Ouest, lui dis-je. Notre Haut-Commandement a organisé à ma demande, il y a un mois, une manœuvre destinée à examiner les conditions dans lesquelles je serais conduit à décider de l'emploi de nos armes nucléaires. »

Aux mots « armes nucléaires », il relève la tête. Son visage se plisse d'une infinité de rides, petites, serrées, comme ces fruits dont je vois, en Auvergne, la peau se ratatiner dans l'arrière-saison. Il porte, en particulier, deux faisceaux de rides régulières, dessinés en étoile, qui partent de l'extrémité des paupières en direction des tempes. Ce plissement manifeste sûrement une attention soutenue.

Je reprends mon explication :

« Ces manœuvres ont fait apparaître que, dans le cas où les États-Unis n'utiliseraient pas leurs armes nucléaires tactiques, le front allié serait enfoncé. Dans la deuxième phase de la bataille, qui se rapprocherait de notre frontière, nous serions alors conduits à envisager, seuls, l'emploi de nos armes nucléaires tactiques. Les conséquences de ce choix seraient évidemment dramatiques pour nous, mais aussi pour les Allemands, dont nous frapperions le sol, et pour nos alliés, qui pourraient craindre de subir des représailles nucléaires. C'est pourquoi j'ai besoin d'être éclairé davantage sur vos intentions. »

Je sens que cette conversation l'embarrasse, et qu'il n'y est pas préparé. Je souhaiterais évidemment, comme lui, qu'elle ait lieu dans un décor et dans des circonstances plus appropriés. Mais nous n'aurons plus d'occasion prochaine de nous revoir. Il va désormais être absorbé par la préparation de sa campagne électorale, qu'il aborde, m'a-t-il dit, avec la certitude de l'emporter. Or l'information que je recherche m'est nécessaire au moment où nous sommes en train de travailler à la modernisation de notre arsenal nucléaire pour la période 1980-1990, et notamment à la décision de construire un lanceur stratégique mobile.

« Que voulez-vous savoir ? », me dit Carter.

La cloison de la porte est si mince qu'on entend, de l'autre côté, ses collaborateurs s'affairer pour préparer le départ.

« J'aimerais savoir, lui dis-je, quel est a priori votre état d'esprit concernant l'emploi des armes nucléaires tactiques américaines, en cas d'offensive généralisée des forces soviétiques en direction de l'Europe de l'Ouest. Avez-vous déjà fixé votre position ? »

Les rides se resserrent encore. Il prend son temps. Il réfléchit. Ma question n'a visiblement pas déclenché de réflexe chez lui. Il n'a pas dans l'esprit une décision, ou un jeu de décisions, qui soient prêts.

Il me répond :

« Cela dépendra des circonstances. »

Oui, me dis-je, cela dépendra évidemment des circonstances ! Mais comme celles-ci risquent d'être précipitées, il est souhaitable de nous y être préparés à l'avance !

Aussi, je formule à nouveau ma question :

« Il est certain que vous aurez à tenir compte des circonstances. Elles peuvent être très variées. Celle dont je vous parle est le cas d'une offensive massive de toutes les forces soviétiques, visant à conquérir dans les plus courts délais l'ensemble de l'Europe de l'Ouest. Avez-vous prévu, dans ce cas, la possibilité de décider l'emploi de vos armes nucléaires tactiques ? »

Il me fait alors cette réponse surprenante :

« On m'avait dit que c'était de votre côté que viendraient les difficultés ! »

Il est inutile de poursuivre l'entretien. J'ai obtenu ma réponse ! Si je ne mets pas en doute l'engagement américain à nos côtés, je sais que sous la présidence actuelle il sera marqué par l'hésitation, et probablement l'improvisation, dans le choix des moyens.

Nous devrons en tenir compte dans la préparation de nos plans de défense.

***

On nous a demandé de nous rassembler sur le quai, afin de poser pour les photographes.

D'abord les chefs d'État et les ministres.

Puis les chefs d'État tout seuls.

Nous nous sommes alignés sur le dallage de pierre, le dos tourné vers le palais des Doges.

Les journalistes insistaient pour continuer à prendre de nouveaux clichés. Notre conversation se poursuivait, futile, à seule fin d'éviter de paraître trop rigides...

Helmut Schmidt portait un costume clair, Pierre Elliott

Trudeau un blazer avec une rose à la boutonnière. Tous les autres étaient en vêtements sombres.

Les trajets en canot à travers la lagune, les rayons du soleil fixe et chaud, nous avaient bronzé le visage. Comme nous étions parvenus à nous mettre d'accord, nous nous sentions heureux d'avoir conclu. Notre attitude manifestait une sorte de délivrance.

Mais lorsque j'ai regardé les photos prises par les journalistes, je les ai vues différemment : nous sommes posés sur le rebord de la lagune, juste devant l'abrupt du quai. Quelques pas en arrière, et nous disparaissons !

Nous allons disparaître, Francesco Cossiga en septembre, Jimmy Carter dans cinq mois, moi dans dix mois, Helmut Schmidt dans deux ans ! Tous quitteront le pouvoir. Certains y reviendront. Seule la dernière venue, Margaret Thatcher, nous survivra.

Mais ce n'est pas notre départ qui m'oppresse : la vie publique est faite de ces allées et venues !

C'est le sentiment que nous allons entraîner avec nous, dans notre disparition, un pan entier de notre vie, celui des années soixante-dix.

Réussirai-je, dans quelques mois, à convaincre mes compatriotes de me laisser entrer avec eux dans la décennie quatre-vingts ? Préféreront-ils choisir un autre compagnon de route ? Je ferai tout mon possible pour les convaincre, mais des signes m'indiquent déjà que la lutte sera impitoyable, d'une violence inouïe et d'un acharnement qui paraîtraient aujourd'hui incompréhensibles...

Les photographes nous libèrent. Nous nous retournons pour repérer ceux des canots qui vont nous reconduire.

Et j'aperçois alors Venise, la grande place, la foule des silhouettes bariolées en train de faire la queue à l'embarcadère, l'immuable palais des Doges, qui regardent de loin notre groupe fragile, réduit, déjà prêt à se disperser.

Il est midi, le soleil tombe à la verticale. Nous ne faisons presque pas d'ombre. Devant nous, aucune. Et derrière, c'est la lagune qui nous sert d'ombre, cette grande fosse tiède et mystérieuse à la ressemblance des années à venir.

Nous nous sommes quittés à Venise.

Authon, le 30 mars 1991.

FIN DE LA DEUXIÈME PARTIE

ANNEXES

TEXTE DE LA DÉCLARATION FAITE PAR M. VALÉRY GISCARD D'ESTAING

Lundi 8 avril 1974

Il y a moins d'une semaine disparaissait le président Georges Pompidou.

J'ai pensé, je pense encore que ceux qui s'inspirent de sa mémoire devaient s'associer au deuil du Peuple français, avant de se préoccuper de sa succession.

Je m'adresse à vous aujourd'hui, ici, dans cette mairie de la province d'Auvergne, pour vous dire que je suis candidat à la présidence de la République.

Pourquoi cette candidature ? Pour quoi faire ?

Il me paraît d'abord normal que figure dans cette consultation un homme exerçant des fonctions qui lui ont été confiées par le président Pompidou, et auquel il a renouvelé sa confiance jusqu'au bout. J'étais prêt à m'effacer devant le Premier ministre nommé par lui. Je le lui ai dit. Il peut en donner publiquement acte.

Depuis des années, j'affirme publiquement que la France a besoin d'une majorité élargie. Dans les circonstances difficiles que nous traversons et que nous traverserons, il faut créer cette majorité élargie : c'est pourquoi je m'adresse à vous tous, électeurs UDR, Républicains Indépendants, Centristes, Réformateurs et aussi à tous ceux qui ont en commun, malgré certaines divergences, des principes politiques fondamentaux et qui refusent la société bureaucratique. Je m'adresse à vous tous pour créer cette nouvelle majorité présidentielle élargie.

Pour quoi faire ?

Une élection présidentielle est un commencement.

C'est l'occasion de définir et de conduire une politique nouvelle pour la France :

— à l'intérieur, faire de notre pays un modèle de justice et de progrès social, de respect des règles démocratiques et de protection de la liberté de chacun ;

— à l'extérieur, défendre scrupuleusement les intérêts de notre pays. Atteindre en 1980 l'objectif essentiel de l'union politique de l'Europe proposé par le président Pompidou. Faire de la France le partenaire égal des plus grands et des plus petits pays. Apporter notre soutien à la cause des pays en développement les plus pauvres.

Comment conduirai-je cette campagne ?

Je voudrais regarder la France au fond des yeux, lui dire mon message et écouter le sien. Je m'efforcerai de mener une campagne exemplaire, faisant une place plus large aux idées qu'aux moyens matériels.

Je n'attaquerai personne, qu'il s'agisse bien entendu des candidats de la majorité présidentielle d'hier, qu'il s'agisse aussi des candidats de l'opposition. Depuis dix-huit ans de vie publique, ceci a été constamment ma règle. Je n'ai pas l'intention d'en changer.

Et maintenant que chaque candidat propose sa politique, et qu'à la fin ce soit la France qui gagne.

DÉCLARATION FRANCO-ALLEMANDE SUR LA SITUATION INTERNATIONALE : ÉVÉNEMENTS D'AFGHANISTAN

5 février 1980

Le président de la République française et le Chancelier de la République fédérale d'Allemagne ont procédé à un examen approfondi de la situation internationale à la lumière des événements d'Afghanistan.

Ils sont parvenus aux conclusions suivantes qui définissent la politique des deux pays dans les circonstances actuelles :

1. Ils jugent que l'intervention militaire soviétique en Afghanistan est inacceptable et crée de graves dangers pour la stabilité de la région et pour la paix. Ils estiment indispensable qu'il y soit mis fin sans délai, comme l'a demandé à une large majorité l'assemblée générale des Nations Unies. C'est le seul moyen de restaurer une situation conforme aux droits du peuple afghan et aux exigences de la paix internationale.

2. Ils considèrent que la crise actuelle est de nature à déclencher un processus qui, de proche en proche, et quelles que soient les intentions, pourrait avoir pour le monde les plus graves conséquences. Ils tiennent à réaffirmer dans ces circonstances la fidélité de leurs deux pays à l'Alliance atlantique, et leur détermination d'en honorer les engagements.

3. Ils prennent acte du fait qu'en raison des événements d'Afghanistan, la détente est devenue plus difficile et plus incertaine et qu'en conséquence le retrait des troupes étrangères d'Afghanistan est nécessaire. Ils déclarent que la détente ne résisterait pas à un nouveau choc du même ordre. Dans ce cas la France et la République fédérale d'Allemagne prendraient en liaison avec leurs alliés les mesures qui s'imposeraient dans cette circonstance pour garantir leur sécurité et défendre la stabilité internationale.

4. Ils comprennent les préoccupations manifestées par les

pays authentiquement attachés au non-alignement et ils affirment que ces pays ont un rôle propre à jouer pour la paix et la stabilité du monde. Aussi sont-ils convenus de la nécessité d'éviter que la confrontation Est-Ouest ne s'étende au Tiers-Monde.

5. La France et la République fédérale d'Allemagne, dont les populations ont subi sur leur sol les épreuves des deux guerres mondiales, ont œuvré depuis trente ans à l'avènement d'un monde plus stable et plus pacifique. Leur réconciliation mutuelle, leur participation commune à la construction européenne, leur action parallèle en faveur de la détente en constituent les étapes.

Ils estiment que dans les circonstances actuelles les puissances européennes ont des responsabilités particulières. Ils soulignent leur volonté de les exercer en s'assurant, de concert avec leurs alliés, que seront garantis les équilibres fondamentaux qui conditionnent la sécurité de leurs deux pays et celle de l'Europe.

6. Leurs efforts pour surmonter la crise n'auront de sens qui si l'Union soviétique démontre sa volonté d'y répondre. Ils ont pris note des déclarations selon lesquelles l'Union soviétique a l'intention de retirer ses forces d'Afghanistan. Il est nécessaire que ces déclarations se traduisent dans les faits. Ceci est nécessaire au succès des discussions dont dépendent la sécurité et l'avenir de la paix.

LETTRE ENVOYÉE PAR TÉLÉTYPE A MONSIEUR LE PRÉSIDENT JAMES E. CARTER

Paris, le 17 mai 1980

Mon cher Jimmy,

Je souhaite vous informer personnellement de l'événement suivant.

M. Edward Gierek a manifesté le désir d'organiser à Varsovie un entretien entre M. Brejnev et moi-même. Il est en effet très préoccupé par le sentiment d'isolement et de repli sur soi qu'il observe chez les dirigeants soviétiques. Il est convaincu qu'une conversation franche et personnelle avec un homme d'État qu'il connaît bien peut permettre à M. Brejnev d'aboutir à une meilleure compréhension de la situation et des intentions de l'Occident.

Après y avoir réfléchi, j'ai considéré qu'une telle conversation serait utile, à condition de ne pas apparaître comme une étape diplomatique visant à préparer ou à organiser la solution directe des problèmes qui se posent. J'ai donné mon accord à des entretiens qui auront lieu lundi matin, de manière informelle, en dehors de Varsovie, et qui seront limités à quatre personnes et ne donneront pas lieu à un communiqué « opérationnel ».

Connaissant bien M. Brejnev, je crois qu'une telle explication peut être utile, en lui permettant de ne pas avoir d'illusion sur des réactions profondes de l'Occident face aux récentes initiatives soviétiques, notamment en Afghanistan.

Aussitôt après cet entretien, j'ai l'intention de vous en faire connaître la substance et les conclusions que j'en tire. Si vous le souhaitiez, mon conseiller diplomatique qui m'accompagnera à Varsovie pourrait se rendre à cette fin à Washington.

La rencontre sera annoncée par un communiqué publié

dimanche à 16 heures GMT. J'attacherai du prix à ce qu'aucune information ne soit donnée d'ici là en provenance de Washington. Pour des raisons de sécurité, je préfère employer la voie du télétype à celle du téléphone.

Très amicalement vôtre,

Valéry Giscard d'Estaing

DÉVOLUTION DES CADEAUX REÇUS PAR LE PRÉSIDENT DE LA RÉPUBLIQUE ET MADAME VALERY GISCARD D'ESTAING

Offerts à l'Institut du Monde Arabe le 18 mai 1981

— Un service à thé en or offert par le Roi d'Arabie Saoudite ;
— un ensemble de sculptures en argent représentant un palmier et un chameau ;
— un collier du joaillier Grégory ;
— un collier de bijoutier Aspray, deux boucles d'oreilles assorties et une bague assortie ;
— une parure confectionnée par le joaillier Delaneau composée d'un diadème, de deux boucles d'oreilles et d'une bague assorties ;
— un ensemble constitué d'une ceinture et d'une boucle en métal, d'un bracelet et d'un collier assortis ;
— un plateau ciselé en or serti de brillants ;
— un bracelet en or ;
— un bracelet arabe de style artisanal ;
— une montre Piaget de dame sertie de diamants ;
— un collier fait d'un double rang de perles, offert par l'Émir du Koweit ;
— une parure complète offerte par le Sultan d'Oman, constituée de deux boucles d'oreilles, d'une bague, d'une broche, d'un bracelet, d'un collier et d'une montre Patek Philippe sertie de diamants ;
— une plaque gravée en arabe sur socle en bois ;
— un service en or et argent de l'Émir du Qatar ;
— un village arabe en or ;
— un portrait du Roi Fayçal.

Offerts au Mobilier National
le 18 mai 1981

— Une parure constituée d'un collier et de boucles d'oreilles assorties offerte par le président du Venezuela ;
— un bracelet en or confectionné par le joaillier Bry, portant un corail rouge ;
— une parure constituée d'un collier et de deux boucles d'oreilles assorties, offerte par le président du Brésil, confectionnée par le joaillier Burte-Meaux ;
— un collier fait de boules dorées ;
— un collier d'or confectionné par le joaillier Zolotas ;
— deux colliers en or avec franges en pâte de verre bleu antique provenant de fouilles, offerts par le Shah d'Iran ;
— un collier d'or modèle dit « grenades », offert par le Shah d'Iran ;
— un collier en or ;
— un pont en or sur pied en marbre ;
— un diplôme « Honoris causa » du président ;
— une selle mexicaine ;
— un nécessaire de bureau.

Les cadeaux offerts par le Roi du Maroc et se trouvant au château de Rambouillet ont été donnés au Mobilier National sous réserve :
— que ces objets restent affectés au château de Rambouillet ;
— qu'il soit mentionné que le président de la République les a reçus du Roi du Maroc et qu'il les a donnés à l'État.
(La pièce principale est un surtout de table en cristal et en or.)

Estimations de la valeur des diamants offerts par le président Bokassa établies à la demande du Secrétaire général de la Présidence de la République par le président de la compagnie des experts près la cour d'Appel de Paris, le 19 décembre 1980

	Valeur 1974	Valeur 1980
Lot 1 :		
1 diamant 0 carat 42	× 3 300 F le ct = 1 386 F	× 10 000 F le ct = 4 200 F
9 diamants 1 carat 47	× 1 450 F le ct = 2 131 F 50	× 3 200 F le ct = 4 704 F
10 diamants 1 carat 89	3 517 F 50	8 904 F
Lot 2 :		
1 diamant 0 carat 42	× 2 700 F le ct = 1 134 F	× 8 000 F le ct = 3 360 F
9 diamants 1 carat 46	× 1 450 F le ct = 2 117 F	× 3 200 F le ct = 4 672 F
10 diamants 1 carat 88	3 251 F	8 032 F
Lot 3 :		
1 diamant 0 carat 38	× 2 700 F le ct = 1 026 F	× 9 000 F le ct = 3 420 F
12 diamants 2 carats 43	× 1 750 F le ct = 4 252 F 50	× 4 300 F le ct = 10 449 F
13 diamants 2 carats 81	5 278 F 50	13 869 F
Lot 4 :		
1 diamant 0 carat 28	× 2 000 F le ct = 560 F	× 5 500 F le ct = 1 540 F
30 diamants 3 carats 91	× 1 300 F le ct = 5 083 F	× 3 200 F le ct = 12 512 F
31 diamants 4 carats 19	5 643 F	14 052 F
Lot 5 :		
1 diamant 0 carat 49	× 2 900 F le ct = 1 421 F	× 8 000 F le ct = 3 920 F
54 diamants 7 carats 05	× 900 F le ct = 6 345 F	× 2 400 F le ct = 16 920 F
55 diamants 7 carats 54	7 766 F	20 840 F
Lot 6 :		
2 diamants 0 carat 80	× 2 400 F le ct = 1 920 F	× 7 000 F le ct = 5 600 F
18 diamants 3 carats 45	× 1 600 F le ct = 5 520 F	× 3 500 F le ct = 12 075 F
20 diamants 4 carats 25	7 440 F	17 675 F
Lot 7 :		
1 diamant 0 carat 42	× 2 500 F le ct = 1 050 F	× 7 000 F le ct = 2 940 F
18 diamants 3 carats 43	× 1 600 F le ct = 5 488 F	× 3 500 F le ct = 12 005 F
19 diamants 3 carats 85	6 538 F	14 945 F
Lot 8 :		
1 diamant 0 carat 48	× 3 800 F le ct = 1 824 F	× 12 000 F le ct = 5 760 F
14 diamants 2 carats 73	× 1 700 F le ct = 4 641 F	× 4 000 F le ct = 10 920 F
15 diamants 3 carats 21	6 465 F	16 680 F
TOTAL GÉNÉRAL	= 45 899 F	= 114 997 F

N.B. — Les diamants offerts en 1973, objets de la campagne de presse, sont les lots 1 et 2.

Affectation du produit de la vente des diamants offerts par le président Bokassa (Versements effectués du 4 au 12 février 1981)

Le produit de la vente (janvier 1981) s'est élevé à 111 547 F (taxes déduites).

Croix-rouge centrafricaine	44 522 F
Maternité de Dekoa	14 000 F
Pouponnière de Bouar	14 000 F
Mission catholique de Rafai	35 058 F
Assocation Éducation-Plein Air-Finances (Ministère des Finances, Paris)	1 000 F
Pouponnière de Tokoin (Togo)	2 967 F

TABLE DES MATIÈRES

Composition réalisée
par C.M.L., Montrouge.
Achevé d'imprimer
sur les presses
de l'Imprimerie Herissey
à Évreux (Eure)
pour le compte
de France Loisirs
en février 1992

CRÉDITS PHOTOGRAPHIQUES

DR - GAMMA/CHARLON - MAOUS - UZAN
SYGMA/MELLOUL - NOGUES - PAVLOVSKY

Imprimé en France
Dépôt légal : mars 1992
N° d'imprimeur : 20226
N° d'édition : 20849